Samuel Sagan

Tor zu inneren Welten

Das Übungsbuch
zur Öffnung des dritten Auges

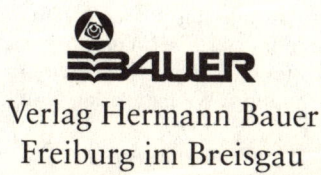

Verlag Hermann Bauer
Freiburg im Breisgau

Die Deutsche Bibliothek – CIP-Einheitsaufnahme

Sagan, Samuel:
Tor zu inneren Welten : das Übungsbuch zur
Öffnung des dritten Auges / Samuel Sagan.
[Dt. von Helga Schenk. Ill. von Carol Harford ...]. –
1. Aufl. – Freiburg im Breisgau : Bauer, 1998
    Einheitssacht.: Awakening of the third eye ⟨dt.⟩
    ISBN 3-7626-0582-3

Die englische Originalausgabe erschien 1997 bei Clairvision School Foundation,
Sydney, Australien, unter dem Titel *Awakening the Third Eye.*
© 1990 by Clairvision™ School Foundation, first published in Australia

E-mail: info@clairvision. org
Internet: http://www. clairvision. org/

Deutsch von Helga Schenk

Illustrationen von Carol Harford,
Raymond Chalouhe und Steve Goldsmith

1. Auflage 1998
ISBN 3-7626-0582-3
© 1998 by Verlag Hermann Bauer KG, Freiburg im Breisgau
Einband: Peter Eisermann, Münstertal
Satz: Fotosetzerei G. Scheydecker, Freiburg im Breisgau
Druck und Bindung: Wiener Verlag GmbH, Himberg

Printed in Austria

Samuel Sagan

Tor zu inneren Welten

Inhalt

Einleitung

»Das Auge ist des Leibes Leuchte. Wenn dein Auge
lauter ist, wird dein ganzer Leib licht sein.«

Matthäus 6,22

In diesem Buch wird der systematische Prozeß des Öffnens des dritten Auges beschrieben. Es ist für all jene geschrieben worden, die sich nicht mit einem rein intellektuellen Verständnis der spirituellen Wirklichkeiten zufriedengeben, sondern durch direkte Erfahrung einen Zugang dazu gewinnen wollen.

Zur Entwicklung des geistigen Sehens ist es jedoch zunächst nötig, daß wir mit viel Geduld verschiedene neue »Energieorgane« entwickeln. Eines der wichtigsten dieser Energieorgane ist das dritte Auge. Bei diesen neuen Strukturen handelt es sich zwar nicht um physische Organe, dennoch sind sie sehr real und fühlbar. Sind sie erst einmal voll entwickelt, sind die Wahrnehmungen, die wir über sie vermittelt bekommen, klarer, schärfer und sehr viel aussagekräftiger als die Wahrnehmungen unserer physischen Sinne. In diesem Buch werden eine Reihe von Techniken zur methodischen Entwicklung dieser neuen Wahrnehmungsform beschrieben.

Bei unserem Ansatz wird stets die direkte Erfahrung über das geistige Verständnis gestellt, das Wissen aus erster Hand über den Glauben. Denn tatsächlich kommt es nicht durch das, was wir für wahr halten oder gelten lassen zu einer spirituellen Erneuerung, sondern durch das, was wir direkt erfahren. Deshalb fordern wir unsere Leser nicht auf, das zu glauben, was in diesem Buch geschrieben steht, sondern die darin beschriebenen Übungen zu machen.

Zur Ausführung dieser Übungen ist kein spiritueller Hintergrund und keine vorherige spirituelle Ausbildung erforderlich. Ich schlage sogar vor, daß du einfach vorübergehend alles vergißt, was du weißt, so daß du diese Techniken mit einer ganz neuen, unbelasteten Gegenwärtigkeit angehen kannst. Nachdem ich dieses Wissen in den von der Clairvision School in Sydney veranstalteten Kursen mit hunderten von Menschen geteilt habe, weiß ich, daß es nicht immer jene sind, die schon jahrelang meditieren, denen es am leichtesten fällt, in neue Wahrnehmungsfelder vorzudringen. Manchen verleiht spirituelles Wissen Flügel und Schlüssel, die ihnen alle Türen öffnen, während es für andere eher wie Ketten ist, die sie daran hindern, irgend etwas Neues an sich heranzulassen. Je eher du in der Lage bist, alle vorgefaßten Ideen fallenzulassen, desto leichter wird es für dich sein, zu »sehen«.

Wir wollen hier noch einmal klarstellen, daß es nicht unser Ziel ist, das verschwommene atavistische Hellsehen von Trance-Medien zu entwickeln, sondern einen Schritt in Richtung der Vision unseres wahren Selbst zu machen. Bei der Ausführung der Übungen wird es zwar mehrfach auch zu außersinnlichen Wahrnehmungen kommen, der Sinn der Übungen besteht jedoch ganz klar darin, unser Selbst zu finden und zu lernen, die Welt von unserem Selbst anstatt von unserem normalen Verstandesbewußtsein aus zu sehen.

Dieses Buch ist als Einführung gedacht, als erster Leitfaden auf dem Weg zu einer völlig anderen Wahrnehmungs- und Denkweise. Es wurde im Dienste der vielen Menschen geschrieben, die heute bereit sind, eine Verbindung mit den spirituellen Wirklichkeiten aufzunehmen und in eine neue Bewußtseinsform vorzudringen. Die Techniken, die hier angeboten werden, sind für Leute gedacht, die mitten im Leben stehen. Sie verlangen nicht von dir, daß du dich aus deinen alltäglichen Aktivitäten zurückziehst, sondern daß du anfängst, diese mit einer veränderten Gegenwärtigkeit und einer neuen Sichtweise auszuüben und dabei stets die Zeile aus den Sprichwörtern (3,6) im Sinn zu haben: »Denk an Ihn bei allem, was du tust«, in der laut Talmud die gesamte Weisheit der Torah zusammengefaßt ist.

Nach diesen Worten wäre es vielleicht noch wichtig anzumerken, daß es sich bei der Clairvision School um keine »New Age«-Organisation handelt. Die Techniken und Methoden der Clairvision School basieren häufig auf ganz anderen Prinzipien als den üblicherweise in der New-Age-Bewegung verwendeten. Insbesondere wird bei den Clairvision-Techniken nie mit Methoden wie Channeling, bildhafter Vorstellung und positiven Affirmationen gearbeitet, nicht mit Hypnose oder Autosuggestion. Die Techniken der Clairvision School beruhen auf einem direkten Erwecken des Energiekörpers. Den Hintergrund dazu bildet die Philosophie der Clairvision School, die auf der westlichen Tradition esoterischen Wissens basiert. Wenn du beim praktischen Üben unserer Techniken intensive Öffnungen und Bewußtseinsmomente erlebst, bist du möglicherweise auch mit dieser Tradition verbunden. Insbesondere ist zu erwarten, daß es bei vielen beim Lesen dieses Buches zu einem Erwachen des dritten Auges kommt.

Dieses Buch ist das erste einer Reihe von Büchern des Clairvision-Corpus, des Wissensschatzes der Clairvision School. Der Clairvision-Corpus enthält sowohl über direkte Erfahrung gewonnenes als auch theoretisches Wissen zu Themen wie Bewußtsein und die Geheimnisse der menschlichen Natur, mit besonderem Schwerpunkt auf Transformation und innerer Alchemie. »Alchemie« läßt sich definieren als die Kunst, das Schwingungsniveau der Materie zu erhöhen. Unter »innerer Alchemie« versteht man deshalb eine Form spiritueller Entwicklung, deren letztendliches Ziel es nicht ist, jegliche Verbindung mit der manifestierten Schöpfung abzubrechen und sich selbst aufzulösen, sondern vielmehr ein Vehikel zu schaffen, in dem das Selbst noch während unseres Lebens in der physischen Welt in seiner ganzen Fülle auf Dauer erfahren werden kann. Dieser Körper der Unsterblichkeit entspricht dem, was in der christlichen Tradition der »verklärte Körper« und in den Upanischaden *Paramam Vapuh* genannt wird; in vieler Hinsicht ist er vergleichbar, wenn nicht gar identisch, mit dem Stein der Weisen der Alchemisten und dem Gral, dem Herzstück der westlichen esoterischen Tradition.

Im vorliegenden Buch soll der Grundstein für einen über direkte Erfahrung gewonnenen, experimentellen Ansatz für die Arbeit mit der inneren Alchemie gelegt werden. Viele der am Anfang beschriebenen Methoden sind nicht als »alchemistisch« im engeren Sinne anzusehen, sondern als notwendige Vorbereitung, ohne die die weiteren Phasen der Alchemiearbeit keinen Sinn machen würden.

Anstatt jedoch lange theoretische Ausführungen vorauszuschicken, ziehen wir es vor, den Leser im Laufe dieses Buches ganz allmählich in die Zielsetzungen und Prinzipien der inneren Alchemie einzuführen. Es liegt im Wesen unseres Themas, daß dabei auch ausgiebig die verschiedenen Aspekte der feinstofflichen Körper behandelt werden.

Clairvision School

Kapitel 1

Prinzipien und Methoden der Öffnung des dritten Auges

Bei jeder echten spirituellen Arbeit steht die Selbstfindung im Mittelpunkt, und die Clairvision-Techniken bilden hier keine Ausnahme. Das Hauptziel dieses Prozeses ist es, »mehr« zu sein. Immer wieder hört man, daß die Menschen nur einen kleinen Teil ihrer Fähigkeiten nutzen. Ihr Leben spielt sich innerhalb einer beschränkten Bandbreite von Gedanken, Gefühlen, Empfindungen und anderen Modalitäten des bewußten Daseins ab, und doch sind sie sich in den meisten Fällen dieser Beschränkungen in keinster Weise bewußt. Platos Höhlengleichnis hat damit auch heute noch, 24 Jahrhunderte nachdem es formuliert wurde, nichts von seiner Gültigkeit verloren: Wenn du immer in einem dunklen Keller gelebt hast, ist dieser Keller für dich kein Keller, sondern das gesamte Universum. Du kannst dir nicht einmal einen Begriff von dem Wunder machen, das außerhalb davon auf dich wartet, falls du es je wagen solltest, in die wirkliche Welt hinauszugehen. Bei der in diesem Buch beschriebenen Arbeit geht es genau darum: um das Hinausgehen aus dem Keller und das Beginnen, die Herrlichkeit und das Wunder der Welt aus der Sicht des dritten Auges zu erfassen.

In Indien wird der Kokosnuß eine tiefe symbolische Bedeutung zugeschrieben. Sie wird bei Feuerritualen (*Yajnas*) benutzt, da sie »drei Augen« besitzt. Zwei davon sind »blind«, d. h., sie können nicht durchbohrt werden, um an die Kokosmilch zu gelangen, während sich das dritte in der Mitte leicht zum Innern der Frucht hin öffnen läßt. **So ist auch das dritte Auge des Menschen im Grunde nichts anderes als das Tor zu den inneren Welten.** Deshalb ermöglicht dir das dritte Auge, weitaus tiefere Einsichten über dich zu gewinnen, als dies durch alle herkömmlichen Methoden der Psychotherapie oder andere Techniken möglich ist, die auf der verstandesmäßigen Analyse beruhen.

Die Entwicklung des dritten Auges ist ein direkter Weg zur Erweiterung deines bewußten Universums und zur Entdeckung deiner innersten Werte. Du kannst damit also dein eigenes Geheimnis aufdecken. Außerdem ist es ganz **einfach**. Einfach heißt nicht unbedingt, daß es leicht ist, aber auf jeden Fall sind keine komplizierten Theorien oder ausschweifenden Diskussionen dazu nötig. Der Schwerpunkt liegt hauptsächlich auf der direkten Erfahrung, denn das Ziel ist eindeutig, mehr zu sein. Und **Sein** ist die einfachste Sache der Welt. Bei der Ausarbeitung dieses Buches wurde deshalb mit großer Sorgfalt versucht, ständig einen engen Zusammenhang zwischen der Theorie und der Erfahrung herzustellen, um dir so Methoden und Schlüssel an die Hand zu geben, die es dir ermöglichen, dich selbst wahrzunehmen.

Die ersten drei Kapitel sind der Einführung in die wichtigsten Aspekte der Übungen gewidmet. Die darauffolgenden Kapitel sind mehr oder weniger unabhängig voneinander, so daß sie in der Reihenfolge gelesen werden können, die dir am natürlichsten erscheint.

Bevor wir mit der ersten Übung beginnen wollen, hier noch ein paar grundsätzliche Tips zur Vorgehensweise und zu den Arbeitsprinzipien:

1.1 Versuch nichts zu erzwingen, konzentrier dich nicht, sei nur gegenwärtig

 Laß dich nicht durch die Tatsache verwirren, daß unser Ziel eine neue Hellsichtigkeit oder Vision des Selbst ist. Denn das Selbst ist in Wirklichkeit ja bereits da und wartet im Hintergrund deiner selbst auf dich. Du mußt das Selbst und deine Wahrnehmung davon nicht erst »aufbauen«; du mußt es nur enthüllen oder vielmehr zulassen, daß es sich dir enthüllt. Die spirituelle Entwicklung ist sicherlich ein Kampf, aber die wichtigste Waffe in diesem Kampf ist das Loslassen.

Wenn wir das unter Öffnung verstehen, ist es nicht angebracht, dich zu konzentrieren und angestrengt zu versuchen, dir etwas vorzustellen. Denn was würde in diesem Fall passieren? Du würdest von deinem Verstand aus handeln, d.h. mit dem Teil von dir, mit dem du im Augenblick denkst (die Stimme in deinem Kopf, die nie still ist und immer alles kommentiert). Von klein auf hat man dir beigebracht, alles vom Verstandesbewußtsein aus zu machen. Wenn du also versuchst, durch aktives Handeln Wahrnehmungen zu erfahren, kann es leicht passieren, daß du wieder in deinem Verstandesbewußtsein landest – einer Bewußtseinsebene, die für jegliche Form der spirituellen Wahrnehmung höchst ungeeignet ist.

Hör auf, aktiv zu handeln. Sei voll gegenwärtig, einfach nur gegenwärtig. Erlaub dem, was in den Tiefen verborgen ist, an die Oberfläche zu kommen und sich deinem Bewußtsein zu enthüllen. Mach gar nichts, laß die Dinge einfach nur passieren. Fließ mit dem, was kommt.

 In der materiellen Welt mußt du dich anstrengen, wenn du etwas haben willst. In den geistigen Welten ist alles »umgekehrt« – wie in einem Spiegel. Wenn du etwas willst, mußt du zulassen, daß es zu dir kommt. Das ist eine neue Fähigkeit,

die erst entwickelt werden muß. Man könnte es auch »aktives Loslassen« oder »schöpferisches Loslassen« nennen. Es ist die Fähigkeit, durchlässig zu werden und dadurch zuzulassen, daß sich durch dich Bewußtseinszustände enthüllen.

Sei einfach gegenwärtig, alles andere geschieht dann von selbst.

1.2 Keine Visualisierung, keine bildhafte Vorstellung, nur Gegenwärtigkeit

Im Rahmen der Clairvision-Techniken empfehlen wir jedem, nie zu versuchen, sich etwas bildhaft vorzustellen oder zu visualisieren. Wenn dir bei deinen Übungen Bilder, Lichtformen, geistige Wesen oder andere Dinge erscheinen, ist das in Ordnung. Aber erfinde sie nicht, versuche nicht, sie künstlich hervorzurufen. Versuche nicht, irgendein Muster aktiv in deinem Bewußtseinsfeld zu visualisieren.

Ein Grund dafür ist folgender: Stell dir einmal vor, dir würde wirklich ein Engel erscheinen. Wenn du monatelang jeden Morgen versucht hast, Engel zu visualisieren, wie wirst du dann wissen, ob es sich in dem Moment um einen wirklichen Engel handelt oder um einen, den du erfunden hast?

Das Problem besteht nicht darin, Bilder oder Lichtformen wahrnehmen zu lernen. Wenn du die Techniken übst, werden die Bilder von allein vor deinem geistigen Auge erscheinen. Das wahre Problem besteht darin, wie du diese Bilder, wenn sie dir erscheinen, unterscheiden kannst: Was ist nun wirklich, und was ist nur ein Hirngespinst? Unser Rat: Sei spontan! Versuch nie, eine Vorstellung zu planen oder zu steuern, um bestimmte Bilder hervorzurufen. Mach einfach deine Übungen, und laß dich überraschen, was kommt. Dann wird es für dich sehr viel leichter sein, das Stadium zu erreichen, in dem du dich auf deine Wahrnehmung verlassen kannst.

Dieser Ansatz soll in keinster Weise als Kritik an den Methoden verstanden werden, die mit kreativer Visualisierung und bildhafter Vorstellung arbeiten. Es gibt viele Wege. Was im Rahmen eines ganz bestimmten Entwicklungssystems wahr ist, muß nicht unbedingt für andere Gültigkeit haben. Für den Arbeitsstil der Clairvision School lautet das Motto: »Einfach gegenwärtig sein«.

1.3 Vertrau deiner Erfahrung!

Ein wichtiger Satz, den man immer im Gedächtnis behalten sollte, lautet: Wo es nichts zu glauben gibt, gibt es auch nichts anzuzweifeln! Da du versuchst, nichts zu erfinden, brauchst du auch keine unnötige Zeit darauf zu verschwenden, dir Sorgen darüber zu machen, ob du das, was du da siehst, wirklich siehst. Vertrau deiner Erfahrung.

Halt dich einfach an unsere klaren Prinzipien, und üb immer weiter. Dann wird deine Hellsichtigkeit aufblühen und mit der Zeit immer präziser und verläßlicher werden. Wenn die Wahrnehmungen anfangen sich zu wiederholen, wird es immer leichter werden, ihnen zu vertrauen.

1.4 Analysier nicht, was du erlebst

Versuch nicht alles gleich zu analysieren, sobald etwas passiert. Wenn du das tust, wird deine Wahrnehmung sich sofort wieder auflösen, denn du wirst dadurch geradewegs in dein Verstandesbewußtsein zurückbefördert. Einer der Schlüssel zur Wahrnehmung liegt in der Aneignung einer gewissen Regungslosigkeit, der Fähigkeit, nicht zu reagieren, wenn in unserem Innern etwas vor sich geht.

Ist das innere Erleben erst einmal abgeschlossen, hast du immer noch genügend Zeit, es zu analysieren. Allerdings wirst du nicht unbedingt durch Analysieren oder Diskutieren deiner Erfahrung am meisten davon profitieren. Bewußtseinserfahrungen sind wie Samen. Wenn du im Stillen über sie nachdenkst und sie langsam verdaust, werden sie zu tieferen Einsichten heranreifen.

1.5 Schutz der Aura

Im Normalfall ist die Aura der meisten Menschen ungeschützt. Das hat zwei Gründe: Zum einen sind sie nicht in der Lage zu erkennen, wenn sie eine negative Energie umgibt und Vorsicht geboten ist. Und zum anderen haben sie nicht gelernt, ihre Aura zu versiegeln, um sie nötigenfalls gegen äußere Einflüsse undurchläßig zu machen.

Diese beiden Probleme lassen sich mit Hilfe des dritten Auges leicht lösen, da es ja das Organ der Feinwahrnehmung und Intuition sowie der Hauptaktivator der Körperenergie ist.

Zum einen kannst du damit entdecken, wann dein energetisches Umfeld so beschaffen ist, daß Vorsicht geboten ist.

Und zum anderen lehrt dich unsere Methode nicht nur, wie du dein drittes Auge öffnen, sondern auch wie du deine Aura schließen kannst. Von den allerersten Übungen an wird die Vibration im dritten Auge anfangen, die schützende Energie in deiner Aura zu verdichten. Und das beruht nicht auf positiver Visualisierung oder Autosuggestion, sondern macht sich in einer deutlich spürbaren Schwingungsenergie um dich herum bemerkbar. Du wirst diese schützende Energie nicht nur beim Meditieren erwecken können, sondern in den unterschiedlichsten Situationen, z. B. beim Busfahren, beim Einkaufsbummel oder bei Verhandlungen mit deinem Chef oder deinen Angestellten.

Auf das systematische Verschließen der Aura werden wir in den Kapiteln 17, 18, 20 und 21 noch ausführlich eingehen. Auch die Fähigkeit, Erdlinien ausfindig zu machen (Kapitel 12), wird von großer Hilfe sein, wenn es darum geht, ein stabiles, schützendes Umfeld zu schaffen.

1.6 Üben, üben und nochmals üben

Die 22 Kapitel dieses Buches nur zu lesen bringt meiner Ansicht nach nicht viel. Ob du jung oder alt, gesund oder krank bist, der Schlüssel zum Erfolg bei deiner spirituellen Suche heißt: Üben, üben und nochmals üben ... Um ein hohes Niveau an spiritueller Übung zu erreichen, ist es sicherlich nicht nötig, sich aus der Alltagsaktivität zurückzuziehen und nur noch zu meditieren. Du brauchst zur Umsetzung dieses Buches den hier beschriebenen Meditationsübungen jeden Tag nur zehn bis zwanzig Minuten zu widmen. Allerdings werden auch eine Reihe von Übungen beschrieben, die darauf ausgerichtet sind, in den Alltag eingebaut zu werden. Versuch, sie dir zur Gewohnheit zu machen und sie so gut wie möglich zu einem Teil deiner natürlichen Lebensweise werden zu lassen.

Wenn man viele verschiedene Wege der Selbstverwirklichung ausprobiert hat, kommt man häufig zu dem Schluß, daß es dabei nicht so sehr auf die Methode oder den Arbeitsstil ankommt, sondern vielmehr auf unsere Fähigkeit, den Weg kontinuierlich weiterzuverfolgen. Schauen wir uns doch das Leben einiger großer Meister an. Wir entdecken, daß sie keineswegs immer auf einer hohen Bewußtseinsstufe angefangen haben. Manchmal mußten sie weitaus größere Hindernisse überwinden, als dir vielleicht auf deinem Weg begegnen. Doch der springende Punkt war, daß sie dabeiblieben und beharrlich ihre Richtung verfolgten, bis irgendwann die Hindernisse nachgaben und sie zu höchster Erleuchtung gelangten. »Übernatürliche Beharrlichkeit« ist eine der wichtigsten Eigenschaften, die ein Suchender entwickeln kann. Menschen, die hohe Bewußtseinszustände erreichen, ohne sich einer spirituellen Disziplin unterziehen zu müssen, scheinen im allgemeinen Menschen zu sein, die in ihren früheren Leben lange, intensive Prozesse durchgemacht haben.

Dem Evangelium nach Philippus zufolge befinden sich diejenigen, welche glauben, sie müßten zuerst sterben, um aufzuerstehen, auf dem Holzweg. Wenn sie die Auferstehung nicht im Laufe ihres Lebens erreichen, werden sie nach dem Tod nichts bekommen.[1]

1.7 Warum noch länger warten?

 Fang einfach mit den Übungen an, während du das Buch liest.

Wenn es um Selbstverwirklichung und Transformation geht, ist »morgen« immer gleichbedeutend mit »nie«.

Welcher Fortschritt auch immer erzielt werden kann, fang **gleich jetzt** an.

Vergeudete Zeit ist etwas, das Gott sich merkt.

1.8 Spiel mit den Übungen

Wenn so viele Weise sich um spirituelle Erleuchtung bemüht haben, hat das einen Grund: Es ist der größte Spaß, den man auf Erden haben kann. Wenn du meinst, Spiritualität habe etwas mit Strenge und Askese zu tun, liegst du völlig falsch. Die meisten erleuchteten Meister, die ich kennengelernt habe, waren Frauen und Männer, die sehr viel gelacht haben. Geh deshalb die Clairvision-Übungen wirklich ernsthaft an: Spiel mit ihnen. Wenn du dabei so konzentriert und versunken bist wie ein Kind beim Spielen (und wenn du beharrlich dabeibleibst), dann stehen deine Erfolgschancen bestens.

1.9 Bleib relativ

Das Lesen und Verstehen der Schriften erleuchteter Menschen führt uns häufig zu der faszinierenden Entdeckung, daß sie die Welt völlig unterschiedlich gesehen haben.

 Denken wir nur an die hinduistische Tradition und greifen wir z. B. die Jnana-Yogis und Sri Aurobindo heraus. In den Werken von Sri Aurobindo wird die Welt als eine schrittweise Inkarnation der göttlichen Vollkommenheit dargestellt, während der Tod nur eine Farce ist. Seine Philosophie zielt also auf körperliche Unsterblichkeit durch Erleuchtung der physischen Materie ab. Für die Jnana-Yogis (Jnana-Yoga ist Weg des Wissens oder Weg der reinen Vernunft) hingegen ist das inkarnierte Leben ein fataler Fehler. Für sie

---

1 »Evangelium nach Philippus« in: *Apokryphe. Evangelien aus Nag Hammadi.* Neu formuliert und kommentiert von Konrad Dietzfelbinger. Andechs: Edition Argo, 1991, S. 100.

ist sozusagen das gesamte Universum ein Fehler, eine Art vorübergehende, verdorbene und widerliche Emanation, und der einzige Sinn des Lebens besteht darin, sich so schnell und so endgültig wie möglich davon zu befreien.

Sri Aurobindo gilt in Indien als einer der erleuchtetsten Yogis aller Zeiten. Aber glaube ja nicht, daß die Jnana-Yogis oberflächlich wären. Der Jnana-Yogi Nisargadatta Maharaj, um eine neueres Beispiel zu nennen, hat seine Generation in der östlichen und der westlichen Welt durch das ungeheure Ausmaß seiner Bewußtseinszustände tief beeindruckt.

Es führt nichts drumherum: Je nachdem, von welchem Blickwinkel aus man die Welt betrachtet, sieht man das Universum und seine Finalität völlig verschieden. Denk einmal intensiv über diese Tatsache nach, denn sie scheint eines der besten Gegenmittel bei Dogmatismus zu sein. Welche Ansichten auch immer du haben magst, laß sie dir nicht zu einem Gefängnis werden. Laß immer noch Raum, damit du deine Meinung und deine Weltsicht ändern kannst.

Den Leuten, die sich mit dem Clairvision-Arbeitsstil näher vertraut machen wollen, empfehle ich besonders, mit zwei völlig verschiedenen Schriftwerken zu arbeiten, wie etwa den Schriften der Gnostiker und den Büchern von Rudolf Steiner. Wenn du diese analysierst, wirst du entdecken, daß beide Werke aus großer Erleuchtung heraus entstanden sind und voller Weisheit und praktischer Information über den Weg der inneren Alchemie und der esoterischen Tradition des Westens stecken, und dann wirst du noch entdecken ... daß sie in einigen Kernpunkten völlig unvereinbar sind! Wenn du dich also mit beiden Systemen befassen willst, bleibt dir gar nichts anderes übrig, als in bezug auf den Wert von geistigen Wahrnehmungen relativ zu bleiben.

Es soll hier noch einmal darauf hingewiesen werden, daß nicht das, was du glaubst oder was du gelesen hast, dein spirituelles Leben verändern wird, sondern was du direkt erfahren kannst. Und dabei möchte dir dieses Buch helfen, das darauf abzielt, in dir die Fähigkeit zu entwickeln, dich auf deine eigene Wahrnehmung der geistigen Welten einzustimmen und auf sie zu vertrauen.

Kapitel 2

Die Geheimnisse des Kehlkopfs

»Am Anfang war das Wort, und das Wort war bei Gott,
und das Wort war Gott.«   *Johannes 1,1*

»In seiner Rechten hielt er sieben Sterne, und aus seinem
Mund kam ein scharfes, zweischneidiges Schwert.«
Offenbarung 1,16

2.1 Die Technik des Reibungsatmens

Diese Übung besteht aus einer Form des Atmens mit Reibung im unteren
Rachenbereich, bei der der Mund leicht geöffnet bleibt. Die Reibung wird
sowohl beim Einatmen als auch beim Ausatmen erzeugt. Dabei entsteht ein
Geräusch, das einem Windhauch gleicht. Bei dieser besonderen Technik
wird weder gesummt noch gebrummt noch irgendein Ton gesungen. Das
Geräusch ist beim Einatmen und Ausatmen in etwa gleich.

Mach das Reibungsgeräusch, wenn möglich, in einer tieferen Tonlage;
damit läßt sich das Reibungsatmen über einen längeren Zeitraum leichter
aufrechterhalten. Doch bevor ich noch weitere Tips und Hinweise zur Halsreibung gebe, möchte ich ein paar Punkte klarstellen:

Versuch nicht, um jeden Preis die perfekte Halsreibung zu finden. Mach
mehrfach »eine Art« Reibungsgeräusch, und laß es sich mit der Zeit
selbst einpendeln.

Wenn du versuchst, die Reibung zu perfekt zu erzeugen, wirst du wahrscheinlich am Ende alles falsch machen. (Das trifft mehr oder weniger für
alle in diesem Buch beschriebenen Techniken zu.) Außerdem wird dir möglicherweise dein Verstand in die Quere kommen, wenn du pedantisch vorgehst. **Versuch einfach, mit einem leichten, ungezwungenes Reiben im Hals zu
atmen. Dann ist schon alles in Ordnung!** Du kannst ja in ein paar Wochen
nochmals auf diesen Teil zurückkommen, um genauer herauszufinden,
wo deine Reibung entsteht, und kleinere Abwandlungen vornehmen.

Halsreibung – Tips und Fallen

• Wenn du sofort eine Demonstration der Halsreibung haben möchtest, kannst du den Internet-Site der Clairvision School besuchen (unter: Clairvision Knowledge Bank). Dort kannst du dir in einem Sound-File anhören, wie das Reibungsatmen klingen sollte. Aber denk immer daran, daß ein leichtes Reibungsgeräusch zur Unterstützung der in diesem Buch vorgestellten Übungen völlig ausreicht.

• Es spielt dabei keine Rolle, ob du durch den Mund oder die Nase atmest oder beides gleichzeitig. Wichtig ist nur, daß der Mund dabei leicht geöffnet bleibt. In dieser Position ist der Unterkiefer locker und entspannt, wodurch eine besondere Form von Energie erzeugt wird, die schon allein zur Auslösung eines leicht veränderten Bewußtseinszustands ausreichen kann.

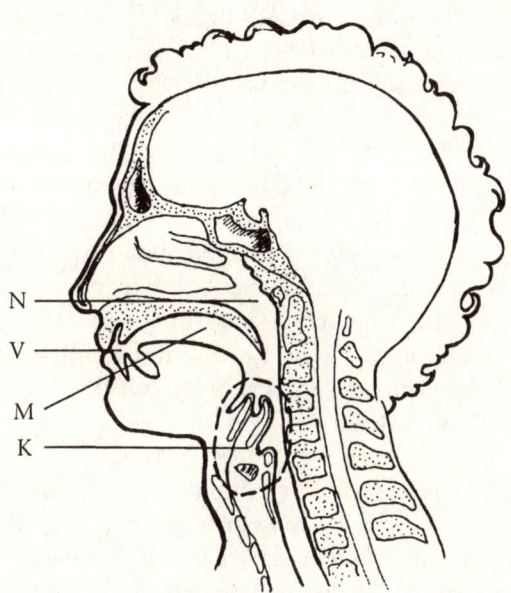

Die richtige Reibung wird im Bereich K erzeugt

• Die Reibung sollte ganz hinten im Hals erzeugt werden, nicht am Gaumen (Bereich M) und nicht direkt hinter den Zähnen (Bereich V). Wenn die Reibung im mittleren (M) oder vorderen (V) Mundraum erzeugt würde, was jedoch beides nicht richtig ist, wäre das Geräusch höher und in gewisser Weise schriller oder sogar pfeifender. Probier es einfach aus, und vergleich die verschiedenen Geräusche.

• Die richtige Reibung wird im Bereich des Kehlkopfs und des unteren Rachenraums erzeugt, d. h. also ganz hinten im Hals (Bereich K). Das dort erzeugte Geräusch ist tiefer, dunkler und mehr verinnerlicht, als wenn es vorne im Mund produziert würde.

• Ein anderer möglicher Fehler wäre, die Reibung im oberen Rachenraum (Nasenrachenraum) zu erzeugen, d. h. zwar hinten im Mund, aber ganz oben in der Rachenhöhle, wo diese in die Nasenhöhle übergeht (Bereich N). In diesem Falle würden sich die Schwingungen der Reibung mehr über die Nasennebenhöhlen ausbreiten als im Hals.

• Du kannst herausfinden, ob du die Technik richtig machst, indem du deine Finger locker auf den Adamsapfel legst (der Adamsapfel ist der außen am Hals beim Mann stärker und bei der Frau schwächer hervortretende Kehlkopf). In den meisten Fällen spürst du dann ein ganz leichtes, aber deutliches Vibrieren des Kehlkopfes. Am Anfang ist die Vibration unter den Fingern häufig beim Einatmen deutlicher zu spüren als beim Ausatmen, obwohl beide Male dasselbe Geräusch hervorgerufen wird.

 • Wie tief sollte geatmet werden? Der Atem sollte so tief und regelmäßig wie möglich sein. Zu Beginn ist es vielleicht angebracht, etwas tiefer zu atmen, um eine deutlichere Reibung entstehen zu lassen. Aber du brauchst nicht zu hyperventilieren. Diese Technik zielt nicht darauf ab, eine Art »Rebirthing«-Atmen zu erzeugen. Der Zweck dieser Atemtechnik ist es, die Energie des Kehlkopfs durch Reibung zu aktivieren. Der Schwerpunkt liegt also nicht auf dem Atmen, sondern auf der Erweckung der Kehlkopfenergie.

• Der Sinn dieser Übung besteht darin, deine Verbindung zur »Energie« zu verstärken. Der Begriff »Energie« mag anfangs ziemlich vage klingen, aber mit der Zeit, wenn du weiter an der Entwicklung deines dritten Auges arbeitest, wird er für dich immer bedeutungsvoller werden. Je vertrauter du mit dieser Reibungsübung wirst, desto leichter wird es dir fallen, dich in den Energiefluß um dich herum einzustimmen. Die richtige Intensität des Atems kommt dann ganz von selbst. Die Tiefe und der Atemrhythmus werden nicht immer gleich sein, denn Veränderung ist ein Wesensmerkmal der Energie, und unser Ziel ist es zu lernen, mit der Energie zu fließen.

• Die energetische Wirkung dieses Reibungsatmens wird deutlich verstärkt, wenn du deinen Hals aufrecht und gerade hältst, d. h. in einer senkrechten

Linie mit dem Rest deiner Wirbelsäule. Je gerader dein Hals ist, desto mehr Kraft wird im Kehlkopf freigesetzt. Manchmal macht sich das durch eine plötzliche Intensivierung der Vibration bemerkbar, wenn du deinen Hals leicht bewegst und dadurch einer perfekten aufrechten Haltung näherkommst.

• Der Mund sollte nur leicht geöffnet sein. Wichtig ist, daß er offen bleibt und vor allem, daß der Unterkiefer ganz entspannt herunterhängt, damit sich die oberen und unteren Zähne nicht berühren.

Wenn du dich mit der im nächsten Kapitel beschriebenen Vibration zwischen den Augenbrauen vertraut gemacht hast, solltest du noch einmal auf diesen Punkt zurückkommen. Versuch dann, das Reibungsatmen im Hals einmal mit fest geschlossenem und einmal mit leicht geöffnetem Mund zu üben und die unterschiedliche Energie zu spüren, die dabei entsteht. Du wirst merken, daß bei entspanntem, leicht herabhängendem Unterkiefer ein völlig anderer Energiezustand erzeugt wird, bei dem du die Verbindung mit der Vibration viel stärker empfindest und der eine allgemeine Öffnung begünstigt.

Beachte auch, daß die leicht geöffnete Mundhaltung **nicht** dazu gedacht ist, unbedingt durch den Mund statt durch die Nase zu atmen. Atme so, wie es sich für dich am natürlichsten anfühlt, durch die Nase, durch den Mund oder beides gleichzeitig.

• Bei Anfängern kommt es manchmal vor, daß sie durch diese Übung einen trockenen oder leicht gereizten Hals bekommen. Sollte das bei dir der Fall sein, versuch die Reibung weiter unten im Hals zu erzeugen. Anfänger neigen dazu, die Reibung weiter oben im Rachen, näher am Gaumen, hervorzurufen, was zu einer Halsreizung führt. Wenn du mehrmals täglich ein paar Minuten übst, wird dieser lästige Nebeneffekt bald von allein überwunden sein. (Außerdem hilft manchmal ein guter Honig, die Reizung zu lindern und die Energie zu steigern.) Wenn man erst einmal geübt darin ist, kann diese Form des reibenden Atmens mühelos mehrere Stunden lang beibehalten werden.

Nach ein paar Tagen pendelt sich die Halsreibung ganz von selbst an der richtigen Stelle ein und jegliche Reizempfindung verschwindet.

• Es sollte hier noch einmal betont werden, daß der Schwerpunkt dieser Übung nicht auf dem Atmen liegt, sondern auf der Freisetzung der Kehl-

kopfenergie. Es handelt sich in keinster Weise um eine Hyperventilationsübung, denn die Intensität des Atems unterscheidet sich nicht vom normalen Atmen. Im engeren Sinne handelt es sich nicht einmal um eine Atemübung, weil es dabei nur um die mechanische Wirkung der Luft auf den Kehlkopf geht, ohne sich besonders auf den Atemprozeß zu konzentrieren. Die Reibung wird zur Stimulation der Kehlkopfvibration benutzt. Zu einem späteren Zeitpunkt werden wir noch sehen, daß es möglich ist, dieselbe Schwingung im Kehlkopf auch ohne Atmen hervorzurufen.

- Warum ist der am Hals hervortretende Teil des Kehlkopfs, genannt Adamsapfel, beim Mann ausgeprägter als bei der Frau? Es heißt, als Adam versucht habe, den Bissen des Apfels vom Baum der Weisheit hinunterzuschlucken, sei er ihm im Hals steckengeblieben!

2.2 Sinn und Zweck dieser Übung

Der »Reibungslaut« ist ein Energiegeräusch. Es beruhigt den Verstand, und versetzt dich bei vollkommener Beherrschung sofort in einen »eingestimmten« Bewußtseinszustand.

Eine seiner Hauptwirkungen ist die Verstärkung jedes außersinnlichen Phänomens. Im folgenden Kapitel werden wir das Reibungsatmen dazu benutzen, eine Verbindung mit dem Bereich zwischen den Augenbrauen herzustellen, und uns so unseres dritten Auges stärker bewußt zu werden. In späteren Übungen werden wir das Reibungsatmen dann mit anderen Strukturen des Energiekörpers verbinden und so zu deren Stärkung beitragen.

Was bedeutet in diesem Zusammenhang »verbinden« oder »eine Verbindung herstellen«? Es ist ein Gefühl, das leichter zu erfahren als zu beschreiben ist. Stell dir einmal vor, du würdest versuchen, eine Verbindung zwischen der Reibung in deinem Hals und z. B. dem Bereich zwischen deinen Augenbrauen herzustellen. Zu Anfang sieht das so aus, daß du dir beider Dinge gleichzeitig bewußt bist. Dann wird zwischen den beiden automatisch eine Resonanz erzeugt. Der Bereich zwischen den Augenbrauen scheint mit der in deinem Kehlkopf erzeugten Vibration zu schwingen. Das Reibungsatmen »vermischt« sich mit dem Gefühl zwischen deinen Augenbrauen. Es kommt zu einem Energieaustausch zwischen Kehlkopf und dem dritten Auge. Das verstehen wir unter »verbinden«.

Darauf folgt eine ganz einfache, aber entscheidende Erfahrung: Die Wahrnehmung des dritten Auges wird schnell deutlicher und fühlbarer. Dieses Ergebnis ist klar und stellt sich augenblicklich ein. Der Effekt des Reibungsatmens besteht in der

Formgebung, durch die die Dinge viel solider erscheinen. Wann immer du also eine Verbindung zwischen der Kehlkopfreibung und einem Chakra oder einem anderen Energieorgan herstellst, wird dieses Organ deutlicher wahrnehmbar. Der Kehlkopf manifestiert Dinge und enthüllt sie.

Einen ähnlichen Effekt werden wir bei der Aura-Arbeit beobachten können. Zuerst mußt du den Raum in dir schaffen und dich in den Vorgang des Sehens hineinversetzen. Dann wird dir anhand von einigen Übungen gezeigt, wie deine Wahrnehmung von nichtphysischen Lichtringen und Ausstrahlungen der Aura augenblicklich gesteigert wird, wenn du eine Verbindung zwischen dem Reibungsatmen im Hals und deinem Sehvermögen herstellst (siehe Kapitel 5 und 7). Die Lichter und Farben werden dir »dichter« und greifbarer vorkommen.

Mit dem Reibungsatmen können auch verschiedene Energiestrukturen miteinander gekoppelt werden. Du kannst also nicht nur eine Verbindung zwischen der Reibung und dem dritten Auge oder einem anderen Energieorgan herstellen, sondern auch die Verbindung zwischen den einzelnen Energieorganen verstärken und sie über die Reibung miteinander koppeln. In den Kapiteln über die Öffnung der Energiekanäle wird es darum gehen, eine Verbindung zwischen der Energie der Hände und des dritten Auges herzustellen. In den Kapiteln über Schutz wirst du hingegen erfahren, wie sich eine Verbindung zwischen dem dritten Auge und den Bauchenergien herstellen läßt. In diesen und ähnlichen Fällen wird sich das Reibungsatmen als ein äußerst wirkungsvolles Verbindungselement erweisen.

Wenn du mit dieser Methode erst einmal vertrauter und erfahrener darin geworden bist, wirst du noch einige andere erstaunliche Funktionen des Kehlkopfs kennenlernen. So ist der Energiekehlkopf z. B. ein ausgezeichneter Reiniger: Er kann alle möglichen Sorten von Gift verdauen. Darüber hinaus spielt er eine wichtige Rolle bei der Verwandlung des Nektars der Unsterblichkeit. Deshalb empfehle ich das Reibungsatmen nicht als Routine zu betrachten, sondern vielmehr als Übung auf der heiligen Suche nach den Geheimnissen des Kehlkopfs.

2.3 Die Geheimnisse des Kehlkopfs

 In der Sanskrit-Literatur finden sich einige überraschende Geschichten über die Stimme. Die Rishis oder weisen Propheten des alten Indien sind bekannt für ihre vielen außergewöhnlichen Fähigkeiten, genannt *Siddhis*. Eine dieser Fähigkeiten war das *Vac-Siddhi* (*Vac* heißt Stimme), durch das alles, was der Rishi sagte, sich bewahrheitete. Manchmal konnte ein Rishi nur durch das Murmeln eines Wortes eine ganze Armee materialisieren

und so den Lauf der Geschichte ändern. Dies führte dazu, daß das gesprochene Wort als heilig und unveränderlich angesehen wurde, was zeitweise auch seine Probleme mit sich brachte. So wird z.B. in der *Mahabharata*, dem längsten Gedicht in der Geschichtsaufzeichnung der Menschheit, berichtet, daß die fünf *Pandava*-Brüder einem Turnier beiwohnten, bei dem einer von ihnen die Hand der schönsten Prinzessin gewann. Als die Brüder zu Hause ankamen, verkündeten sie ihrer Mutter, der tugendhaften Kunti: »Wir haben einen Schatz mitgebracht.« Worauf die Mutter unglücklicherweise antwortete: »Gut, teilt ihn unter euch fünfen auf.« Danach mußte die Prinzessin die Frau der fünf Männer werden, abwechselnd mit jedem eine Weile zusammenleben und möglichst unparteiisch sein.

Die schöpferische Kraft der Stimme kommt im Sanskrit deutlich zum Ausdruck, denn *Vac* (= Stimme) wird auch häufig als Synonym für *Shakti*, die schöpferische Energie und Kraft der Manifestation, verwendet. Bei den alten Griechen finden wir ebenfalls verschiedene philosophische Richtungen, bei denen mit *Logos* eine ähnliche Vorstellung verbunden wird. Seine wichtigste Bedeutung ist »Wort«, aber gleichzeitig wird *Logos* auch mit dem schöpferischen Prinzip gleichgesetzt. Auch später in der Urfassung des Johannesevangeliums in griechischer Sprache wird das Wort *Logos* zur Beschreibung des schöpferischen Prinzips zu Beginn der Erschaffung der Welt verwendet: »Am Anfang war der *Logos* (das Wort), und der *Logos* war bei Gott, und der *Logos* war Gott« (Johannes 1,1). Interessant ist auch, daß im ersten Buch des Alten Testaments immer wieder ein Bild davon gezeichnet wird, wie Gott während den verschiedenen Phasen der Erschaffung der Welt die Macht des Wortes (in Form des Verbes »sprechen«) gebrauchte, um Neues zu erschaffen: »Gott sprach: Es werde Licht. Und es wurde Licht« (Genesis 1,4). »Dann sprach Gott: Ein Gewölbe entstehe mitten im Wasser und scheide Wasser von Wasser« (Genesis 1,6). »Dann sprach Gott: Das Land bringe alle Arten von lebendigen Wesen hervor …« (Genesis 1,25) usw.

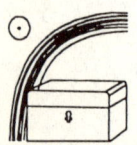 Auch in den Werken Rudolf Steiners finden sich viele Hinweise auf die Macht der Stimme. So beschreibt Steiner beispielsweise, daß in der Spätphase von Atlantis Menschen die Macht besaßen, sich gegenseitig oder sogar die Elemente mittels Manifestation von Kräften durch ihre Stimme zu beeinflussen. Ganz nebenbei finden sich auch äußerst sinnträchtige Schilderungen bestimmter Kräfte der Stimme im dritten Band von Tolkiens *Herr der Ringe*, in dem Kapitel »Sarumans Stimme«, sowie in dem Roman *Dune* und dem darauf basierenden Film. Ein Aspekt, den Steiner in seinen Lehren besonders hervorgehoben hat, ist die Wechselbeziehung zwischen der Stimme und den Fortpflanzungsorganen, für die er, was die Entwicklung der Menschheit anbelangt, viele Folgen beschrieben hat.

Abgesehen von den Hinweisen, die Steiner gibt, zeigen einige einfache Tatsachen, daß eine Verbindung zwischen der Stimme (und daher auch dem Kehlkopf) und der sexuellen Energie besteht. So ändert sich z. B. in der Pubertät mit der Entwicklung der Fortpflanzungsorgane auch die männliche Stimmlage infolge der Wirkung des männlichen Hormons Testosteron, und es kommt zum sogenannten Stimmbruch. Nach der Menopause kann auch bei Frauen häufig ein Stimmlagenwechsel beobachtet werden.

In der Astrologie wird der Stimme das Sternzeichen Stier zugeordnet und den Fortpflanzungsorganen das Sternzeichen Skorpion. Die Wechselbeziehung zwischen den Fortpflanzungsorganen und dem Kehlkopf kommt demnach auch hier zum Ausdruck, da diese beiden Sternzeichen sich im Tierkreis genau gegenüberstehen.

Stier wird von Venus beherrscht und Skorpion von Mars. Venus und Mars bilden ein Paar und erfüllen genau entgegengesetzte Funktionen.

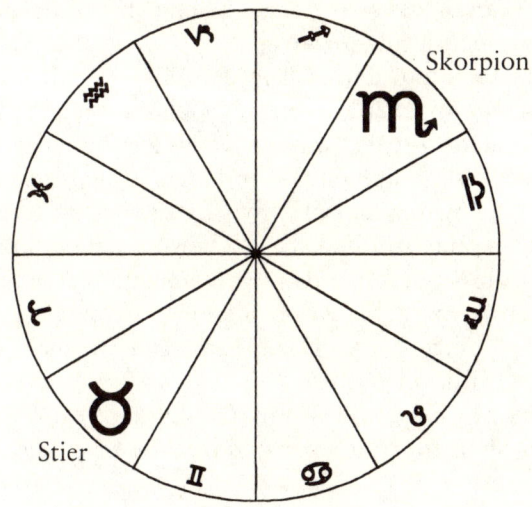

Der Tierkreis

Eine weitere Verbindung zwischen der Stimme und den Fortpflanzungsorganen ergibt sich auch aus dem Althebräischen, wo ein Wort für Stimme auch *Yediah* war, das auf die Wurzel *Yadah* zurückgeht, was soviel wie »kennen, erkennen« bedeutet. Und es war sicher kein Zufall, daß in der Bibel der Geschlechtsverkehr mit dem Wort *Yadah*, also »erkennen«, umschrieben wird, wie etwa an der Stelle: »Adam erkannte Eva, seine Frau; sie wurde schwanger und gebar Kain« (Genesis 4,1).

In der Akupunktur wird der Punkt Magen 30, der sich seitlich des Schambeins befindet, unter anderem mit dem Symptom »Halsschmerzen nach Geschlechtsverkehr« in Verbindung gebracht. In der traditionellen chinesischen Medizin gibt es noch mehrere andere Verbindungen zwischen der sexuellen Energie und dem Hals. So wird beispielsweise von den Körperorganen die Niere als Speicher der sexuellen Energie angesehen.[2] Und im Hals befinden sich die Mandeln, die ebenfalls Nierenform besitzen. Im Falle einer Freisetzung von »Feuer« aus der Niere kann es zu einer Entzündung des Rachens (Pharyngitis) oder der Mandeln (Tonsillitis) kommen.[3]

Aber kehren wir zu Steiner zurück und zu seinen Ansichten über die zukünftige Entwicklung des Stimmorgans. Steiner ging davon aus, daß im Laufe der menschlichen Evolution bestimmte Körperteile langsam an Bedeutung verlieren, während andere mit der Zeit immer mehr an Bedeutung hinzugewinnen. Die Fortpflanzungsorgane gehören zur ersten Kategorie, während der Kehlkopf eindeutig der zweiten Kategorie zuzuordnen ist.

Steiner hat oft erwähnt, daß sich in der Mitte von Lemurien (der Atlantis vorausgehenden Epoche) ein entscheidendes Ereignis in der okkulten Menschheitsgeschichte zutrug.[4] Bis zu jenem Zeitpunkt war die Libido der Menschen ausschließlich auf die Fortpflanzung ausgerichtet, so daß jeder Mensch in der Lage war, allein Nachwuchs zu zeugen. Oder anders gesagt: Wir waren alle Hermaphroditen. Ein Lebewesen allein konnte ein anderes Lebewesen hervorbringen, ohne dazu von einem anderen befruchtet werden zu müssen. Interessant ist, daß sich diese Vorstellung von hermaphroditischen Urmenschen nicht nur bei Steiner, sondern auch in verschiedenen Mythen anderer Traditionen findet.

Steiner beschreibt weiter, wie es inmitten der katastrophenartigen Veränderungen des Planeten Erde dazu kam, daß die Menschen die Hälfte ihrer Fort-

---

2 In der traditionellen chinesischen Medizin werden die Organe nicht nur als reine Fleischstücke betrachtet, sondern jedem von ihnen werden darüber hinaus mehrere psychische und sogar spirituelle Funktionen zugeschrieben. Deshalb wir hier auch von der »Niere« im Singular gesprochen, weil damit das spirituelle Organ bezeichnet wird, dem die physischen Nieren nur zur Materialisierung dienen.

3 Man beachte, daß das Wort »Entzündung« wörtlich »Entfachen von Feuer« bedeutet. Dies weist darauf hin, daß die Ärzte in alter Zeit hinter dem Phänomen der Entzündung eine Wirkung von feuriger Energie annahmen.

4 Vgl. z. B. Steiner, Rudolf: *Grundelemente der Esoterik. Notizen von einem esoterischen Lehrgang in 31 Vorträgen,* Berlin 1905, Kap. 23. Dornach: Rudolf Steiner Verlag, 1987. Sowie: Steiner Rudolf: *Cosmic Memory,* Kap. 6 (»Die Trennung der Geschlechter«).

pflanzungsenergie verloren. Sie waren nicht länger Hermaphroditen: Die Trennung der Geschlechter fand statt. Jedem Menschen stand damit nur noch die Hälfte der Fortpflanzungsenergie zur Verfügung. Und von jener Zeit an mußte er einen Menschen des anderen Geschlechts finden, um ein Kind bekommen zu können. Aber was ist mit der anderen Hälfte der Fortpflanzungsenergie geschehen, der Energie, die nicht mehr zur Fortpflanzung zur Verfügung stand? Laut Steiner wurde sie zur Erfüllung einer anderen Funktion umgeleitet: zum Erfassen des Ego oder des Höheren Selbst.[5] Bis dahin hatten die Menschen als reine »Blobs« völlig abgetrennt von ihrem Ego gelebt. Durch Umlenkung der Hälfte ihrer Sexualenergie war es ihnen jetzt möglich geworden, eine Verbindung zu ihrem Ego herzustellen und damit zu spirituellen Wesen zu werden.

 Diese Weltsicht eröffnet uns eine äußerst interessante Betrachtungsweise der Beziehung zwischen Sexualenergie und Spiritualität und der Sexualität im allgemeinen. Beispielsweise wird der Sexualinstinkt in diesem Zusammenhang als die Suche nach der »verlorenen Hälfte« angesehen. Und gleichzeitig ergibt sich daraus, daß die verlorene Hälfte nicht unbedingt außerhalb von uns selbst in der Vereinigung mit einem anderen Wesen zu finden sein muß, sondern in einer vollkommenen Verbindung mit unserem eigenen Geist. Des weiteren legt diese Weltsicht den Schluß nahe, daß es sich bei der Sexualenergie und der Energie, die es uns ermöglicht, eine Verbindung zu unserem Geist herzustellen, im Grunde um dieselbe Art von Energie handelt und daß die auf den Geist ausgerichtete Energie nichts anderes ist als eine verfeinerte, umgelenkte Form der Sexualenergie. Diese Vorstellung stimmt in hohem Maße mit den taoistischen Systemen der inneren Alchemie überein, in denen an der Verfeinerung und Umwandlung der sexuellen Energie gearbeitet wird, um den sogenannten Embryo der Unsterblichkeit entstehen zu lassen, d. h. den feinstofflichen Körper, in dem die Fülle des Höheren Selbst fortwährend erfahren werden kann.

Aber kehren wir zur Stimme zurück. Nachdem also in der Mitte der lemurischen Epoche die Hälfte der sexuellen Energie der Menschen in eine neue Richtung umgelenkt wurde, haben sich laut Steiner einige neue Organe im menschlichen Körper entwickelt. Der Kehlkopf war eines davon. Dadurch entstand eine direkte Verbindung zwischen der transformierten und spiritualisierten Sexualenergie und dem Kehlkopf: Solange die sexuelle Energie des Hermaphroditen ausschließlich auf die Fortpflanzung ausgerichtet war, konnte der Kehlkopf nicht entstehen. Erst als ein Teil der Sexualenergie verfeinert wurde, um den Geist zu erfassen, beginnt sich der Kehlkopf zu entwickeln.

---

5 Der Einfachheit halber wollen wir im Moment die Begriffe Ego, Höheres Selbst und Selbst noch als Synonyme verwenden. Genauere Unterscheidungen werden später eingeführt. (Siehe dazu Handbuch Clairvision Language, Internet-Site der Clairvision School.)

Wenn wir also versuchen, die gegenwärtige Funktion unseres Kehlkopfs zu verstehen, wird uns klar, daß wir durch die Stimme unseren Gedanken und Gefühlen Ausdruck verleihen und ihnen damit eine genauer umrissene Form geben. Sobald du anfängst, die im ersten Kapitel dieses Buches beschriebenen Übungen zu machen, wirst du merken, daß das Atmen mit der Reibung im Hals dir dabei hilft, dein drittes Auge fühlbarer zu machen, als ob du es selbst formen würdest. Zuerst stimmst du dich auf dein drittes Auge ein, und sobald du anfängst mit der Halsreibung zu atmen, erscheint dir das dritte Auge gleich viel klarer und fühlbarer.

Steiner beschreibt weiterhin, wie in der Zukunft der Menschheit die Formgebungsfähigkeit des Kehlkopfes so extrem werden wird, daß die schöpferische Kraft des Wortes sogar auf der materiellen Ebene offenbar werden wird: Es wird dann ausreichen, ein Wort auszusprechen, und schon wird sich der entsprechende Gegenstand materialisieren. In Anbetracht der damit verbundenen Auswirkungen scheint diese Vorstellung zwar phantastisch, doch handelt es sich dabei letztendlich um nichts anderes als um das *Vac-Siddhi* oder die schöpferische Kraft des Wortes, die den Sanskrittexten zufolge die indischen Rishis meisterhaft beherrschten. In diesem Licht wird der Mensch als ein Wesen dargestellt, das allmählich an Schöpfungskraft hinzugewinnt wie Elohim (Gott, der Herr) im Alten Testament. Anders gesagt, stellt es den Menschen als einen langsam entstehenden Schöpfergott dar. Diese Vorstellung zieht sich durch die gesamte esoterische Tradition des Westens, angefangen bei der biblischen Schöpfungsgeschichte, als Adam von dem Baum der Erkenntnis aß und Elohim (Gott, der Herr) daraufhin ausrief: »Seht, der Mensch ist geworden wie wir« (Genesis 3,22).

Alle diese Ausführungen über den Kehlkopf bringen uns auf den Gedanken, daß hinter dem Mythos über den Adamsapfel, der nichts anderes sein soll, als ein im Hals steckengebliebenes Stück der Frucht vom Baum der Erkenntnis, möglicherweise doch eine symbolische Bedeutung steckt.

Interessanterweise sieht Steiner einen wichtigen Schritt in der Evolution des Kehlkopfes voraus: Wenn die gesamte Sexualenergie erst einmal vollständig umgewandelt sein wird, wird die Fortpflanzungsfunktion nicht mehr durch die Fortpflanzungsorgane erfüllt werden, sondern durch den Kehlkopf. Die Menschen werden dann die Fähigkeit erworben haben, ihre Kinder »auszusprechen«.[6]

---

6 Siehe Steiner, Rudolf: *Cosmic Memory*, Kapitel 18 (»Die vierfache Natur des Menschen auf Erden«).

 Eine weitere Steinersche Vision, die mit verschiedenen anderen Quellen der westlichen esoterischen Tradition übereinstimmt, besagt, daß die letztendliche Umwandlung der Sexualenergie in die Schöpfungskraft der Stimme mit dem Ende des Todes einhergehen wird, d. h. mit der Unsterblichkeit des Körpers. Denn das Ende der Fortpflanzungsorgane bedeutet auch das Ende der Trennung des Menschen in zwei Geschlechter. Im Evangelium nach Philippus, einem der aufregendsten der Apokryphen oder »Nag-Hammadi-Evangelien«, heißt es unmißverständlich, »die Frau« müsse nicht mit »dem Mann« sterben, wenn sie nicht vom »Mann« getrennt worden wäre. Und es sei die Trennung der Geschlechter, die den Anfang des Todes hervorgerufen habe.[7] Im selben Text wird weiter ausgeführt, daß es keinen Tod gab, solange Eva in Adam war. Erst als sie von Adam getrennt wurde, entstand der Tod. Und wenn »der Mensch« wieder ganz werde, werde dies das Ende des Todes sein.[8]

Dies kann als Analogie zum Thomasevangelium gewertet werden, in dem Jesus zu seinen Jüngern sagt: »Wenn ihr die zwei zu einem macht, werdet ihr Söhne des Menschen werden. Und wenn ihr dann sagt: Berg, hebe dich hinweg, wird er sich hinweg heben.«[9]

Dann wird das »verlorene Wort«, auf dem die Tradition der Freimaurer aufbaut, wiedererlangt und der Tempel bis in alle Ewigkeit wiederhergestellt sein.

 Die Alchemisten beschrieben ihre Kunst häufig als eine Methode der Beschleunigung der natürlichen Evolutionsprozesse der Natur. So erklärten sie, alle Metalle seien im Begriff, langsam zu Gold zu werden, und die Umwandlung der Grundmetalle in Gold sei deshalb nichts anderes, als in kurzer Zeit das zu erreichen, wofür die Natur normalerweise lange Zeit benötigen würde. Wir werden in diesem Buch und anderen Büchern, die sich mit denselben Themen des durch Erfahrung erworbenen esoterischen Wissens und der inneren Alchemie beschäftigen, noch mehrfach Gelegenheit haben, auf die innere Bedeutung des Goldes der

---

7 »Evangelium nach Philippus« in: *Apokryphe. Evangelien aus Nag Hammadi.* Neu formuliert und kommentiert von Konrad Dietzfelbinger. Andechs: Edition Argo, 1991, S. 117 (weitere Erläuterungen S. 83–85). Das Philippevangelium ist eines der 52 Texte, die im Jahre 1945 auf geheimnisvolle Weise in der Wüste Nag Hammadi in Ägypten versteckt in Tontöpfen entdeckt worden sind.

8 Ibid., S. 117.

9 »Evangelium nach Thomas« in: *Apokryphe Evangelien aus Nag Hammadi.* Neu formuliert und kommentiert von Konrad Dietzfelbinger. Andechs: Edition Argo, 1991. S. 218. Siehe auch Matthäus 21,21 und Markus 11,23.

Alchemisten zurückzukommen. Denn ihrer Aussage zufolge handelte es sich bei ihrem Gold um »kein gemeines Gold«. Doch in dieser Phase können wir uns darauf beschränken, den Begriff des »Beschleunigens« als eine Definitionsmöglichkeit der inneren Alchemie herauszugreifen: Die innere Alchemie zielt darauf ab, jetzt Transformationen herbeizuführen, die die Menschheit insgesamt erst sehr viel später in ihrem natürlichen Evolutionsprozeß erreichen wird.

Das Reibungsatmen ist die erste einer Reihe von Methoden, die dazu dienen, eine alchemistische Transformation des Kehlkopfes herbeizuführen und uns seiner schöpferischen Kraft zu bedienen. Besonders bei der inneren Alchemie, wie sie von der Clairvision School vertreten wird, wird der Kehlkopf ausgiebig benutzt, um bestimmte Organe des Energiekörpers zu formen und zu »verdichten«. Bei den in Kapitel 3 beschriebenen Übungen wirst du selbst Gelegenheit bekommen, dies nachzuvollziehen.

2.4 Summen

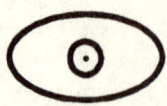 Setz dich mit ganz aufrechtem Rücken in Meditationshaltung. Werde dir deiner Nackenwirbel ganz oben an der Wirbelsäule bewußt, und versuch, sie mit dem Rest des Rückens in eine völlig senkrechte Haltung zu bringen.

Laß deine Augen geschlossen.

Werde dir jetzt deines Kehlkopfs bewußt.

Fang nun an, beim Einatmen und beim Ausatmen kontinuierlich zu summen wie eine Biene. Kurz einatmen und lange ausatmen.

Werde dir nun der körperlichen Schwingungen in deinem Kehlkopf bewußt, die durch das Summen erzeugt werden.

Setz die Übung noch einige Minuten fort. Bleib anschließend ein paar Minuten still sitzen, ohne dich zu bewegen, und spür nur die Vibration in deinem Hals.

Tips und Fallen:

• Du wirst merken, daß das Summen im allgemeinen beim Einatmen automatisch tiefer klingt als beim Ausatmen.[10]

---

10 Eine ähnliche Übung, das sogenannte *Brahmarin*, gibt es auch im Hatha-Yoga. In einem Sanskrittext über Hatha-Yoga, der sogenannten Hatha-Yoga-*Pradipika*, wird sogar beschrieben (III. 68), daß das Geräusch beim Einatmen eher »dem Summen einer männlichen Biene« gleiche, während es beim Ausatmen »an das Summen einer weiblichen Biene« erinnere.

• Diese Übung kann ziemlich berauschend sein. Wenn sie lange genug gemacht wird, kann sie einen erweiterten und veränderten Bewußtseinszustand hervorrufen, der dich in eine leichte Hochstimmung versetzt. Die Wirkung wird in hohem Maße verstärkt, wenn du dir gleichzeitig deines dritten Auges bewußt bist, eine Technik, deren Prinzipien im nächsten Kapitel noch näher ausgeführt werden.

• Du kannst versuchen, diese Übung so zu machen, daß dein Summen möglichst ähnlich klingt wie das Summen einer Biene. Dann wird diese Übung zur Brahmarin-Technik des Hatha-Yoga.[11] Sollte das für dich schwierig sein, mach dir keine Gedanken. Jedes Summgeräusch ist in Ordnung, solange du dabei eine spürbare Vibration erzeugst, die du mit den Fingern auf dem hervortretenden Teil des Kehlkopfes fühlen kannst.

 Bienen sind äußerst alchemistische kleine Lebewesen. Ihre Verbindung zur sexuellen Energie der Pflanzen ist leicht zu beobachten. So helfen sie vielen Pflanzen bei der Befruchtung, indem sie den Pollen (das pflanzliche Gegenstück des Spermas) von einer Pflanze zur anderen tragen. Außerdem holen sie den Nektar aus den Blüten, die die Fortpflanzungsorgane der Pflanzen enthalten, und machen daraus Honig.

Honig ist in vielerlei Hinsicht eine bemerkenswerte Substanz. Er hält sich jahrelang ohne irgendeine Form von Konservierung – eine außergewöhnlich lange Zeit vor allem im Gegensatz zu der Lebenszeit einer Arbeitsbiene, die nur etwa ein bis zwei Monate beträgt. Die Bienen nehmen also ein mit der Fortpflanzung zusammenhängendes Produkt und verwandeln es in eine unvergängliche Substanz. Das erinnert uns natürlich an die alchemistischen Prozesse, durch die die Sexualenergie umgewandelt wird und schließlich in

---

11 Es wäre hier anzumerken, daß zwar unsere Summübung und das *Brahmarin* als ähnliche Techniken angesehen werden können, obwohl sie aus ganz unterschiedlichen Traditionen stammen und zu völlig verschiedenen Zwecken eingesetzt werden, daß jedoch keinesfalls das hier beschriebene Reibungsatmen mit der *Ujjayi*-Atemtechnik des Hatha-Yoga vergleichbar ist. Ujjayi wird mit geschlossenem Mund ausgeführt, während ein wichtiger Aspekt unseres Reibungsatmens darin besteht, daß der Unterkiefer entspannt herunterhängt und der Mund leicht geöffnet bleibt. Beim Ujjayi wird mit langen, langsamen Atemzügen geatmet und bei völliger Beherrschung auch der Atem angehalten; bei unserem Reibungsatmen wird im ganz normalen Rhythmus mit der üblichen Atemtiefe geatmet, und angehalten wird der Atem überhaupt nie. Wichtiger noch als das ist jedoch, daß das Ujjayi im Hatha-Yoga als Atemübung angesehen wird, während bei unserer Methode der Atem selbst irrelevant ist, da es hauptsächlich darum geht, eine besondere Wirkung auf den Kehlkopf auszuüben.

der Bildung eines Körpers der Unsterblichkeit mündet. Auf einer einfacheren Ebene erfreut sich Gelée royale, ein anderes Produkt der Bienen, hoher Wertschätzung, weil ihm lebensverlängernde Eigenschaften zugeschrieben werden.

Interessanterweise gilt Honig schon seit alters her als ausgezeichnetes Heilmittel gegen Halskrankheiten, und Bienen werden als Symbol für Beredsamkeit angesehen. Im Hebräischen ist ein Wort für Stimme auch *Dibur*, das auf die Wurzel *Daber* zurückgeht, aus der sich das Verb *ledaber* ableitet, was soviel heißt wie »sprechen«. Biene heißt *Dvora* und geht auf denselben Wortstamm zurück. Dasselbe gilt für den Namen Deborah, der sich aus dem hebräischen Wort *Dvora*, Biene, ableitet.

Kapitel 3

Das Erwecken des dritten Auges

3.1 Was ist das dritte Auge?

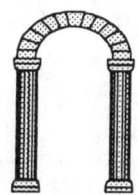
Das dritte Auge ist das Tor zum Raum des Bewußtseins und der inneren Welten. Darüber hinaus ist es das wichtigste Organ zur Erweckung und Beeinflussung des Energiekörpers. Das dritte Auge hat damit sozusagen die Funktion eines »Schalters«, über den höhere Frequenzen des Energiekörpers aktiviert und höhere Bewußtseinszustände erreicht werden können.

Vom therapeutischen Gesichtspunkt aus gesehen hat mir meine jahrelange Erfahrung gezeigt, daß es vielen Klienten, unabhängig von der Art ihrer Probleme, besser geht, wenn sie die Verbindung zu ihrem dritten Auge herstellen. Aufgrund seiner Schalterfunktion setzt das dritte Auge, sobald es aktiviert wird, verschiedene Energieströme in Gang. Dadurch werden automatisch verschiedene körperliche und emotionale Störungen behoben, ein Vorgang, den man auch als eine Art Selbst-Akupunktur beschreiben könnte. Unmittelbar nachdem wir mit der Erweckung des dritten Auges begonnen haben, scheint es uns mit tieferen Aspekten von uns selbst in Kontakt zu bringen, was in sich schon einen starken Heileffekt besitzt. Das heißt natürlich nicht, daß ich behaupte, es würde ausreichen, eine Verbindung zum dritten Auge herzustellen, um alles zu heilen. Dennoch besitzt dieses Zentrum ein so ungeheures Potential, daß ich nicht überrascht wäre, wenn in den kommenden Jahrzehnten immer mehr Formen der »Therapie über das dritte Auge« Verbreitung fänden.

Vom spirituellen Gesichtspunkt aus gesehen wird sowohl in der christlichen als auch in der hinduistischen Tradition der Körper häufig mit einem Tempel verglichen. Analog dazu könnten wir das dritte Auge als das Tor zum Tempel bezeichnen. Indem wir das Tor durchschreiten, begeben wir uns von der profanen in die geistliche Welt, von dem Zustand, in dem wir über das spirituelle Leben lesen und nachdenken, in den Zustand, in dem wir beginnen, es zu erfahren. Seit alters her wurde das dritte Auge von den nach Selbsterkenntnis Suchenden als ein überaus wertvolles Juwel betrachtet. Das ist auch der Grund, weshalb viele Buddha-Statuen auf der Mitte der Stirn einen Edelstein tragen.

Dieses Kapitel handelt davon, wie man eine Verbindung zum dritten Auge herstellt (Übung 3.2). Anschließend wird eine Meditationstechnik (3.7) beschrieben, mit der das dritte Auge weiter erforscht und entwickelt werden kann.

3.2 Erste Öffnung

Vorbemerkung zur ersten Öffnungsübung

Die hier beschriebene Öffnungsübung zielt darauf ab, durch Erweckung eines bestimmten Gefühls zwischen den Augenbrauen eine erste »Verbindung« zum dritten Auge herzustellen. Die Öffnungsübung sollte nur einmal oder ein paar wenige Male über einen kurzen Zeitraum ausgeführt werden. Danach wird die Arbeit mit dem dritten Auge mit der darauffolgenden Meditationstechnik (3.7) sowie mit allen anderen Übungen dieses Buches fortgesetzt.

Am besten suchst du dir zum Anfangen einen Tag aus, an dem du nichts anderes vorhast, beispielsweise den Beginn eines Wochenendes, damit du dich ganz den Übungen widmen kannst. Nach einem starken ersten Eindruck fällt es dir leichter, mit den restlichen Übungen fortzufahren.

Du kannst die Übungen entweder allein oder mit Freunden machen, wodurch die Energie intensiver wird. Der beste Tag jedes Monats ist der Tag vor dem Vollmond. Aber mach dir über den Kalender nicht zu viele Gedanken: Das Wichtigste ist, die Übungen zu machen, und nicht unbedingt, den perfekten Zeitpunkt dafür abzuwarten.

Trag möglichst helle Kleidung (am besten Weiß). Vermeide Schwarz.

 Erinnere dich stets daran, daß wir es hier mit Feinwahrnehmung zu tun haben. Erwarte deshalb nicht, daß sich die Vibration wie ein Dolch in deinem Kopf anfühlt. Auch wenn du nur ein ganz schwaches Kribbeln oder einen schwachen Druck zwischen den Augenbrauen verspürst, genügt das schon, um den Prozeß einzuleiten. Alle anderen Übungen in diesem Buch werden dazu beitragen, daß sich diese Wahrnehmung mit der Zeit verstärkt und entwickelt.

Und denk daran: keine bildhafte Vorstellung, keine Visualisierung. Laß die Dinge einfach auf dich zukommen. Eine winzige Vibration ist bereits bei jedem von uns zwischen den Augenbrauen vorhanden. Ziel ist es, dieses natürliche Vibrieren zu enthüllen, um es später verfeinern zu können.

Lies die Anweisungen im folgenden Abschnitt erst ein paarmal sorgfältig durch, bevor du sie in die Praxis umsetzt.

Vorbereitung

Such dir einen ruhigen Raum, in dem du mindestens eine Stunde lang von niemandem gestört wirst. Du mußt diese Übung nicht allein machen, sondern kannst sie auch mit Freunden ausführen. Aber es sollte niemand im Raum sein, der nicht mit dir oder euch übt.

Zünde mehrere Kerzen im Raum an.

Zieh deine Schuhe aus.

Mach deinen Gürtel, deine Krawatte und alle beengenden Kleidungsstücke auf.

Nimm deine Armbanduhr ab.

Leg dich nun auf einen Teppich, eine Decke oder eine dünne Matte auf den Boden. Deine Arme sollten nicht verschränkt sein, sondern locker neben deinem Körper liegen. Besser ist es, wenn die Handflächen dabei nach oben zeigen.

Die Beine sollten nicht überkreuzt sein.

Mach nun die Augen zu, und laß sie bis zum Ende der Übung geschlossen.

Entspann dich zwei bis drei Minuten lang.

Mach anschließend fünf bis zehn Minuten lang die Summübung (wie in Abschnitt 2.4 beschrieben).

Phase 1

Richte deine Aufmerksamkeit auf deinen Hals.

Fang nun an, mit der Reibung im Hals zu atmen, wie im letzten Kapitel beschrieben (Abschnitt 2.1).

Werde dir der Vibration bewußt, die durch die Reibung im Kehlkopf erzeugt wird.

Sei einfach gegenwärtig, ohne dich auf irgend etwas Bestimmtes zu konzentrieren.

Fließ mit der Energie. Wenn sich in deinem Körper oder deinem Bewußtsein irgend etwas regt, laß es einfach geschehen.

Mach die Übung des Reibungsatmens noch fünf bis zehn Minuten lang weiter, immer mit dem Bewußtsein bei der Schwingung in deinem Kehlkopf.

Phase 2

Atme weiter mit der Reibung im Hals.

Verlagere nun dein Bewußtsein vom Kehlkopf auf den Bereich zwischen den Augenbrauen.

Konzentrier dich nicht. Wenn du dich zu stark auf den Bereich zwischen den Augenbrauen konzentrierst, kann sich der Prozeß nicht entfalten. Fließ mit der Energie. Folg dem, was sich spontan ergibt. Wenn sich der Atem ändert und intensiver wird, folg dem Atem. Achte jedoch darauf, daß dabei während der ersten fünf Übungsphasen immer eine gewisse Reibung im Hals aufrechterhalten wird.

Bleib »einfach gegenwärtig« zwischen den Augenbrauen, und atme fünf Minuten lang mit der Reibung im Hals. Bei dieser Übung spielt es keine Rolle, ob die Zeit genau einghalten wird, du brauchst also nicht auf die Uhr zu schauen.

Phase 3
Halt deine Handfläche dicht vor die Stelle zwischen den Augenbrauen. Die Hand berührt die Haut nicht, sondern ist etwa zwei bis fünf Zentimeter davon entfernt.

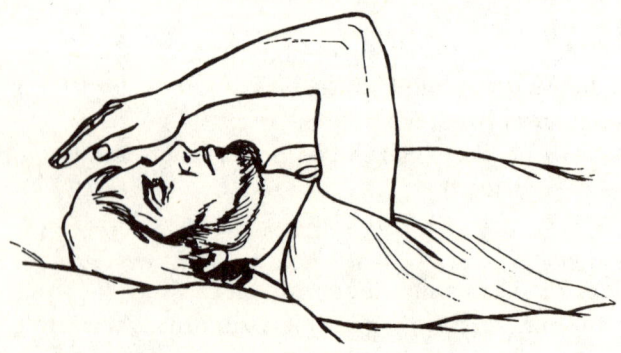

Die Hand berührt die Haut nicht

Bleib ein paar Minuten so mit geschlossenen Augen auf dem Boden liegen, atme mit der Reibung im Hals und dem Bewußtsein auf die Mitte zwischen den Augenbrauen gerichtet, während du deine Handfläche weiter dicht davor hältst.

Phase 4
Du kannst nach Belieben deine Hand in dieser Position lassen oder sie wieder herunternehmen und entspannt neben dich legen.

Halt die Augen weiter geschlossen, atme mit der Reibung im Hals und dem Bewußtsein auf den Bereich zwischen den Augenbrauen gerichtet.

Versuch zu überprüfen, ob du zwischen den Augenbrauen eine Vibration spürst. Das kann sich ganz verschieden anfühlen: wie ein klares Vibrieren oder ein Kribbeln oder aber wie ein verschwommener Druck, ein Gewicht oder das Gefühl von etwas Dichtem zwischen den Augenbrauen.

Streng dich nicht an, etwas zu spüren. Bleib einfach ganz offen, und laß den Dingen ihren Lauf.

Anmerkung: Deine Augen bleiben von Anfang bis Ende dieser Übung geschlossen.

Phase 5

Sobald du auch nur das geringste Gefühl von Vibrieren, Kribbeln, Druck, Pulsieren, Dichte oder Gewicht wahrnimmst, geh folgendermaßen vor: Fang an, eine Verbindung zwischen der Reibung im Hals und dem Gefühl zwischen deinen Augenbrauen herzustellen.

Eine Verbindung herstellen heißt hier, sich beider Gefühle gleichzeitig bewußt zu sein: der Reibung im Hals und der Vibration (oder der Dichte, dem Druck etc.) zwischen den Augenbrauen. Mit der Zeit und mit mehr Übung wirst du die Verbindung zwischen der Reibungsenergie und dem dritten Auge immer klarer wahrnehmen können.

Sobald du die Verbindung zwischen der Reibung und der Vibration herstellst, wirst du spüren, wie sich diese sofort verändert. Sie wird sich feiner und gleichzeitig intensiver anfühlen.

Wenn du merkst, daß es auch noch in einem anderen Körperteil, z. B. auf der ganzen Stirn, in den Armen oder sogar im ganzen Körper vibriert oder kribbelt, achte nicht darauf. Laß deine Aufmerksamkeit weiterhin auf die Vibration (oder den Druck, die Verdichtung etc.) zwischen deinen Augenbrauen gerichtet.

Setz diese Übungsphase etwa zehn Minuten fort, und verstärk die Vibration zwischen den Augenbrauen durch Koppelung an die Reibung im Hals.

Zur Erinnerung: keine bildliche Vorstellung, keine Visualierung. Fließ einfach mit dem, was kommt.

Phase 6

Atme wieder ganz normal, ohne die Reibung im Hals.

Hör auf, dich auf die Vibration zu konzentrieren.

Bleib noch etwa zehn Minuten oder mehr mit geschlossenen Augen und auf die Mitte der Augenbrauen gerichtetem Bewußtsein liegen.

Bleib möglichst still und regungslos liegen, und spür die Energie um dich herum. Je bewegungsloser du wirst, desto besser kannst du dich auf sie einstimmen.

Beobachte, ob im Bereich zwischen deinen Augenbrauen irgendein Gefühl von Licht oder Farben wahrzunehmen ist.

Tips, Tricks und Fallen:

• Konzentrier dich nicht zu stark auf den Bereich zwischen den Augenbrauen, und versuch nicht, ihn ganz erfassen zu wollen, sondern lenk deine Aufmerksamkeit nur ganz sachte darauf. Wenn du dich zu sehr darauf versteifst, wird der Prozeß blockiert. Versuch nichts von dir aus zu »tun«, sondern den Dingen ihren Lauf zu lassen.

• Die Aufmerksamkeit auf die Mitte der Augenbrauen lenken heißt einfach, sich dieser Körperpartie bewußt zu sein, und **nicht** die Augen nach oben zu rollen, als wolle man zu diesem Punkt hinschauen. Solche Bewegungen mit den Augen führen zu Verspannungen, die den natürlichen Fluß des Erlebens nur stören. Die Augen werden also in keine bestimmte Richtung verdreht. Dies gilt für alle Übungen in diesem Buch.

• Häufig wird anfangs das Vibrieren (oder der Druck, die Verdichtung etc.) nicht nur in der Mitte zwischen den Augenbrauen empfunden, sondern auch in anderen Stirn- oder Gesichtspartien. Sollte das passieren, schenk ihm einfach keine Beachtung, sondern laß deine Aufmerksamkeit weiter auf den Bereich zwischen den Augenbrauen gerichtet, und stell die Verbindung zu der Halsreibung her. Je mehr du übst, desto leichter wird sich alles mit der Zeit von allein einstellen.

• Wenn du die Übungen mit Freunden machst, achtet darauf, daß ihr euch nicht gegenseitig berührt, um unerwünschte Energieübertragungen zu vermeiden.

• Wenn die Empfindung zu stark wird, brauchst du nur die Augen zu öffnen, um automatisch in deinen normalen Bewußtseinszustand zurückzukehren.

Zusammenfassung der ersten Öffnungsübung

Leg dich hin und entspann dich.
1. Halsreibung + Bewußtsein im Kehlkopf.
2. Halsreibung + Bewußtsein zwischen den Augenbrauen.
3. wie 2. + Handfläche vor dem dritten Auge.
4. Halsreibung + Erspüren von Vibration, Kribbeln, Druck, Verdichtung etc. zwischen den Augenbrauen.
5. Verbindung zwischen Halsreibung und Vibration in der Mitte der Augenbrauen herstellen.
6. Bewegungslosigkeit – Kontakt mit der Energie um dich herum aufnehmen.

3.3 Verschiedene Erfahrungen

In Kapitel 10 findest du eine Zusammenstellung der häufigsten Erfahrungen von Menschen, die auf der Grundlage der in diesem Buch entwickelten Prinzipien und Techniken anfangen, mit dem dritten Auge zu arbeiten.

Das einzige, was bei dieser ersten Öffnung wichtig ist, ist die Vibration (oder das Kribbeln, die Verdichtung etc.) zwischen den Augenbrauen und das Licht, falls du es zufällig wahrnehmen kannst. Alles andere, was beim Üben passiert, beachtest du am besten gar nicht.

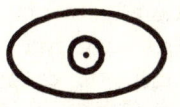 Beim Umgang mit dem dritten Auge und mit Ätherenergie treten besonders am Anfang manchmal kleinere Nebeneffekte auf, wie etwa Kribbeln oder Zucken in verschiedenen Körperteilen oder Bilder, die in deinem Bewußtsein kurz aufblitzen. Laß sie einfach kommen und gehen, denn sie haben keine große Bedeutung. Mach einfach weiter deine Übung, als ob nichts passiert wäre.

Manchmal wird das zwischen den Augenbrauen wahrgenommene Vibrieren, Kribbeln, Gefühl der Verdichtung oder das Licht als sehr intensiv empfunden, aber es macht auch nichts aus, wenn es nur ganz schwach oder verschwommen wahrgenommen wird. Wie wir später noch sehen werden, kann sich die Intensität der Energie bei der gleichen Person von einem Tag auf den anderen stark verändern. Es kann also sein, daß du deine »erste Öffnung« einfach an einem Tag versucht hast, an dem du einen niedrigen Energiespiegel hattest. So schwach diese Empfindungen auch sein mögen, so sind sie doch die Aufnahme eines ersten Kontaktfadens. Und mit Hilfe der systematischen Anleitungen in diesem Buch werden sie sich mit der Zeit in eine klare Wahrnehmung durch das dritte Auge verwandeln.

3.4 Erfahrungsgemäße Entsprechungen

Vibration (Schwingung)	↔	Ätherkörper (Lebenskraft)
Farben und Licht	↔	Astralkörper
Violettes Licht	↔	Astralraum

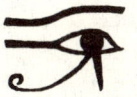 Beim Üben der verschiedenen Techniken zur Entwicklung des dritten Auges wirst du zwischen den Augenbrauen im wesentlichen drei Dinge wahrnehmen: 1. Vibration, 2. Farben und Licht und 3. violettes Licht. Ganz grob gesagt, deutet das erste auf eine Aktivierung des Ätherkörpers hin, das zweite auf eine Aktivierung des Astralkörpers und die Wahrnehmung des violetten Lichts auf die Her-

stellung einer Verbindung zum Astralraum. (Auf die Begriffe ätherisch und astral werden wir in diesem Buch zu einem späteren Zeitpunkt noch genauer eingehen.)

Natürlich sind diese Ausführungen viel zu vereinfacht, um eine exakte Erfassung zu ermöglichen. Doch die Erfahrung hat gezeigt, daß sie ganz nützliche Entsprechungen darstellen, die dir am Anfang helfen, dich besser orientieren zu können.

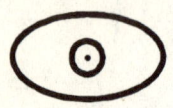

1. Wenn ein Vibrieren, Kribbeln, Pulsieren, Gefühl von Druck, Gewicht oder Verdichtung zwischen den Augenbrauen wahrgenommen wird, hat dies alles dieselbe Bedeutung: Es deutet darauf hin, daß im Ätherteil deines dritten Auges etwas aktiviert worden ist. Der Ätherkörper ist die Schicht der Lebenskraft und kann gleichgesetzt werden mit dem *Prana* der hinduistischen Tradition und dem *Qi* der traditionellen chinesischen Medizin. (Das dritte Auge ist kein physisches Organ, sondern hauptsächlich ein ätherisches und astrales Organ).

Das Vibrieren (oder jedes andere entsprechende Gefühl, wie Kribbeln, Verdichtung etc.) ist die Empfindung, durch die das Ätherische wahrgenommen wird. Wann immer du diese Empfindung irgendwo in deinem Körper spürst, deutet dies darauf hin, daß die Ätherschicht in diesem Bereich aktiviert ist. Deshalb ist die Wahrnehmung der Vibration zwischen den Augenbrauen auch nichts anderes als eine Wahrnehmung des ätherischen Teils des dritten Auges.

Da all diese Empfindungen – Kribbeln, Druckgefühl, Gefühl der Verdichtung oder eines Gewichts – dieselbe Bedeutung haben, bezeichne ich sie hier der Einfachheit halber nur mit einem Wort: Vibration. Immer, wenn also in diesem Buch von »Vibration« die Rede ist, ist damit jede einzelne oder alle diese Empfindungen gemeint. Wenn es also heißt: »Steigere die Vibration zwischen den Augenbrauen«, so bedeutet das: Verstärk die Empfindungsform, die dir am natürlichsten ist, sei es nun Vibrieren, Kribbeln, Pulsieren, Druckgefühl, Verdichtungsgefühl etc. Mit der Zeit wird dir die Vibration sowieso wie alle diese Empfindungen gleichzeitig vorkommen.

Es gibt natürlich verschiedene Stufen der Vibration, wie es auch verschiedene Stufen der Ätherenergie gibt, von denen manche feiner sind als andere. Die Intensität der Vibration kann von einem Tag auf den anderen variieren, nicht nur was die Stärke betrifft, sondern auch in bezug auf die Qualität, die sich auf ganz natürliche Weise jeden Tag ändert. Deshalb ist es wichtig, sich nicht auf eine bestimmte Form der Empfindung zu versteifen, sondern mit dem zu fließen, was sich jeden Tag einstellt. Nach einiger Zeit wird sich dein Gefühl stabilisieren, und du wirst die Energieschwankungen besser unter Kontrolle haben.

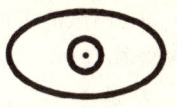 2. Als zweites werden im Bereich zwischen den Augenbrauen häufig (nichtmaterielle) Lichter verschiedenster Art wahrgenommen, die von feinem Nebel über Lichtwolken oder ein Glühen bis zu Farben und klaren Mustern reichen können. All diese Erscheinungen können gleichgesetzt werden und deuten darauf hin, daß im Astralteil deines dritten Auges etwas aktiviert worden ist. Der Einfachheit halber werde ich all diese Effekte unter dem Begriff »Licht« zusammenfassen. Immer wenn in diesem Buch also von »Licht« die Rede ist, bedeutet es das ganze Spektrum: Nebel, Farben, Lichtmuster, leuchtende Punkte oder irgend etwas Glühendes, Schimmerndes. Nimm das an, was sich bei dir auf ganz natürliche Weise einstellt, und sorg dafür, daß es sich dann mit der Zeit zu einem immer helleren Licht entwickelt und verfeinert.

Im Verlauf dieses Buches werden wir noch ausführlich auf den Astralkörper eingehen, der die Schicht des Verstandesbewußtseins und der Emotionen darstellt. Die Gleichsetzung von »(nichtmaterielles) Licht = Astralkörper« stellt dabei kein Absolutum dar, denn bestimmte hohe Lichtfrequenzen entstammen weit höheren Bereichen als der Astralebene. Doch wie du mit der Zeit schnell feststellen wirst, sind die Lichter und Farben, die normalerweise zwischen den Augenbrauen wahrgenommen werden, wenn du dein drittes Auge »einschaltest«, ein klarer Hinweis auf eine Aktivierung seines Astralteils.

 3. Violettes Licht wird oft als Hintergrund der anderen Lichter oder Farbmuster wahrgenommen. Es gibt dir ein Gefühl der Weite oder des Raumes, der sich vor deinem dritten Auge ausdehnt. Je tiefer du in das violette Licht eintauchst, desto mehr nimmst du es nicht nur als Raum vor dir, sondern um dich herum wahr. Dieser Raum entspricht dem, was unter Esoterikern als Astralraum bezeichnet wird.

Dieser Bewußtseinsbereich wird nicht immer Violett wahrgenommen, sondern oft auch Dunkelblau oder sogar Schwarz. Ich werde deshalb im folgenden einfach das Wort »Raum« ohne Farbangabe zur Bezeichnung dieser dunklen Weite im Hintergrund des dritten Auges benutzen.

Interessanterweise ist die Wahrnehmung des violetten Lichts eigentlich ganz einfach, und viele haben es schon oft wahrgenommen (besonders während der Kindheit), ohne sich allerdings über seine wahre Natur im klaren zu sein.

3.5 Wenn du überhaupt keine Vibration spürst

Hier ein paar Hinweise für jene, die beim Durchführen der Übungen überhaupt keine Vibration zwischen den Augenbrauen zu spüren scheinen.

Es ist möglich und nicht ungewöhnlich, daß die Vibration zwar da ist, du sie aber nicht registrierst. Vielleicht erwartest du etwas ganz Außergewöhnliches oder Intensives. Vielleicht ist es zu einfach, und diese Vibration ist schon immer zwischen deinen Augenbrauen vorhanden gewesen, und du hast nur nie darauf geachtet.

Vielleicht blockierst du auch den Prozeß, weil du zu angestrengt versuchst, etwas zu spüren. Konzentrier dich nicht, laß die Dinge einfach auf dich zukommen. Such nicht nach der Vibration, laß sie von selbst entstehen. Üb immer unbeirrt weiter, gib nicht auf, aber behalte dabei stets eine inneren Einstellung des Loslassens bei.

Es gibt noch einen anderen Grund, weshalb du vielleicht keine Vibration spürst: Vielleicht nimmst du ja Licht wahr statt einer Vibration. Erinnere dich an unsere einfachen Entsprechungen:

$$\text{Vibration} \quad \leftrightarrow \quad \text{Ätherkörper}$$
$$\text{Licht} \quad \leftrightarrow \quad \text{Astralkörper}$$

Wenn du irgendeine Form von Licht wahrnimmst (von einem einfachen, verschwommenen, weißlichen Nebel über verschiedene Farben und Muster bis zu dem wunderbaren Violett des Raumes), dann befindest du dich bereits in der Astralschicht und nicht mehr in der Ätherschicht. Du kannst (am Anfang) nicht gleichzeitig innerhalb und außerhalb eines Hauses sein. Wenn du also Licht empfängst, ist es leicht möglich, daß du die Vibrationsebene übersprungen hast. Setz dann deine Übung einfach mit dem Licht fort statt mit der Vibration. Beim Programm unserer Meditationsübung (Abschnitt 3.7) überspringst du in diesem Falle einfach Phase 2. Kümmere dich nicht um die Vibration, sondern stell eine direkte Verbindung zwischen der Reibung im Hals und dem Licht her.

Nachdem Hunderte von Schülern der Clairvision School diese Übungen ausgeführt haben, habe ich nie erlebt, daß jemand nach einiger Übungszeit keine Vibration gespürt hätte. Folg einfach den Ratschlägen Jesu in den Oxyrhynchos-Schriften, in denen er den Suchenden empfiehlt, nicht aufzugeben, bis sie finden. »Denn wenn sie finden, werden sie erstaunt sein.«[12] Weitermachen, weitermachen, weitermachen, nur nicht aufgeben, dann wird alles von selbst kommen.

---

12 Hapfold, E. C.: *Mysticism, a Study and an Anthology*. Penguin, 1986, S. 195. Die Oxyrhynchos-Sprüche Jesu sind in zwei sehr kurzen Papyri enthalten, die in den Jahren 1897 und 1903 nahe der altägyptischen Stadt Oxyrhynchos zusammen mit anderen Papyri in griechischer, lateinischer und koptischer Sprache gefunden wurden.

3.6 Mehr über das dritte Auge

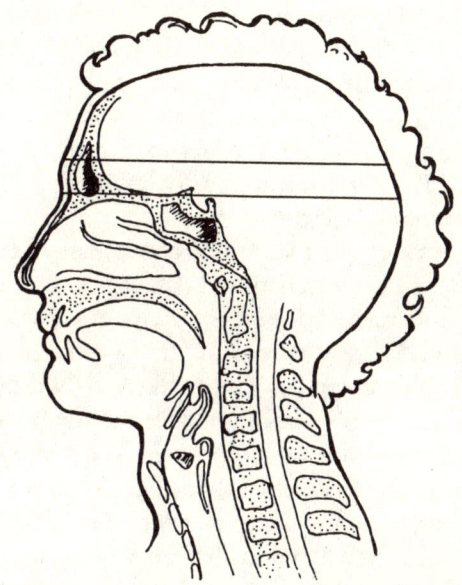

Ein nützlicher Hinweis ist vielleicht noch, daß man sich das dritte Auge als Aufkleber oder Fünfmarkstück auf der Stirn vorstellen kann. In Wirklichkeit gleicht es jedoch mehr einer Röhre oder einem Tunnel, der von dem Punkt zwischen den Augenbrauen bis zum Hinterhauptsbein geht.

Der Tunnel des dritten Auges

Entlang dem Tunnel befinden sich eine Reihe von Energiezentren, über die wir uns mit verschiedenen Bewußtseinswelten und -bereichen verbinden können. Dies erklärt auch, weshalb das dritte Auge in den verschiedenen Traditionen an unterschiedlichen Stellen »angesiedelt« wird: Jede Tradition hat sich als Bezugspunkt ein anderes Energiezentrum entlang diesem Tunnel oder sogar eine an den Tunnel angrenzende Energiestruktur gewählt.

Als weiteren wichtigen Punkt sollten wir uns immer wieder ins Gedächtnis rufen, daß das dritte Auge kein physisches Organ ist. Der größte Teil des dritten Auges besteht aus einer Energiestruktur, die dem Ätherkörper oder der Schicht der Lebenskraft angehört. Zwischen dem Ätherkörper und dem physischen Körper gibt es viele Verbindungen, deshalb ist das dritte Auge als »Hauptschalter« des Ätherkörpers auch eng mit bestimmten Strukturen des physischen Körpers verbunden, wie etwa mit der Hirnanhangs- und der Zirbeldrüse.

Es wäre jedoch zu stark vereinfachend, das dritte Auge mit der Zirbeldrüse oder der Hirnanhangsdrüse selbst gleichzusetzen, wie dies in verschiedenen Büchern geschieht. Denn, wie bereits weiter oben geschildert, ist der Tunnel des dritten Auges nicht physisch vorhanden. Er beeinflußt mit seiner Energie nur eine Reihe von Strukturen des physischen Körpers, wie etwa die Stirnhöhle, die Sehnerven und die Sehnervenkreuzung, die Nerven der Siebplatte des Siebbeins, die Hirnanhangs- und die Zirbeldrüse, einige Nuklei im Gehirnzentrum, die Gehirnventrikel etc.[13] Es wäre viel zu simpel und zu beschränkt, eine dieser Körperstrukturen herauszugreifen und als »drittes Auge« zu bezeichnen. Noch einmal ganz klar: Das dritte Auge ist kein physisches Organ, sondern ein Energieorgan. Es mag zwar einige engere Beziehungen zu bestimmten Körperstrukturen aufweisen, aber es kann keinesfalls auf eine von ihnen beschränkt werden.

Kümmere dich am Anfang gar nicht um irgendeinen anderen Teil des Tunnels: Sei dir nur des Bereichs zwischen den Augenbrauen bewußt. Man muß irgendwo anfangen, und dieses besondere Zentrum zwischen den Augenbrauen hat den großen Vorteil, eine schützende Energie überall um dich herum in deiner Aura zu erzeugen, sobald es aktiviert wird. Auf andere Zentren des »Tunnels« werden wir im späteren Verlauf noch näher eingehen.

 **Wenn in diesem Buch also von »dem Auge« die Rede ist, ist damit immer der Bereich zwischen den Augenbrauen gemeint.** Das heißt natürlich nicht, daß dieser Bereich das ganze dritte Auge ist. Aber in den ersten Übungsphasen werden wir vor allem diesen Bereich nutzen und als Hauptschalter entwickeln, als den Punkt, der ständig im Zentrum unserer Aufmerksamkeit steht. Wenn du auch in anderen Kopfpartien besondere Empfindungen spürst, versuch sie nicht zu unterdrücken, aber schenk ihnen auch keine besondere Beachtung. Richte deine Aufmerksamkeit immer weiter auf den Bereich zwischen den Augenbrauen.

---

13 Den Gehirnventrikeln wird in der heutigen Neurophysiologie keine wichtige Rolle zugeschrieben. Nachforschungen Hellsichtiger zufolge scheinen sie jedoch eine Schlüsselrolle bezüglich der Verbindung des menschlichen Bewußtseins mit dem kosmischen Raum innezuhaben. Ich wage die Voraussage, daß es früher oder später zu höchst unerwarteten wissenschaftlichen Entdeckungen in bezug auf die chemischen und physikalischen Vorgänge in den Ventrikeln und im Liquor kommen wird.

3.7 Meditation mit dem dritten Auge

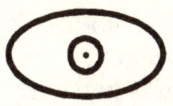 Fangen wir nun mit unserer wichtigsten Meditationstechnik an. Die ersten Phasen dieser Meditation sollen nicht dazu dienen, dich in spektakuläre Zustände der Transzendenz zu versetzen, sondern dazu, ganz systematisch an der Entwicklung deines dritten Auges zu arbeiten, um später zur wahren inneren Ruhe zu gelangen. Wie wir noch in Kapitel 9 über die Gegenwärtigkeit genauer sehen werden, besagt eines der Pinzipien unseres Ansatzes, daß man nicht mit dem Verstand gegen das Verstandesbewußtsein ankämpfen kann. Der Verstand läßt sich nicht dazu zwingen, ruhig zu werden. Doch man kann eine Struktur außerhalb des Verstandes schaffen, von der aus der Verstand kontrolliert werden kann. So gesehen ist das dritte Auge mit einem Kontroll- oder Wachturm vergleichbar, ähnlich dem 20. Hexagramm des I Ging.[14] Die ersten Phasen dieser Meditation zielen auf eine Strukturierung des dritten Auges und auf seine möglichst spürbare Einprägung in dein System ab.

In Phase 4 und 5 geht es um den inneren Raum und die geheimnisvollen Wirbel. In den ersten paar Wochen kannst du beim Üben der Einfachheit halber Phase 5 (der Wirbel) überspringen und direkt von der Phase über den Raum zur »Nicht-Technik«, oder wirklichen Meditation übergehen, bei der du über dem Kopf »einfach gegenwärtig« bist.

Vorbereitung

Zieh deine Schuhe und alles andere Beengende, wie etwa Gürtel, Krawatte und Armbanduhr, aus.

Setz dich mit aufrechtem Rücken im Schneidersitz auf den Boden oder auf einen Stuhl. Du mußt nicht unbedingt auf dem Boden sitzen, wichtig ist, daß dein Rücken möglichst gerade ist. Wenn du auf einem Stuhl sitzt, ist es besser, wenn du dich nicht anlehnst, um den freien Fluß der Energien nicht zu stören.

Meditationsphase 1: Der Energiekehlkopf
Mach die Augen zu, und laß sie bis zum Ende der Meditation geschlossen.

Fang nun mit dem Reibungsatmen hinten im Hals an (wie in Abschnitt 2.1 beschrieben).

Das Reibungsatmen erzeugt im Hals eine Vibration. Werde dir der Vibration im Kehlkopf bewußt. Benutz die Reibung zur Intensivierung der Vibration im Kelhkopf.

---

14 Vgl. z. B. Claussen, Claus: *I Ging*. Freiburg 1998.

Die Vibration im Hals setzt sich aus zwei Effekten zusammen: einem physischen, der durch die mechanische Wirkung des Atmens entsteht und einem etwas feineren, der sich wie ein Kribbeln oder Prickeln anfühlt und noch wahrgenommen werden kann, wenn du schon aufgehört hast zu atmen.

Verwende das Reibungsatmen dazu, das nichtphysische Kribbeln zu verstärken.

Korrigier die Haltung deiner Wirbelsäule. Versuch vollkommen aufrecht zu sitzen. Bring deinen Nacken in eine Linie mit deinem Rücken, um so eine möglichst perfekte, gerade Haltung einzunehmen. Achte darauf, daß Kopf, Hals und Rücken eine gerade Linie bilden.

Beobachte, wie sich die Vibration in deinem Kehlkopf und der Energiefluß im Hals verstärken, je näher du an eine möglichst aufrechte Haltung herankommst. Pflege die Ruhe.

Meditationsphase 2: Die Vibration im dritten Auge

Atme weiter mit der Reibung im Hals.

Lenk nun dein Bewußtsein vom Hals auf die Vibration zwischen deinen Augenbrauen.

Stell dann eine innerliche Verbindung zwischen der Vibration des dritten Auges, d.h. dem Bereich zwischen den Augenbrauen, und der Reibung im Hals her.

☿ Wenn du dir nicht ganz im klaren darüber bist, was »eine Verbindung herstellen« bedeutet, versuch einfach, dir beider Dinge gleichzeitig bewußt zu sein: des Atmens mit der Reibung im Hals und der Vibration in der Mitte der Augenbrauen. Du wirst dann schnell merken, daß zwischen dem Hals und dem dritten Auge eine Art Wechselwirkung stattfindet. Das ist es, was mit Verbindung gemeint ist.

In Meditationsphase 2 liegt also der Schwerpunkt darauf, die Reibungsatmung als Verstärker zu benutzen, um die Vibration im dritten Auge auszubilden und zu steigern.

Solltest du die Wahl zwischen Empfindungen von starker Verdichtung oder feinem Kribbeln haben, dann entscheide dich für das Kribbeln. Vermeide das Festhalten und versuch, die Erfahrung leicht zu halten.

Meditationsphase 3: Licht im dritten Auge

Atme weiter mit der Reibung im Hals. (Die Augen bleiben bis zum Ende der Meditation geschlossen.)

Lenk nun dein Bewußtsein von der Vibration zur Mitte der Augenbrauen, und versuch zu fühlen, ob du irgendeinen Nebel oder Dunst, ein Glühen oder irgendeine andere Form von Licht oder Farben spürst. All diese Erscheinungen können als verschiedene Ausdrucksformen von »Licht« angesehen werden. Im Zusammenhang mit den Inhalten dieses Buches ist hier natürlich kein materielles Licht gemeint, sondern ein spirituelles Licht, das mit geschlossenen Augen wahrgenommen wird.

Ein Grundprinzip unserer Arbeit lautet:

> **Versuch das Licht nicht zu sehen, sondern zu spüren!**

Dabei sei noch einmal daran erinnert: keine bildhafte Vorstellung, keine Visualisierung; nur Bewußtsein dessen, was vor dir ist.

Sobald du irgendeine der genannten Erscheinungsformen (Nebel, Glühen, Farben etc.), wenn auch nur schwach, wahrnehmen kannst, stell eine Verbindung zu der Reibung im Hals her. Ebenso wie du in Phase 2 eine Verbindung zwischen der Reibung und der Vibration zwischen den Augenbrauen hergestellt hast, stellst du jetzt eine Verbindung zwischen der Reibung und dem Licht her. Anstatt die Vibration zu verstärken, versuchst du jetzt, das Licht zu verstärken.

Je länger du übst, desto heller und leuchtender wird das Licht werden, das du wahrnimmst. Lenk dein Bewußtsein langsam weg von den verschwommeneren Bereichen und den helleren, leuchtenderen zu. Stell eine Verbindung zwischen deinem Verstärker, der Reibung im Hals, und den hellsten Lichtbereichen her.

 Eine häufig erlebte Erfahrung sind winzige leuchtende Lichtpunkte, die sich im Raum vor dir in alle möglichen Richtungen bewegen. Sobald du die Verbindung zwischen der Reibung und diesen Lichtpartikeln herstellst, werden einige davon in dich eindringen und direkt in dein Herz fließen, das dadurch mit einer wertvollen Energie gespeist wird.

Meditationsphase 4: Gegenwärtigkeit im Raum

Halte deine Aufmerksamkeit weiter auf das dritte Auge gerichtet, d. h. auf den Bereich zwischen den Augenbrauen.

Anstatt das Licht und die leuchtenden Lichtpartikel zu spüren, versuch jetzt, dir des Hintergrunds des Lichts bewußt zu werden. Die Dunkelheit oder das violette Licht im Hintergrund aller Farben wird dir ein Gefühl von Weite und Raum geben, der sich vor dir ausdehnt.

Der Raum kann dir violett, dunkelblau oder sogar einfach schwarz vorkommen. Wichtiger als die Farbe ist das Gefühl der Weite.

Sei einfach im Raum gegenwärtig. Laß dich von ihm aufnehmen.

In dieser Phase kann die Reibung im Hals verringert oder ganz eingestellt werden. Fang erst wieder an mit Reibung zu atmen, wenn du merkst, daß dir ständig Gedanken durch den Kopf schießen.

Meditationsphase 5: Herumwirbeln im Raum

Fang an, dich im Geiste im Uhrzeigersinn zu drehen und in den Raum vor dir hineinzuwirbeln, als würdest du vorwärts in einen Tunnel fallen.

Wirble herum, als wärst du in einem Wirbel gefangen.

Der Wirbel ist direkt vor dir im Raum und wartet nur auf dich. Versuch nicht, dir die Drehbewegung vorzustellen, sondern laß dich vielmehr von dem Strudel erfassen und von seiner natürlichen Bewegung mitreißen.

Während du weiter herumwirbelst, verändern sich manchmal die Eigenschaften und die Farbe des Raums, als ob du in einen vollkommen anderen Bereich hineingeschleudert würdest. Nimm die verschiedenen Gefühle und Empfindungen einfach wahr, und dreh dich weiter mit dem Wirbel.

Wenn du willst, kannst du von Zeit zu Zeit oder auch die ganze Zeit die Reibung im Hals benutzen, um den Wirbeleffekt zu verstärken.

Die Nicht-Technik

Laß jegliches Bewußtsein von deinem Atem, dem dritten Auge, dem Raum usw. sausen.

Werde nur über deinem Kopf gegenwärtig.

Mach nichts, such nach nichts, sei »einfach gegenwärtig«.

Sei dir nicht einmal deiner selbst bewußt: einfach nur gegenwärtig.

Bleib absolut bewegungslos.

Üb die Kunst des Kontrolleverlierens.

Überlaß alles der Gegenwärtigkeit über dem Kopf.

Zurückkommen und Beenden der Meditation

Kehr mit deinem Bewußtsein wieder zwischen deine Augenbrauen zurück.

Lausch auf die Geräusche um dich herum.

Werde dir deines Körpers wieder bewußt. Atme ein paarmal tief ein.

Nimm dir soviel Zeit, wie du willst, um ganz zurückzukehren, schnips dann mit den Fingern deiner rechten Hand, und mach die Augen wieder auf.

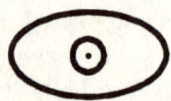

Tips zu Phase 1 (Vibration im Kehlkopf):

• Es ist nicht schlimm, wenn es dir am Anfang schwerfällt, die physische von der nichtphysischen Vibration zu unterscheiden. Es reicht schon aus, ein vages Gefühl von der physischen und nichtphysischen Vibration zu bekommen, um den Prozeß in Gang zu setzen. Wenn du zu genau zu unterscheiden versuchst, kommt dir höchstwahrscheinlich eher dein Kopf in die Quere und blockiert den Prozeß.

Alles, was mit der Vibration zusammenhängt, wird dir wahrscheinlich klarer werden, wenn du erst einmal Kapitel 4, 6 und 8 gelesen und mit dem Üben der Kanaleröffnungstechniken begonnen hast.

• Am Anfang mag es vielleicht hilfreich sein, deine Hand in etwa zwei bis drei Zentimeter Abstand vor deinen Hals zu halten, um das Energiegefühl in dieser Körperpartie zu verstärken. Später ist das dann nicht mehr nötig.

• Sowohl für diese als auch für alle anderen Übungen mit dem Energiekehlkopf ist eine möglichst aufrechte Nackenhaltung von höchster Bedeutung.

 Welche offensichtlichen Unterschiede lassen sich zwischen dem Körper von Tieren und Menschen beobachten? Ein Hauptunterschied besteht darin, daß die menschliche Wirbelsäule senkrecht verläuft und die von Tieren meist waagrecht. Darüber hinaus haben die Tiere auch einen Kehlkopf, jedoch ist er nicht senkrecht. Dies stößt uns auf die Schlüsselrolle des aufrechten Gangs des Menschen und der damit verbundenen senkrechten Position des Kehlkopfs für die Erreichung seines kosmischen Stellenwerts in bezug auf den Geist. Ein anderer Hinweis auf diese Tatsache kann bei der Ausführung der ersten Meditationsphase direkt wahrgenommen werden: Sobald du eine vollkommen aufrechte Haltung einnimmst, kommt es plötzlich zu einer deutlichen Verstärkung der Vibration in deinem Kehlkopf.

Tips zu Phase 2 (Vibration im Auge):

• Der Energiekehlkopf wirkt als Verstärker und Formgeber. Durch die Verbindung des Bereichs zwischen den Augenbrauen mit der aus dem Hals kommenden Reibung, arbeitest du an der Entwicklung deines dritten Auges.

Wurde eine Verbindung zur Reibung hergestellt, deutet die darauffolgende verstärkte Vibration im dritten Auge erfahrungsgemäß darauf hin, daß die Wirkung des Kehlkopfs zum Tragen kommt.

• Wie bereits erwähnt, kann die Vibration auch als ein Kribbeln, ein Druck, eine Verdichtung etc. empfunden werden. In dieser Phase geht es um den Aufbau der Ätherschicht des dritten Auges.

Tips zu Phase 3 (Licht im Auge):

• Anfangs bedeutet das Herstellen der Verbindung zwischen dem Licht im dritten Augen und der Reibung im Hals nichts anderes, als beide Empfindungen gleichzeitig zu spüren. Dann kommt es irgendwann automatisch zu einem Austausch zwischen den beiden, bei dem die durch die Halsreibung erzeugte Energie dem Teil deines dritten Auges übermittelt wird, der Licht wahrnimmt. In der Praxis ist das eine ganz einfache Erfahrung: Die Reibung scheint das Licht »zu speisen«, es fühlbarer und heller zu machen. Das ist noch ein Beispiel dafür, wie der Kehlkopf »zur Formgebung« verwendet werden kann.

• Die meisten Schüler, die meinen, das Licht nicht sehen zu können, sehen es in Wirklichkeit, aber erkennen es nicht. Du mußt die Tatsache einfach akzeptieren, daß das Licht am Anfang ganz schwach sein kann, wie ein verschwommener weißer Nebel. Und doch ist dieser schwache Schimmer ein erster Anknüpfungspunkt. Benutz den Verstärkereffekt des Kehlkopfes, um ihn zu entwickeln. Üben, üben und nochmals üben lautet die Parole. So wird sich der bescheidene Schimmer schließlich in helles Licht verwandeln.

Tips zu Phase 4 (der Raum):

• Häufig geht mit der Wahrnehmung des violetten Raums ein ungeheures Gefühl der Erleichterung einher, als fiele dir ein Stein vom Herzen. Sobald du Kontakt mit dem inneren Raum aufnimmst, fühlt sich dein Herz gleich um Tonnen leichter an. Einige Erklärungen dafür werden in Abschnitt 3.10 gegeben.

Tips zu Phase 5 (der Wirbel):

• Die Drehung im Uhrzeigersinn muß nicht unbedingt sein. Wie immer ist es wichtig, daß du dem Impuls des Augenblicks folgst, und das kann auch manchmal bedeuten, daß du zurückwirbelst oder dich gegen den Uhrzeigersinn drehst. Nichtsdestotrotz solltest du dich vorwärts und im Uhrzeigersinn bewegen, wenn kein besonderer Wind dich in eine andere Richtung weht.

• Der Wirbel ist gleichzeitig Wirbel und Tunnel. Besser ist es, keine klaren Erwartungen zu haben, wie er auszusehen habe. Laß zu, daß sich die Wahrnehmung bei dir nach und nach selbst einstellt.

• Aus dem Drehen im Raum ergibt sich eine kunstvolle Wissenschaft der Wirbel, durch die man weite Reisen in Zeit und Raum unternehmen kann. Das führt uns zu einer Form des Reisens, deren Ziel es nicht ist, uns aus unserem Körper hinauszubewegen, sondern so tief in uns hineinzugehen, daß es irgendwann nichts mehr gibt, aus dem wir heraus müßten. Der Wirbeleffekt, der uns von einer Raumzeit zur nächsten führt, wird vor allem in der ISIS-Technik, der Rückführungstechnik der Clairvision School, intensiv genutzt.

• Begegne dem Wirbel mit großem Respekt und Staunen, so, wie du dich einem Erzengel gegenüber verhalten würdest, der Äonen älter ist als du, und du wirst auf außergewöhnliche Geheimnisse stoßen.

Gedanken beim Meditieren

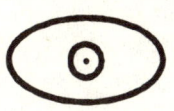 Wenn dir beim Meditieren Gedanken in den Kopf schießen, achte nicht auf sie, und laß sie einfach vorüberziehen. Du wirst bald merken, daß der Geist sich durch eine starke Vibration zwischen den Augenbrauen normalerweise beruhigt und sein ununterbrochener Gedankenfluß deutlich verlangsamt wird. Versuch also nicht, mit dem Verstand gegen die Gedanken anzukämpfen: Lenk deine Aufmerksamkeit nicht auf sie. Kehr einfach jedesmal, wenn du von einem Gedanken abgelenkt wirst, mit deinem Bewußtsein in dein drittes Auge zurück und setz die Übung fort. Mach deine Übungen unbeirrt weiter. Bald wirst du merken, daß die Gedanken automatisch ein geringeres Problem darstellen, je mehr sich das dritte Auge entwickelt. Und wenn erst eine bestimmte Entwicklungsstufe überschritten ist, wird es dir über das dritte Auge möglich sein, nach Belieben dein Verstandesbewußtsein, und damit auch deine Gedanken, vollständig auszuschalten.

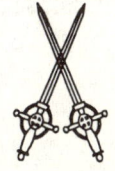 Wenn der Gedankenfluß zu stark und störend wird, kann man ihn häufig durch Intensivierung der Reibung im Hals und damit gleichzeitig durch Steigerung der Vibration im Auge beruhigen. Aber denk immer daran, daß der Zweck unserer Mediation nicht darin besteht, unseren Geist zum Schweigen zu bringen, ein offenkundig hoffnungsloses Unterfangen, sondern in der Entwicklung unseres dritten Auges. Sobald wir das geschafft haben, spielen Gedanken keine Rolle mehr.

Zusammenfassung der ersten Meditationstechnik

Vorbereitung: mit geradem Rücken in Meditationshaltung sitzen.
1. Reibungsatmen + Vibration im Kehlkopf
2. Reibungsatmen + Vibration zwischen den Augenbrauen
3. Reibungsatmen + Licht zwischen den Augenbrauen
4. Raum
5. Herumwirbeln im Raum: der Wirbel
Nicht-Technik: über dem Kopf einfach gegenwärtig sein.

Empfohlene Übungsdauer für jede Phase:

• Für eine 30-Minuten-Meditation: 5 Minuten für jede Phase plus 5 Minuten für die Nicht-Technik.

• Für eine 60-Minuten-Meditation: *Phase 1:* 5 Minuten; *Phase 2:* 10 Minuten; *Phase 3:* 10 Minuten; *Phase 4:* 10–15 Minuten; *Phase 5:* 15–20 Minuten. *Nicht-Technik:* 5 Minuten.

• Für eine 10-Minuten-Meditation: etwa 2 Minuten für jede Phase.

Vernachlässige Meditationsphase 1 nicht, auch wenn du nur wenig Zeit hast, denn sie stellt einen wesentlichen Teil des Prozesses dar.

Übung 3.8: Noch mehr Summen

Bei dieser Technik wird das in Abschnitt 2.4 beschriebene Summen benutzt.
   Setz dich mit aufrechtem Rücken hin, und lenk dein Bewußtsein in den Hals. Wiederhol Phase 1, 2 und 3 der Mediationstechnik, benutz jedoch dieses Mal anstelle der Halsreibung die Summtechnik. Tauch dann wie in Phase 4 und 5 in den Raum ein, und benutz von Zeit zu Zeit das Summen, um tiefer in den Raum vorzudringen.

Tip:

• Summen ist eine wirkungsvolle Methode, um dich in den Raum hineinzuschleudern. Wende es immer an, wenn du von Gedanken oder anderen geistigen Aktivitäten beim Meditieren gestört wirst.

3.9 Zeitliche Organisation der Übungen

In den ersten Übungstagen solltest du soviel wie möglich meditieren. Wiederhol immer wieder die erste Öffnungsübung (Abschnitt 3.2), die erste Meditationstechnik (Abschnitt 3.7) sowie ihre Entsprechung mit dem Summen (3.8) und andere Techniken, die dir in diesem Buch besonders gefallen haben. Durch eine starke Anfangsprägung wird dir der restliche Prozeß leichter fallen.
   Eine gute Vorgehensweise wäre es, jeden Morgen die erste Meditationstechnik (3.7) anzuwenden und ein paar andere Übungen zu machen. Ein Vorschlag: 20 bis 30 Minuten meditieren, dann zehn Minuten die Kanaleröffnungsübungen machen (Kapitel 4, 6 und 8), daraufhin zehn Minuten

lang die Sehübungen anwenden (Kapitel 5 und 7) und weitere zehn Minuten die Schutztechniken (Kapitel 18 und 20). Mach außerdem jeden Abend vor dem Schlafengehen eine Nachtübung (Kapitel 13, 14, 15) und möglichst noch eine am Nachmittag oder frühen Abend, z. B., wenn du müde von der Arbeit nach Hause kommst.

Wenn du mehr Zeit zur Verfügung hast, ist es sicherlich möglich und von Vorteil, mehr Zeit auf die Übungen zu verwenden. Wir wollen hier jedoch noch einmal klarstellen, daß die Clairvision-Techniken für diejenigen entwickelt wurden, die in der Alltagswelt leben. Sie stellen keinen Aufruf dar, dich von deinen täglichen Aktivitäten zurückzuziehen, sondern anzufangen, sie mit einer neuen Gegenwärtigkeit zu erledigen, wie in Kapitel 9 noch näher ausgeführt werden wird.

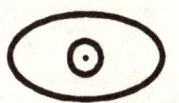 Der Schlüssel zum Erfolg liegt also nicht so sehr darin, jeden Tag stundenlang zu meditieren, sondern diese Übungen immer mehr in deine Alltagsaktivitäten einzubauen.

Der Eckpfeiler unserer Methode besteht in der Aufrechterhaltung einer permanenten Gegenwärtigkeit im dritten Auge, in der Mitte zwischen den Augenbrauen, bei allem, was wir tun (außer beim Schlafen). Dies gilt nicht für das Licht und den Raum, die ausschließlich dem Meditieren vorbehalten bleiben. Doch durch Aufrechterhaltung eines permanenten Bewußtseins einer gewissen Vibration zwischen den Augenbrauen lassen sich gleich zwei positive Effekte erzielen: Zum einen wirst du bei allem, was du tust, allmählich immer präsenter und zentrierter werden, und zum anderen wird das feinstoffliche Organ zwischen den Augenbrauen durch deine Gegenwärtigkeit genährt und sich so zu einem kraftvollen Energiezentrum entwickeln. Alle in diesem Buch angeführten Techniken können als Möglichkeiten betrachtet werden, diese neue Gegenwärtigkeit zu pflegen. Gewiß ließe sich sogar die Ansicht vertreten, daß der erste und wichtigsten Vorteil unserer Techniken des Sehens darin besteht, daß wir zwischen den Augenbrauen **gegenwärtig und präsent** bleiben müssen, um sie anzuwenden.

Auch wenn du nur wenig Zeit hast, kannst du den in diesem Buch beschriebenen Prozeß nachvollziehen, indem du jeden Morgen nur fünf bis zehn Minuten lang meditierst (Technik 3.7) und die anderen Übungen in deinen normalen Tagesablauf einbaust. Doch diese fünf bis zehn Minuten Morgenmeditation sind für die Entwicklung deines dritten Auges von höchster Bedeutung. Wenn dein Tagesprogramm so ist, daß du eher am Abend als am Morgen Zeit zum Üben hast, versuch trotzdem um jeden Preis morgens fünf bis zehn Minuten zu meditieren, denn damit sorgst du für eine Wiederherstellung der Verbindung zu deinem dritten Auge, was deine Energie für den Rest des Tages völlig verändert.

In welchem Umfang auch immer du dich zum Üben entscheidest, denk immer daran, daß dieser Teil des Pfades etwas mit Aufbau zu tun hat: mit dem Aufbau des feinstofflichen Körpers. Je mehr du übst, desto schneller wird der Aufbau stattfinden.

3.10 Die Geheimnisse des Raums

 Beim Ausführen der ISIS-Übungen, den Rückführungstechniken der Clairvision School, kommt es häufig vor, daß der Embryozustand in den allerersten Tage nach der Empfängnis wiedererlebt wird.[15] Es kann dann gespürt werden, wie der Fötus in dem violetten Raum »badet«. Der violette Raum ist überall um ihn herum, wie ein Meer. Der Embryo ist winzig, und der Raum um ihn herum wird als ungeheuer weit empfunden. Dieser Raum ist nichts anderes als der violette Raum, den du in der vierten und fünften Meditationsphase in deinem dritten Auge wahrnimmst.

Für den Embryo ist der Raum außerhalb, überall um ihn herum. Doch für uns befindet sich derselbe Raum in uns drinnen. Um uns in den Raum hineinzubegeben, müssen wir uns nach innen zurückziehen und das Tor des dritten Auges durchschreiten. In den Upanishaden wird der Mensch mit einer Stadt mit zehn Toren verglichen.[16] Neun dieser Tore führen nach außen und nur eines führt nach innen. Die neun Tore sind die beiden Augen, beide Ohren, beide Nasenlöcher, der Mund, der Anus und das Geschlechtsteil. Das zehnte Tor ist das dritte Auge, auch Ajna-Chakra genannt, das keinen Zugang zu der äußeren Welt bietet, sondern nur zu dem inneren Raum.

Was also für den Embryo noch außen war, ist jetzt für uns innen. Das bedeutet jedoch, daß während der Embryonalentwicklung, also während der Fötus heranwächst, eine Verinnerlichung des Astralraums stattfindet. Wir haben es hier mit einer faszinierenden Umkehrung zu tun, durch die das Innen zum Außen und das Außen zum Innen wird. Und im Moment des Todes fin-

---

15 Siehe zweites Buch der englischen Reihe dieses Buchs in *Experiential Esotericism and Inner Alchemy* mit dem Titel: *Regression, Past-Life Therapy for Here and Now Freedom* von demselben Autor.

16 Shvetashvatara-Upanishad III,18 und Bhagavadgita V,13. In der Katha-Upanishad werden diesen noch zwei weitere Tore hinzugefügt: der Nabel und der Kopf (Brahma-Randrha). Für alle in diesem Buch zitierten Stellen aus den Upanishaden vgl.: *Upanishaden. Die Geheimlehre der Inder*. München: Diederichs 1994. Für alle in diesem Buch zitierten Stellen aus der Bhagavadgita vgl.: Sri Aurobindo: *Bhagavadgita*. Gladenbach: Hinder & Deelmann 1991.

det dann wieder genau das Gegenteil statt: Das Individuum wird erneut in den Raum integriert.[17]

Das führt uns zu einem tieferen Verständnis des Wortes »Existenz«, mit dem üblicherweise die Zeit beschrieben wird, die wir hier auf Erden verweilen. Im Lateinischen bedeutet »ex« aus, heraus und »sistere« sich stellen. Existenz bedeutet also »sich außerhalb stellen«, d. h. den Raum verlassen. Existenz ist damit das vorübergehende Verlassen des Raums, das wir zwischen Geburt und Tod erleben.

Jetzt kannst du das Gefühl der Erleichterung in deinem Herzen verstehen, wenn du beim Meditieren in den violetten Raum eintauchst. Es ist, als wäre dein Herz unvermittelt von jeglichem Druck des inkarnierten Lebens, von allen Existenzsorgen befreit worden – jedenfalls genug, um dich um vieles leichter zu fühlen! Ein Einweihungseffekt besteht darin, eine dauerhafte Verbindung mit dem Raum herzustellen, ohne die Verhaftung mit der Erde zu verlieren. Das ermöglicht es uns, den Frieden des kosmischen Raumes zu genießen und gleichzeitig mit beiden Beinen auf dem Boden unserer Alltagsaktivitäten zu bleiben. Und wenn du erst eine bestimmte Stufe überschritten hast, bleibt diese heitere Leichtigkeit für immer in deinem Herzen, egal was außen herum passieren mag.

Wir wollen hier noch einmal klarstellen, daß es nicht Ziel des Clairvision-Arbeitsstils ist, dich aus deiner Inkarnation in ein Friede-Freude-Eierkuchen-Paradies zu führen, sondern dich auf eine alchemistische Arbeit mit der Materie deiner feinstofflichen Körper vorzubereiten. Ziel ist die Erleuchtung im Hier und Jetzt, mitten im kosmischen Chaos unserer heutigen Zeit. Paradoxerweise erzeugt die Verbindung mit dem Raum eine innere Freiheit, die es dir ermöglicht, mit beiden Beinen besser auf dem Boden dieser Welt zu stehen.

---

17 Interessanterweise findet die Umkehrung nicht nur zwischen dem Innen und Außen statt. Ein anderer Ausdruck dieser Tatsache findet sich auch in der Kopf-nach-unten-Position des Babys in der Gebärmutter. Sobald das Baby aus dem Bauch der Mutter herauskommt und von dem Astralraum in die physische Welt eintritt, muß es eine umgekehrte Haltung einnehmen und lernen, seinen Kopf hochzuhalten.

Kapitel 4

Kanaleröffnung (1): Laß es fließen!

4.1 Kanaleröffnung

Unter der Bezeichnung »Kanaleröffnung« haben wir eine Reihe von Techniken zur Erweckung und Reinigung des Energie- oder Ätherkörpers zusammengefaßt. Die Ätherenergie oder Lebenskraft ist nichts anderes als das *Prana* in der indischen Tradition und das *Qi* in der traditionellen chinesischen Medizin. Unser erstes Ziel besteht darin, eine spürbare Wahrnehmung von dieser Energie zu erlangen.

Die Lebenskraft zirkuliert im ganzen Ätherkörper und folgt dabei bestimmten Energielinien, die in der chinesischen Medizin *Meridiane* genannt werden und im Sanskrit *Nadis*. Wir werden mit einigen davon arbeiten und versuchen, den Energiefluß entlang der Meridiane zu spüren.

In einem fortgeschritteneren, entscheidenden Stadium werden wir dann lernen, die Energie bewußt durch diese Kanäle zu lenken.

Mit der Entwicklung dieser Fähigkeit wird der Schüler in die Lage versetzt, verschiedene Gesundheitsprobleme zu lösen. Es wird dann offensichtlich werden, daß ein gutes Funktionieren des physischen Körpers in hohem Maße von dem richtigen Fluß und Gleichgewicht des Energiekreislaufs im Ätherkörper abhängt.

Je mehr der Ätherkörper durch diese Übungen gestärkt wird, desto größer wird seine Widerstandskraft gegen negative Energien. Wenn eine unerwünschte Energie in einem der Kanäle wahrgenommen wird, ist es darüber hinaus möglich, sie bewußt auszustoßen, wie beispielsweise ein Kieselstein in einem Schlauch durch Einwirkung auf den Wasserfluß herausgeschleudert werden kann. Eine solche Fertigkeit ermöglicht ein hohes Maß an energetischem Schutz und wird sich für alle, die sich in einem Selbst-Transformations- oder Heilungsprozeß befinden, als große Hilfe erweisen.

Zu einem späteren Zeitpunkt wird es im Zusammenhang mit der inneren Alchemie dann um die Öffnung des allerwichtigsten Energiekanals im Zentrum des Körpers gehen. Dieser Hauptenergiekanal verläuft von der Wurzel der Wirbelsäule (dem Damm zwischen Anus und den äußeren Genitalien) bis zum Scheitel hinauf und über den Kopf hinaus. Es ist die Donnersäule, der Pfad des Schlangenfeuers der esoterischen Tradition des Westens, der Kanal, der beim Kundalini-Yoga *Shushumna* genannt wird. Die Kanaleröffnung sollte auch als eine Vorbereitung auf die Arbeit mit diesem Hauptkanal verstanden werden. Die Kanaleröffnung bildet dich in der bewußten Lenkung der Ätherenergie aus. Anstatt dir also einen Fluß in der Donnersäule vorstellen zu müssen, wirst du in der Lage sein, einen tatsächlichen Energiefluß auszulösen.

Übung 4.2: Verbundenes Schütteln

Phase 1: Schütteln
Setz dich mit aufrechtem Rücken möglichst auf eine Matte auf dem Boden oder auch auf einen Stuhl.

Wenn du dich auf einen Stuhl setzt, lehn dich nicht an.

Laß die Augen die ganze Übung über geschlossen.

Schüttle jetzt deine Hände zehn bis zwanzig Sekunden lang schnell und energisch.

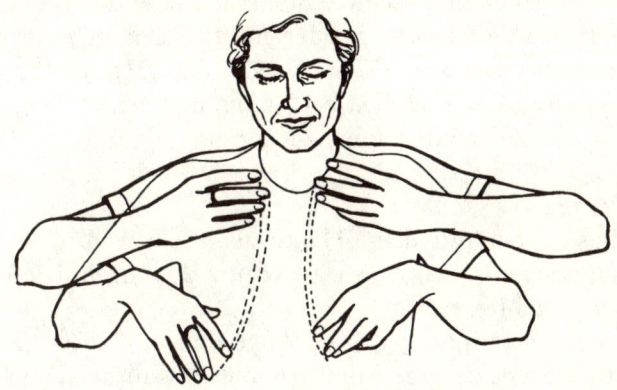

Verbundenes Schütteln der Hände

Bleib danach mit nach oben gerichteten Handflächen bewegungslos sitzen. Um eine maximale Wirkung zu erzielen, halt die Hände in der Luft, und stütz sie nicht auf den Knien oder den Armlehnen des Stuhls ab.

Werde dir des Vibrierens deiner Hände bewußt.

Phase 2: Vibration im dritten Auge, Vibration in den Händen
Wiederhol Phase 1: Schüttle die Hände, und bleib dann bewegungslos sitzen.

Werde dir der Vibration in deinen Händen bewußt.

Phase der Bewegungslosigkeit

Werde dir der Vibration in deinem dritten Auge (in der Mitte zwischen den Augenbrauen) bewußt.

Laß deine Aufmerksamkeit einige Sekunden lang auf die Vibration des Auges gerichtet. Werde dir dann wieder ein paar Sekunden lang der Vibration in deinen Händen bewußt. Dann wieder der Vibration des Auges usw. Wechsle so mehrere Male zwischen beiden hin und her.

Werde dir dann beider Vibrationen gleichzeitig bewußt.

Phase 3: Reibung

Wiederhol Phase 1: Schüttle deine Hände zehn bis zwanzig Sekunden lang. Bleib dann mit geschlossenen Augen bewegungslos sitzen. Die Handflächen sind nach oben gerichtet.

Werde dir der Vibration im dritten Auge und in deinen Händen gleichzeitig bewußt. Verweile ca. eine Minute in dieser Wahrnehmung.

Fang dann an, mit der Reibung im Hals zu atmen wie in Kapitel 2 beschrieben. Stell eine Verbindung zwischen der Reibung und der Vibration im Auge sowie der Vibration in den Händen her. Mach diese Übung noch ein bis zwei Minuten weiter. Beobachte, wie sich die Qualität der Vibration verändert.

Tips:

• Diese Übung führt zu einer ganzen Reihe von neuen Erfahrungen. Ein entscheidender Punkt ist, daß wir spüren können, daß eine Veränderung sowohl in den Händen als auch im Auge stattfindet, sobald mit dem Reibungsatmen begonnen wird. Die Vibration wird intensiver, fühlbarer, und gleichzeitig wird ihre Qualität feiner.

• Die Reibung im Hals intensiviert nicht nur das Vibrieren, sondern trägt auch dazu bei, eine Verbindung zwischen dem dritten Auge und den Energiezentren in den Handflächen herzustellen. Häufig wird dies in Form eines Energiedreiecks zwischen dem dritten Auge und den beiden Handflächen spürbar, welches das Auge und die Handflächen verbindet.

Phase 4: Die Verbindung herstellen

Schüttle die Hände ein paar Sekunden lang. Bleib dann mit nach oben gerichteten Handflächen bewegungslos sitzen.

Spür die Vibration im dritten Auge und in den Händen.

Fang dann an, mit der Reibung im Hals zu atmen. Stell eine Verbindung zwischen der Reibung und der Vibration im Auge und in den Händen her. Beobachte, wie sich aufgrund der Reibung die Vibration automatisch verändert.

Versuch dann die Verbindung zwischen den Händen und dem Auge zu spüren. Benutz die Halsreibung, um diese Verbindung zu verstärken.

Was genau spürst du zwischen deinen Händen und dem dritten Auge? Spürst du nur etwas oder kannst du auch etwas »sehen« (mit geschlossenen Augen)?

Wie verändert sich die Energie in deinen Händen, wenn du die Verbindung zu deinem dritten Auge intensivierst?

Tips und Fallen:

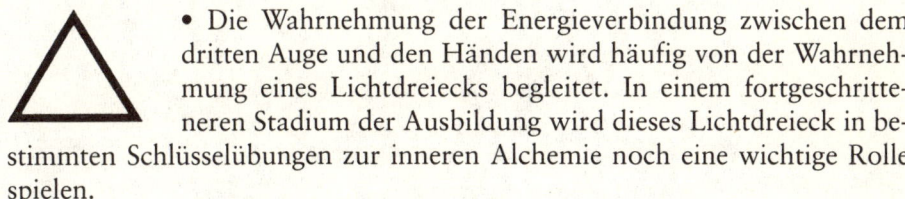

• Die Wahrnehmung der Energieverbindung zwischen dem dritten Auge und den Händen wird häufig von der Wahrnehmung eines Lichtdreiecks begleitet. In einem fortgeschritteneren Stadium der Ausbildung wird dieses Lichtdreieck in bestimmten Schlüsselübungen zur inneren Alchemie noch eine wichtige Rolle spielen.

• Vergiß nie unsere Grundregel: keine bildhafte Vorstellung, keine Visualisierung. Fließ einfach mit dem, was kommt. Entwickle, was du hast, und erfinde nichts. Wenn du in den Händen nur ein schwaches Kribbeln spürst, versuch es mit Reibungsatmen und der regelmäßigen Anwendung der anderen in diesem Buch angeführten Techniken zu verstärken und zu entwickeln.

• Wenn du diese und die folgenden Übungen immer weiterführst, wirst du merken, daß die Energie, die in deinen Händen fließt, mit der Zeit immer mehr verfeinert wird. Je enger die Verbindung zwischen der Vibration in den Händen und der Gegenwärtigkeit im dritten Auge wird, desto feiner und heilsamer wird der Energiefluß werden. Diese Übung stellt einen ersten Schritt in der Entwicklung heilender Hände dar.

Übung 4.3: Verbundenes Reiben

Setz dich mit aufrechtem Rücken hin.

Reib nun zehn bis zwanzig Sekunden lang oder mehr deine Hände kräftig gegeneinander.

Bleib dann mit nach oben zeigenden Handflächen bewegungslos sitzen.

Beobachte ein paar Sekunden lang die Qualität der Vibration in deinen Händen und in deinem dritten Auge.

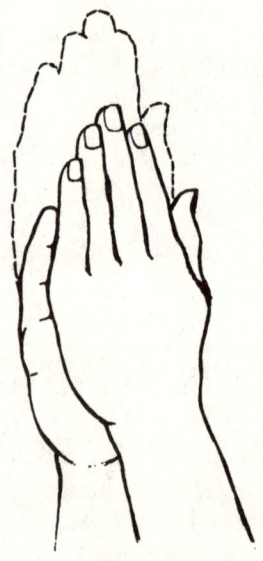

Verbundenes Reiben der Hände

Fang dann an, mit der Reibung im Hals zu atmen. Stell die Verbindung zwischen der Halsreibung und der Vibration in den Händen und im Auge her. Achte auf die feinen Veränderungen der Vibration in den Händen aufgrund der Reibung im Hals.

Stell eine Verbindung zwischen der Vibration im Auge und der Vibration in den Handflächen her. Benutz die Reibung im Hals, um diese Verbindung zu intensivieren. Spür, wie das Vibrieren in deinen Händen immer feiner wird.

Tips:

• Außer für den von uns verfolgten Zweck zur Verfeinerung der Wahrnehmung eignet sich diese Übung vor allem für Menschen, die Massagen geben oder andere Heilbehandlungen mit den Händen vornehmen, bevor sie mit den Behandlungen anfangen.

• Achte beim Üben der Kanaleröffnung stets darauf, daß die Qualität der Energie, die durch deine Hände fließt, von der Qualität der Vibration in deinem dritten Auge und von der Verbindung zwischen beiden abhängt. Je feiner die Vibration in deinem dritten Auge ist, desto feiner ist auch die Energie, die durch deine Hände fließt. Eine wirkungsvolle Heilmethode für dich selbst wie auch für deine Patienten besteht im Einstimmen auf die höchsten Qualitäten der Vibration im Auge und im Übertragen dieser Energie, indem du sie durch deine Hände fließen läßt.

4.4 Vibration = Ätherenergie

Im wesentlichen ist der Ätherkörper die Schicht der Schwingung oder Vibration: Immer wenn du die Vibration spürst, spürst du den Ätherkörper. Diese Aussage ist natürlich zu einfach, um ganz wahr zu sein, und später wirst du möglicherweise in der Lage sein, bestimmte Ätherfrequenzen von Lichtern oder Astralschwingungen zu unterscheiden. Doch zu Anfang stellt die Gleichung »Vibration = Ätherenergie« einen ausgezeichneten Bezugspunkt dar, um deine Erfahrungen besser einordnen zu können. Wenn du also die Vibration in deinen Händen spürst, so deutet dies beispielsweise darauf hin, daß die ätherische Lebenskraft in deinen Händen zum Fließen gebracht worden ist. Wenn du die Vibration zwischen deinen Augenbrauen spürst, deutet dies darauf hin, daß die Ätherenergie des dritten Auges aktiviert worden ist usw. für jeden Körperteil oder sogar über die Grenzen deines Körpers hinaus. Denn der Ätherleib durchdringt nicht nur den physischen Körper, sondern reicht auch über ihn hinaus. In welchem Maße er jeweils über den physischen Körper hinausgeht, hängt von verschiedenen inneren Faktoren ab.

Wenn das Vibrieren in deinen Händen oder in einem anderen Körperteil feiner zu werden scheint, ist das ein Hinweis darauf, daß du mit tieferen feinstofflicheren Schichten des Ätherleibs Fühlung aufnimmst.

Zu Beginn benutzen wir körperliche Stimulationen, um die Wahrnehmung der Ätherschwingung zu erwecken. Später wirst du in der Lage sein, diese Schwingung auch ohne Reiben der Hände oder ohne irgendeine andere Körperbewegung entstehen zu lassen. Die Schwingung wird dann von innen kommen.

Ich schlage deshalb vor, daß du dir in diesen ersten Übungsphasen keine allzu großen Gedanken darüber machst, ob deine Vibration nun physisch, ätherisch oder eingebildet ist. Vertrau auf deine eigenen Erfahrungen. Ein ganz direkter Beweis der nichtphysischen Natur der Vibration ließe sich durch Abhacken deiner physischen Hand und den nachfolgenden Effekt liefern, daß du immer noch dieselbe Vibration spürst, was häufig nach Amputationen der Fall ist, wenn das fehlende Glied als noch vorhanden erlebt wird (sogenannter Phantomschmerz).

Ein anderer Hinweis auf die nichtphysische Natur dieser Schwingung ist, daß du sie an allen möglichen verschiedenen Stellen im Körper auch ohne Reiben oder sonstige körperliche Stimulation spüren kannst. Wenn deine Öffnung noch weiter fortgeschritten ist, wirst du sie sogar über die Grenzen deines physischen Körpers hinaus spüren, zuerst um dich herum und dann in immer entfernteren Gegenständen. Die Wahrnehmung der Ätherschwingung wird dann von jeder körperlichen Empfindung völlig abgekoppelt sein.

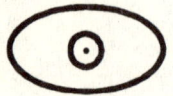 Denk immer daran, daß es bei unserem Ansatz nichts zu glauben (und deshalb auch nichts anzuzweifeln) gibt. **Wichtig ist nicht, was du glaubst, sondern was du wahrnimmst.** Im Mittelpunkt steht bei uns immer die direkte Erfahrung. Lern, diese vibrierende Energie wahrzunehmen, und entscheide dich dann, wie du sie verstehen willst.

Hast du gemerkt, daß sich die Vibration im dritten Auge zu verstärken scheint, sobald du anfängst, die Vibration in den Handflächen zu erwecken? Die Vibration im dritten Auge scheint fühlbarer oder dichter zu werden, als würde ihre Schwingungsfrequenz erhöht; auf jeden Fall wird sie deutlicher wahrgenommen. Mehr über diesen wichtigen Effekt erfahren wir am Anfang von Kapitel 6.

4.5 Allgemeine Ratschläge zu der Arbeit mit den Meridianen

• Üb so, als würdest du die Akupunktur erfinden. Die Kanaleröffnungsmethode gibt dir alles an die Hand, um den wirklichen Verlauf der zirkulierenden Ätherenergie in deinem Körper ausfindig zu machen. Versteif dich nicht auf die traditionellen anatomischen Bahnen der Meridiane. Denn auch in den alten chinesischen Medizinbüchern herrscht keine Einigkeit über den genauen Verlauf von verschiedenen besonderen Verzweigungen. Die Karte des Ätherkörpers, die im 3. Jahrtausend benutzt werden wird, muß erst noch gezeichnet werden. Warum eigentlich nicht von dir?

• Benutz zum Reiben die Brücke deiner Handfläche unter den Fingerknöcheln. Entlang den Handbergen unter den Fingerknöcheln ist tatsächlich eine Energielinie spürbar. Mach deine Hand ganz flach und steif. Leg diese Linie auf die Bahn des Meridians, den du stimulieren willst, und beweg die Hand mit leichtem, aber entschiedenem Druck reibend auf der Bahn hin und her.

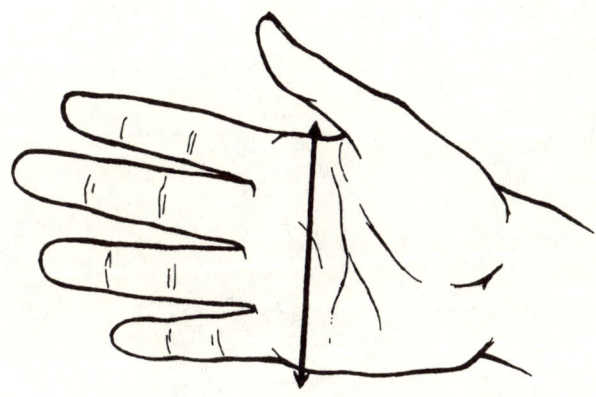

Die Brücke der Handfläche

• Denk daran, daß es im Umgang mit Energie – besonders am Anfang – immer Tage gibt, an denen es viel schwieriger zu sein scheint, die Vibration wahrzunehmen. Beispielsweise gibt es Tage, an denen du beim Meditieren in den violetten Raum kommst, aber kaum eine Schwingung spürst (besonders um den Neumond herum). An anderen Tagen ist es genau umgekehrt: Du spürst viel Schwingung, nimmst aber keinen Raum wahr. Und manchmal spürst du auch gar nichts. Das ist der ganz normale Lauf der Dinge in diesem Prozeß. Am Anfang entziehen sich die Wahrnehmungen völlig deiner Kontrolle. Sie kommen, wenn du sie überhaupt nicht erwartest und lösen sich grundlos auf.

Üb regelmäßig weiter, und nach ein paar Monaten brauchst du dich dann nur in dein drittes Auge zu begeben und dich darauf einzustimmen, um sofort einen Schwingungsfluß in Gang zu setzen. Aber auch bei allen, die schon ein relativ hohes Maß an Kontrolle erreicht haben, kommt es von einem Tag auf den anderen und sogar im Laufe desselben Tages zu Veränderungen der Vibration.

• Viele Therapeuten raten Krebspatienten von jeglicher Form der Massage ab, da sie ein Ausbreiten der Krankheit begünstigen könnte. Manche sind sogar der Meinung, daß erst fünf Jahre nach dem letzten chirurgischen Eingriff oder der letzten Behandlung, die den Krebs zum Stillstand gebracht hat, eine Massage gefahrlos wieder aufgenommen werden kann, auch wenn der Patient völlig geheilt ist. Wenn du diese Ansicht teilst, kann die Kanaleröffnungstechnik ohne Reiben angewandt werden, indem du mit deinen Fingerspitzen nur ganz leicht über die Meridiane fährst, wie in Abschnitt 6.4 beschrieben.

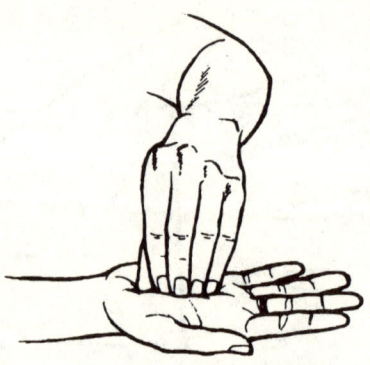

Die leichte Berührung

• Für die Akupunkturmeridiane werden wir in diesem Kapitel den Namen der ihnen zugeordneten Organe benutzen, wie häufig in der Akupunkturliteratur üblich. Es kann jedoch nie genug betont werden, wie irreführend diese Namen sind und welche großen Mißverständnisse sie hervorrufen können. Der Gallenblasenmeridian hat z.B. eine ganze Reihe verschiedener Funktionen und verbindet, außer daß er durch die Gallenblase führt, mehrere Körperteile, von Auge und Ohr bis zum Fußknöchel. Deshalb erfaßt die Bezeichnung »Gallenblasenmeridian« in keinem Falle alle Funktionen dieses Meridians. Der Name wird hier nur benutzt, weil er leichter zu merken ist als sein echter chinesischer Name, nämlich *Zu Shao Yang* (wörtlich: »Mittelyang des Fußes«). Ebenso verhält es sich mit den anderen chinesischen bzw. deutschen Bezeichnungen.

4.6 Der Herzbeutelmeridian

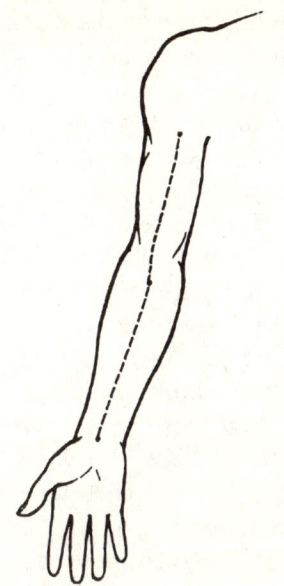

Der Abschnitt des Herzbeutelmeridians, den wir stimulieren wollen, ist eine Linie, die an der Handwurzel beginnt und in der Mitte des inneren Unterarms bis zur Bizepssehne in der Ellenbeuge und dann geradeaus weiter bis zum Bizeps selbst hochführt.

Setz dich in Meditationshaltung. Wenn du auf einem Stuhl sitzt, lehn dich nicht an. Halte die Augen während der ganzen Übung geschlossen.

Reib deine Hände ein paar Sekunden lang und wiederhol Übung 4.3. Bleib mit nach oben gerichteten Handflächen bewegungslos sitzen. Werde dir der Vibration im dritten Auge und in den Händen bewußt.

Reib wie in Abschnitt 4.5 beschrieben mit der Brücke der Handfläche (den Handbergen unter den Fingerknöcheln) über die Meridianlinie.

Der Herzbeutelmeridian

Hör dann auf, und bleib mit nach oben geöffneten Handflächen regungslos sitzen.

Werde dir der Vibration entlang der Linie bewußt.

Fang nach ein paar Sekunden mit dem Reibungsatmen an, und stell eine Verbindung zwischen der Reibung im Hals und der Vibration in dem Meridian her. Versuch eine halbe Minute oder mehr die Schwingung entlang der Energiebahn über die Reibung zu verstärken.

Werde dir dann gleichzeitig der Vibration im dritten Auge bewußt, wodurch du eine Verbindung zwischen der Reibung im Hals, der Vibration im Auge und der Vibration in der Meridianlinie herstellst. Setz die Übung ungefähr eine Minute lang fort.

Werde dir als nächstes der Hand des behandelten Armes bewußt. Kannst du, obwohl du diesen Körperteil nicht direkt physisch stimuliert hast, eine Verlängerung der Energiebahn in der Hand spüren? Zu welchem Finger führt der Meridian hin?

Werde dir dann deiner Schulter und Brust bewußt. Wo verläuft die Energiebahn in diesen Körperteilen? Kannst du sie auch in irgendeinem Organ spüren?

Hör mit allem auf, und sei ein paar Sekunden lang »einfach gegenwärtig«.

Wiederhol jetzt die ganze Abfolge mit demselben Meridian am anderen Arm.

Schnips mit den Findern der rechten Hand, und öffne die Augen.

4.7 Der Herzmeridian

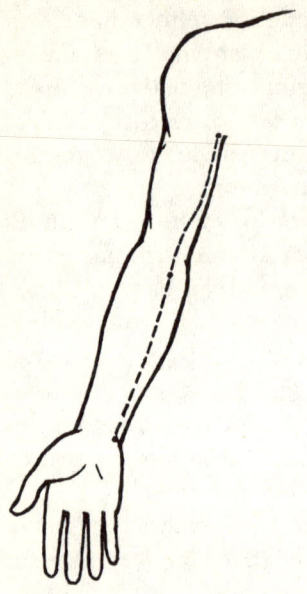

Der Abschnitt des Meridians, mit dem wir uns hier befassen wollen, beginnt an der Innenseite der Handwurzel. Du kannst den Punkt mit den Fingern zu ertasten versuchen und wirst dabei auf einen kleinen, runden Knochen stoßen, der Erbsenbein genannt wird, weil er die Form einer Erbse hat.

Spann dann deinen Bizeps leicht an, und du wirst auf diesem Meridian weiter innen – etwa einen Zentimeter neben der Bizepssehne – in der Ellenbeuge einen anderen Punkt finden. (Die Akupunkturpunkte fühlen sich normalerweise unter den Fingern wie eine kleine Vertiefung oder Delle an.) Wenn du jetzt eine gerade Linie zwischen dem Erbsenbein und diesem Punkt ziehst, hast du genau den Verlauf des Herzmeridians auf dem inneren Unterarm gefunden.

Der Herzmeridian

Um den gewünschten Meridianabschnitt auf dem Oberarm zu finden, fahr einfach von dem Punkt in der Ellenbeuge entlang der Vertiefung an der Innenseite des Bizeps, die sich wie ein Furche anfühlt, nach oben. Es sei darauf hingewiesen, daß diese kleine Vertiefung nicht immer vorhanden und bei Männern leichter zu finden ist als bei Frauen.

Wenn du dir über den Verlauf des Meridians nicht sicher bist, so spielt das im Moment keine große Rolle. Folge einfach den Angaben der Abbildung 4.7. Mit der Zeit wirst du mit Hilfe deiner insgesamt deutlicheren Wahrnehmung den Verlauf der Bahn von allein spüren.

Wiederhol die Übung, wie in Abschnitt 4.6 beschrieben, aber dieses Mal mit dem Herzmeridian, anstatt mit dem Herzbeutelmeridian.

4.8 Der Lungenmeridian

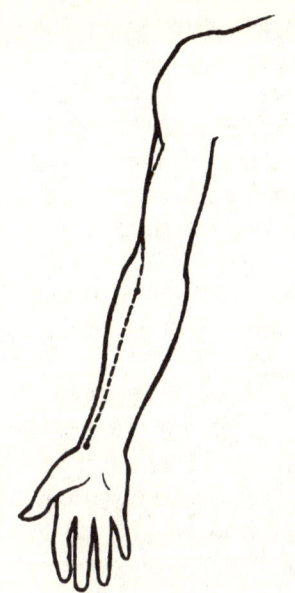

Der Lungenmeridian

Wir wiederholen jetzt dieselbe Übung am Lungenmeridian. Der Abschnitt des Lungenmeridians, den wir reiben wollen, beginnt an der Außenseite der Handwurzel in der Vertiefung, in der normalerweise der Puls gemessen wird, also auf der Speichenarterie.

Ein anderer Punkt befindet sich auf der Außenseite der Ellenbeuge, weiter außen als die Bizepssehne. Du kannst deinen Bizeps leicht anspannen, um die Sehne zu spüren. Der Abschnitt des Lungenmeridians auf dem inneren Unterarm beginnt also am Puls und verläuft in einer geraden Linie zu diesem Punkt an der Ellenbeuge.

Fahr dann auf dem Arm einer Art Vertiefung an der Außenseite des Bizeps folgend nach oben. Wenn sich deine Armmuskeln klar abzeichnen, wirst du den Verlauf der Leitungsbahn an einer Art Furche erkennen. (Wenn du eine Frau bist, so schau dir das Ganze erst bei einem Freund an. Die Furche ist bei Männern viel leichter zu finden.) Aber auch hier gilt: Es reicht, wenn du eine ungefähre Vorstellung davon hast, wo du reiben sollst.

Der Verlauf eines Meridians sollte jedoch nie als gegeben angesehen werden. Die Beschreibungen in den Büchern sollten nur als grobe Anhaltspunkte gewertet werden. Nur durch deine eigene Wahrnehmung von Energie und durch nichts anderes kann der genaue Verlauf eines Meridians mit Sicherheit bestimmt werden. Die beste Vorgehensweise ist deshalb, verschiedene Bahnen im selben Bereich leicht zu reiben, bis du die Bahn findest, bei der du das deutlichste Gefühl von zirkulierender Energie hast. Wenn du immer unbeirrt weiterübst, wird sich die anfängliche Unsicherheit schnell auflösen, und du wirst im Hinblick auf diese einfachen Energieströme keine großen Zweifel mehr haben.

4.9 Mehr Einzelheiten zum Verlauf der Meridiane

(Lies den folgenden Abschnitt erst, wenn du für dich selbst den Verlauf der Meridiane in der Hand und den Fingern bestimmt hast.)

In der Akupunktur wird davon ausgegangen, daß der Herzbeutelmeridian in der Spitze des Mittelfingers endet (der Finger zwischen dem Zeige- und dem Ringfinger). Es kann gut sein, daß du auch im Ringfinger ein Kribbeln spürst, da es heißt, der Herzbeutelmeridian sei an einen anderen Meridian, den sogenannten »Dreifachen-Erwärmer«, der durch den Ringfinger fließt, gekoppelt, und zwischen den beiden fände ein Energieaustausch statt.

Der Herzmeridian soll hingegen in der Fingerspitze des kleinen Fingers enden. (Der an den Herzmeridian gekoppelte Dünndarmmeridian läuft ebenfalls durch die Fingerspitze des kleinen Fingers.)

Der Lungenmeridian soll der Akupunktur zufolge in der Daumenspitze münden. Beim Arbeiten mit dem Lungenmeridian ist es nicht ungewöhnlich, auch ein Vibrieren im Zeigefinger zu spüren, der mit dem Dickdarmmeridian in Verbindung steht, da intensive energetische Wechselwirkungen zwischen diesen beiden Kanälen stattfinden.

Tips, Tricks und Fallen:

• Mach dir keine Sorgen, wenn du etwas anderes gespürt hast als das hier Beschriebene, denn letzten Endes könntest du ja recht haben! (Trotzdem schlage ich vor, daß du erst einmal noch eine Weile weiterübst, bevor du irgendwelche Schlüsse ziehst.) Es ist das Privileg der Seher, alles in Frage stellen zu können. Denn letztendlich ist die direkte Wahrnehmung stets mehr wert, als alles, was in einem Buch steht oder von einem anderen Buch abgeschrieben wurde. Möglicherweise stimmt die traditionelle Vorstellung von den Meridianen als unflexible Röhren auch nicht. Vielleicht nimmst du sie eher als »Atemströme« oder »Schwingungsflüsse« wahr, die manchmal leicht in die eine oder andere Richtung abweichen. Meiner Ansicht nach müssen die wesentlichen Eigenschaften des Ätherkörpers erst noch entdeckt werden.

4.10 Die verschiedenen Wahrnehmungsstufen der Energieströme

Auf der ersten Stufe wird die Vibration entlang der Leitungsbahn, die du gerieben hast, wahrgenommen und festgestellt, daß diese Schwingung von derselben Art ist wie die Vibration im dritten Auge (zwischen den Augenbrauen).

Auf der zweiten Stufe wird dann ein Energiefluß wahrgenommen, d. h. ein Zirkulieren der Vibration entlang dem Meridian. Der Energiefluß kann entweder zur Schulter hinauf- oder zur Hand hinabfließen. Durch Einsatz des Reibungsatmens und die Verbindung zum dritten Auge wird es dir möglich sein, diesen Fluß allmählich zu steigern.

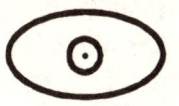 Auf der dritten Stufe wird es dann möglich sein, die Energie bewußt die Leitungsbahnen entlang zu lenken. Diese Funktion muß praktisch aus dem Nichts heraus entwickelt werden, wie wenn ein Muskel verkümmert ist, weil er lange Zeit nicht mehr benutzt wurde und dann langsam wieder mobilisiert werden muß.

Wenn diese Erfahrung erst einmal erweckt ist, fühlt es sich ähnlich an, als wären kleine Energiehände auf dem Meridian aktiv. Die »kleinen Hände« ziehen sich rasch zusammen und drücken die Energie in eine Richtung, damit sie in Bewegung kommt, ein bißchen wie wenn du Zahnpasta aus einer Tube drückst. Das Ganze gleicht in vielem den peristaltischen Kontraktionen des Verdauungstrakts (nur viel schneller) oder dem Zusammenziehen der Arterienmuskeln, die das Blut aktiv bewegen. Nur, daß sich das Ganze bei den Meridianen auf der Ebene des Ätherleibs und nicht auf der des physischen Körpers abspielt.

Immer wenn wir es mit dem Ätherkörper oder der Ätherenergie zu tun haben, wirst du hauptsächlich Schwingung fühlen. Aber es kann auch vorkommen, daß du visuelle Wahrnehmungen von Licht hast, das auch in den Meridianen fließt. Wenn du erst mit den in Kapitel 5 und 7 beschriebenen »Sehtechniken« begonnen hast, kannst du den Prozeß des dreifachen Sehens noch mit der Arbeit mit den Ätherenergieströmen koppeln.

Tips, Tricks und Fallen:

• Was ist, wenn du die Energie in einem Meridian auf der einen Körperseite mehr als auf der anderen spürst? Wie immer, wenn wir es mit Energie zu tun haben, kann es Schwankungen geben. Wenn du diese Erfahrung nur einmal machst und sie sich nicht wiederholt, heißt es gar nichts.

Erst wenn du dieselbe Unausgewogenheit über einen längeren Zeitraum immer wieder wahrnimmst, wird sie bedeutungsvoll. Wenn das der Fall ist, heißt das, daß etwas in dieser Leitungsbahn blockiert ist und der Fluß wieder in Gang gebracht werden muß. Du solltest dann mehr mit diesem Meridian üben, bis der Fluß wieder gleichmäßig ist. Die Möglichkeit, hier ausgleichend einzugreifen, hat etwas sehr Ermutigendes an sich, denn sie gibt dir Gelegenheit, eine Blockade aufzulösen, bevor sie sich in ein körperliches Problem verwandelt. Energetische Heilmethoden spielen bei der Vorbeugung von Gesundheitsproblemen eine entscheidende Rolle. Interessanterweise zahlte man im alten China seinen Arzt, solange man gesund war, und stellte die Bezahlung ein, sobald man krank wurde.

Wenn du in deinem Energiefluß zu viele Unausgewogenheiten entdeckst, ist es ratsam, einmal mit einem Akupunkteur darüber zu sprechen.

• Soll die Energie in den Meridianen nach oben oder nach unten fließen? In den Kursen der Clairvision School hatte ich eingehend Gelegenheit, die Kanaleröffnungstechniken mit einer großen Zahl von Personen durch-zuführen, die keine Ahnung von der Meridiantheorie der traditionellen chinesischen Medizin hatten. Ich konnte daher den natürlichen Energiefluß beobachten, wie er von den Schülern ganz unschuldig und unvoreingenom-men entdeckt wurde. Und ich muß sagen, was ich gesehen habe, bestätigt nicht die traditionelle Theorie des Energieflusses in den Meridianen (oder was wir zum gegenwärtigen Zeitpunkt darunter verstehen). Der Akupunk-turliteratur zufolge fließt bei sechs der zwölf Hauptmeridiane die Energie vom Kopf zu den Extremitäten (z. B. Füße und Hände) hin und bei den sechs anderen von den Extremitäten zum Kopf hin. Ich habe hingegen die Erfahrung gemacht, daß, wenn man einer Gruppe beibringt, wie man Energie wahrnimmt, die meisten dazu neigen, die Energie systematisch nach oben zum Kopf hinfließen zu spüren, egal mit welchem Kanal sie es zu tun haben.

Mein Rat lautet deshalb: Vertrau deiner eigenen Erfahrung, und verstärk den Schwingungsfluß, der sich für dich natürlich anfühlt. Es ist nicht schlimm, wenn die Energie nicht immer in dieselbe Richtung fließt – denn Energie ist ein launenhaftes Wesen, und das macht auch einen Teil ihrer Schönheit aus. Gesundheit im höheren Sinne entsteht aus Harmonie mit den natürlichen Strömungen, nicht aus der Schaffung einer Diktatur der Energien.

Übung 4.11

Mach die Kanaleröffnungsübung auf dem Herzbeutelmeridian wie in Übung 4.6 beschrieben. Reib die Meridiane auf beiden Armen unmittelbar nachein-ander. Wenn du mit dem Reiben fertig bist, strecke dieses Mal beide Arme nach oben (als wolltest du die Zimmerdecke berühren).

Ist die Richtung des Energieflusses dieselbe wie zuvor?

Mach die Übung auch mit dem Lungenmeridian und anschließend mit dem Herzmeridian.

Tips:

• Wenn du kannst, wiederhol diese Übung im Schulterstand mit den Hän-den nach oben.

• Zu deiner Information habe ich am Ende des Kapitels eine Anmerkung über die Flußrichtung in den Meridianen laut der traditionellen Akupunktur angefügt. Ich schlage jedoch vor, diese Anmerkung nicht zu lesen, bevor du nicht selbst wahzunehmen versucht hast, in welche Richtung die Energieströme bei dir fließen.

4.12 Befreiung von negativen Energien

Die Technik, die wir jetzt beschreiben wollen, ist sehr wichtig und sollte häufig angewandt werden. Sie dient zur Befreiung von negativen Energien.

Der physische Körper besteht aus Nahrungsbestandteilen, Wasser und dem, was wir aus der Luft herausziehen, also alles materielle Elemente, die wir unserer physischen Umgebung entnehmen. Analog dazu besteht der Ätherkörper aus Material, das wir unserer ätherischen Umgebung entziehen.

Ähnlich wie manche Nahrungsmittel oder Substanzen giftig für unseren physischen Körper sein können, gibt es auch manche Ätherenergien, die für unseren Ätherkörper schädlich sind. In den Kapiteln über Erdlinien und Schutzmechanismen werden wir noch näher darauf eingehen, wie das moderne Leben dazu neigt, eine Anhäufung dieser schädlichen Energien in unserer Unwelt zu produzieren. Es wird deshalb immer wichtiger, Fähigkeiten zu erwerben, mit denen es uns möglich ist, diese schädlichen Energien wieder aus unserem System zu entfernen.

Übung 4.12

Dreh einen Kaltwasserhahn auf. Lenk deine Aufmerksamkeit auf den Fluß des fließenden Wassers. Stimm dich auf ihn ein und spür seine Eigenschaften.

Laß das Wasser auf der Innenseite deines Arms von oberhalb der Ellenbogenbeuge herablaufen, wenn das Waschbecken dafür tief genug ist (siehe Abb. Seite 72). Sei wirklich gegenwärtig und mit deiner Aufmerksamkeit ganz auf diese Handlung gerichtet, als handle es sich dabei um etwas sehr Wichtiges. Stimm dich auf den Fluß ein. Laß alle negativen Energien aus deinem Unterarm in das fließende Wasser herausfließen. Mach noch eine gute halbe Minute weiter.

Wiederhol dann dieselbe Übung mit der Außenseite deines Unterarms. Je mehr du dich in den Fluß des herabfließenden Wassers einfühlst, desto mehr negative Energien kannst du loswerden.

Mach nun dieselbe Übung auch mit beiden Seiten des anderen Arms.

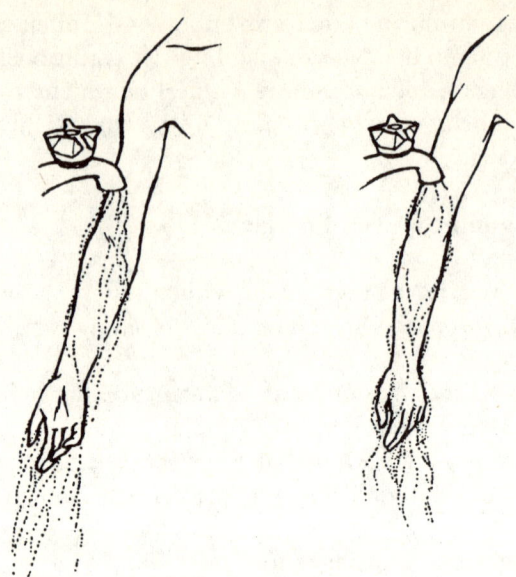

Befreiung von negativen Energien

Tips, Tricks und Fallen:

• Obwohl diese Übung sehr einfach erscheinen mag, ist sie von höchster Bedeutung. Wenn du sie mehrmals täglich und mit voller Gegenwärtigkeit machst, wird sich bald bei dir eine neue Funktion entwickeln: ätherische Ausscheidung. Du wirst dann deutlich wahrnehmen, daß einige unerwünschte Energien in den Fluß des Wassers ausgestoßen werden, und du wirst dich in deinem Ätherkörper wohler fühlen, so, wie ein Mensch mit Verstopfung sich besser fühlt, nachdem er Stuhlgang hatte.

Die Ausscheidung ist für das Leben eine ebenso wichtige Funktion wie die Nahrungsaufnahme. Durch die Öffnung deiner Wahrnehmung wirst du unter anderem die Entdeckung machen, daß ein Großteil der Bevölkerung unter »ätherischer Verstopfung« leidet, d. h. unfähig ist, sich von negativen Energien zu befreien. Ätherische Ausscheidung sollte eigentlich automatisch funktionieren, ohne daß wir uns überhaupt darüber Gedanken machen müssen. Aber irgendwie haben wir diese Funktion verlernt und müssen jetzt wieder bewußt daran arbeiten, sie zurückzugewinnen.

Die Ansammlung von negativen Energien im Ätherkörper der meisten Menschen trägt in hohem Maße zu dem allgemeinen »Unwohlsein« und der weiten Verbreitung von Neurosen in der heutigen Gesellschaft bei.

• Wenn du in einem kalten Land lebst, kannst du etwas warmes Wasser zum kalten mischen. Wenn das Wasser zu kalt ist, ist es schwieriger, sich für die Ätherenergie zu öffnen.

 • Wenn du etwas besonders Schädliches in deinen Händen loswerden möchtest, läßt du abwechselnd kaltes und warmes Wasser über die Arme fließen. Dadurch wird die ableitende Wirkung verstärkt.

• In den Kapiteln über Schutzmechanismen wirst du noch erfahren, wie sich das Gefühl der Befreiung durch Ausatmen mit offenem Mund und Reibung im Hals beim Ausscheiden unerwünschter Schwingungen verstärken läßt.

• Versuch die Übung mit dem fließenden Wasser in deinen täglichen Handlungsablauf einzubauen:
– jedes Mal wenn du nach Hause kommst;
– immer wenn du im Laufe des Tages das Gefühl hast, »schmutzige« Energie in den Händen zu spüren;
– jedes Mal, wenn du eine Massage gegeben oder irgendeine andere Heilbehandlung oder Therapie durchgeführt hast;
– nach Abschluß deiner Arbeit am Computer oder mit irgendwelchen anderen Geräten, von denen viel statische Elektrizität ausgeht;
– nach dem Suchen von Erdlinien mit der Wünschelrute (siehe Kapitel 12);
– nach Abschluß der Kanaleröffnungsübungen;
– vor dem Meditieren, nicht danach (dasselbe gilt für Duschen). Der Grund ist, daß durch das Meditieren eine wertvolle Aufnahme deiner Energien in dein Inneres stattfindet. Fließendes Wasser neigt hingegen dazu, die Energie direkt unter der Haut anzuziehen und wirkt damit den positiven Wirkungen der Meditation entgegen. Deshalb sollte man lieber vor dem Meditieren duschen, baden etc. als danach;
– vor dem Ins-Bett-Gehen;
– wann immer du sonst das Gefühl hast, es sei angebracht.

• Je mehr du lernst, negative Energie an das Wasser abzugeben, desto häufiger kannst du denselben Vorgang auch beim Geschirrspülen, Duschen, Baden in einem Fluß oder im Meer anwenden. Insbesondere Wasserfälle haben eine ganz außerordentliche ätherische Schwingung.

Anmerkung zum Energiefluß in den Meridianen:

In der traditionellen Akupunktur werden der Herzbeutel-, der Herz- und Lungenmeridian als nach unten fließend beschrieben, d.h. vom Körper in die Hand. Doch der archetypische Mensch in der chinesischen Tradition wird mit den Armen nach oben und den Händen über dem Kopf dargestellt. Das heißt also, daß die Energie dieser drei Meridiane nach dem chinesischen Muster in den Himmel hinauffließt.

Der Akupunktur zufolge bleibt die Flußrichtung der Energie dieselbe, ob du nun die Hände nach oben hältst oder nicht.

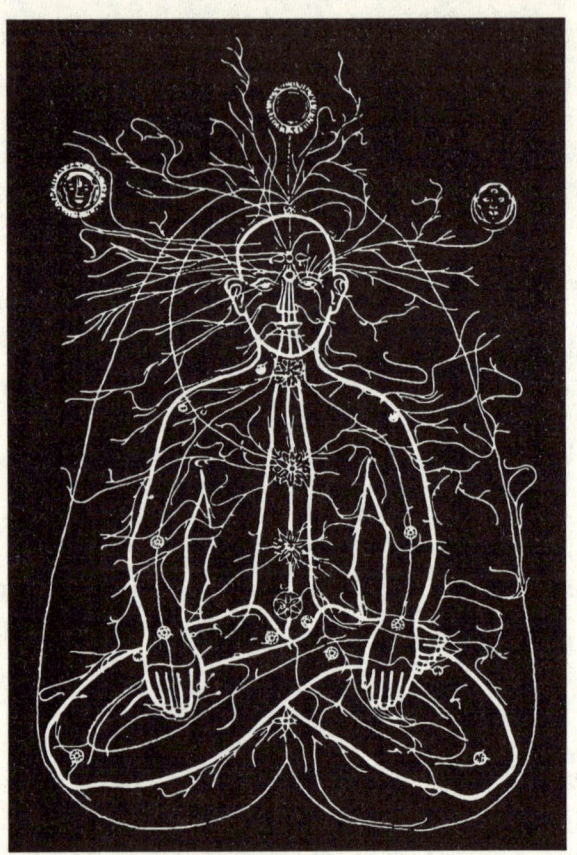

Darstellung der Nadis *(Kreislaufsystem der Ätherenergie)
in der hinduistischen Tradition*

Kapitel 5

Sehen (1)

5.1 Der Weg des Sehers

Das Sehen mit dem dritten Auge ist eine der höchsten Funktionen des menschlichen Bewußtseins. Es ist eine außergewöhnliche Erfahrung, die es dir ermöglicht, deine eigene Unermeßlichkeit zu ergründen. Natürlich gibt es verschiedene Stufen des Sehens. Unser ständiges Ziel wird es sein, die niedere Stufe der astralen Hellsichtigkeit von Trance-Medien zu vermeiden und direkt zu der Stufe der »Vision der Wahrheit« oder des Sehens unseres wahren Selbst vorzustoßen, die wie eine Explosion aller Grenzen des Verstandes ist.

Ein grundlegender Unterschied zwischen diesen beiden Formen des Sehens besteht darin, daß bei der Hellsichtigkeit der Medien eine Verhaftung mit den in das Bewußtsein einfließenden Bildern stattfindet. Bei der Suche nach der Vision der Wahrheit besteht hingegen eines der Geheimnisse darin, sich weniger für das zu interessieren, was man sieht, und sich mehr auf den Vorgang des Sehens zu konzentrieren und seinen Bewußtseinszustand durch das Sehen zu erweitern. Auf diese Weise gelangst du zu einer völlig anderen Wahrnehmung und zu einem völlig anderen Verständnis des Universums. Was genau man dabei »sieht«, läßt sich nie ganz in Worte fassen, denn diese Erfahrung übersteigt die normale Verstandeslogik. Deshalb nährt wahres Sehen auch den Geist und vertreibt die falschen Vorstellungen der Seele. »Sehen« sollte nicht nur als ein Werkzeug zur Wahrnehmung betrachtet werden, sondern als Erfahrung, die selbst Transformationswert besitzt. Sehen ist eine erweiterte Anwendung des Bewußtseins. Es ist ein »ontologischer Verstärker«, d.h. eine Art und Weise, mehr zu sein. Wenn du dir das unter Hellsichtigkeit vorstellst, wirst du viel weniger Gefahr laufen, von den Trugbildern des niederen astralen Sehens getäuscht zu werden.

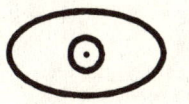 Eines der häufigsten Mißverständnisse von Anfängern besteht in der Erwartung, die geistige Wirklichkeit durch normales Sehen mit den physischen Augen wahrnehmen zu können, als würden sich plötzlich einfach zu den Bildern von der Welt, die über den Verstand empfangen werden, Auren und geistige Wesen hinzugesellen. Das kann nicht funktionieren, denn normaler-

weise ist das Verstandesbewußtsein genau der Teil von dir, der blind ist. Um wirklich sehen zu können, mußt du als erstes diese Verstandesschicht verlassen.

 Deshalb wird einer der ständig wiederholten Ratschläge in diesem Kapitel lauten: Wenn du »sehen« willst, hör auf, hinzuschauen. Oder anders ausgedrückt: Hör auf, Bilder zu verarbeiten und zu analysieren, wie du es normalerweise von deinem Verstand her gewöhnt bist. »Versuch« nicht zu sehen. Denn wenn du es versuchst, handelst du von deinem Verstand aus. Lasse dich in einen anderen Bewußtseinszustand versetzen, und lasse zu, daß »etwas anderes« passiert.

Wie immer, läßt sich das größte Geheimnis des Erfolgs in drei Wörtern zusammenfassen: Üben, üben und nochmals üben ...

Unser erstes Ziel wird es sein, aus den Bildern unseres Alltagsbewußtseins auszubrechen und zu den nichtphysischen Wirklichkeiten vorzudringen, um kurze Einblicke in sie zu gewinnen. Zur Erreichung dieses Ziels führen wir hier einige Augenkontaktübungen ein, die entweder mit einem Freund oder einer Freundin oder allein vor einem Spiegel gemacht werden können. Beides hat seine Vorteile, und ich empfehle deshalb, beide Formen zu üben.

5.2 Hinweise zu den Augenkontaktübungen

• Setz dich deinem Freund oder deiner Freundin in nicht allzu großer Entfernung gegenüber. Ein Abstand von ca. 90 Zentimetern kann als ideal angesehen werden. Wenn du das Gesicht deines Partners nicht mit der Handfläche berühren kannst, weißt du, daß du zu weit weg bist. Wenn du vor einem Spiegel sitzt, solltest du etwa den gleichen Abstand oder etwas mehr haben.

• Es ist immer besser, eine leere Wand als Hintergrund und Kerzen statt künstliches Licht zu verwenden.

• Die Augen der beiden Personen sollten ungefähr auf gleicher Höhe sein. Wenn also eine Person größer als die andere ist, sollte der Unterschied durch Kissen ausgeglichen werden (vgl. Abb. Seite 77).

• Statt auf den Boden könnt ihr euch auch auf Stühle setzen. Wichtig ist dabei nur, daß der Rücken gerade ist. Um den freien Energiefluß zu fördern, solltet ihr euch nicht an die Stuhllehne lehnen.

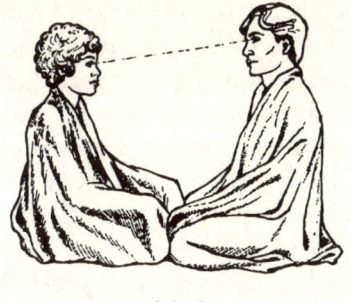

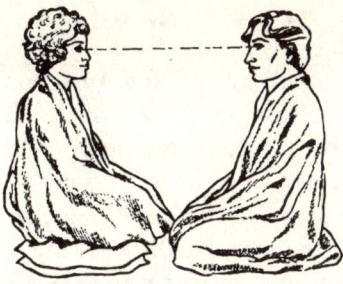

falsch   *richtig*

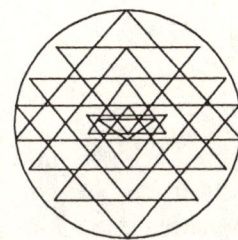

• Weißt du, wie man (den Hindu-Schriften zufolge) einen Gott von einem Menschen unterscheidet? Die Götter sind unsterblich, aber das läßt sich nicht unbedingt gleich erkennen, wenn du sie siehst. Deshalb werden in den Sanskrit-Texten noch ein paar andere Eigenschaften beschrieben. So haben die Götter im Gegensatz zu den Menschen nie einen Schatten. Ein anderer Hinweis auf einen Gott ist die Fähigkeit, in die Sonne blicken zu können, ohne daß es den Augen etwas ausmacht.

Interessanterweise kam ich mit mehr als einen schizophrenen Patienten in Kontakt, der plötzlich mitten in einem mystischen Delirium anfing, in die Sonne zu starren, und damit seine Augen schwer schädigte. Schizophrenie ist in der Tat eine faszinierende Krankheit, denn es ist nicht ungewöhnlich, daß Patienten mit echter Information über die geistigen Welten aufwarten. Manche ihrer Wahrnehmungen sind überraschend real, obwohl sie weder integriert noch verstanden werden, und in einem Zusammenhang allgemeiner Disintegration der Persönlichkeit stattfinden.

Der springende Punkt bei der ganzen Geschichte ist, daß ein Mensch, der in die Sonne blickt, in kürzester Zeit eine unheilbare Schädigung der Augen davonträgt. Auch Sonnenbrillen nützen da nichts. Deshalb sollte man unter keinen Umständen jemals direkt in die Sonne starren. Analog dazu sollten die Augenkontaktübungen nie tagsüber im Freien gemacht werden, um ein Übermaß an Licht zu vermeiden, das den Augen schaden könnte. Die besten Ergebnisse lassen sich sowieso im Halbdunkel eines Raumes erzielen. Wenn du die Übungen tagsüber machst, solltest du den Raum deshalb am besten durch Zuziehen der Vorhänge abdunkeln.

Auch ohne Blinzeln in den Mond zu blicken, ist nicht empfehlenswert, denn seine Helligkeit kann deinen Augen ebenfalls schaden. Hingegen gibt es beim »Sternegucken« keine Einschränkungen. Das ist sogar eine Erleuchtungsübung, die deine Seele mit neuer Energie erfüllt.

• Und erst die Spiegel ...! Die werden dich begeistern! Wie ist es möglich, daß eine physische Oberfläche in der Lage ist, nicht nur dein physisches Abbild sondern auch deine Aura, Gesichter von dir aus der Vergangenheit und Zukunft sowie die Gesichter deiner Geistführer zu reflektieren? Chogyam Trungpa, der bekannte tibetische Meister, erzählte einmal einem Freund, daß er in tiefer Meditation in seinem Spiegel das Reich von Shambala schauen könne.[18] In den esoterischen Schulen des Westens ist der Spiegel eines der Grundelemente der Einweihung.

Auch im Altertum müssen sich die Menschen über das mysteriöse Wesen des Spiegels im klaren gewesen sein. Warum hätten sie sonst im Englischen das Wort »mirror« dafür gewählt, das sich vom lateinischen »mirari« ableitet, und sowohl »sich wundern« als auch »verehren« bedeutet?

5.3 Die Verbindung zum Raum wiederherstellen

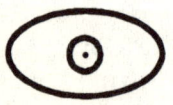 Bevor du mit den Augenkontaktübungen beginnst, und auch immer wieder zwischendurch, solltest du auf folgende Weise die Verbindung zu deinem dritten Auge aufnehmen:

Setz dich mit geschlossenen Augen hin.
1. Fang an, mit der Reibung im Hals zu atmen (wie in Abschnitt 2.1 beschrieben).
2. Werde dir der Vibration zwischen den Augenbrauen bewußt, und stell eine Verbindung zwischen der Vibration und der Halsreibung her. Verstärk die Schwingung zwischen den Augenbrauen noch etwa eine Minute lang.
3. Werde dir nun der Licht- und Farbmuster zwischen den Augenbrauen bewußt. Verbinde die Halsreibung mit dem Licht, und halte die Verbindung ein bis zwei Minuten lang aufrecht.
4. Werde dir dann in der Mitte der Augenbrauen des violetten oder dunklen Raumes bewußt (der Hintergrund der Lichter und Farben). Verweil ein bis zwei Minuten lang in diesem Raum.

Sicher hast du bemerkt, daß es sich bei diesen Anweisungen, die mit geschlossenen Augen ausgeführt werden sollten, um **eine verkürzte Version der**

---

18 Trungpa, Chogyam: *Shambala. The Sacred Path of the Warrior*. Bantam Books, 1986, Vorwort S. XVIII.

Meditation mit dem dritten Auge handelt (Abschnitt 3.7). Wie immer ist hier, wenn von »Auge« die Rede ist, das dritte Auge zwischen den Augenbrauen gemeint und nicht die physischen Augen.

Übung 5.4: Augenkontakt mit Bewußtsein im dritten Auge und der »Zustand des Sehens«

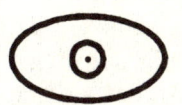

Beginnen wir mit den ersten beiden Teilen unseres Prozesses des dreifachen Sehens, auf den wir in Abschnitt 5.13 noch ausführlich eingehen werden.

Setz dich mit aufrechtem Rücken vor einen Freund, eine Freundin oder einen Spiegel, und beachte dabei die in Abschnitt 5.2 beschriebenen Grundsätze.

Bevor du mit der Übung beginnst, bleib drei Minuten mit geschlossenen Augen sitzen, und stell, wie in Abschnitt 5.3 beschrieben, wieder die Verbindung zum Raum her.

Mach dann die Augen auf, und blick direkt in die Augen deines Freundes oder in deine eigenen, falls du vor einem Spiegel übst.

1. Teil: Bewegungslose Gegenwärtigkeit im dritten Auge

Werde dir des dritten Auges zwischen den Augenbrauen bewußt, und bleib äußerst bewegungslos sitzen. Bemüh dich um eine Bewegungslosigkeit, die über das »Nicht-Bewegen« hinausgeht. Durch das Lenken der Aufmerksamkeit auf das dritte Auge wird alles in dir still, als würde sich deine Energie zusammenballen. Du spürst, wie du dichter wirst.

Die Stille des Augenkontakts ist eine »verbundene Stille∫, bei der du die Energie des dritten Auges mit der Schwingung in deinem ganzen Körper mitschwingen spürst. Das läßt in deinem Körper ein Gefühl von größerer Dichte oder höherer Frequenz entstehen.

Wenn du den Höhepunkt der Stille erreicht hast, kommt es dir so vor, als könntest du dich nicht bewegen, auch wenn du es noch so wolltest. Natürlich könntest du es, wenn du es wirklich wolltest. Aber dazu müßtest du erst aus diesem Erfahrungszustand zurückkehren.

Achtung: »Die Aufmerksamkeit auf den Bereich zwischen den Augenbrauen lenken« bedeutet nur, sich dieses Bereichs bewußt oder in diesem Bereich gegenwärtig zu werden. Es bedeutet nicht, daß du deine Augen nach oben rollen sollst, als wolltest du zu diesem Bereich hinaufsehen. Die Augen sind auf nichts besonderes gerichtet. Je mehr du sie vergessen kannst um so besser. Dies gilt sowohl für die Meditation (Kapitel 3), bei der die Augen geschlossen bleiben, als auch für die Augenkontaktübungen.

2. Teil: *Gegenwärtigkeit des »Zustands des Sehens«*
(Teil 1 und 2 sollten gleichzeitig geübt werden.)

Nun zu einem großen Geheimnis der Seher! Durch die Umsetzung der folgenden Anweisungen kann es zu einer tiefgreifenden Öffnung der Wahrnehmungsmechanismen kommen. Wenn wir normalerweise mit offenen Augen unsere Aufmerksamkeit auf einen Gegenstand richten, sehen wir das Bild und seine verschiedenen Bestandteile. Dann werden die verschiedenen Elemente von unserem bewußten Verstand verarbeitet. Manche Techniken, die auf die Entwicklung der Verstandesschärfe abzielen, bringen dir sogar bei, immer mehr Einzelheiten eines Bildes zu erfassen. Dir wird z. B. ein Gemälde vorgelegt, auf dem mehrere Gegenstände abgebildet sind. Du hast dann nur wenige Sekunden Zeit, um das Bild in Augenschein zu nehmen. Danach wird von dir verlangt, so viele Gegenstände wie möglich aufzuzählen, die dein Verstand bewußt wahrgenommen hat. All das könnte man das »verstandesmäßige Sehen« nennen oder die Art und Weise, wie das Alltagsbewußtsein die Dinge sieht. Wie schon erwähnt, handelt es sich bei dieser Schicht jedoch genau um den Teil von dir, der den geistigen Welten gegenüber blind ist. Um Auren und geistige Wesen sehen zu können, ist es nötig, das verstandesmäßige Sehen abzustellen.

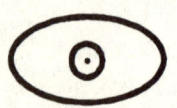 Und dafür gibt es einen Geheimtrick: Werde dir der Tatsache des Sehens bewußt, anstatt alle Einzelheiten des Bildes zu betrachten. Beim verstandesmäßigen Sehen wärst du normalerweise damit beschäftig, das Bild anzuschauen und herauszufinden, ob das Dargestellte rund oder viereckig, grün oder gelb, hübsch oder häßlich etc. ist. Doch bei unserer neuerworbenen, nichtverstandesmäßigen Form des Sehens gehen wir völlig anders vor. Wir verlieren jedes Interesse an den Einzelheiten des Bildes. Statt dessen wirst du dir der Tatsache des Sehens bewußt. Um zu sehen, hören wir auf hinzuschauen. Wir lenken unsere Aufmerksamkeit vom Objekt der Wahrnehmung auf den Prozeß des Wahrnehmens. Anstatt den Gegenstand zu betrachten, fangen wir an, den Vorgang des Sehens, die Tatsache des Sehens oder den »Zustand des Sehens« zu beobachten.

Zusammenfassung der ersten Grundstufe des Augenkontakts (Übung 5.4):

Die erste Grundstufe des Augenkontakts besteht aus zwei Teilen, die gleichzeitig geübt werden sollten, während du vor einem Freund oder einem Spiegel sitzt:

1. Absolute Bewegungslosigkeit durch intensives Richten der Aufmerksamkeit auf das dritte Auge, wobei so wenig wie möglich geblinzelt werden sollte.

2. Bewußtsein der Tatsache oder des Zustands des Sehens statt Hinschauen.

Dauer der Augenkontaktübung: Fang mit drei bis fünf Minuten an. Dehn die Übung allmählich bis auf 15 Minuten oder mehr aus. Um die Übung zu beenden, folg Schritt für Schritt den Anweisungen im nächsten Abschnitt.

Wenn der Zustand des Sehens ein Problem für dich ist ...

Immer wieder werden wir in diesem Buch auf den Prozeß des dreifachen Sehens zurückkommen, dessen erste Phase die Bewegungslosigkeit im Auge ist und die zweite der Zustand des Sehens. Bei der dritten Phase geht es dann um das Herz, auf das wir in Abschnitt 5.13 noch näher eingehen werden.

Wenn es dir schwerfällt zu verstehen, was mit dem Zustand des Sehens gemeint ist, oder ihn wahrzunehmen, so denke immer an folgendes:

• Die Wahrnehmung des Zustands des Sehens muß nicht präzise sein. Ein vages Gefühl der Tatsache des Sehens reicht schon aus, um den Prozeß in Gang zu setzen.

• Und wenn du auch kein vages Bewußtsein des Zustands des Sehens erreichst, dann denk einfach erst einmal nicht mehr daran, und geh folgendermaßen vor:
Werde dir der Tatsache bewußt, daß vor dir ein Bild ist. Vergiß den Freund oder den Spiegel vor dir und alle Einzelheiten des Bildes:

> **Versuch das Bild zu fühlen, anstatt es anzuschauen.**

Ersetz den »Zustand des Sehens« durch das »Fühlen des Bildes«, anstatt es anzuschauen. Denk daran, daß du nicht nur das Bild deines Freundes erspüren sollst, sondern auch den Raum um ihn herum.
Alles wird sich mit der Zeit dann von selbst klären.

• Nähere Erläuterungen zum Zustand des Sehens werden in Abschnitt 7.12 gegeben.

5.5 Beenden der Augenkontaktübungen

Schließ die Augen.
Reib deine Hände ein paar Sekunden lang gegeneinander.
Leg deine Handflächen (nicht die Finger) auf deine geschlossenen Augen

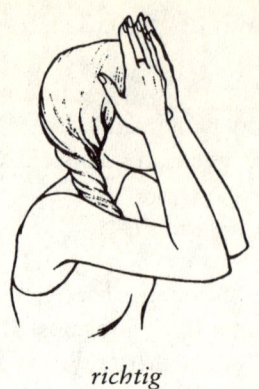 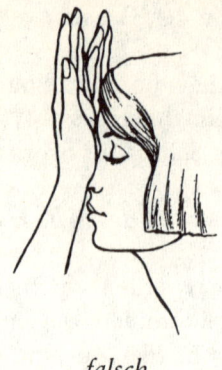

richtig   *falsch*

und berühr dein Gesicht. Die Handflächen sollen mit der Haut Kontakt haben und nicht nur davor gehalten werden.

Laß die Wärme deiner Handflächen auf deine Augen überfließen. Verharre noch eine halbe Minute oder mehr in dieser Haltung und genieß die heilsame Wirkung.
Während dieser Phase wirst du bedeutungsvolle Erfahrungen des inneren Lichtes haben.
Schnips dann mit den Fingern, und mach die Augen auf.
Tausch mit deinem Partner die Eindrücke aus.
Beginn dann von vorne. Nimm mit geschlossenen Augen zwei bis drei Minuten lang wieder eine Verbindung zum Raum auf (siehe Abschnitt 5.3). Öffne die Augen, und nimm auf dieselbe Weise wie vorher Augenkontakt auf.

Tips, Tricks und Fallen:

• Was genau passiert, wenn du die absolute Bewegungslosigkeit erreicht hast und das Gefühl bekommst, daß sich deine Energie verdichtet? Unter anderem wird dabei die Verbindung zwischen dem Ätherkörper und dem physischen Körper leicht gelockert. Der Ätherkörper ist die Ebene der Schwingung. Immer wenn du die Vibration spüren kannst, spürst du das Ätherfeld. Wenn du die totale Stille erreichst, die mehr ist als die Abwesenheit von Bewegung, bedeutet dies, daß dein Ätherkörper mit deinem physischen Körper nicht mehr ganz so eng verstrickt ist. Er ist teilweise von seiner Bindung befreit und steht damit mehr für die Ausführung bestimmter Funktionen unabhängig vom physischen Körper zur Verfügung. Deshalb spürst du überall ein sehr intensives Vibrieren.

• In der traditionellen chinesischen Medizin heißt es, »die Augen seien die Tore zum Herzen« und »das Herz sei das Tor zum *Shen*«. Übertragen auf unseren Kontext, könnte der letzte Satz lauten: »Das Herz ist das Tor zum Höheren Ego.« Hast du, als du die Handflächen auf deine Augen gelegt hast, gespürt, wie die Wärme zu deinem Herzen hinfloß? Versuch, diese Übertragung von warmer Energie, die das Herz nährt, zu verstärken.

5.6 Blinzeln oder nicht blinzeln?

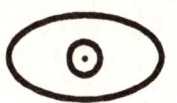 Beim Hatha-Yoga gibt es eine Technik, die *Trataka* heißt und bei der man einen winzigen Gegenstand anblicken muß, wie etwa einen Punkt an der Wand, die Flamme einer Kerze o.ä. In den Sanskrit-Texten heißt es, man solle diese Übung so lange weitermachen, bis die Augen zu tränen anfangen. Dadurch würden alle möglichen Augenkrankheiten geheilt.[19] Diese Wirkung wurde oft von indischen Meistern, denen ich begegnet bin, damit erklärt, daß beim Trataka über die vergossenen Tränen viele »Gifte« und negative Energien freigesetzt werden, die sich in den Augen angesammelt haben. Aus meiner Erfahrung als Arzt hat sich diese Übung zur Korrektur bestimmter Augenprobleme als äußerst hilfreich erwiesen, wenn sie früh genug angewandt wird. Viele Menschen konnten sich durch diese Übung ihrer Brille entledigen, falls sie diese noch nicht zu lange getragen hatten, d.h. nicht mehr als ein paar Monate oder höchstens ein bis zwei Jahre.[20] Besonders bei Teenagern wirkt Trataka Wunder.

Dieser kleine Exkurs sollte nur dazu dienen, dich zu beruhigen: Wenn deine Augen bei dieser Übung also zu brennen beginnen und dir die Tränen über die Wangen laufen, solltest du nicht besorgt sein, sondern dich freuen! Der alten Wissenschaft des Hatha-Yoga zufolge werden dadurch Spannun-

---

19 Beschreibungen der Technik des *Tratak*, das eigentlich genauer als *Trataka* transkribiert werden müßte, finden sich in Sanskrittexten, wie etwa der *Hatha-Yoga-Pradipika* (II,31–32) und der *Gheranda-Samhita* (I,54–55).

20 Zum Üben von *Trataka* setze dich mit ganz aufrechtem Rücken in Meditationshaltung etwa 90 Zentimeter vor die Kerze. Die Flamme sollte auf Augenhöhe sein. Verharre in einem bewegungslosen Zustand, ohne zu blinzeln. Blicke höchstens etwa fünf bis fünfzehn Minuten ein- oder zweimal täglich in die Flamme (steigere die Zeit allmählich). Bei dieser Übung kommt es darauf an, so wenig wie möglich oder am besten gar nicht zu blinzeln. Die Ergebnisse dieser Übung sind nach etwa ein bis vier Monaten zu beoachten, manchmal auch schon früher. Bei kleineren Augenbeschwerden kannst du diese Übung problemlos anwenden, sollte es sich jedoch um schwerere Augenschädigungen wie Blutungen etc. handeln, wird ein vorheriges Zurateziehen eines qualifizierten Arztes wärmstens empfohlen.

gen in deinen Augen abgebaut, und es wird verschiedenen Krankheiten vorgebeugt. Natürlich mußt du dabei deinen gesunden Menschenverstand gebrauchen: Erhöh die Dauer nach und nach und erzwing die Übung nicht. Es liegt kein spiritueller Wert darin, dich selbst zu verletzten.

Tips, Tricks und Fallen:

• Wie immer, wenn du es mit Energie zu tun hast, wird es Tage geben, an denen es dir leicht fällt, lange Zeit nicht zu blinzeln. An anderen Tagen wiederum wird es dir vorkommen, als hättest du eine Wolke giftiger Dämpfe direkt vor den Augen und könntest nicht umhin, alle zwei Sekunden zu blinzeln. Die beste Einstellung ist in diesem Fall, einfach zu akzeptieren, daß Energie von Natur aus launisch und wechselhaft ist, und einfach weiterzuüben, ohne diesen Schwankungen zuviel Gewicht beizumessen.

5.7 Häufige Erfahrungen bei den Augenkontaktübungen

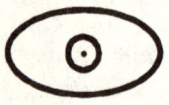 • Das Bild wird verzerrt, die Umrisse werden unscharf: Leiste keinen Widerstand dagegen. Laß zu, daß das Bild immer weiter verschwimmt. Am Anfang mußt du das physische Bild loslassen, bevor die nichtphysischen Bilder empfangen werden können. Laß es deshalb einfach zu, daß sich die Bilder verzerren und verschwimmen: Fließ mit dem, was kommt, auch wenn es zunächst keinen Sinn macht. Du kannst die Erfahrung später immer noch analysieren. Wenn du versuchst, deine Gedanken darauf zu richten, während es geschieht, passiert es einfach nicht.

In einer fortgeschritteneren Phase wird es möglich werden, die nichtphysischen und die physischen Bilder gleichzeitig zu sehen. Aber am Anfang mußt du erst einmal die scharfen Umrisse loslassen und zulassen, daß das Bild verschwommen wird, bevor du Astralfarben und Lichtringe sehen kannst.

• Die Person dir gegenüber scheint viel weiter weg zu sein, als sie in Wirklichkeit ist:

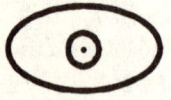 Das ist ein ziemlich gutes Zeichen. Es deutet darauf hin, daß eine Verschiebung deiner Art und Weise des Sehens weg vom Sehen der physischen Wirklichkeit und hin zu den feinstofflichen Welten stattfindet. Sobald du zur Wahrnehmung der Astralwelt vordringst, nehmen Entfernungen einen völlig anderen Aspekt an. Es ist nicht ungewöhnlich, daß eine Person, die dir genau gegenüber sitzt, dir weit weg vorkommt. Wann immer das passiert, weißt du, daß das, was du siehst, jenseits der physischen Ebene ist.

• Farben sehen:

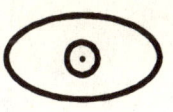

In den Astralwelten kommt das Licht nicht von einer Sonne oder von irgendeiner anderen äußeren Lichtquelle, wie z. B. von Lampen. Gegenstände und Lebewesen können aufgrund ihrer eigenen Leuchtkraft gesehen werden. Sie strahlen ihr eigenes Licht aus. Sie scheinen »aus Farben« zu bestehen, die in einer Atmosphäre des Halbdunkels leuchten.

Man sollte sich dabei jedoch immer im klaren sein, daß die Astralfarben sich von den materiellen Farben ziemlich unterscheiden. Es ist nahezu unmöglich, sie genau zu beschreiben, da es in unserer materiellen Umgebung keine Entsprechungen dafür gibt. Ein Hauptunterschied scheint zu sein, daß die Astralfarben uns häufig als eine Mischung aus verschiedenen Farbschattierungen vorkommen. Doch im Gegensatz zu dem, was in der physischen Welt beobachtet werden kann, vermischen sich die verschiedenen Komponenten der Astralfarben gar nicht. Wenn in der materiellen Welt zwei Farben gemischt werden, verschwinden beide und ein neuer Zwischenfarbton entsteht. Wenn du z. B. Blau und Gelb mischst, entsteht Grün. Blau und Gelb sind verschwunden, und es gibt nur noch Grün. In der Astralwelt sieht das ganz anders aus: Die Farben scheinen aus tausenden von winzigen, gleißend hellen Lichtpunkten zu bestehen. So gibt es z. B. die Farbe »Blau-Gelb-Grün«, die sich aus leuchtenden blauen, gelben und grünen Punkten zusammensetzt, die zwar aufs innigste miteinander verwoben sind und doch einzeln wahrgenommen werden können. Astralfarben sind nur selten einfarbig. Ihre große Vielfalt und unglaubliche Schönheit läßt sich mit nichts in der physischen Welt vergleichen.

Aufgrund dieses Wesensunterschieds der Farben auf der Astralebene und auf der physischen Ebene ist es nicht unbedingt nötig, eine Aura eindeutig als »grün«, »blau« oder »gelb« zu definieren. Deshalb sollte man z. B. auch Vorsicht walten lassen, wenn es in manchen Büchern heißt, daß Grün in der Aura ein ganz bestimmtes Gefühl ausdrücke, Blau ein anderes usw. Zu starke Vereinfachungen führen manchmal am Ende zu völlig bedeutunglosen Aussagen.

• Der Raum, in dem du übst, erscheint dunkler, und die Qualität der Farben verändert sich:

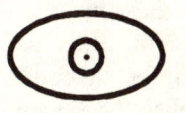

Der Hintergrund der Astralfarben ist das, was viele Esoteriker das »Astrallicht« nennen. Es ist die Grundfarbe, die den Astralraum durchzieht, und es ist nichts anderes als das violette Licht, das du beim Meditieren im dritten Auge siehst. Es könnte auch »astrale Dunkelheit« genannt werden, denn es kommt uns wie ein Halbdunkel vor, das eindeutig dunkler ist als das Tageslicht der physischen Welt, aber auch anders als die Dunkelheit unserer

Nächte. Die physische Dunkelheit ist eine Abwesenheit von Licht. Die astrale Dunkelheit leuchtet hingegen. Davon rührt auch der aus der Tradition der Freimaurer stammende Ausdruck »sichtbare Dunkelheit« her.

Wenn du Augenkontakt übst und der Raum um dich herum dir plötzlich dunkler vorkommt, auch wenn es mitten am Tag ist, bedeutet das, daß du das Astrallicht siehst. Deine Wahrnehmung verlagert sich von der physischen Welt in den Astralraum. Häufig geht diese Verlagerung mit einer anderen Wahrnehmung von Farben einher: Sie erscheinen dir, wie im letzten Absatz beschrieben.

Der Astralraum ist weder gleichförmig, noch gibt es nur einen davon. Wenn du erst noch geübter im Meditieren und im Reisen zwischen den Welten bist, wirst du lernen, von einem Astralraum zum anderen zu springen. Einer der Anhaltspunkte, die dir den Weg weisen, ist die Qualität der Farben an sich und die Grundfarbe des Astrallichts, die sich je nach dem Astralraum, in dem du dich befindest, ändert. In manchen Bereichen des Raums ist der Hintergrund des Astrallichts milchig weiß, in anderen ist er dunkler, fast schwarz oder sogar blaugrün wie unten im Meer. Diese Farbunterschiede des Raums kannst du sogar schon beim Meditieren mit dem dritten Auge wahrnehmen, noch vor Erreichen der tatsächlichen Stufe der Astralreisen.

Das Wunderbare dabei ist, daß du mehrere dieser Ebenen gleichzeitig wahrnehmen kannst, wenn dein »Zustand des Sehens« weiter ausgebildet ist. Irgendwann erreichst du bei deinem Öffnungsprozeß eine Stufe, auf der es dir dann sogar möglich sein wird, gleichzeitig noch die physische Welt in deine Vision miteinzubeziehen.

In dieser Explosion von Farben offenbart sich dir das Universum in seiner ganzen Vielfalt und Pracht, und die Erfahrung ist so stark, daß dir das Herz aufgeht. Schönheit kommt manchmal den Grenzen des Erträglichen nahe. Das Leben wird zu einem ständigen Wunder und macht großen Spaß.

Den Astralwelten steht auf der anderen Seite eine Welt gegenüber, die in der Tradition der westlichen Esoterik Devachan-Ebene und in der hinduistischen Tradition *Svarloka* oder Welt der Götter genannt wird. In dieser Welt wird wieder ein ganz anderes Lichtspektrum wahrgenommen, das in bezug auf die Astralfarben wie Tag und Nacht ist.

• Anstelle des Gesichts deines Freundes erscheint ein anderes Gesicht:

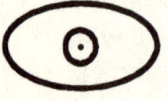 Das ist eine der häufigsten Erfahrungen beim Üben des Augenkontakts. Das Gesicht des dir gegenübersitzenden Freundes verschwindet und statt dessen siehst du ein anderes Gesicht. Wenn du allein vor einem Spiegel übst, verschwindet dein eigenes Gesicht und ein anderes taucht an seiner Stelle auf. Bei diesen Gesichtern handelt es sich im allgemeinen um eine der vier folgen-

den Kategorien: das Gesicht 1. eines Geistführers, 2. aus einem vergangenen Leben, 3. einer Unterpersönlichkeit oder 4. einer Wesenheit.

1. Geistführer: Es ist üblich, daß deine Geistführer sich auf diese Weise der Person zeigen, mit der du übst. Wenn du in deiner Entwicklung noch weiter fortgeschritten bist, wirst du die Fähigkeit erlangen, deine Geistführer bewußt über deine eigenen Energien auf eine Art zu manifestieren, daß sie für andere sichtbar werden, auch wenn deren Hellsichtigkeit nur sehr gering ausgeprägt ist. Augenkontakt ist in der Tat eine der einfachsten und direktesten Methoden, um Geistführer zu sehen.

Eine ähnliche Erfahrung kannst du machen, während du dem Vortrag eines spirituellen Lehrers zuhörst. Wenn du ganz regungslos wirst, zu blinzeln aufhörst und unsere Methode des Sehens anwendest, während du ihn anschaust, wirst du manchmal sehen, wie sein Gesicht verschwindet und an seiner Stelle das Gesicht eines seiner Lehrer oder eines höheren Wesens hinter ihm auftaucht.

2. Wenn das Gesicht wechselt, kann dies jedoch auch auf ein andere Möglichkeit hindeuten: Es kann sein, daß du dein eigenes Gesicht oder das deines Freundes, mit dem du übst, aus einem früheren Leben siehst.

3. Das Gesicht kann aber auch einer Unterpersönlichkeit von dir oder deinem Freund gehören. Im Grunde wird damit jedoch nicht viel anderes ausgesagt, als unter Punkt 2 beschrieben wurde, wenn man bedenkt, daß die Unterpersönlichkeiten durch die Umstände der vergangengen Leben aufgebaut wurden.

4. Als letzte Möglichkeit kann das Gesicht auch das einer Wesenheit sein, d. h. einer Präsenz, die sich dir angehaftet hat. Eine Wesenheit kann als nichtphysischer Parasit angesehen werden. Genauso wie manche physischen Parasiten verschiedene Körperteile befallen können, können manche nichtphysischen Energien oder Präsenzen sich an deine Energie haften.

5.8 Über den Umgang mit den Erfahrungen

Jetzt kommen wir auf einen Punkt zu sprechen, der dir viel Ärger und Mühe ersparen kann, wenn du ihn in seinem vollen Ausmaß verstehst: Ich empfehle dir wärmstens, nicht zu viel von dem, was du siehst, analysieren zu wollen. Beim Üben dieser Techniken wirst du verschiedene Visionen haben. Du mußt akzeptieren lernen, daß es eine gewisse Zeit dauert, bis du ihre Bedeutung wirklich verstehen kannst. Große innere Erfahrung und umfangreiches esoterisches Wissen sind nötig, bevor man Visionen sicher deuten kann.

So ist es z.B. am Anfang sehr schwierig festzustellen, ob das andere Gesicht, das du beim Augenkontakt siehst, nun dir oder der anderen Person gehört.

Abgesehen von der Tatsache, daß du möglicherweise verwirrt bist und eine Wesenheit für einen Geistführer halten kannst (was heutzutage immer häufiger vorkommt), solltest du nie die Möglichkeit außer acht lassen, daß das, was du im Gesicht deines Freundes siehst, eine Projektion von dir selbst sein könnte. Wenn du versuchst, zu schnell zu analysieren und alles ganz genau deuten zu wollen, läufst du Gefahr, völlig in die Irre zu gehen.

Visionen und Erfahrungen im allgemeinen müssen eher auf einer tiefen Ebene, der Seelenebene, verdaut als auf der Verstandesebene bewertet werden. Es ist viel weiser, beispielsweise ein paar Farbstifte in die Hand zu nehmen und deine Visionen zu zeichnen, als dir zu sehr den Kopf darüber zu zerbrechen. **Laß die Erfahrungen auf dich einwirken**, anstatt zu versuchen herauszufinden, was sie bedeuten.

Erinnere dich daran, daß unser Schwerpunkt auf der Tatsache des »Sehens«, auf dem »Zustand des Sehens« liegt, und nicht auf dem Inhalt der Visionen. Wenn die Übungen nach den in diesem Buch dargestellten Prinzipien gemacht werden, bedeutet Sehen einen Durchbruch in höhere Bewußtseinsbereiche. Damit werden Breschen in unsere starre Verstandesfassade geschlagen und das Wachstum unseres Höheren Selbst durch subtile Mechanismen innerer Alchemie genährt. So gesehen ist der Inhalt der Visionen zweitrangig.

Wenn du nach diesen Richtlinien übst, also dem Sehen an sich mehr Gewicht beimißt als dem Inhalt des Gesehenen, dann wirst du keine Traumschlösser in der Astralwelt bauen, und deine spirituelle Reise wird sich auf sicheren Pfaden bewegen. Letzten Endes wird dir das reine Licht des Geistes die Fähigkeit verleihen, auch unter den verwirrendsten Umständen zu unterscheiden und dich auf die Wahrheit hinzubewegen.

5.9 Beobachten, wie der Verstand ergreift

Bereite dich auf den Augenkontakt vor (wie in Abschnitt 5.2 beschrieben). Denk daran, daß ihr zu weit auseinander seid, wenn du mit deiner Handfläche nicht die Nase deines Partners berühren kannst.

Stell zwei bis drei Minuten lang eine Verbindung zum Raum her (siehe Abschnitt 5.3).

Mach dann die Augenkontaktübung wie in Abschnitt 5.4 beschrieben:
1. Lenk deine Aufmerksamkeit auf die Mitte zwischen den Augenbrauen. Verwende deine Gegenwärtigkeit im dritten Auge, um völlig bewegungslos zu werden und so wenig wie möglich zu blinzeln.
2. Werde dir der Tatsache oder des »Zustands des Sehens« bewußt, anstatt irgendwelche Einzelheiten des Bildes vor dir anzuschauen.
   Wenn dieser Begriff für dich zu unklar ist, dann versuch einfach, »das Bild zu fühlen«, anstatt es anzuschauen.

Die natürliche Tendenz geht dahin, daß sich das physische Bild verändert. Die Umrisse werden unscharf, neue Farben tauchen auf, und alle möglichen Veränderungen des Bildes finden statt, wie in Abschnitt 5.7 beschrieben.

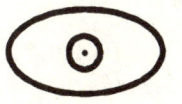 Nach längerem Üben wirst du außerdem eine äußerst interessante Beobachtung machen: Von Zeit zu Zeit scheint sich etwas in dich selbst zurückzuziehen. Plötzlich verschwinden die (nichtphysischen) Farben oder Gesichter, die Umrisse werden wieder scharf, und du bist wieder in dem physischen Bild. Es ist, als ob dich etwas zurückziehe, als könne ein Teil von dir mit deiner erweiterten Art und Weise des Sehens nicht umgehen. Und im Bruchteil einer Sekunde bist du zurück in dem Zustand deiner normalen Wahrnehmung. Die Lichtringe sind verschwunden, und die Umrisse sind wieder ganz scharf.

Was du jetzt tun mußt, ist nicht die Augen schließen, sondern einfach entspannen, deine Aufmerksamkeit wieder auf das dritte Auge richten, noch einmal von vorne anfangen. Verstärke die bewegungslose Gegenwärtigkeit im dritten Auge, werde dir des Zustands des Sehens bewußt, und schwenke langsam wieder in die »nichtmentale« Form des Sehens um: Das Bild wird wieder verschwommen, Lichtringe und/oder Farben tauchen auf.

 Wenn du dich in dem Zustand der erweiterten Wahrnehmung (dem »nichtmentalen« verschwommenen Bild) befindest, kann auch noch eine andere interessante Beobachtung gemacht werden: Dein Gesichtsfeld dehnt sich weiter aus, d. h., die Ränder werden in dein Blickfeld einbezogen, und du siehst den gesamten Bereich vor dir. Du siehst viel mehr von dem, was sich jenseits des Bildes erstreckt. Doch sobald du wieder in das scharf umrissene Bild zurückbefördert wirst, wird deine Sicht wieder selektiv. Deine Wahrnehmung beschränkt sich auf einige Details in der Mitte des Bildes, und du nimmst seitlich davon nichts mehr wahr. Du bist nur mit einem Bruchteil des Bildes in Kontakt.

Diese Übung besteht also insgesamt darin, daß du dir des dritten Auges bewußt und dabei völlig regungslos wirst, ohne zu blinzeln, und darauf wartest, bis das Bild verschwommen wird. Beobachte dann, wie »etwas in dir« sich ab und zu zurückzieht und dich wieder in das scharf umrissene Bild zurückschleudert. Entspann dich, laß dich wieder in das verschwommene Bild hineingleiten, in dem möglicherweise veränderte Farben erscheinen. Bis »etwas in dir« sich wieder zusammenzieht, und dann ist es wie ein Fallen: Du verlierst ganz plötzlich wieder deine Wahrnehmung. Versuch dir des Wesens dieses »Etwas«, das dich aus deinem Wahrnehmungszustand hinausbefördert, immer mehr bewußt zu werden.

Mach diese Übung noch fünf bis zehn Minuten lang weiter.

Schließ dann die Augen, reib die Hände gegeneinander, und leg die Handflächen auf deine geschlossenen Augen, wie in Abschnitt 5.5 beschrieben.

5.10 Ergreifen ist das Wesen des Verstandes

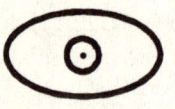 Was ist nun dieses »Etwas« in dir, das sich zurückzieht,
wenn du die obige Übung machst (Abschnitt 5.9)? Es ist die
Ebene unseres Alltagsbewußtseins, die dem Astralkörper
nach Steiner und dem *Manas* der indischen Tradition entspricht. Es ist eine Ebene, die durch Reaktion funktioniert. Die tibetanischen
Meister beschreiben diesen Vorgang mit der passenden Bezeichnung »ergreifen«. Beobachte einmal, wie dein Verstand normalerweise funktioniert. Dir
kommt ein Gedanke in den Sinn, z. B. über deinen Kühlschrank. Sofort greift
dein Verstand ein, faßt den Gedanken und verknüpft ihn mit einem anderen, der wie aus der Reaktion auf den ersten entsteht. Du denkst: »Ich muß
in den Supermarkt, um meinen Kühlschrank aufzufüllen.« Und dann wird
ein weiterer Gedanke ergriffen und mit dem letzten verknüpft: »Ich muß
auch noch auf die Bank gehen.« Und so weiter und so weiter. So entsteht
eine Gedankenkette, die dich von deinem ursprünglichen Gedanken weit
wegführt.

Deine eigene Erfahrung wird dir bestätigen, wie zweckmäßig das Wort
»Ergreifen« ist, um diese kleine Reaktion zu beschreiben, die dich deine
Wahrnehmung des verschwommenen Bildes verlieren läßt und dich wieder
in das scharf umrissene physische Bild zurückbefördert. Wenn das passiert,
wirst du deutlich eine nichtkörperliche Form der Kontraktion spüren, die
mit dem Zufassen deines Verstandes einhergeht.

Höhere Wahrnehmung beruht auf Loslassen, und das ist genau das, womit
das Alltagsbewußtsein, der *Manas*-Verstand, nicht fertig wird. Der Verstand
muß Gedanken ergreifen, das ist die Natur des Verstandes, sein Wesenskern.
Der *Manas*-Verstand faßt zu und zieht dich zurück in das physische Bild, wie
ein Muskel des physischen Körpers sich in einer Situation von emotionalem
Streß zusammenzieht und verspannt.

Es ist wichtig, diesen Vorgang sorgfältig zu beobachten. Versetz dich wieder in das Bewußtsein des dritten Auges und den Zustand des Sehens, und
laß zu, daß das Bild wieder verschwimmt. Plötzlich greift der Verstand wieder ein und »ergreift Gedanken«, und alle Wahrnehmungen verschwinden.
Wenn ein Meister wie Sri Aurobindo sagt, daß ein ruhiger Geist eine Voraussetzung für höhere Yoga-Erfahrung sei, bedeutet dies nichts anderes, als eine
Auslöschung dieses Ergreifens des Verstandes. Je mehr du das Ergreifen und
Gedankenfassen deines Verstandes beobachtest, desto mehr wird es dir als
etwas auf deine natürliche Wahrnehmung Aufgesetztes vorkommen.

5.11 Welcher ist der veränderte Bewußtseinszustand?

Gehen wir auch auf diesen letzten Punkt noch ein, da er ungeheure Auswirkungen auf unsere Weltsicht hat.

Wenn wir an uns selbst zu arbeiten beginnen, haben wir im allgemeinen eine vorgefaßte Meinung: Wir sehen die Welt, die wir jeden Tag über unseren Verstand wahrnehmen, als die »reale Welt« an. Und wir räumen ein, daß Auras und spirituelle Wesen etwas sind, das unserer Sicht von der physischen Wirklichkeit durch eine Art von zusätzlicher Wahrnehmung hinzugefügt wird.

 Die in Abschnitt 5.9 beschriebene Übung zeigt uns jedoch, daß genau das Gegenteil der Fall ist. Es ist das scharf umrissene, vom Verstand erzeugte Bild, das uns als künstlich konstruierte Wirklichkeit erscheint. Sobald wir von dem Ergreifen des Verstandes ablassen können, explodiert das Bild in ein Feuerwerk fließender Astralfarben. Nicht wenn wir Auren und geistige Wesen etc. sehen, wird etwas hinzugefügt – sondern wenn wir mit dem Verstand sehen. Der Verstand zieht sich zusammen und fügt der fließenden Wirklichkeit eine Art Fassade mit starren Umrissen hinzu. Je mehr wir unsere Verstandestätigkeit kennenlernen, desto mehr merken wir, daß sie einer Art »Krampf« gleicht. Durch Lösen des Krampfes verschwindet die physische Wirklichkeit, und die nichtphysischen Welten öffnen sich dir.

Das Ganze ist natürlich ein stufenweise fortschreitender Prozeß und ereignet sich nicht über Nacht. Der Verstand ist der hartnäckigste Teil des Menschen und läßt nicht so schnell locker. Trotz allem wird sich durch regelmäßiges Üben allmählich eine neue Wahrnehmung einstellen. Von Zeit zu Zeit wirst du dich einfach in einem Zustand des »Seins« befinden. Das ist ein sehr einfacher und unschuldiger Bewußtseinszustand. Und in seiner Einfachheit werden Auras und andere Welten wahrgenommen.

Die meiste Zeit bist du in der normalen Verstandestätigkeit gefangen. Doch je weiter du in deiner Persönlichkeitsentwicklung fortschreitest, desto mehr wird dir der Verstand als eine Art Kruste auf deinem Wesen vorkommen. Es wird dann offensichtlich, daß der Verstand etwas Zusätzliches, Aufgesetztes ist. Er kann nur über das Ergreifen und das Festhalten funktionieren. Du fängst also automatisch an, die scharf umrissenen Bilder als etwas künstlich durch den Verstand Erzeugtes anzusehen und die fließende Ebene von Lichtern und Farben als die Wirklichkeit dahinter. Du wirst immer mehr Interesse daran haben, die Welt als das zu sehen, was sie ist, und nicht als das, was dein Verstand dir vormachen will.

Einer der Gründe, wieso ich diesen Punkt so betone, besteht darin, daß es sich dabei nicht um eine philosophische Theorie handelt, sondern um etwas, das du beim praktischen Üben leicht bei dir selbst beobachten kannst. Je länger du Übung 5.9 weitermachst, desto deutlicher wird sich dir das Ergreifen deines Verstandes offenbaren.

Dies bringt uns zu einem Kernpunkt des Clairvision-Ansatzes: Unser Ziel ist es nicht, zu unserer normalen Verstandesebene einige Tricks hinzuzufügen, um Hellsehen zu lernen. Unser Ziel ist es, Wahrnehmung zu benutzen, um einen reinen Bewußtseinszustand zu erreichen, der jenseits des falschen Scheins und außer Reichweite unseres zufassenden *Manas*-Verstandes liegt. Der ganze Prozeß zielt auf eine Ablösung von den Konstruktionen des Verstandes ab und, wie im 24. Hexagramm des I Ging beschrieben, auf eine Rückkehr in den unverfälschten Zustand.

5.12 Atlantischer Höhepunkt

Schließ die Augen, und fang an, die Verbindung zu dem Raum wiederherzustellen (Abschnitt 5.3): Atme mit der Reibung im Hals und werde dir der Vibration im dritten Auge bewußt. Richte deine Aufmerksamkeit anschließend etwa zwei Minuten lang auf den violetten oder dunklen Raum.

Mach die Augen auf, und wende den in Abschnitt 5.4 beschriebenen Prozeß des zweifachen Sehens an:

1. Bleib im dritten Auge gegenwärtig und völlig regungslos.
2. Werde dir gleichzeitig der Tatsache oder des »Zustands des Sehens« bewußt, anstatt auf die Details des Bildes vor dir zu schauen (oder einfacher: Fühl das Bild, anstatt es anzusehen).

Für diese ganz besondere Übung ist es wichtig, daß du so wenig wie möglich oder am besten gar nicht blinzelst. Du mußt einen starken Druck in der Mitte zwischen den Augenbrauen aufbauen und immer stiller werden. Beide Dinge begünstigen sich gegenseitig: Je stärker dein Bewußtsein im dritten Auge ist, desto bewegungsloser kannst du werden. Und je mehr du zuläßt, daß sich deine Energie durch deine positive Unbeweglichkeit verdichtet oder zusammenballt, desto mehr kannst du die Vibration im dritten Auge steigern.

Werde immer bewegungsloser. Verstärk den Druck zwischen den Augenbrauen, bis sich dein Körper anfühlt, als seist du eine Statue – eine Statue aus Schwingungen. Dieser Zustand entwickelt sich langsam zu einer verbundenen Bewegungslosigkeit, die dir das Gefühl gibt, ungeheure Mengen von Kraft anzusammeln, als würde dein Auge diese Kraft von einer Energiesäule empfangen, die direkt auf das dritte Auge herabreicht.[21] Je mehr du die Be-

---

21 Das ist die »Säule des Geistes«, eine Struktur höchster Bedeutung, auf die wir auf einer fortgeschritteneren Stufe der Clairvision-Techniken der inneren Alchemie noch näher eingehen werden.

wegung jeder einzelnen Zelle deines Körpers einstellen kannst, desto besser kann dein Auge diese Kraft empfangen und desto dichter und intensiver wird die Schwingung.

Versuch, die Vibration noch ein paar Minuten zu steigern. Spür, wie du den Höhepunkt erreichst, das Maximum an Kraft, das du im dritten Auge durch absolute Bewegungslosigkeit empfangen kannst. Laß die Kraft durch deinen ganzen Körper scheinen.

Mach dann die Augen zu, reib die Hände gegeneinander, und leg die Handflächen wie in Abschnitt 5.5 beschrieben auf deine geschlossenen Augen.

Tips:

• In den letzten Phasen des atlantischen Zeitalters war es mit Hilfe von solchen Übungen möglich, die Kräfte der Natur meisterhaft zu beherrschen. Das Rad der Zeit hat sich seither weitergedreht, und mit den Methoden von einst lassen sich heute nicht mehr dieselben Resultate erzielen. Verschiedene Naturgesetze funktionieren auf eine völlig andere Weise, und du könntest durch Anwendung dieser Techniken nicht dieselbe meisterhafte Beherrschung erlangen wie einst. Neue Wege der Initiation müssen deshalb gegangen werden.

Wenn diese Übung mit der nötigen Intensität gemacht wird, wird dadurch ein Bewußtseinszustand erzeugt, der sich hauptsächlich durch zwei Eigenschaften auszeichnet: zum einen durch ein außerordentliches Gefühl von Macht oder Kraft und zum anderen durch einen offensichtlichen Mangel an Mitgefühl. Dieser Zustand ist frei von jeglichem Gefühl oder jeglicher Sympathie für die Person, die dir gegenübersitzt. Diese beiden Eigenschaften stellen eine ganz gute Charakterisierung der Spätphase des atlantischen Zeitalters dar und verdeutlichen auch die Gründe für den Untergang von Atlantis.

Diese Übung sollte nicht regelmäßig gemacht werden. Sie wird hier nur angeführt, um dir einen kurzen Einblick in vergangene Bewußtseinszustände zu gewähren. Besonders interessant ist es, die folgende Übung (5.13) gleich danach zu machen, um den Unterschied in bezug auf die Schwingung und die Atmosphäre zu spüren, der durch das Herzgefühl erzeugt wird.

5.13 Augenkontakt, ganze Übung:
Der Prozeß des dreifachen Sehens: Gegenwärtigkeit im dritten Auge, »Zustand des Sehens« und Sehen mit dem Herzen

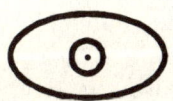 Setz dich mit geradem Rücken deinem Freund oder deiner Freundin gegenüber oder vor einen Spiegel. Schließ die Augen, und stell wieder kurz eine Verbindung zum Raum

her (wie in Abschnitt 5.3 beschrieben): Steigere die Vibration im dritten Auge, atme mit der Reibung im Hals. Werde dir dann des violetten oder dunklen Raumes bewußt. Bleib ein bis zwei Minuten im Raum.

Mach dann die Augen wieder auf, und beginne mit dem Prozeß des dreifachen Sehens wie in Abschnitt 5.4 beschrieben:

1. Laß die Aufmerksamkeit weiter auf den Bereich zwischen den Augenbrauen gerichtet, und werde ganz regungslos. Blinzle so wenig wie möglich. Laß zu, daß sich deine Energie durch die Regungslosigkeit zusammenballt.

2. Schau nicht die Einzelheiten des Bildes vor dir an, sondern werde dir der Tatsache oder des Zustand des Sehens bewußt. Wenn du den Zustand des Sehens noch nicht wahrnehmen kannst, versuch einfach, das **Bild zu fühlen**, anstatt es anzuschauen – das gesamte Bild der Szene, die sich vor dir abspielt, nicht nur das Gesicht deines Freundes. Versuch, es auf »greifbare« Weise mit deinen Sinnen zu erspüren, spüre den Druck des (nichtphysischen) Lichts auf deinem dritten Auge.

   Dazu kommt jetzt noch eine dritte Komponente, die gleichzeitig mit den beiden anderen angewandt werden sollte.

3. Werde dir deines Herzzentrums in der Mitte der Brust bewußt. Versuch, die andere Person (oder dich selbst in einem Spiegel) mit deinem Herzen zu fühlen. Schenk dem Bild keine Beachtung, auch wenn deine Augen offen sind. Sei einfach im dritten Auge gegenwärtig, und spür deinen Freund mit dem Herzen.

   Deine Aufmerksamkeit ist jetzt doppelt: Sie ist auf das dritte Auge und das Herz gerichtet. Das bedeutet jedoch keine Spaltung, sondern eher eine Verankerung der Gegenwärtigkeit deines dritten Auges im Herzen. Es ist also kein Sehen vom Auge und vom Herzen aus, sondern vielmehr **ein Sehen mit dem Herzen durch das dritte Auge**.

Tips:

• Das ist also unser dreifaches Sehen: Sehen mit dem Auge, dem Zustand des Sehens und dem Herzen. Du kannst mit diesen drei Elementen herumspielen und herumprobieren, und je nach dem momentanen Energiefluß das eine oder andere Element verstärken.

• Wo genau befindet sich das Herzzentrum? Wenn du wissen möchtest, wo sich ein Chakra genau befindet, ist es besser, nicht zu präzise sein zu wollen. Denn ein Chakra ist kein Punkt, sondern eher eine Zone, ein Schwingungsbereich. So könnte man sagen, daß sich die Mitte des Herzchakras ungefähr in der Mitte des Brustbeins befindet (um den Akupunkturpunkt Konzeptionsgefäß 17) und auch dahinter, in der Brust. Aber versuch nicht zu sehr, danach zu suchen. Werde dir lieber dieses Bereichs bewußt und laß das Gefühl selbst entstehen. Solange du in der Mitte der Brust gegenwärtig bleibst und nicht in den Solarplexus abwanderst, ist alles in Ordnung.

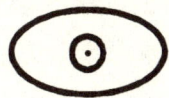

• Dieser Ansatz stellt eine Art der Wahrnehmung dar, die sich von der normalen Funktionsweise unseres Verstandes stark unterscheidet. Normalerweise versucht der Verstand, die Welt zu erkennen, indem er Einzelheiten der Bilder vor unseren Augen zu ergreifen und Schlüsse daraus zu ziehen versucht. Bei der hier dargestellten Form beruht die Wahrnehmung auf dem Fühlen mit dem Herzen, das unabhängig von den einzelnen Aspekten des Bildes erfolgt. Du stimmst dich auf die Person vor dir ein und stellst vom Herzen aus eine Verbindung auf einer völlig anderen Stufe als der Verstandesebene her. Du siehst damit auch das von der Person, was über das Bild hinausgeht.

• Diese Übung steht in klarem Gegensatz zu der vorhergehenden (dem »atlantischen Höhepunkt«). Eine Weichheit kommt hier mit ins Spiel, die vorher nicht da war. Aus der Sicht der esoterischen Geschichte unseres Planeten hat das Auftauchen dieses Einfühlungsvermögens des Herzens (dessen Mangel bei unseren Vorfahren im Zeitalter von Atlantis so schmerzlich zu spüren war) viel mit der Manifestation des Christus-Bewußtseins zu tun.

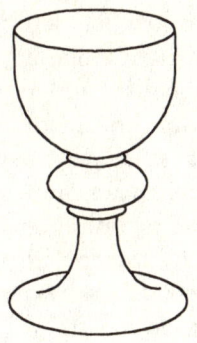

Kapitel 6

Kanaleröffnung (2)

6.1 Die Arbeit mit dem Ätherkörper

Bevor wir unsere Übungen mit den Kanälen des Ätherkörpers wiederaufnehmen, wollen wir uns ein bißchen mit den Zielen dieses Teils der Arbeit beschäftigen.

Du hast sicher bemerkt, daß eine starke Gegenwärtigkeit im dritten Auge die Tendenz hat, die Vibration in den Energiekanälen zu verstärken. Und das ist auch nicht überraschend. Denn je mehr du »im Auge bist«, desto stärker spürst du die Vibration in den Meridianen. Das ist nur logisch, denn das dritte Auge ist der Hauptschalter der Körperenergie. Durch Betätigung dieses Schalters aktivierst du den Schwingungsfluß im ganzen Körper.

Doch dasselbe gilt auch umgekehrt! Wenn du einen starken Energiestrom in den Meridianen hervorrufst, spürst du dadurch auch die Vibration im dritten Auge besser. Oft reicht ein energisches Gegeneinanderreiben der Hände und die Stimulation der kribbelnden Energie in ihnen aus, um einen plötzlichen Energieschub im dritten Auge zu spüren. Das dritte Auge fühlt sich dann greifbarer, dichter, geballter und aktiver an.

Hinter dieser einfachen Beobachtung steckt ein tiefgründiger Mechanismus. Die Ätherschicht besteht nicht aus einer Reihe von unzusammenhängenden Feldern, sondern ist eine zusammenhängende Schicht. Sie bildet eine Einheit. Alle ihre Teile sind viel direkter miteinander verbunden als die verschiedenen Teile unseres physischen Körpers. Aufgrund der fließenden Natur des Ätherkörpers bewirkt jede Schwingung in einem seiner Teile, daß die ganze Schicht mitschwingt. Wenn du also deine Hände schüttelst oder gegeneinander reibst und dadurch eine starke Vibration in ihnen erzeugst, wird der ganze Ätherkörper dadurch stimuliert und damit auch der Ätherteil deines dritten Auges. Ein Effekt davon ist eine unmittelbare Steigerung deiner Hellsichtigkeit.

Das dritte Auge besteht aus verschiedenen Teilen. Einer dieser Teile gehört der Astralebene an, ein anderer der Ätherschicht. Erst wenn alle diese Teile voll ausgebildet sind und miteinander kommmunizieren, wird deine Hellsichtigkeit verläßlich werden. Stell dir einfach einen ein Meter langen Schlauch vor. Wenn auch nur ein Millimeter dieses Schlauchs verstopft ist, können weder Wasser noch Luft hindurchfließen, und du kannst nicht einmal durchsehen.

Deshalb ist es für die Entwicklung deiner Fähigkeit, nichtphysische Wirklichkeiten zu sehen, so wichtig, diese Arbeit der Entwicklung des Ätherkörpers fortzuführen. Beim Ausführen der »Sehübungen« (Kapitel 5 und 7) ist es empfehlenswert, zu Anfang und in der Mitte der Sitzungen ein paar Kanaleröffnungsübungen einzuschieben.

Später wird dann die Kanaleröffnung auf einer höheren Stufe wieder aufgenommen werden, wenn wir uns mit der Bildung des Körpers der Unsterblichkeit befassen. Ziel wird es dann sein, auf der Suche nach dem Lebensgeist oder dem transformierten Ätherkörper – einem der Grundsteine des verklärten Körpers – das Bewußtsein des Höheren Selbst in den Ätherkörper einfließen zu lassen. Die hier geübte Stufe der Kanaleröffnung ist im Gegensatz dazu sehr bescheiden, jedoch keineswegs weniger wertvoll, bereitet sie uns doch auf diese zukünftigen Höhepunkte vor, indem sie eine Verbindung zwischen dem Ätherkörper und dem bewußten Selbst herstellt.

6.2 Der Gallenblasenmeridian

Zur Kanaleröffnung dieses Meridians wird die an der Außenseite des Körpers am Fuß beginnende und bis zum Kopf über das Bein, den Oberschenkel, die Hüfte, den Brustkasten (vor den Schultern) und den seitlichen Nacken verlaufende Energiebahn durch Reiben stimuliert (siehe Abb.). Wie alle anderen bisher behandelten Meridiane ist auch dieser beidseitig vorhanden, d. h., es gibt eine genaue Entsprechung dazu auf der gegenüberliegenden Körperseite.

Hast du den Verlauf dieses Meridians erst einmal bei dir selbst erforscht, kannst du im Anhang mehr über den Verlauf dieser Energiebahn und ihre Verbindungen nachlesen.

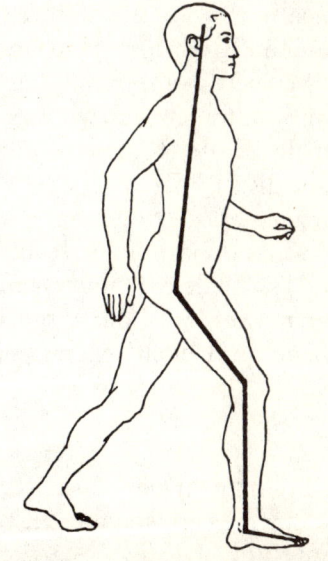

Verlauf des Gallenblasenmeridians

6.3 Anwendung der kompletten Kanaleröffnungstechnik auf einem Meridian

 Setz dich mit geradem Rücken in Meditationshaltung hin. Wenn du auf einem Stuhl sitzt, lehn dich nicht an.

Laß deine Augen während der ganzen Übung geschlossen. Reib deine Hände ein paar Sekunden gegeneinander. Bleib dann mit nach oben gerichteten Handflächen bewegungslos sitzen. Werde dir der Vibration in den Händen und im dritten Auge bewußt. Atme mit der Reibung im Hals, um die Vibration noch zu erhöhen, und stell eine innere Verbindung zwischen den Handflächen und dem dritten Auge her.

Mach jetzt deine Handfläche gerade und steif, und fang an, mit der Brücke der Handfläche auf der Linie des Meridians entlangzureiben (siehe Abschnitt 4.5).

Bleib ganz bewegungslos sitzen, und werde dir der Vibration entlang der Linie bewußt, die du eben gerieben hast. Stell eine Verbindung zwischen der Vibration in der Leitungsbahn und der Vibration im dritten Auge her. Versuch die Vibration und die Verbindung durch Reibungsatmen zu intensivieren.

Versuch dann, dir des natürlichen Flusses dieser Vibration entlang dieser Energiebahn bewußt zu werden. Verbinde diesen Fluß mit der Vibration im dritten Auge und verstärk ihn durch Reibungsatmen.

Versuch den weiteren Verlauf dieses Meridians über den geriebenen Bereich hinaus zu erspüren. Fühl den Energiefluß in der Hand (oder im Fuß), dann im Rumpf, im Hals und schließlich im Kopf.

Versuch dann, den Energiefluß durch Kontraktion der »kleinen Energiehände« auf dem ganzen Meridian zu erhöhen (siehe Abschnitt 4.10). Je weiter du bei der Kanaleröffnung fortschreitest, desto wichtiger wird die Aufgabe dieser Phase.

Wiederhol den gesamten Ablauf der Übung mit der anderen Körperseite.

Wenn du mit dieser Technik erst noch vertrauter bist, kannst du auch versuchen, beide Meridiane ganz schnell nacheinander durch Reiben zu stimulieren. Werde dir der Vibration bewußt, und wende den gesamten Übungsablauf auf beiden Seiten gleichzeitig an.

Tips:

• Bis man in der Lage ist, die Vibration bewußt durch Kontraktion der »kleinen Energiehände« in Bewegung zu setzen, braucht es viel Geduld. Du mußt unbeirrt und beharrlich dranbleiben und immer weiter üben, bis das Gefühl klarer und fühlbarer wird. Üb täglich, und laß die »ätherischen Muskeln« sich um die Energiebahn zusammenziehen und die Energie durch diese Kontraktionen zum Fließen bringen. Mit der Zeit werden diese »Muskeln« dadurch immer kräftiger werden.

• Bei der Kanaleröffnung vollziehst du zuerst eine aktive Handlung, wie etwa das Reiben auf dem Meridian. Darauf folgt eine Phase »verbundener Bewegungslosigkeit«. Tatsächlich spielt sich der wichtigste Teil der Übung während dieser letzten Phase ab: Es kommt zu einer Bewegung von Energie. Eine Welle entsteht. Das Reiben oder irgendeine andere Bewegung ist wie das Auswerfen eines Netzes. Das Zulassen der Energiebewegung in der bewegungslosen Phase gleicht dem Fangen der Fische.

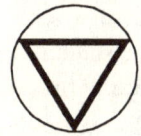 Die Kunst besteht darin zuzulassen, daß sich in der bewegungslosen Phase die Energie in Bewegung setzt. Du machst gar nichts. Aber nichts zu tun ist noch nicht genug, damit die Energiewelle ausgelöst wird! Eine Yin-Fähigkeit muß entwickelt werden, die gleich einem passiven Magnetismus **zuläßt**, daß die Energiebewegung stattfindet. Du kannst es nicht machen, du mußt es geschehen lassen. Aber wenn du nichts machst, wird auch nichts passieren.

Im Taoismus wird diese Eigenschaft mit folgendem Bild erklärt: Eine Frau verführt einen Mann. Sie macht nichts, sie »ist« einfach, und der Mann fühlt sich zu ihr hingezogen. Doch würde die Frau andererseits nichts machen, d. h. ihre Yin-Kraft nicht entfalten, dann würde gar nichts passieren! Der Mann würde sich nicht angezogen fühlen. Dasselbe gilt für das Entstehenlassen von Wellen in deinem Energiekörper. Du kannst es nicht **machen**, aber du mußt zulassen, daß es geschieht. Ich würde vorschlagen, du beschäftigst dich mit diesem Prinzip erst einmal eingehend während der Übungen, denn es lassen sich daraus weitreichende Einsichten gewinnen.

• Ein Name für Energie in Sanskrit ist *Shakti*, was als äußerst weibliches Prinzip beschrieben wird. Wenn du deine Übungen machst, als würdest du eine Ratte im Labor sezieren, d. h., wenn du zu ernst und kalt vorgehst, wird dich die Kraft, Shakti, langweilig finden und sich dir nicht zeigen. Verhalte dich der Energie gegenüber, wie du dich einer Geliebten oder einem Geliebten nähern würdest. Sei warmherzig und spielerisch, dann wird die Kraft einen Reigen mit dir tanzen. Sei ganz bei den Übungen, denn die Kraft langweilt sich schnell mit Geliebten, die nur halbherzig bei der Sache sind. Sie gibt sich nur jenen hin, die sich ihr ganz hingeben.

6.4 Variante ohne Reiben

Anstatt die Meridiane durch Reiben mit den Handflächen zu stimulieren, kannst du auch mit den Fingerspitzen einen kaum spürbaren körperlichen Kontakt herstellen.

Preß die Spitzen der fünf Finger der einen Hand eng zusammen, und reib mit ihnen ganz sanft gegen die Handfläche deiner anderen Hand, um die Vibration in ihnen zu stimulieren.

Beweg anschließend die Fingerspitzen, ohne zu reiben, ganz leicht und sanft dem Meridian entlang, fast ohne mit der Haut Kontakt zu haben oder sogar einen Millimeter von ihr entfernt. Sei jedoch mit ganzem Herzen dabei, wenn du diese verbundene Berührung ausführst.

Wenn sich deine Sensitivität noch weiter entwickelt hat, wird es sogar ausreichen, nur einen Finger zur energetischen Stimulation der Leitungsbahn zu benutzen. Ein interessante Beobachtung wird dabei sein, daß jeder Finger ganz verschiedene Qualitäten von Energie in den Meridianen erweckt.

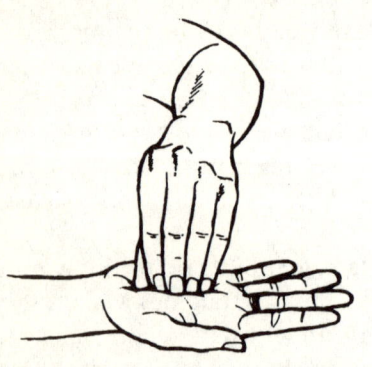

Die leichte Berührung

Übung 6.5: Der Klang der Vibration

Wende die Kanaleröffnungstechnik wie in Abschnitt 6.3 beschrieben auf einem Meridian deiner Wahl an.

Versuch dann in der bewegungslosen Phase, die auf das Reiben folgt, während der Herstellung der Verbindung zur Vibration entlang der Energiebahn, den (nichtphysischen) Klang der Schwingung oder Vibration wahrzunehmen.

Hör nicht mit den Ohren, sondern lausch mit deinem dritten Auge zwischen den Augenbrauen! Eine Art Summen oder Brummen, wie das Geräusch einer Hochspannungsleitung, geht mit der Vibration einher.

Eine Schlüsselrolle bei der Entwicklung der Hellsichtigkeit spielt die Fähigkeit, **Licht zu spüren, anstatt zu versuchen, es zu sehen.** Häufig kommt die Vision, wenn man aufhört, sehen zu wollen. Versuch deshalb auch das Summen oder Brummen nicht zu hören, sondern zu spüren.

Bleib extrem regungslos im dritten Auge. Wie immer gilt: Konzentrier dich nicht. Wenn du es zu verkrampft versuchst, wird gar nichts passieren. Versuch so offen wie möglich zu sein.

Tips:

Wo immer eine Schwingung oder eine Vibration ist, ist auch ein Ton. Der Ton ist wie ein höherer Aspekt der Vibration.

Genauer genommen müßte es eigentlich heißen: Die Schwingung ist eine niedrigere Manifestation des Klangs. In Wirklichkeit sind zuerst die Töne und Geräusche da, und erst später verdichten sie sich zu Schwingungen. Wenn diese Wahrnehmung erst noch stärker entwickelt ist, kann das ganze Universum als eine umfassende Melodie empfunden werden, die sich durch Verdichtung von Tönen und Klängen zu immer dichteren Schwingungen materialisiert. Dies läßt die ersten Verse des Evangeliums nach Johannes in einem ganz neuen Licht erscheinen: »Im Anfang war das Wort; und das Wort war bei Gott, und das Wort war Gott. [...] Alles ist durch das Wort geworden.«

6.6 Der Harnblasenmeridian

Stimulier den Meridian durch Reiben von der Hinterseite der Ferse über Wade, Oberschenkel, Gesäßhälfte, Rücken (seitlich neben der Wirbelsäule) und Hals bis zum Hinterkopf (siehe Abb. Seite 102). Nachdem du diese Energiebahn ausgiebig erforscht hast, kannst du einen Blick auf die Anmerkungen im Anhang werfen, die dir nähere Auskunft über den Verlauf dieses Meridians geben.

Auch in diesem Fall führt uns die Bezeichnung »Harnblasenmeridian« für diesen Meridian auf die falsche Fährte, denn sie beschreibt nur einen kleinen Ausschnitt der vielseitigen und weitreichenden Funktionen dieses Meridians, die sich mit Sicherheit nicht nur auf die Harnblase beschränken. Auf diesem Meridian befinden sich insbesondere seitlich der Wirbelsäule im Lenden- und Schulterbereich außergewöhnliche Akupunkturpunkte, über die eine Reihe höchst spiritueller Funktionen gesteuert werden. Wenn du mit der Kanaleröffnung mehr Erfahrung hast, wird es möglich sein, in diese Punkte hineinzugehen und ihre Funktion von innen, und nicht nur aus Büchern, zu erforschen.

Übung 6.6

Wiederhol den ganzen in Abschnitt 6.3 beschriebenen Übungsverlauf mit dem Harnblasenmeridian.

• Dieser Meridian verläuft seitlich der Wirbelsäule, also nicht auf der Wirbelsäule selbst. **Reibe nie direkt auf der Wirbelsäule.** Reiben ist eine grobe und einleitende Form, um die Energie zum Fließen zu bringen. Die Energie der Wirbelsäule ist äußerst fein und kann durch direkte Stimulation leicht gestört werden. Es ist immer besser, die Vibration der Wirbelsäule von innen zu aktivieren als durch Massage oder direkten Körperkontakt.

Je offener du wirst, desto mehr solltest du darauf achten, deine Wirbelsäule beim Massieren o. ä. möglichst wenig berühren zu lassen. Wenn eine direkte Berührung wirklich nötig ist, wie etwa bei der Behandlung durch einen Chiropraktiker, so solltest du dir auf jeden Fall jemanden aussuchen, der sein Handwerk wirklich versteht, und zwar nicht nur in technischer Hinsicht, sondern vor allem auch in energetischer.

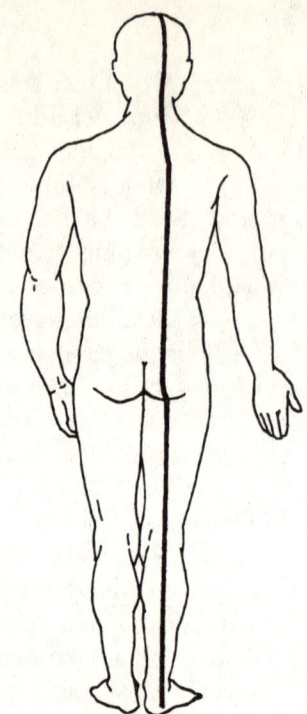

Der Harnblasenmeridian

INTERMEZZO: DER KOSMOS IN DEINEN HÄNDEN

Übung 6.7: Veränderung der Haltung der Hände = Veränderung der Energie in den Handflächen

Setz dich mit aufrechtem Rücken hin, und laß die Augen während der ganzen Übung zu.

Phase 1: Hängenlassen / Ausruhenlassen
Reib deine Hände zehn bis zwanzig Sekunden lang gegeneinander, und bleib dann mit nach oben gerichteten Handflächen ganz still und bewegungslos sitzen.

Leg deine Hände nicht auf die Knie, sondern halte sie mit nach oben geöffneten Handflächen in der Luft.

Werde dir der Vibration in deinen Händen und im dritten Auge bewußt. Stell über das Reibungsatmen eine Verbindung zwischen den Handflächen und dem Auge her, und verstärk die Vibration.

Behalte die gleiche Gegenwärtigkeit und Reibung bei, aber laß nun deine Hände auf die Knie sinken und immer noch mit nach oben gerichteten Handflächen ausruhen.

Spür die Vibration in den Händen, und vergleich sie mit der vorherigen Position, bei der die Hände in der Luft gehalten wurden. Laß die Hände eine halbe Minute auf den Knien liegen.

Heb sie nun wieder hoch wie in der Ausgangsposition. Vergleich den Unterschied der Vibration in den Händen.

Wechsle noch ein paarmal von einer Position in die andere, hin und her, und vergleich jedes Mal, wie sich die Energie anfühlt.

Phase 2: Handfläche nach oben, Handfläche nach unten

Setz dich mit geradem Rücken und Handflächen nach oben hin. Leg die Hände nicht auf den Knien ab. Nimm dir eine halbe Minute Zeit, um die Vibration in den Händen und die Verbindung zum dritten Auge durch Reibungsatmen zu verstärken.

Dreh nun die Handflächen mit immer noch in der Luft gehaltenen Händen nach unten. Du atmest weiter mit der Reibung im Hals, aber jetzt mit nach unten zeigenden Handflächen.

Spür die Qualität der Schwingung in den Händen und im ganzen Körper. Dreh dann die Handflächen wieder nach oben, fühl die Qualität der Energie in den Händen, und vergleich sie mit der vorherigen Position.

Versuch zu spüren, was du ganz allgemein in deinem Innern dabei fühlst, und versuch herauszufinden, ob du irgendeinen Unterschied zum Gefühl in der vorherigen Position wahrnimmst.

Wechsle von einer Position in die andere, und versuch dabei, deine Gefühle zu ergründen.

Tips:

• Je mehr du auf die Wahrnehmung der Energie eingestimmt wirst, desto offensichtlicher wird es werden, daß sich nicht nur die Qualität der Vibration in deinen Handflächen, sondern auch die Energie in deinem ganzen Körper beim Wechseln von einer Position in die andere verändert. Der »innere Beigeschmack«, die ganze Bewußtseinsatmosphäre verändert sich völlig. Am Anfang mögen dir diese Unterschiede ganz fein vorkommen, aber je weiter du in deiner Selbst-Transformation voranschreitest, desto deutlicher und fühlbarer werden sie.

Dies führt zu einer Wissenschaft, deren Ziel es ist, besondere Bewußtseinszustände durch das Einstimmen in verschiedene Handstellungen oder, allgemeiner gesagt, Körperstellungen herbeizuführen. Elemente dieser Lehre finden sich in den Ritualen aller auf diesem Planeten vertretener Traditionen. Im Sanskrit beispielsweise werden diese »Energiestellungen« Mudras genannt.

Wie du vielleicht selbst beim Ausführen der Übungen noch merken wirst, entfalten diese Energiestellungen nur dann ihre gewünschte Wirkung, wenn deine Wahrnehmung ganz offen ist.

Sehen wir uns zwei dieser sehr traditionellen Haltungen einmal genauer an.

Übung 6.8: Energiehaltungen

Setz dich mit aufrechtem Rücken hin, reib deine Hände ein paar Sekunden gegeneinander, und werde dann mit nach oben geöffneten Handflächen bewegungslos.

Werde im dritten Auge und in den Händen gegenwärtig.

Atme mit der Reibung im Hals.

Werde dir der Vibration in den Händen und im dritten Auge bewußt. Erspür die allgemeine Eigenschaft, den »Geschmack« deiner Energie.

Phase 1:

Falte deine Hände und erheb sie in Gebetshaltung. Werde dir dabei der Vibration in deinen Händen und im ganzen Körper bewußt. Verweil eine halbe Minute in dieser Haltung.

Wechsle dann wieder zu der vorherigen Stellung mit nach oben geöffneten Handflächen zurück.

Wechsle mehrmals von einer Position in die andere und vergleich die Energie. Beobachte, welche Bewußtseinsvoraussetzung durch die Hände in Gebetshaltung geschaffen wird.

Phase 2: Jnana-Mudra

Setz dich wieder in der Ausgangsposition mit nach oben gerichteten Handflächen hin. Verstärk die Vibration durch Reibungsatmen, und stell eine innere Verbindung zwischen den Händen und dem dritten Auge her. Verwende eine Minute darauf, deine Aufmerksamkeit ganz darauf zu lenken.

Bieg dann die Zeigefinger nach innen und bilde mit den Daumen eine Art Kreis. Diese Handhaltung nennt sich *Jnana-Mudra*. Benutz das Reibungsatmen zum Verstärken der Wirkung dieser Stellung. Mach ein bis zwei Minuten weiter, und spür, wie sich die Energie in deinem Innern verändert.

Geh dann wieder zu der Ausgangsstellung mit nach oben geöffneten Handflächen über. Verstärk die Vibration eine halbe Minute lang mit der Halsreibung. Spür, wie sich die Energie anfühlt.

Nimm wieder die Haltung der Jnana-Mudra ein, und wechsle mehrmals zwischen der einen und der anderen Handhaltung. Erforsch die Veränderungen, die in dir vor sich gehen.

Wie verändert sich deine Energie?

Wie verändert sich dein Bewußtsein?

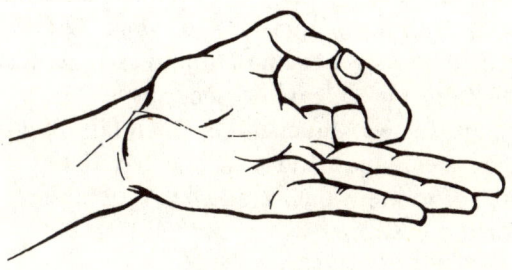

Die Jnana-Mudra

Phase 3: *Die Wirkung der* Jnana-Mudra *auf die Lungen*

Nimm wieder dieselbe Energiehaltung der Hand ein, und mach die *Jnana-Mudra*, wie in Phase 2 beschrieben. Laß die Augen die ganze Zeit über geschlossen. Werde dir dieses Mal gleichzeitig der Vibration in deinen Lungen bewußt. Wechsle zwischen den beiden beschriebenen Handhaltungen hin und her, und versuch zu erspüren, wie sich die Vibration in deiner Brust verändert.

Mach dann die Jnana-Mudra (verbundener Zeigefinger und Daumen) nur mit der rechten Hand, und laß die andere Hand flach.

Sei gegenwärtig im dritten Auge und gegenwärtig in der Brust. Behalte diesen Zustand etwa eine halbe Minute lang bei. Vergleich die Energie in den beiden Lungenflügeln.

Mach dann dieselbe Übung, also die Jnana-Mudra, mit der linken Hand, und laß die rechte Hand flach ausgestreckt. Werde dir der Vibration im dritten Auge und auf jeder Seite der Brust bewußt. Vergleich das Gefühl mit der vorherigen Stellung.

Nimm ein paar Minuten lang abwechselnd die eine und dann die andere Position ein, und beobachte, wie sich die Energie in deinem Körper im allgemeinen und insbesondere in deinen Lungen verändert.

Tips, Tricks und Fallen:

• Die in Phase 1 beschriebene »Gebetshaltung« läßt oft das Gefühl entstehen, daß die Energie konzentrierter, vertikaler ausgerichtet ist, wie eine Säule.

• Ich konnte bei vielen Menschen beobachten, daß die Jnana-Mudra (wörtlich: die »Haltung des Wissens«) eine direkte Auswirkung auf die Energie in den Lungen zu haben scheint, was gut zu der Tatsache paßt, daß der Lungenmeridian laut Akupunktur im Daumen endet. Die Schüler beschreiben die Vibration in den Lungen bei Einnahme dieser Handstellung häufig als intensiver oder dichter, stärker, geschlossener usw.

Und hier noch ein Rätsel: Manchen Personen fällt es anscheinend leichter zu atmen, wenn sie die Jnana-Mudra machen. Anderen hingegen scheint es schwerer zu fallen. Wie kann das sein? Die Antwort findest du in der Anmerkung am Ende diese Kapitels.

Übung 6.9: Die Energie zwischen deinen Händen

Setz dich mit aufrechtem Rücken hin, und halt deine Hände so vor dich, daß sich die Handinnenflächen anschauen (Abb. links). Zu keinem Zeitpunkt berühren sich die Hände bei dieser Übung. Immer ist etwas Raum zwischen ihnen.

Werde dir der Vibration im dritten Auge und in den Händen bewußt. Atme mit der Reibung im Hals, um die Vibration zu verstärken und die Hände mit dem dritten Auge zu verbinden.

Werde dir dann der Schwingung im Raum zwischen deinen Händen bewußt.

Beweg die rechte Hand langsam auf die linke zu, als ob die rechte Hand die linke mit der Schwingung wegdrücken wollte. Die linke Hand bewegt sich nach links, als würde sie durch den Druck der von der rechten Hand ausgehenden Vibration leicht abgestoßen. Beweg beide Hände ganz langsam weiter nach links.

Wechsle dann die Richtung. Die linke Hand beginnt sich nach rechts zu bewegen und stößt dabei auf leichten Widerstand von dem Druck der Schwingung, die von der rechten Hand kommt. Atme immer weiter mit der Reibung im Hals, um die Vibration zwischen den Händen zu verstärken.

Nachdem du beide Hände extrem langsam etwa eine Minute lang nach rechts bewegt hast, ändere wieder die Richtung. Fang an, die Hände nach links zu schieben, und drück die linke Hand durch die von der rechten Hand ausgehenden Vibration weg.

Wiederhol dieselbe Übung nun in senkrechter Position mit der linken Hand oben und der rechten Hand unten und zur Mitte geöffneten Handflächen (Abb. Seite 107 rechts). Beweg die Hände ganz langsam hoch und runter, wobei die eine nach derselben Methode wie zuvor von der anderen weggedrückt wird. Behalte die Reibungsatmung bei. Beobachte das Schwingungsfeld zwischen den beiden Händen.

Dehn diese Übung dann in verschiedene Richtungen im Raum aus.

Übung 6.10: Kosmische Antennen

Setz dich mit geradem Rücken in Mediationshaltung, und halte beide Hände mit zur Mitte zeigenden Handflächen vor dich hin (wie in der letzten Übung). Dreh dann die Handflächen nach oben. Spür die unterschiedliche Vibration in deinen Händen und in deinem dritten Auge, wenn du von einer Position zur anderen überwechselst.

Halte dann deine Hände und Arme in verschiedene Richtungen im Raum, in irgendeine Richtung, die dir gerade einfällt. Beweg die Arme langsam und bewußt. Es ist wie eine »regungslose Bewegung«, die dich von der einen in die andere Position bringt.

In jeder Position wird in dir eine andere »Schwingungsfrequenz« erzeugt. Dein Bewußtseinsfeld bekommt je nach Ausrichtung deiner Hände eine andere »Geschmacksnote«. Spiel mit deinen Armen noch eine Weile hin und her, und versuch dabei zu spüren, wie unterschiedliche Haltungen unterschiedliche innere Zustände hervorrufen können.

Steh dann auf, und beginne deinen ganzen Körper langsam zu bewegen und dich von einer bewegungslosen Position in die andere zu begeben.

Tips:

• Mit dieser Übung wird ein völlig neuer Ansatz in bezug auf Bewegung eingeführt. Jede Körperhaltung wird jetzt in ihrer Verbindung zum Kosmos wahrgenommen. Du bewegst den Körper nicht nur, um bestimmte Handlungen auszuführen, sondern um dich in verschiedene Energie- und Bewußtseinsfrequenzen einzustimmen. Damit wird der Körper zu einer kosmischen Antenne. Wenn du diese Wahrnehmungsstufe erreichst, merkst du, wie vielfältig und weit du bist. Kannst du dir vorstellen, wie zauberhaft es ist, nach diesen Prinzipien zu tanzen?

• Diese Übung eignet sich ausgezeichnet zum Arbeiten mit dem inneren Klang. Wenn du auf den (nichtphysischen) Ton der Schwingung eingestimmt bist, wirst du beim Verändern der Körperhaltung deutliche Klangunterschiede wahrnehmen. Stimm dich auf den Ton der Vibration in der Kopfmitte hinter dem Punkt zwischen den Augenbrauen ein. Wenn du dich auf

den Tanz mit diesem Ton einläßt, wird dir eine richtige Melodie offenbart –
die Sphärenharmonie.

6.11 Brustkorbübung

Kombinieren wir die Kanaleröffnungstechnik nun mit einer Kräftigungs-
übung.

Setz dich mit aufrechtem Rücken hin.

Sei dir der Vibration im dritten Auge bewußt. Atme mit der Reibung im
Hals. Reib dann den Brustkorb in senkrechten Bewegungen energisch mit
der Handfläche. Reib eine halbe Minute den Brustkorb und Rücken. Benutz
dann die Fäuste zur Stimulation des Rückens seitlich der Wirbelsäule. Die
Wirbelsäule selbst wird nicht gerieben.

Bleib dann bewegungslos sitzen, und laß die Energie fließen.

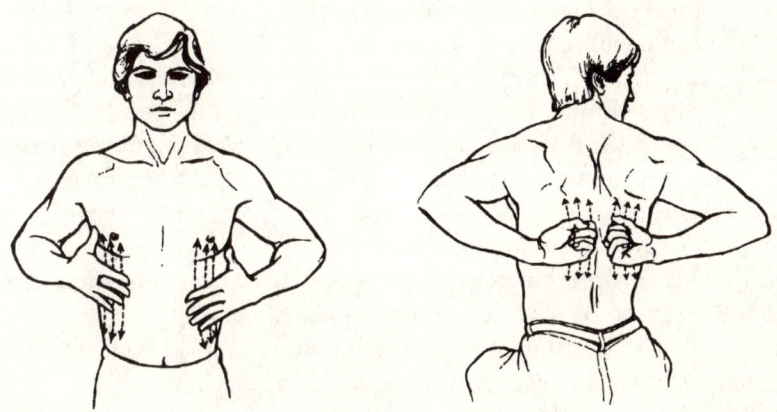

Reiben des Brustkorbs und des Rückens

Mit dieser Übung kannst du gut die Angst vertreiben, die sich immer um
den Solarplexus herum anzusammeln scheint. Sie hilft dir auch dabei, dein
Zwerchfell bewußter kontrollieren zu lernen. Außerdem ist es eine gute Auf-
wecktechnik am Morgen oder wann immer du wach werden willst ...

6.12 Der Magenmeridian

Zur Stimulation dieses Meridians reibst
du von den Zehen über die Vorderseite
des Fußes und des Knöchels, über Schien-
bein, Knie, Oberschenkel zur Innenseite
der Lenden und von dort zur Brustwarze
und zum Schlüsselbein hoch.

Wiederhol dann die gesamte Kanaleröffnungsübung (Abschnitt 6.3) auf diesem Meridian.

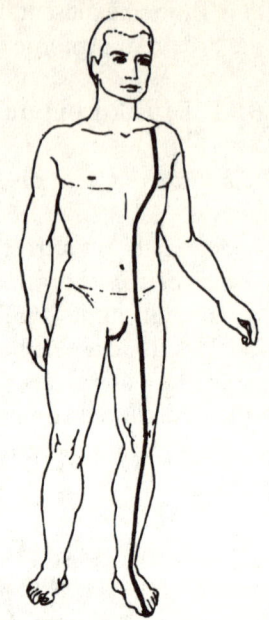

Wir haben also bis jetzt sechs Meridiane
kennengelernt: die drei Yin-Meridiane der
Hand und die drei Yang-Meridiane des
Fußes. Zur Entfaltung deiner Wahrnehmung der Vibration und zur Verstärkung
deiner Ätherhülle empfehle ich, die Kanaleröffnungstechnik auf diesen sechs Meridianen ein paar Monate lang täglich zu
üben. Wie bereits am Anfang dieses Kapitels erwähnt, wollen wir mit diesen speziellen Übungen nicht so sehr einen loka-

*Verlauf des Magenmeridians
(nähere Einzelheiten
siehe Anhang)*

len Effekt als vielmehr ein allgemeines Er-
wecken des Ätherkörpers bewirken, was wiederum zur Förderung der Öffnung deines Sehvermögens mit dem dritten Auge beiträgt.

(Beachte, daß in der hier gezeigten Abbildung nicht der eigentliche Weg
des Magenmeridians angegeben wurde, sondern die Linie an der du reibst,
um den Meridian zu finden.)

Wenn du dich eingehender für Ätherenergie und das Heilen damit inter-
essierst, möchte ich auf die Akupunktur-Handbücher verweisen, in denen
die Meridiane in allen Einzelheiten erklärt werden. Die Anwendung deiner
Wahrnehmung von Energie auf Akupunkturpunkte wird spektakuläre Ergebnisse liefern. Es ist, als würden überall im Körper kleine Chakren aktiviert, durch die alle möglichen Energiebewegungen in Gang gesetzt werden.
Fang bei großen Punkten an, die leicht zu finden sind, wie etwa Dickdarm 4,
Dickdarm 10, Dickdarm 11, Magen 36 etc.

6.13 Die *Jnana-Mudra* und die Energie in den Lungen

Nehmen wir einmal an, es wäre zuviel Energie in den Lungen. Durch Ausführen der *Jnana-Mudra* wird dann noch mehr Energie hinzugefügt. Des-

halb kann das Atmen plötzlich etwas schwieriger werden. Wird Energie hinzugefügt, wo bereits Energiefülle herrscht, verschlimmert das die Symptome. Das ist eines der Grundprinzipien der chinesischen Medizin.

Andersherum gilt, wenn in den Lungen Energiemangel herrscht, bewirkt das Hinzufügen von Vibration, daß sich die Person besser fühlt und leichter atmet. Mit diesem äußerst empfindlich reagierenden Test kannst du herausfinden, ob du zuviel oder zuwenig *Qi* in den Lungen hast.

Mach diese Übung in Abständen von ein paar Tagen mehrmals hintereinander, bevor du dich auf etwas festlegst.

Kapitel 7

Sehen (2)

7.1 Die Dunkelheit nutzen

In dem Buch *Eine andere Wirklichkeit* lehrt der Schamane Don Juan seinen Schüler Carlos Castaneda die Dunkelheit zu nutzen. Als dieser fragt, wozu man sie nutzen könne, antwortet Don Juan, die »Dunkelheit des Tages« sei die beste Zeit, um zu »sehen«.[22]

Wir sind es gewohnt, jedes Mal, wenn wir unseren Weg im Dunkeln finden müssen, gleich zum Lichtschalter zu rennen oder die Taschenlampe anzuknipsen. In vielen Fällen geht es auch sehr gut ohne Licht. Stell dir einfach vor, du seist eine Katze. Schalte auf den »Katzen-Modus« um. Verlaß dich auf deinen Instinkt, und sei dabei natürlich im dritten Auge gegenwärtig. Alle möglichen Gegenstände haben bei Nacht einen Energieschimmer um sich herum, und manche sind sogar relativ leicht zu sehen. Hier haben wir es mit einer ganz typischen Art von Wahrnehmung zu tun, die den meisten Menschen fehlt, nicht weil es schwierig wäre oder fortgeschrittener Fähigkeiten bedürfte, sondern weil sie einfach nie auf die Idee kommen, es auszuprobieren. Wenn du z. B. bei Nacht auf einem Waldpfad läufst, wirst du oft entdecken, daß er leuchtet, wenn du ihn von deinem dritten Auge aus anschaust.

 Das ist eine wertvolle Übung, um dich ohne künstliches Licht zu orientieren und zurechtzufinden. So kannst du auch deine Wohnung bei Nacht oder »in der Dunkelheit des Tages« auf ganz neue Weise entdecken. Probier es einfach aus.

7.2 Verwende mehr Kerzen und Petroleumlampen und weniger künstliches Licht

Verwende so oft wie möglich Kerzen (oder Öllampen) statt künstlichem Licht. Im natürlichen Schein der Kerzen wird es dir um einiges leichter fallen, Zugang zum Aura-Sehen zu bekommen.

---

22 Castaneda, Carlos: *Eine andere Wirklichkeit. Neue Gespräche mit Don Juan.* Frankfurt: Fischer 1985, S. 25.

Es gibt einige einfache Gründe, weshalb elektrisches Licht für die Öffnung der Wahrnehmung nicht förderlich ist. Das Licht, das von einer Glühbirne ausgestrahlt wird, erscheint uns kontinuierlich. In Wirklichkeit ist das jedoch nicht so. Elektrisches Licht funktioniert mit einem Wechselstrom von 50 Hertz. Das heißt, das Licht geht 50mal pro Sekunde an und aus. Dieser Vorgang ist schnell genug, um unseren bewußten Verstand zu täuschen, doch im Unterbewußtsein wird diese Frequenz registriert und wirkt auf unser Gehirn ein.

Stell dir vor, das Licht würde alle halbe Sekunde ein- und ausgeschaltet, so daß du das Licht pulsieren sehen könntest. Was wäre das Ergebnis davon? Es wäre ziemlich schmerzhaft für deine Augen. Du müßtest die Augen zumachen oder dir zumindest im Geist eine Art Schutzschild vorstellen, um dich zu schützen. Das würde jedoch bedeuten, daß du dich bis zu einem bestimmten Grad verschließen müßtest.

Wenn du anfängst, dein drittes Auge zu benutzen, merkst du bald, daß unbewußt ein ähnlicher Prozeß mit dem elektrischen Licht stattfindet, das 50mal pro Sekunde an- und ausgeht. Das Gehirn »leidet darunter«. Tief im Innern verschließt sich etwas, um dich zu schützen.

Doch die allgemeine Tendenz bei der Erweiterung der Wahrnehmung geht natürlich in Richtung Öffnung. Wir sind bereits in Abschnitt 5.10 näher darauf eingegangen, daß eines der Haupthindernisse beim Versuch zu »sehen« die Tendenz des Verstandes ist, sich zurückzuziehen. Du fängst beispielsweise an, eine Aura zu sehen, und plötzlich wird der Verstand überrascht, befremdet oder sehr interessiert. Die Reaktion des Verstandes darauf ist ein sofortiges Verschließen. Im Bruchteil einer Sekunde verschwindet deine Wahrnehmung, und du mußt mit dem Öffnungsprozeß wieder von vorn anfangen. Künstliches Licht löst auf einer tiefen unbewußten Ebene einen ähnlichen Verschlußeffekt aus.[23]

Daß wir uns da richtig verstehen: Ich vertrete hier **nicht** die Ansicht, man müsse ohne elektrisches Licht im Haus leben! Zum Lesen und Schreiben sollte man natürlich elektrisches Licht benutzen. Ungenügendes Licht würde deine Augen nur ermüden, und das würde dir in keinster Weise dabei helfen, hellsichtiger zu werden. Die Techniken der Clairvision School wurden für Menschen entworfen, die Teil der Welt sind und mitten im Leben stehen. Und in der heutigen Welt ist es kaum möglich, ohne Strom, Computer etc. mit beiden Beinen mitten im Leben zu stehen.

---

23 Aus antroposophischer Sicht kann künstliches Licht als ahrimanischer ‚Einfluß angesehen werden. Es trägt dazu bei, daß die Menschen »verhärtet« und von der Wahrnehmung geistiger Welten abgeschnitten werden. Interessant ist auch, daß das elektrische Licht am Ende des 19. Jahrhunderts eingeführt wurde, als Steiner zufolge die ahrimanischen Einflüsse auf der Erde sich besonders stark ausbreiteten.

Worauf ich hinaus wollte, war also nur, daß du beim Üben des Augenkontakts und anderer Sehtechniken besser Kerzen benutzen solltest. Darüber hinaus gibt es viele Situationen, bei denen wir aus Gewohnheit elektrisches Licht einschalten und nicht, weil es wirklich nötig wäre, wie etwa beim Essen oder beim Gespräch mit einem Freund. Wir könnten solche Situationen also nutzen, um unserem Gehirn eine Pause zu gönnen und gleichzeitig die Techniken des Sehens zu üben. Dies ist ein Schlüssel zum Erfolg beim Üben von spirituellen Techniken: Nutze in zunehmendem Maße deine täglichen Aktivitäten, um Prozesse in die Praxis umzusetzen. Integrier das Arbeiten an deiner Öffnung in die kleinsten Handlungen.

Auf lange Sicht sollten wir die Tatsaches jedoch ernst nehmen, daß elektrisches Licht streßt. Es wäre ein Segen für die Menschheit, wenn jemand eine Form künstlichen Lichts erfinden würde, die sanfter auf unsere unbewußte Wahrnehmung wirkt.

7.3 Auf der Suche nach der besten Farbe für Wände

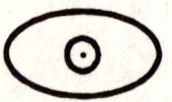 Beim Versuch, eine Aura zu sehen, wirst du sehr viel bessere Ergebnisse erzielen, wenn die Wand hinter dem Gegenstand oder der Person kahl oder weiß oder zumindest in einem hellen Farbton gehalten ist. Wenn Sehen wirklich eines deiner wichtigsten Anliegen im Leben ist, solltest du daran denken, die Wände der Zimmer, in denen du dich die meiste Zeit aufhältst, neu zu streichen oder neu zu dekorieren. Bestimmte Arten von weißer Farbe und Verputz an den Wänden haben eine magische Wirkung: Wenn jemand vor ihnen steht, fängst du automatisch an, Lichtringe zu sehen.

7.4 Der weiße Umhang

Wenn du die Augenkontaktübungen regelmäßig mit demselben Freund oder denselben Freunden machst, ist es empfehlenswert, einen weißen Umhang zu tragen, der die Kleider bedeckt. (Der Kopf braucht nicht bedeckt zu sein, nur der Körper von den Schultern an abwärts.) Dieser einfache Eingriff erleichtert das Aura-Sehen entscheidend und zieht alle möglichen guten Schwingungen an. Hingegen erschweren schwarze oder dunkle Kleider das Aura-Sehen. Häng dir den weißen Umhang auch um, wenn du allein vor dem Spiegel übst.

Der Umhang kann aus Baumwolle, Seide oder Leinen sein, nicht jedoch aus synthetischen Fasern. Trag ihn immer beim Meditieren. Dadurch wird deine Energie bei der Meditation stärker konzentriert. Der Umhang wird mit der Zeit mit schützender Kraft aufgeladen, die immer deutlicher spürbar wird: Jedes Mal, wenn du ihn dir um die Schulter legst, wird deine Energie aktiviert werden, und du wirst dich auf gewisse Art wohlfühlen. Laß niemand anderen deinen Umhang benutzen. Dadurch könnte deine Arbeit in wenigen Minuten zunichte gemacht werden.

Ich habe hier einen Umhang vorgeschlagen, weil er ganz leicht zu machen ist: Es gibt nichts zu nähen, du brauchst nur eine Schere dazu! Ein Umhang von ein auf zwei oder zweieinhalb Meter reicht im Normalfall aus. Aber man kann sich natürlich auch ein Kleid machen. Die Kutten der Mönche hatten ursprünglich die Funktion der Energiekonzentration sowie eine schützende Funktion, obwohl das Wissen darüber verlorenging. Vielleicht ist es an der Zeit, eine neue Kollektion von »Energiekleidern« zu entwerfen.

Bevor wir uns wieder näher mit den Techniken des Sehens befassen wollen, würde ich vorschlagen, noch einmal die Ratschläge in Kapitel 1 durchzulesen.

Übung 7.5: Grundtechnik des Aura-Sehens

 Die im folgenden beschriebene Technik stellt eine der direktesten Methoden des Aura-Sehens oder der Kontaktaufnahme mit unseren Geistführern dar.

Ihr könnt euch entweder im üblichen Abstand von etwa 90 Zentimetern wie bei den Augenkontaktübungen gegenübersitzen oder mit etwas mehr Abstand, wie in einer normalen Gesprächssituation. Oder besser noch: Beginnt die Übung in der Augenkontaktstellung, und wiederholt dieselbe Übung dann noch einmal in einer entspannteren, zwangloseren Haltung und vergleicht das Ergebnis.

Schließ deine Augen ein bis zwei Minuten lang und atme mit der Reibung im Hals. Stell über das dritte Auge wieder eine Verbindung zum Raum her (Abschnitt 5.3).

Stell dann das Reibungsatmen ein, und mach die Augen auf. Die Technik besteht darin, auf einen zwei bis fünf Zentimeter über dem Kopf der Person gelegenen Punkt zu blicken, deren Aura du lesen möchtest. Wende wie in Abschnitt 5.13 beschrieben die Technik des dreifachen Sehens an:

1. Werde im dritten Auge gegenwärtig und ganz bewegungslos. Blinzle so wenig wie möglich.
2. Schau nicht auf die Einzelheiten des Bildes vor dir. Werde dir der Tatsache oder des Zustands des Sehens bewußt. Wenn dir das noch nichts sagt, fühl das Bild einfach, anstatt es anzuschauen.

3. Spür die andere Person mit deinem Herzen in der Mitte der Brust.
Bleib ganz still sitzen, völlig vertieft in den Prozeß des dreifachen Sehens. Fang nach ein paar Minuten wieder an, mit der Reibung im Hals zu atmen. Stell eine innere Verbindung zwischen der Reibung und dem Bild her.
Wenn du fertig bist, reib deine Hände gegeneinander. Leg deine Handflächen auf deine Augen. Laß die Wärme nach innen fließen und deine Augen heilen.

Tips:

• Du wirst verblüfft sein, wie deine Wahrnehmung von Lichtringen plötzlich gesteigert wird, sobald die Verbindung zum Reibungsatmen im Hals hergestellt ist. Hier haben wir einen wunderbaren Beweis für den Verstärkungseffekt dieser Art von Reibung.

• Beim Aura-Lesen besteht der Trick im Einstimmen auf die Geistführer über dem Kopf der jeweiligen Person und im Zulassen, daß diese das Lesen für dich übernehmen. Stimm dich auf ihre Präsenz ein, und überlaß es ihnen, dein Sehen zu lenken.

7.6 Wo genau sollte man beim Augenkontaktüben hinschauen?

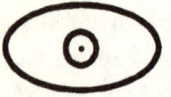 Nirgendwo, denn das Geheimnis des Sehens liegt im Nicht-Hinschauen. Aber trotzdem erhebt sich die Frage: Worauf sollte man besonders am Anfang der Übung den Blick richten, bevor sich die Wahrnehmung in den Raum verlagert? Du kannst entweder:
– deinem Partner genau zwischen die Augenbrauen schauen,
– auf eines seiner beiden Augen blicken,
– oder versuchen, den Blick vor dich hin zu richten, ohne irgendeinen Körperteil deines Partner mit den Augen »zu berühren«.
Probier diese drei Möglichkeiten erst einmal aus und wechsle von einer zur anderen. Nach einer Weile verschwindet so oder so das physische Bild, so daß es im Grunde nicht wichtig ist, welche von den dreien du wählst. Wenn du den Blick auf die Augen der dir gegenübersitzenden Person gerichtet hast, kommt es manchmal vor, daß alles verschwimmt und nur die Augen scharf bleiben, oder das Gesicht ändert sich, aber die Augen bleiben gleich. Egal, welche Möglichkeit du wählst, wichtig ist nur, daß beide Personen möglichst die gleiche Technik zur gleichen Zeit anwenden.

Denk immer daran, daß »die Aufmerksamkeit auf den Bereich zwischen den Augenbrauen richten«, nie heißt, die Augen nach oben zu rollen oder zu schielen, als wolltest du zu diesem Bereich hochschauen. Es heißt nur, dir deines dritten Auges bewußt zu sein.

7.7 Zwischendurch: Kanaleröffnungsübungen

Während du mit diesen Techniken zum Erlernen des Hellsehens arbeitest, empfiehlt es sich, von Zeit zu Zeit einige Kanaleröffnungsübungen einzuschieben. Wie bereits in Abschnitt 6.1 erwähnt, wird dadurch der gesamte Ätherkörper stimuliert und damit auch das Ätherfeld deines dritten Auges. Vor allem (aber nicht nur) wenn du das Gefühl hast, irgendwie blockiert zu sein und keine Fortschritte zu machen, solltest du nicht zögern und einfach zwischendurch ein paar Kanaleröffnungen machen.

7.8 Von der Arbeit mit der Aura

Hier ein paar Tips, wie du die Fähigkeit der Aura-Wahrnehmung entwickeln kannst.

Fang mit einer Wiederherstellung der Verbindung mit dem Raum an: Mach die Augen zu, atme mit der Reibung im Hals, und bau die Vibration im Bereich zwischen den Augenbrauen auf. Stimm dich auf das Licht ein, und werde dir dann des dunkelvioletten Raums ein bis zwei Minuten lang bewußt.

Mach anschließend die Augen wieder auf, und beginne mit dem Prozeß des dreifachen Sehens:
1. Bewegungslose Aufmerksamkeit im dritten Auge;
2. Zustand des Sehens;
3. mit dem Herzen fühlen.

Dahinter steckt der Gedanke, innerlich ganz ruhig und völlig versunken im Prozeß des dreifachen Sehens zu sein und dann den gegenübersitzenden Freund zu bitten, verschiedene Dinge zu sagen oder zu denken, während du zu sehen versuchst, ob sich daraufhin in seiner Aura etwas verändert. Du richtest deinen Blick dabei am besten etwa zwei bis drei Zentimeter über den Kopf oder zwischen die Augenbrauen der anderen Person, was dir lieber ist. Achte darauf, nicht zu sehr »hinzuschauen«, sonst wirst du nichts »sehen«.

• Bitte deinen Freund oder deine Freundin etwa eine Minute lang mehrmals hintereinander »Nein, nein, nein, ...« zu sagen. Es sollte natürlich ein »Nein« sein, das auch so gemeint ist. Versuch währenddessen die Qualität des Lichts um ihn bzw. um sie zu spüren.

Bitte ihn oder sie dann, eine Minute lang mehrmals hintereinder mit Überzeugung »Ja, ja, ja, ...« zu sagen. Spür das Licht und vergleich die Art von Energie.

Wiederhol den ganzen Ablauf mit »Nein« und »Ja« ein- oder zweimal.

• Wiederhol den ganzen Vorgang; doch dieses Mal sollte die andere Person beim Neinsagen ihr Bewußtsein sowohl auf das dritte Auge als auch auf den Bereich um den Nabel herum gerichtet haben. Bitte deinen Freund beim Jasagen folgendes zu tun:
– etwa eine Minute lang im Herzen voll gegenwärtig sein;
– eine Minute lang an den Tod denken;
– sich etwas Schönes vorstellen, das in seinem Leben passieren könnte;
– sich in ein trauriges Gefühl versetzen;
– an etwas denken, das ihn normalerweise reizt oder wütend macht.
Bitte dann deinen Freund, wieder heiter zu werden.

Vergiß nicht, am Ende jeder Sitzung oder jedesmal, wenn du mit geschlossenen Augen eine kleine Pause machst, deine Handflächen auf die geschlossenen Augen zu legen (siehe Abschnitt 5.5).

Tips:

Du kannst dieselbe Übung auch machen und deinen Freund bitten, an folgendes zu denken:
– an einen geliebten Menschen;
– an einen Menschen, den er nicht mag;
– an jemanden, der tot ist.
Sicher fallen dir beim Üben noch viele andere Möglichkeiten ein. Wenn du das Kapitel über Erdlinien gelesen und verdaut hast, kannst du die Aura deines Freundes oder deiner Freundin auch beobachten, während er bzw. sie:
– sich bewußt auf eine schädliche Kreuzung von Erdlinien setzt;
– auf einer schädlichen Kreuzung von Erdlinien sitzt, ohne es zu wissen;
– auf einem Kraftort sitzt (wenn du eine richtige Kraftquelle findest, wirkt
   sich dies unmittelbar und auf äußerst bemerkenswerte Weise auf die Aura
   aus, sobald die Person darauf steht).

7.9 Aura-Testen

Interessant ist es auch, deinen Freund verschiedene Gegenstände und Substanzen in die Hand nehmen zu lassen und zu beobachten, wie sich die Aura entsprechend verändert. Bitte den Freund, sich auf den Gegenstand einzustimmen. Außerdem kann man den Gegenstand auch vor das Herz und anschließend vor andere Körperteile halten und sehen, ob dies ebenfalls eine Veränderung der Aura hervorruft.

Hier ein paar Vorschläge für Gegenstände:
– ein Kupfergefäß;
– ein großes eisernes Werkzeug (aber keines mit einem Holzgriff!);
– die Spitze eines Thermometers (das Quecksilber enthält);
– einen Aluminiumtopf;
– verschiedene Lebensmitteldosen;
– Pakete mit Tiefkühlkost;
– Teller mit verschiedenen Lebensmitteln;
– verschiedene Kräuter, Arzneimittel, homöopathische Mittel etc.
Im Prinzip kannst du mit allem experimentieren – mit Gewöhnlichem und Ungewöhnlichem.

Tips:

Der sogenannte »Muskeltest« beruht auf der Idee, daß die Muskelkraft stärker ist, wenn du an etwas Wahres denkst oder eine Substanz in Händen hältst, die »gut« für dich ist. Hingegen wird davon ausgegangen, daß die Muskelkraft abnimmt, wenn du das falsche Arzneimittel in der Hand hältst oder an etwas denkst, das nicht wahr oder nicht förderlich für deine Gesundheit ist.

Deshalb werden Patienten beispielsweise gebeten, verschiedene Gefäße mit der linken Hand vor das Herz zu halten und den rechten Arm waagrecht auszustrecken. Der Arzt versucht dann, die Hand nach unten zu drücken, um die Stärke des Schultermuskels zu testen.

Die Aussagekraft dieser Technik ist meiner Ansicht nach begrenzt, und ich halte es nicht für vernünftig, sie zu einer Universalmethode des Wissens zu erklären, wie es manche zu tun scheinen. Trotzdem ist es eine überraschende Tatsache, daß die Widerstandskraft des Muskels je nachdem, was die Person in der Hand hält oder denkt, manchmal deutlich stärker oder schwächer ist.

Sobald du anfängst, die Aura von Menschen und Gegenständen wahrzunehmen, wirst du entdecken, daß ganz klare Unterschiede in der Energie einer Person zu spüren sind, wenn sie an verschiedene Dinge denkt oder unterschiedliche Substanzen hält. Um dies wahrzunehmen, brauchst du nicht einmal die Aura zu »sehen«, sie zu fühlen reicht schon aus.

7.10 Vata, Pitta, Kapha

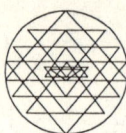 Ayurveda, die traditionelle indische Medizin, beruht auf der Er-
kenntnis des Wechselspiels von drei Prinzipien im Körper:
- *Vata* oder Wind (alles, was sich im Körper bewegt);
- *Pitta* oder Feuer/Hitze-Prinzip;
- *Kapha* oder Wasser-und-Erde-Prinzip, Trägheitskraft.

Im Ayurveda wird die Diagnose aufgrund der Unterscheidung gefällt, welches der drei Prinzipien (auch die drei *Doshas* genannt) bei dem Patienten
vorherrscht. Die Patienten werden dann entsprechend in verschiedene Typen
eingeteilt: Vata, Pitta, Kapha. Vata-Pitta (wenn die zwei Doshas überaktiv
sind, Vata jedoch mehr als Pitta), Pitta-Vata, Kapha-Vata etc. Die ayurvedi-
sche Methode zum Erstellen dieser Diagnose ist das Pulsmessen.

Es ergab sich, daß ich einmal mit einem Ayurveda-Arzt in Kalkutta zusammenarbeitete. Wir hatten uns (mehr als Spiel) eine Prozedur ausgedacht,
die darauf hinauslief, daß er den Patienten den Puls fühlte und ich mir ihre
Aura ansah. Bevor er seine Diagnose mitteilte, schrieb ich meine auf ein
Blatt Papier und danach verglichen wir. Es war ein ziemlich berühmter Arzt,
der am Tag bis zu hundert Patienten untersuchte, was in Indien nicht ungewöhnlich ist. Wir kamen überein, daß dies eine ansehnliche »Probenanzahl«
darstelle, um herauszufinden, wie oft wir übereinstimmten. Das Ergebnis
war, daß wir in mehr als 90 Prozent der Fälle dieselbe Diagnose stellten.

Du brauchst jetzt nicht zu denken, daß du erst eine fortgeschrittenere
Stufe erreichen mußt, um das selbst zu können. Du brauchst die Aura fast
gar nicht sehen zu können, es reicht aus, wenn du sie spüren kannst. Setz
dich einfach in ein Café auf einer belebten Einkaufsstraße, versetz dich in
den Zustand des dreifachen Sehens, und sieh dir die Passanten an. Versuch
herauszufinden, ob sie ein »Vata-Typ«, »Pitta-Typ« etc. sind. Am besten
machst du das zusammen mit einem Freund oder einer Freundin, damit ihr
anschließend eure Ergebnisse vergleichen könnt. Ihr werdet überrascht sein,
wie oft eure Eindrücke übereinstimmen.

7.11 Transverbale Kommunikation

Sezte dich einem Freund gegenüber, und bereite dich auf den Augenkontakt
vor.

Verschließ deine Ohren mit Ohrenstöpsel o. ä., und wende die Technik des
dreifachen Sehens an.

Daraufhin sagt dein Freund fünf Sätze über sich selbst. Jeder Satz wird
dreimal wiederholt. Jedesmal wenn der Freund einen neuen Satz anfängt,
signalisiert er dir das mit den Fingern (z. B. Satz 1, Satz 2 etc.). Einer der

Sätze ist falsch. Deine Aufgabe besteht nun darin, allein über die Aura als Anhaltspunkt herauszufinden, welcher der Sätze falsch ist.

Wiederhol die Übung noch einmal, ohne dir dabei die Ohren zu verschließen. Versuch dich bei der Beurteilung, welcher Satz falsch ist, nur auf die Aura zu verlassen und nicht auf das, was du hörst.

Tips:

• Eine lehrreiche Schlußfolgerung dieser Übung ist, daß du manchmal mehr Erfolg hast, wenn du überhaupt nicht zuhörst und dir nur die Aura anschaust, als wenn du den Inhalt der Botschaften analysierst.

• Versuch ruhig zu schwindeln und mehr als einen falschen Satz einzuflechten, um das Spiel interessanter zu machen!

7.12 Mehr über den Zustand des Sehens

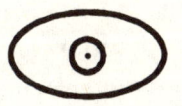 Wir wollen hier ein paar Beispiele zum besseren Verständnis des »Zustands des Sehens« erläutern. Westliche Esoteriker wie Rudolf Steiner und Max Heindel haben beschrieben, wie die Menschen in der weit zurückliegenden Vergangenheit eine völlig andere Weise der Wahrnehmung von Wärme hatten.[24] Sie hatten dazu oben auf ihrem Kopf eine Art beutelförmiges Organ. Heutzutage entspricht diesem Bereich die Fontanelle, einer weichen Membran zwischen den beiden Scheitelknochen auf dem Kopf von Neugeborenen und Kleinkindern.[25] Wenn wir in den Archiven der Erinnerung der Natur weit, weit zurückgehen, stoßen wir irgendwann darauf, daß die Erde einmal voll von Vulkanen und Zonen mit heißen Gasen und Plasma war. Die Menschen mußten damals einen gewissen Richtungssinn haben, um nicht bei lebendigem Leibe geröstet zu werden. Der beutelartige Gegenstand auf ihrem Kopf erfüllte diese Funktion: Er war ein äußerst primitives Organ zur Wahrnehmung von Wärme.

 Und was geschah dann evolutionsgeschichtlich betrachtet? Das beutelartige Organ wurde in den Kopf integriert und entwickelte sich dort langsam zu dem, was wir heute Zirbeldrüse nennen. Heute ist unser Wärmesinn in keinem bestimmten Organ mehr angesiedelt,

---

24 Steiner, Rudolf: Vortrag vom 9. Juni 1909 in Budapest. Aus: *Rosicrucian Esotericism.* London: Anthroposophic Press, 1978, S. 76-77. Siehe auch Heindel, Max: *Botschaft der Sterne.* Darmstadt: Rosenkreuzer-Gemeinschaft, 1986.

25 Faszinierend ist in diesem Zusammenhang auch, daß »Fontanelle« wörtlich »Quelle« bedeutet.

sondern über den ganzen Körper verteilt. An diesem Beispiel können wir beobachten, wie sich eine Sinnesfunktion über einen sehr langen Zeitraum hinweg entwickelt. Zuerst hängt sie von einem einzigen Organ ab und ist ausschließlich darauf beschänkt, und dann breitet sie sich langsam auf den
ganzen Körper aus. Wir empfinden Wärme heute nicht mehr über ein ganz
bestimmtes, einzelnes Organ, sondern mit dem ganzen Körper.

Steiner sieht voraus, daß alle unsere gegenwärtigen Sinne einen ähnlichen
Evolutionsprozeß durchmachen werden. Es wird also eine Zeit kommen,
in der die Menschen mit dem ganzen Körper riechen, sehen, hören und
schmecken können werden und nicht nur mit einem ganz bestimmten
Organ. Es ist, als sei das einzelne Organ dazu da, uns etwas über eine ganz
bestimmte Sinneswahrnehmung beizubringen, und wenn wir die Lektion
gelernt haben, brauchen wir es nicht mehr.

Da die Wärmeempfindung etwas sehr viel Älteres und deshalb mehr in
unser Wesen Integriertes ist, ist für uns die Wahrnehmung dessen, was
Wärme ist, unabhängig von jeglichem Objekt. Wir können die reine Qualität von Wärme an sich erfassen. Analog hierzu ließe sich eine Theorie zum
besseren Verständnis des »Zustands des Sehens« entwickeln.

Am Anfang mag es schwierig sein, ein Gefühl für den »Zustand des
Sehens« zu entwickeln, d.h. die Tatsache des Sehens unabhängig von einem
bestimmten Bild. Wir verstehen, was es heißt, einen Baum zu sehen, ein
Licht oder sogar eine Aura, aber den reinen Zustand des Sehens an sich
wissen wir nicht einzuordnen.

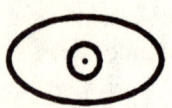 Ganz grob gesagt, ist das Empfinden von Wärme für Hitze,
was der Zustand des Sehens für die Wahrnehmung von Bil-
dern ist. Wir müssen nicht auf Vergleiche wie »heiß wie
Feuer«, »heiß wie die Sonne« oder »heiß wie der Ofen« zurückgreifen, um zu begreifen, was ihnen gemeinsam ist. Wir können gleich
auf die Essenz zurückgreifen und Wärme, unabhängig von irgendeiner Wär-
mequelle, mit etwas verbinden. Eine ähnliche Eigenschaft muß nun in bezug
auf das Sehen entwickelt werden, um den »Zustand des Sehens« als solchen
erkennen zu können.

 Oder anders ausgedrückt, damit Wahrnehmung stattfinden kann,
müssen drei Elemente zusammenkommen: 1. eine Person, die wahr-
nimmt, 2. ein Gegenstand, der wahrgenommen wird und 3. der Vorgang der Wahrnehmung.

Das trifft auf alle physischen Wahrnehmungen wie Hören, Riechen etc. zu
und nicht nur auf das Sehen von Auren.

Nun sieht der Alltag der meisten Menschen heutzutage so aus, daß sie
das erste und das dritte Element verloren haben, d.h. das Bewußtsein des
Wahrnehmenden und den Vorgang der Wahrnehmung. Wenn wir einen Baum

sehen, wird der Baum als solcher vom Verstand erkannt, aber es ist weder ein Bewußtsein der Person vorhanden, die den Baum sieht, noch des Prozesses, durch den der Baum wahrgenommen wird. Es findet eine Gleichsetzung mit dem Gegenstand der Wahrnehmung statt. Sich des Zustands des Sehens bewußt zu werden bedeutet, sich des dritten Elements, des Vorgangs der Wahrnehmung bewußt werden.

Das eigentliche Ziel unserer Arbeit ist die Selbstfindung. Wir wenden die ganzen Techniken nicht an, um einfach nur unsere Wahrnehmung zu erweitern. Wir benutzen die Wahrnehmung, um unser Selbst zu finden.

Wenn du in einem Korb zwei Orangen und eine Kirsche hast, kann die Kirsche von den Orangen leicht verdeckt werden. Wenn du aber die Orangen aus dem Korb herausnimmst, wird die Kirsche deutlich sichtbar. Die erste Orange ist der Gegenstand der Wahrnehmung, die zweite Orange ist der Vorgang der Wahrnehmung – und die Kirsche ist das Selbst-Bewußtsein des Wahrnehmenden. Wenn du den Zustand des Sehens von dem Gegenstand der Wahrnehmung trennst, erreichst du einen Zustand der Einsicht, der dem Entfernen der beiden Orangen aus dem Korb gleicht. Deshalb kommt es häufig aus heiterem Himmel zu solch großen Erkenntnisblitzen des inneren Erwachens, wenn du dir des Zustands des Sehens bewußt wirst. Plötzlich wird das Selbst enthüllt und explodiert in deinem Innern.

Wenn du weiter den Prozeß des dreifachen Sehens übst, wird sich der Zustand des Sehens allmählich entwickeln. Zu Beginn kannst du ihn nur ganz schwach spüren. Doch je mehr du übst, desto greifbarer wird er, und am Ende wird deine Wahrnehmung davon so klar und offensichtlich sein wie dein Wärmeempfinden. Man könnte den Zustand des Sehens auch mit einem Muskel vergleichen, den man lange Zeit nicht benutzt hat. Auch das Reaktivieren des Muskels geht am Anfang nur ganz langsam vorwärts: Zuerst spürst du ihn fast gar nicht, du weißt nicht einmal, ob er sich zusammenzieht oder nicht, und seine Kontraktion ist ziemlich schwach. Wenn du genügend übst, wird die Aktivierung deines Zustands des Sehens so klar und greifbar wie das Anspannen deines Bizeps. In gewisser Hinsicht gleicht dieser Prozeß der inneren Alchemie dem Bodybuilding – nur daß es sich hier nicht um physisches, sondern um feinstoffliches Bodybuilding handelt.

Hier stoßen wir jedoch auf ein Paradoxon. Was machst du, wenn du dir des Zustands des Sehens bewußt werden willst? Du versuchst, deinen Blick auf nichts Bestimmtes zu richten, so daß der Inhalt des Bildes vor dir dich völlig gleichgültig läßt. Oder in anderen Worten: Du nimmst eine der beiden Orangen aus dem Korb. Du entledigst dich des zweiten Elements: des

Gegenstands der Wahrnehmung. Danach wird die zweite Orange sichtbar (der Zustand des Sehens, der Vorgang der Wahrnehmung).

Aber wenn dein Zustand des Sehens sich erst einmal entwickelt hat, gehst du anders vor. Du stimmst dich auf den Gegenstand oder die Person ein, »schaltest« deinen Zustand des Sehens »ein« und »siehst« automatisch. Es spielt überhaupt keine Rolle, ob der Gegenstand der Wahrnehmung genau vor dir oder auf der anderen Seite der Erde oder sogar auf der anderen Seite der Galaxis ist. Du siehst einfach. Und oft passiert dann etwas Unheimliches: Es kann gut sein, daß du dich dazu entschließt, die Augen zuzumachen, um etwas direkt vor dir besser zu sehen.

Dann erhebt sich folgende Frage: Wie kannst du völlig desinteressiert an dem Gegenstand sein, wenn du den Zustand des Sehens als Mittel zum Sehen des Gegenstands benutzt? Die Lösung diese Paradoxons ist folgende: Wenn du erst einmal diese Stufe erreicht hast, siehst du den Gegenstand nicht mehr mit dem Verstand. Der Verstand ist still geworden, und du siehst von einer viel tieferen und echteren Schicht deiner selbst aus. Eine wichtige Grundvoraussetzung für die höhere Wahrnehmung ist, daß die Schicht des Verstandesbewußtseins zum Schweigen gebracht wird.

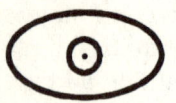 Deshalb lautete der Rat am Anfang: Schau den Gegenstand nicht an, interessier dich nicht allzusehr dafür. Sonst wird dein Verstand wachgerüttelt, weil du so lange konditioniert warst, alles über den Verstand laufen zu lassen. Sobald du dich für etwas interessierst, schaltet sich automatisch dein Verstand ein und versucht, es zu erfassen. Deshalb ist es besser, überhaupt nicht an den Gegenstand zu denken, um so dem Prozeß des Sehens die Möglichkeit zu geben, sich zu entfalten.

 Oft wirst du am Anfang eine interessante Erfahrung machen: Du wirst beginnen, eine Aura oder ein anderes Gesicht oder ein geistiges Wesen zu sehen. Und dann plötzlich wirst du merken, daß du etwas siehst. Und im selben Moment verflüchtigt sich das Bild. Warum? Weil dein Verstand reagiert hat. Du hast plötzlich Interesse oder Angst gezeigt oder was auch immer; dies heißt nur, daß dein Verstand eingegriffen und zugefaßt hat. Und es ist ganz logisch, daß du daraufhin deine Wahrnehmung verlierst, denn das Alltagsbewußtsein ist von Natur aus völlig blind. Wenn der Wahrnehmungsprozeß in Gang ist, wird er anhalten, solange du in der Lage bist, nicht zu reagieren, und er wird aufhören, sobald dein Verstand sich einschaltet.

> **Deine Wahrnehmung ist immer durch die Grenzen deiner Fähigkeit
> zum Nicht-Reagieren eingeschränkt.**

7.13 Intermezzo: Welches Auge bist du?

Nach Ansicht mancher Leute entspricht eines deiner (beiden physischen) Augen deinem tieferen, wahren Selbst, während das andere der Spiegel deiner Oberflächenpersönlichkeit ist. Da es unsere Philosophie ist, nichts ungeprüft zu glauben, sondern es selbst auszuprobieren, wollen wir noch nicht sagen, welches Auge welches sein soll. Die folgende Übung soll dir beim Herausfinden helfen, ob du irgendwelche Unterschiede im Hinblick auf das, was du mit jedem Auge wahrnehmen kannst, feststellst.

Setz dich deinem Freund gegenüber. Bereitet euch auf den Augenkontakt vor. Achtet darauf, daß euer Rücken gerade ist und daß ihr zu weit auseinandersitzt, wenn ihr die Nase eures Partners nicht mit der Handfläche berühren könnt. (Diese Übung kann auch allein vor dem Spiegel ausgeführt werden.)

Schließt die Augen und stellt über das dritte Auge wieder eine kurze Verbindung zum Raum her (Abschnitt 5.3).

Macht die Augen wieder auf, und blickt euch gegenseitig ins rechte Auge. Deine Aufmerksamkeit ist auf das rechte Auge deines Freundes gerichtet und die deines Freundes auf dein rechtes Auge. Um Verwirrung zu vermeiden, ist es am besten, wenn ihr zu Anfang der Übung beide die rechte Hand hebt, um sicherzugehen, daß ihr auch beide in das richtige Auge blickt.

Beginnt dann mit der Übung des dreifachen Sehens (Abschnitt 5.13), der bewegungslosen Aufmerksamkeit zwischen den Augenbrauen, dem Bewußtsein des Zustands des Sehens und dem Fühlen mit dem Herzen.

Macht diese Übung etwa fünf Minuten lang. Schließt die Augen, und legt eine Pause ein, in der ihr die Augen mit den Handflächen wärmt, wie weiter oben beschreiben.

Macht dann die Augen wieder auf, und zeigt euch gegenseitig die linke Hand, um Verwirrungen zu vermeiden. Beginnt euch gegenseitig in das linke Auge zu blicken, und macht die Übung ein paar Minuten lang weiter.

Schließt die Augen, bedeckt sie mit den Handflächen und wärmt so euer Herz (Abschnitt 5.5).

Tausch deine Eindrücke mit deinem Freund aus.

• Nachdem ich diese Übung mit Hunderten von Menschen ausprobiert habe, glaube ich kein Wort von der Theorie, nach der eines unserer Augen der Spiegel unseres Höheren Selbst und das andere der Spiegel unseres niederen Selbst sein soll. (Nebenbei bemerkt, ist es das rechte Auge, das anscheinend das Höhere Selbst ausdrücken soll.) Trotzdem ist es faszinierend, wie verschieden jemand aussehen kann, je nachdem auf welches Auge du deinen Blick richtetst. Offensichtlich gerät man durch das eine oder das andere Auge mit ganz verschiedenen Unterpersönlichkeiten in Kontakt, und mit jedem Auge sind sicherlich mehr als eine Unterpersönlichkeit verbunden. Interessant ist in diesem Zusammenhang, daß das Wort »Person« über das Lateinische von dem etruskischen Wort *Persu* überliefert wurde, das »Maske« bedeutet!

7.14 Die Jasage-Übung

 Hier eine wunderschöne und umwerfende Übung. Was hindert dich eigentlich daran, ein Seher zu sein? Natürlich, du muß erst noch »feinstoffliches Bodybuilding« betreiben und die Übungen noch machen etc. Doch dein Organ der Feinwahrnehmung muß doch auch jetzt schon funktionieren, denn von Zeit zu Zeit hast du doch diese kurzen Gedankenblitze, diese momentanen Einsichten, diese gesegneten kleinen Momente, in denen »du siehst«! Und dann ist es wieder weg, und es dauert manchmal Monate, bis es das nächste Mal passiert.

Also was nun? Schranken, Verstandesfilter, faule Angewohnheiten des Verstandesbewußtseins zum Selbstschutz, eine dicke Mauer der Konditionierung um uns herum – in Wirklichkeit sind das die Blockaden.

Die folgende Technik soll dir dabei helfen, die Verstandesschranken fallenzulassen. Diese Übung kannst du nicht allein vor dem Spiegel machen, sondern du brauchst jemand, der mit dir übt.

Setzt euch mit geradem Rücken einander gegenüber. Wenn ihr die Nase des anderen nicht mit der Handfläche berühren könnt, wißt ihr, daß ihr zu weit auseinander sitzt.

Schließt die Augen und stellt wieder eine Verbindung zum Raum her. Atmet mit der Reibung im Hals und steigert die Vibration im dritten Auge. Bleibt dann ein bis zwei Minuten in dem violetten Raum.

Macht die Augen wieder auf. Versetzt euch in den Prozeß des dreifachen Sehens (Gegenwärtigkeit im Auge, Zustand des Sehens und Fühlen mit dem Herz, wie in Abschnitt 5.13 beschrieben). Versucht nun, den anderen zu empfangen und ihn in euer Herz zu lassen.

Einer von euch fängt dann an und sagt: »Ja«, und der andere antwortet mit »Ja«, wenn er bereit ist, usw. einer nach dem anderen.

Diese Übung ist eine Herzübung. Du kannst nicht schummeln. Wenn du irgendeine Sperre oder Schranke aufrechterhältst, merkt der andere das sofort, und das Wunder wird nicht geschehen. Du muß ein Ja sagen, das wirklich als Ja gemeint ist, und immer mehr Bedeutung und Öffnung hineinlegen. Das Ja muß aus deinem Herzen kommen. Du mußt dich bemühen, mit jedem Ja ein bißchen weiter in die Tiefe zu gehen, bis du die andere Person voll und ganz annehmen kannst. Und geh dann noch etwas weiter. Sag ein Ja, mit dem du die ganze Welt durch die Person vor dir akzeptierst.

Macht die Übung so lange weiter, wie ihr wollt. Nehmt euch dann zwei bis drei Minuten Zeit, um eure geschlossenen Augen mit den Handflächen zu bedecken und die Wärme von den Händen über die Augen auf das Herz überfließen zu lassen.

Tips:

• Du wirst überrascht sein, wie viele Leute ein Ja sagen, das eigentlich ein »Nein« bedeutet. Oder sie sagen einfach mechanisch hintereinander »Ja, ja, ja …«, ohne damit irgendetwas auszudrücken.

Sei bei dieser Übung ganz dabei, und nach ein paar Minuten wirst du kaum mehr in der Lage sein, irgend etwas herauszubringen. Deine Worte scheinen aus weiter, weiter Ferne zu kommen. Dies kann zu einem äußerst intensiven Erlebnis deiner eigenen Wahrheit werden.

• Es gibt keine zeitliche Grenze, wie lange du diese Übung machen solltest – wenn du willst, kannst du sie stundenlang machen.

Kapitel 8

Übungen mit dem Ätherkörper

Fahren wir nun mit der nächsten Stufe der Kanaleröffnungstechniken fort. Nachdem wir uns in Kapitel 4 und 6 mit der Vibration und dem Energiefluß beschäftigt haben, wollen wir jetzt zur nächsten Stufe übergehen: zum Bewußtsein des gesamten Energie- oder Ätherkörpers.

Die in diesem Kapitel beschriebenen Übungen sollten besser nicht am Anfang einer Sitzung gemacht werden. Fange mit ein paar Kanaleröffnungen an, um deinen Ätherkörper »aufzuwärmen«.

Übung 8.1: Der Ätherkörper als Ganzes gesehen

Setz dich mit aufrechtem Rücken in Meditationshaltung, und laß die Augen die ganze Übung über geschlossen.

Reib deine Hände gegeneinander, und bleib ein paar Sekunden lang mit den Handflächen nach oben bewegungslos sitzen. Werde dir der Vibration in deinen Händen und im dritten Auge bewußt. Atme mit der Reibung im Hals, um die Vibration zu intensivieren, und stell eine Verbindung zwischen dem dritten Auge und den Händen her.

Üb auf ein paar Meridianen die Kanaleröffnung, wie in Abschnitt 4.3 beschrieben.

Werde dir dann gleichzeitig der Vibration in allen Energiebahnen bewußt, die du vorher aktiviert hast: gleichzeitiges Bewußtsein aller Meridiane. Verbinde das Ganze über die Reibung im Hals mit deinem dritten Auge. Werde dir dann der Schwingungsschicht als Ganzes bewußt: Bewußtsein von allem, was in deinem Körper und um ihn herum vibriert. Laß deine Wahrnehmung ganz in dieser Vibration aufgehen.

Wenn du das Vibrieren im ganzen Körper spürst, und nichts außer dieser Vibration, heißt das, daß du dein ganzes Bewußtsein vollständig vom physischen Körper auf den Ätherkörper verlagert hast.

Übung 8.2: Der Lebensäther

Wiederhol Übung 8.1: Begib dich in die Wahrnehmung der Ätherschicht als Ganzes hinein. Bleib völlig regungslos, und spür das Vibrieren in deinem ganzen Körper.

Versuch dann zu unterscheiden: Wo ist die Lebenskraft in dieser Vibration? Was ist es, das deinen physischen Körper am Leben erhält? Schwing dich auf das Lebensprinzip ein.

Tips:

- Zwar hat der ganze Ätherkörper etwas mit der Lebenskraft zu tun, doch steht eine seiner Schichten in besonderem Zusammenhang zum Leben: der Lebensäther. Traditionell unterscheiden Esoteriker vier Schichten im Ätherkörper: der Lebensäther, der chemische Äther, der Lichtäther und der Wärmeäther. Das Wort »Schicht« kann hier verwirrend sein, denn man hat sich das Ganze nicht als eine Schicht über der anderen wie bei einem Kuchen vorzustellen. Sie durchdringen sich vielmehr wie Wasser einen Schwamm.

Die vier Äther können wiederum in zwei Gruppen unterschieden werden: zwei niedrige und zwei höhere. Der Lebensäther und der chemische Äther werden zur Gruppe der niedrigen Äther gerechnet, während der Licht- und der Wärmeäther der Gruppe der höheren Äther zugeordnet werden. Zum gegenwärtigen Zeitpunkt sind die beiden höheren Äther bei den meisten Menschen nicht sehr entwickelt und müssen erst noch ausgebildet werden.

- Die Lebenskraft ist in der Tat eine äußerst wertvolle Energie. Das Herstellen einer spezifischen Verbindung zum Lebensäther ist eine ganz besondere Erfahrung. Worte allein reichen nicht wirklich aus, um den »Beigeschmack« des Bewußtseins zu beschreiben, der damit einhergeht. Der Lebensäther ist eine Art universelles Prinzip und ganz gewiß nicht beschränkt auf die Grenzen des physischen Körpers. Wenn du versuchst, seinen Ursprung zu erforschen, wird dich dein Bewußtsein zu geheimnisvollen Orten führen. Den verschiedenen Ätherformen zu ihrem Urspung zu folgen ist eine sehr eindrucksvolle Technik des Hellsehens und des Astralreisens.

- Versuch diese Übung zu verschiedenen Tageszeiten zu wiederholen, z. B. morgens, abends etc., und versuch herauszufinden, ob du irgendeinen Unterschied in deiner Lebensenergie feststellen kannst. Versuch sie auch zu testen, wenn du dich sehr müde fühlst.

Auch wenn es zum gegenwärtigen Zeitpunkt etwas verfrüht wäre, viel Zeit auf den Versuch der Unterscheidung dieser vier Schichten zu verwenden, ist es gut, sich über die vierfache Unterteilung des Ätherkörpers zumindest unterschwellig im klaren zu sein. Dadurch wirst du sie leichter unterscheiden können, wenn sich deine Wahrnehmung erst noch mehr entwickelt hat.

Es ist eine interessante Tatsache, daß es uns immer leichterfällt, das wahrzunehmen, was unser Verstand verstehen kann. Wahrnehmungen, für die wir kein Erklärungsmuster parat haben, werden sehr viel leichter übersehen, besonders wenn sie schwach sind wie zu Anfang.

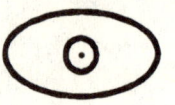
Im Zusammenhang mit diesem Thema scheint mir eine kuriose anthropologische Beobachtung von höchster Bedeutung: Jungen Indianern in Südamerika, die ihr ganzes Leben im Urwald weit ab von Städten und Industrieprodukten zugebracht hatten, wurden verschiedene Videos gezeigt. In einem Video wurde ein Viereck gezeigt, das sich wie der leere Rahmen eines Fensters um sich selbst drehte. Die Urwaldmenschen, die in einem Umfeld leben, in dem es keinerlei quadratische Formen gibt, konnten das sich drehende Quadrat einfach nicht sehen. Sie sahen nur, daß sich Linien bewegten. Da es in ihrem Verstandeshintergrund keine quadratischen Formen gibt, übersahen sie das Drehen des leeren Fensterrahmens völlig.

Meiner Ansicht nach passiert bei Menschen, die anfangen, hellsichtig zu werden, manchmal etwas ganz Ähnliches. Sie übersehen viele Wahrnehmungen, weil es ihnen an einem Hintergrund mangelt, in den sie sie einordnen könnten. Wenn irgend etwas in ihr Wahrnehmungsfeld tritt, das sich nicht irgendeinem Verständnismuster zuordnen läßt, bemerken sie es einfach nicht. Deshalb scheint ein gewisses Grundwissen über die »Geographie« der nichtphysischen Sphären und einige grundlegende astrale Phänomene während der Öffnungsphase für das Sehen nur angebracht und hilfreich.

Übung 8.3: Erforschen verschiedener Qualitäten des Ätherkörpers

Werde dir, wie in Übung 8.1 beschrieben, deines Ätherkörpers als Ganzes bewußt.

Bleib völlig bewegungslos, und versuch verschiedene Eigenschaften des Äthers zu unterscheiden.

Erforsch daraufhin verschiedene Körperteile auf Unterschiede in der Qualität der Schwingung. Wenn du den Lebensäther beispielsweise erspüren konntest, versuch herauszufinden, ob er in jedem Körperteil vorhanden ist.

Vergleich zuerst die Gliedmaßen und den Rumpf. Welchen Unterschied kannst du zwischen der Vibration in den Gliedmaßen und im Rumpf ausmachen?

Vergleich dann den Rumpf und den Kopf. Wodurch unterscheidet sich die Schwingung im Kopf von der im Rumpf?

Erforsch daraufhin einen Körperteil nach dem andern. Ist die Vibration in einem von ihnen stärker als in den anderen?

Wie unterscheidet sich die Schwingungsqualität von einem Organ zum anderen?

Hast du bei manchen Organen oder Körperteilen den Eindruck, als strotzten sie nur so vor Lebenskraft? Fühlen sich andere leer an?

Tips:

• Traditionell ist die Leber das Organ des Ätherkörpers und der Lebenskraft. Daher auch die Verbindung zwischen den Worten »Leben« und »Leber«, die in mehreren Sprachen zu finden ist. Bist du derselben Meinung?

• Wenn du unter irgendwelchen körperlichen Beschwerden leidest, solltest du diese Körperzonen auch in die Übung mit einbeziehen.

• Es kann interssant sein, diese Übung unter verschiedenen Umständen zu wiederholen, z. B. ein oder zwei Stunden nach einem schweren Essen.

Übung 8.4: Die Grenzen erforschen

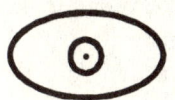

Werde dir der Schwingungsschicht als Ganzes bewußt (wie in Übung 8.1).
Wie weit dehnt sich die Schwingung über die Grenzen deines physischen Körpers hinaus aus?

Fühlt sich die Vibration in deinem physischen Körper ähnlich an wie die Vibration außerhalb davon? Welchen Unterschied in der Qualität kannst du zwischen der inneren und äußeren Vibration spüren?

Versuch die Schwingung außerhalb der Grenzen deines physischen Körpers noch genauer zu erforschen. Hat sie scharfe Umrisse? Vermischt sich deine Schwingung mit der eines anderen Gegenstands um dich herum?

Übung 8.5: Die Energieströme des Ätherkörpers erforschen

Werde dir des Ätherkörpers als Ganzes bewußt (siehe Übung 8.1). Stell dir vor, es wäre deine Aufgabe, die Akupunktur neu zu erfinden. Erforsch die Schwingungsschicht, und versuch herauszufinden, wo die Energieströme verlaufen. Halte Ausschau nach allem, das sich wie ein Fließen in deinem Schwingungskörper anfühlt.

Fang mit dem ganzen Ätherkörper an. Werde dir des Energiekörpers als Ganzes bewußt, und such nach Energieströmen.

Sind manche dieser Ströme intensiver als andere? Wo befinden sich die starken und wo die schwachen?

Kannst du im Hinblick auf die Qualität irgendeinen Unterschied zwischen den verschiedenen Energieströmen feststellen? Fühlen sich manche wärmer an und andere kälter? Vermitteln dir manche das Gefühl, mit einem der vier Elemente (Feuer, Wasser, Erde oder Luft) in Verbindung zu stehen?

Erforsch einen Körperteil nach dem anderen: Kopf, Hals, Schultern, oberer Teil der Brust, Arme, Brust, Bauch über dem Nabel, Bauch unter dem Nabel und Beine.

Geh dann wieder zurück zu deiner Wahrnehmung des Ätherkörpers als Ganzes und der Vibration.

Wiederhol denselben Ablauf mehrmals hintereinander.

Übung 8.6: Die ätherische Schwingung außerhalb deines Körpers

Diese Übung sollte am besten in der freien Natur, z. B. in einem Wald, ausgeführt werden. Aber auch ein Hinterhof oder ein Vorgarten mit ein bißchen Gras und ein oder zwei Bäumen reicht aus. Ein paar Topfpflanzen und eine Katze tun's auch!

Meditier kurz (wie in Abschnitt 3.7 beschrieben), und mach dann die Übung 8.1, um wieder eine Verbindung zu der gesamten Schwingungsschicht in dir herzustellen. Spür, wie die Schwingung der Lebenskraft deinen Körper durchdringt. Sei dir gleichzeitig der Vibration zwischen den Augenbrauen voll bewußt.

Stimm dich dann auf einen Baum oder eine Pflanze ein, und versuch, dir der Schwingung in ihnen bewußt zu werden. Berühr die Pflanze nicht, stimm dich nur aus der Ferne auf sie ein. Erforsch die Qualität der Schwingung der Pflanze ein paar Minuten lang.

Wie weit reicht die Schwingung der Pflanze über ihre physischen Grenzen hinaus?

Kannst du irgendwelche Energieströme spüren, wenn du dich auf die Schwingung der Pflanze einstimmst?

Halt dann deine flachen Handflächen einige Zentimeter vor die Pflanze, ohne sie zu berühren. Wiederhol dieselbe Abfolge: Spür die Schwingung der Pflanze, erforsch ihre Eigenschaften etc.

Stimm dich dann von einiger Entfernung auf eine andere Pflanze ein. Wiederhol denselben Ablauf, aber vergleich dabei die Schwingungsqualität dieser Pflanze mit der vorherigen. Halt dann deine Hände nahe an die Pflanze, und erforsch ihre Schwingung noch einmal aus der Nähe.

Wiederhol dieselbe Übung mit mehreren verschiedenen Pflanzen. Versuch dann, dich auf Tiere einzustimmen, und erforsch die Qualität ihrer Schwingung.

Tips:

• Diese Übung macht die Natur zu einem faszinierenden Forschungsfeld. Du brauchst nur noch einen Schritt weiterzugehen und der Begriff »Naturverbundenheit« wird zu einer viel greifbareren Wirklichkeit werden.

• Es ist eine herausfordernde aber grundlegende Tatsache im Zusammenhang mit Wahrnehmung, daß du, sobald du etwas in dir spürst, dasselbe auch außerhalb von dir spüren kannst. Je vertrauter du also mit der Schwingung in deinem Körper wirst, desto leichter wird es dir fallen, sie überall um dich herum zu spüren. Es soll hier unterstrichen werden, daß sich diese Bemerkung nicht nur auf den Ätherkörper bezieht, sondern auf das gesamte Spektrum der Feinwahrnehmung.

Umgekehrt kommt es häufig vor, daß du außerhalb von dir bestimmte Dinge spürst und im selben Moment dasselbe in dir wahrnehmen kannst. Durch Anwendung deiner Wahrnehmung auf die äußere Welt, kommt es zu einigen »Aha-Effekten«, die es dir plötzlich ermöglichen, das Vorhandensein einer Schicht in dir zu erkennen, die du bislang völlig übersehen hast. Die Welt wird zu einem Spiegel, in dem du neue Seinsformen deiner selbst entdecken kannst. Auf diesem Konzept beruht auch der Name unserer Schule »Clair-Vision« oder »Sehen des Ego«.

• Vergiß beim Ausführen dieser Übungen nie, deine Aufmerksamkeit immer auf das dritte Auge gerichtet zu halten: Sei dir der Vibration zwischen den Augenbrauen voll bewußt. Womit auch immer du Kontakt aufnehmen willst, erspür es von dem Bereich zwischen den Augenbrauen aus.

Es ist nicht ungewöhnlich, daß die Leute das vergessen und wieder versuchen, alles vom normalen Verstand, »vom Kopf«, aus zu machen. Und natürlich spüren sie dann nichts. Aber sobald sie daran erinnert werden, mit ihrem Bewußtsein wieder in ihr drittes Auge zurückzukehren und von dort aus wahrzunehmen, kommen sie sofort in Kontakt mit der Schwingung des Gegenstands.

• Manche Flüsse und Seen haben eine besonders starke Schwingungsqualität und vemitteln wunderbare Seelenkräfte, wenn du dich auf sie einstimmst. Dies gilt auch für das Meer. Mehr Zeit in der Natur wird die Entwicklung deiner Wahrnehmung fördern. Nicht nur dein Erleben der verschiedenen Schwingungen wird dadurch verstärkt, sondern das Einstimmen auf die Kräfte der Natur wird dir auch zu höheren Einsichten verhelfen.

Übung 8.7: Die Schwingung von Nahrungsmitteln

Je vertrauter wir mit der Wahrnehmung von Schwingungen werden, desto wichtiger wird es, sie in unsere Alltagsaktivitäten einfließen zu lassen. Dies wird deine bewußten Erfahrungen um eine weitere Dimension bereichern.

Spiel z. B. beim Essen mit der Schwingung von Nahrungsmitteln. Spür ihre Schwingung vor und beim Essen. Essen, das ohne Wahrnehmung hinuntergeschluckt wird, ist Gift für deine Seele. Der Versuch, die Schwingung verschiedener Nahrungsmittel zu spüren, wird dein Bild vom Wert der Nahrungsmittel völlig revolutionieren. Manche sehr appetitlich aussehende Speisen kommen dir plötzlich ganz schrecklich vor. Und manche ganz unauffälligen, einfachen Speisen werden faszinierend.

Vergleich die Schwingung von Tiefkühlkost, Konserven, Mahlzeiten, die in der Mikrowelle gekocht wurden, etc. Kannst du irgendeinen Unterschied zwischen organischem und nichtorganischem Obst und Gemüse feststellen?

Setz deine Wahrnehmung beim Einkaufen ein. Du wirst merken, daß dir manche Gemüsesorten geradezu in die Hände springen.

Interessant ist es auch, sich beim Verdauen auf den Magen einzustimmen (genau unterhalb des Herzens, hinter den linken Rippen) und die Schwingung in diesem Organ zu erspüren, während es den ersten Verdauungsschritt vollzieht. Du wirst sofort merken, daß verschiedene Speisen ganz verschiedene Schwingungen erzeugen.

Übung 8.8: Die ätherische Schwingung beim Baden erforschen

Laß dich in die mit warmem Wasser gefüllte Badewanne gleiten.

Achte darauf, daß nicht nur die Schultern, sondern auch der Hinterkopf und die Ohren unter Wasser sind. Ein gute Position ist, mit überkreuzten Beinen im Wasser zu liegen. Dadurch können dein Oberkörper und dein Kopf locker und harmonisch im Wasser treiben. Laß die Arme lieber locker seitlich herabhängen, als sie auf den Bauch zu legen, damit die Brust ganz offen bleibt.

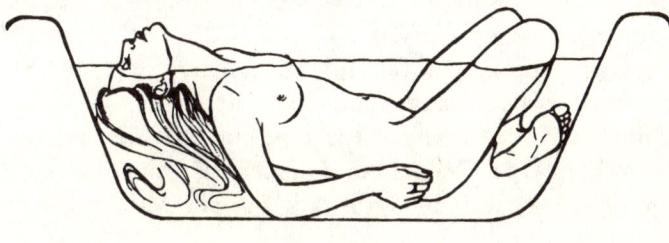

richtig

Wenn du in einer falschen Position, z.B. mit angewinkelten Beinen, in der Badewanne sitzt, neigt dein Oberkörper dazu, ins Wasser abzusinken und die Bauchmuskeln spannen sich an.

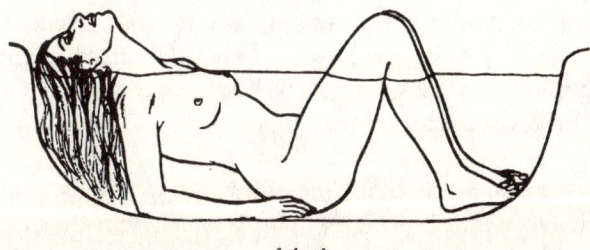

falsch

Wenn du mit Hatha-Yoga vertraut bist, kannst du auch versuchen, dein Bad
in der *Matsyasana*-Position, der Fisch-Stellung, zu nehmen.

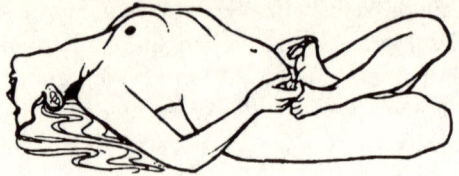

Matsyasana

Aber die zuerst gezeigte Stellung ist mehr als ausreichend. Das Wichtigste ist,
daß du so lange wie möglich in einer bequemen, entspannten Stellung relativ
bewegungslos bleiben kannst.

Nimm die Position ein, und entspann dich eine Weile im warmen Wasser.
Bau die Vibration im dritten Auge auf, und werde dir der Schwingung deines
Ätherkörpers als Ganzes bewußt. Atme mit der Reibung im Hals. Mit den
Ohren unter Wasser wird die Reibung eine neue Dimension annehmen.

Werde dir dann der Schwingung des Wassers bewußt. Vergiß deinen Körper ganz, und stimm dich nur auf das Wasser ein. »Werde« Wasser, und spür
seine Schwingung. Du wirst merken, daß nicht jedes Wasser dieselben Eigenschaften hat. Sogar von einem Tag auf den anderen kann die Schwingung
des Wassers derselben Badewanne deutlich variieren.

Wenn genügend Zeit vergangen ist, fang an, die Wechselwirkung zwischen der Schwingung des Wassers und deiner eigenen Schwingung zu spüren. Wie wird deine eigene Schwingung von der des Wassers beeinflußt?

Tips:

• Traditionell wird davon ausgegangen, daß der physische Körper mit dem
Element Erde verbunden ist, der Astralkörper mit dem Element Luft, das
Ego mit dem Element Feuer und der Ätherkörper mit dem Element Wasser.
Es ist deshalb eine gute Methode, deinen Ätherkörper tief zu ergründen zu
versuchen, wenn du völlig entspannt im Wasser bist. Wenn du Lust hast,
kannst du alle in diesem Kapitel beschriebenen Übungen auch in der Bade-
wanne ausführen und so die Qualitäten, Energieströme und Grenzen deines
Ätherkörpers im Wasser erforschen.

• Nutz jede Gelegenheit, dich auf die Schwingung einzustimmen, wenn du
im Wasser bist. Du wirst überrascht sein, wie erfrischt du dich nach einem
Bad fühlst, das du nach diesen Grundsätzen genommen hast. Du kannst dem

Badewasser auch ätherische Öle und verschiedene andere (natürliche) Substanzen zusetzen und ausprobieren, ob sich dadurch eine Veränderung der Schwingungsqualität (im Wasser und in dir) ergibt. Ätherische Öle wirken auf feinstofflicher Ebene: Wenn du dich auf ihre Energie einschwingst, kannst du am meisten von ihrer Wirkung profitieren.

Ein ausgezeichneter Badezusatz ist auch geriebener Ingwer, der zehn Minuten in einem Kochtopf gedünstet wurde. Er wird durch ein Sieb gegossen und die übriggebliebene Flüssigkeit dem Badewasser hinzugegeben. Der Reinigungseffekt auf der Haut ist erstaunlich.

• Diese neue Wahrnehmung von Wasser wird auch das Baden in Seen, Flüssen, Wasserfällen oder im Meer zu einem faszinierenden Erlebnis machen. Allerdings wird es nicht unbedingt dazu führen, daß öffentliche Frei- und Hallenbäder, in denen sich alle möglichen unerwünschten Schwingungen bisweilen anhäufen, eine stärkere Anziehungskraft auf dich ausüben.

Übung 8.9: Ätherische Ausscheidung am Ende eines Bades

Am Ende deines Bades, während du dir der Vibration überall in deinem Körper noch voll bewußt bist, kannst du nach Energien in dir forschen, die sich unklar oder negativ anfühlen. Verbring etwa eine Minute damit, unerwünschte Schwingungen aufzuspüren und zu erkunden. Laß dann die negativen Schwingungen in die Schwingung des Wassers überfließen. Atme dazu mit langen, bewußten Atemzügen aus, erzeug im Hals eine starke Reibung, und stoß die unerwünschten Schwingungen mit jedem Ausatmen aus deinem Ätherkörper aus. Das ist einer der Schlüssel der ätherischen Ausscheidung: Sie funktioniert besser über das Ausatmen. Und deshalb funktioniert sie auch noch besser, wenn du »mit Absicht« ausatmest und beim Hinausdrücken des Atems voll und ganz bei der Sache bist, anstatt nur mechanisch auszuatmen. Für diesen ganz speziellen Zweck der Ausscheidung wird die Reibung im Hals nur beim Ausatmen erzeugt, nicht beim Einatmen. Die Reibung sollte in diesem Falle deutlich intensiver sein als sonst.

Bleib nicht mehr zu lange in der Wanne, nachdem du den Ausscheidungsprozeß beendet hast.

Tips:

• Probier diese Übung aus, wenn du Kopfschmerzen hast. Wenn sie früh genug angewandt wird, d.h., wenn die Kopfschmerzen gerade erst im Anflug sind, lassen sich damit ausgezeichnete Ergebnisse erzielen.

• Die in diesem Kapitel angeführten Übungen eröffnen mit Sicherheit neue Perspektiven in bezug auf die aufstrebende Disziplin der Hydrotherapie.

• Wenn du die Ausscheidungsübung gemacht hast, sollte niemand nach dir im selben Wasser baden. Laß es ab. Unter normalen Umständen braucht man sich keine großen Gedanken darum machen, die Badewanne selbst noch zu reinigen. Vorsicht ist jedoch geboten, wenn viele Leute dieselbe Badewanne benutzen. (Die hinduistischen Gurus legen großen Wert auf ein eigenes, privates Badezimmer.)

• Manchen Leuten ist es unangenehm, den Stöpsel herauszuziehen und das Badewasser abfließen zu lassen, während sie noch in der Badewanne sitzen, weil es ihnen das Gefühl vermittelt, etwas von ihrer Energie würde damit hinweggespült. Probier es aus, und find heraus, ob es dir etwas ausmacht.

8.10 Die Kloübung

 Meiner Meinung nach kann nicht genug Wert auf die »ätherische Ausscheidung« gelegt werden. Sie ist eine lebenswichtige Funktion, die die Menschen heute größtenteils verloren haben. Diese Tatsache sticht dem Hellsichtigen geradezu ins Auge, während sie in den traditionellen und alternativen Therapieformen, mit Ausnahme von ein paar Drainage-Techniken in der Homöopathie, Akupunktur und Kräuterheilkunde, nahezu völlig übersehen wird. Keine dieser Techniken ist jedoch im Vergleich zu der Ausscheidungsfähigkeit, die sich durch ein bewußtes Erwecken der Ätherschicht entwickelt, besonders wirksam.

Je mehr du deine Fertigkeit der ätherischen Ausscheidung übst, desto mehr wird sie sich zu einer faßbaren Funktion ausbilden. Mit der Zeit wirst du genauso klar spüren, wie die ätherische Schwingungen deinen Ätherkörper verlassen, wie du normalerweise spürst, daß dein Stuhl deinen physischen Körper verläßt.

Bestimmte ätherische Ausscheidungen können ohne gleichzeitige physische Ausscheidungen stattfinden. Andererseits sollte klar verstanden werden, daß alle physischen Ausscheidungen möglichst von ätherischen begleitet sein sollten. Doch aufgrund der heute von den Homöopathen beklagten erschreckend weiten Verbreitung von »psorischen Miasmen« in der Bevölkerung, sind die ätherischen Ausscheidungen lange nicht mehr das, was sie sein sollten.

Sei dir deiner Ätherschicht bewußt, wenn du Harn läßt oder Stuhlgang hast. Bemüh dich, mit der physischen Materie gleichzeitig negative ätherische Schwingungen auszuscheiden. Du wirst überrascht sein von der Intensität des Ergebnisses und dem allgemeinen Wohlbefinden, das dadurch hervorgerufen wird.

• Beim Harnlassen und zu einem geringeren Maße bei der Stuhlentleerung finden, wenn auch häufig unbemerkt, unerwartet starke Energiebewegungen statt. Dies könnte ein Grund sein, weshalb so viele Herzpatienten ihr Leben aushauchen, während sie auf der Toilette sitzen.

Übung 8.11: Energie an die Erde abgeben

In dem Maße, wie sich deine Fähigkeit der ätherischen Ausscheidung entwickelt, wird es möglich sein, negative Schwingungen und Energien nicht nur an das Wasser, sondern auch an die Erde abzugeben.

Zieh deine Schuhe und Socken aus, und berühr die Erde mit den Fußsohlen und den Handflächen.

Laß die Augen dabei geschlossen. Atme mit der Reibung im Hals, spür die Vibration im dritten Auge und im ganzen Körper. Vergiß dann deinen Körper, und spür die Schwingung der Erde.

Beginn nach ein oder zwei Minuten ätherische Schwingungen an die Erde abzugeben. Atme dabei mit einer starken Reibung tief aus.

Laß die unerwünschten Schwingungen in die Erde abfließen, während die Luft aus deinem Mund ausströmt. Für die Erde sind dies keine schädlichen Schwingungen. Sie werden dort kompostiert und zu neuen natürlichen Energien umgewandelt.

Tips:

• Diese Übung eignet sich auch bestens zum Loswerden von Wut, Ärger und Streß.

• Wie alle kraftvollen und intensiven Dinge sollte diese Übung in Maßen angewandt werden, sonst kann es zu einer Art Erschöpfung der Energien kommen.

Übung 8.12: Einen Baum umarmen

Hier noch eine Übung zur ätherischen Ausscheidung. Das nächste Mal,
wenn du in einem Wald bist, stimm dich ein, und such dir einen großen
Baum aus, zu dem du dich hingezogen fühlst.

Geh zu ihm hin, und umarm ihn mit soviel Oberflächenkontakt wie möglich, d. h., du umfaßt den Stamm nicht nur mit deinen Armen, sondern
schmiegst gleichzeitig deine Brust, deinen Bauch und deine Beine ganze eng
an ihn.

Gib alle überschüssigen Schwingungen an den Baum ab. Scheide sie auf
dieselbe Art und Weise aus wie im Badewasser. Übergib sie dem Baum als
Geschenk. Bedank dich bei dem Baum, wenn du fertig bist.

Tips:

• Wenn du negative Energien loswerden willst, versuch sie zuerst an das
Wasser oder die Erde abzugeben. Behalte dir Bäume für feinere Schwingungen vor oder für Energien, die du beim besten Willen über die anderen beiden Wege nicht loswirst. Wichtig ist, daß du weißt, daß du dem Baum damit
nicht unbedingt weh tust, sondern ihm eher etwas Wertvolles übergibst.
Auch wenn dir die Schwingung im Zusammenhang mit einer
Depression oder einsetzenden Grippe negativ vorkommen
mag, ist es für den Baum eine äußerst hochentwickelte, gei-
stig verfeinerte Energie. Wenn du deine Sensitivität benutzt,
kannst du Bäume ausfindig machen, die geradezu nach dem
lechzen, was du unbedingt loswerden willst.

• Diese Übung kann Wunder wirken. Aber du mußt lange genug an den
Baum geschmiegt bleiben, gute zehn bis fünfzehn Minuten oder länger, wenn
du kannst. Du mußt dem Baum genügend Zeit geben, um das anzunehmen,
was du ihm zu geben versuchst.

8.13 Weinen

Weinen und Tränenvergießen sind gute Gelegenheiten, um emotionale Spannung und unerwünschte Energien loszuwerden, besonders wenn du dabei
deine neuerworbene Fähigkeit der ätherischen Ausscheidung einsetzt. Leg
alles, was du loswerden willst, in deine Tränen.

Weinen zu können (möglichst nach Belieben!) ist eine wertvolle Fähigkeit
auf dem Weg der Selbst-Transformation. Es ermöglicht dir, dein Herz tief-

greifend zu reinigen und von Ballast zu befreien. Wenn du zu den Menschen
gehörst, die nie weinen können, empfehl ich dir, dich darum zu bemühen,
diese Fähigkeit wiederzuerlangen. Wende dazu alle möglichen Tricks an, die
dir nur einfallen, von Zwiebelschälen bis zu ausgefeilteren Methoden der
Schauspielkunst.

Bist du hingegen der Typ, der eher zuviel weint, kann das verstärkte Ausscheiden von unerwünschten Energien etc. über die Tränen dazu führen, daß
du nicht mehr soviel weinen mußt. Durch besseres Nutzen der Reinigungsfunktion der Tränen kann die Menge verringert werden (durch mehr Qualität zu weniger Quantität!).

Übung 8.14: Die Energie von Zitrusfrüchten ätherisch einsaugen

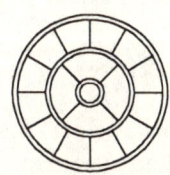
Die in Frankreich geborene Yogini Mirra Alfassa, die als
»Mutter« viele Jahre dem Sri Aurobindo Ashram in Pondi-
cherry, Indien, vorstand, war eine der größten Esoterikerin-
nen des 20. Jahrhunderts. Sie erinnerte sich daran, wie sie
einmal mit Frau Théon, einer außerordentlich medial be-
gabten Frau, zusammenarbeitete. Frau Théon war in der
Lage, die Energie einer Grapefruit, die sie sich beim Hinlegen auf die Brust
gelegt hatte, mit ihrem Ätherkörper einzusaugen. Nach einer Weile war der
Grapefruit alle Lebenskraft entzogen. Auch physisch sah die Grapefruit ganz
verschrumpelt aus.

Kannst du eine Orange oder Grapefruit nehmen und dasselbe tun?

Leg dich hin. Leg eine gute, gesunde (möglichst naturbelassene) Orange
direkt auf die Haut deines Brustbeins.

Mach die Augen zu. Werde dir der Vibration im dritten Auge bewußt.
Werde dir der Schwingung im ganzen Körper und vor allem in der Brust bewußt. Stimme dich dann auf die Schwingung der Frucht ein.

Versuch nun, die Schwingung der Frucht in deinen eigenen Schwingungskörper herüberzuziehen.

Übung 8.15: Gähnen

Gähnen ist eine der kleinen inneren Bewegungen, über die unerwartet große
Energiewellen freigesetzt werden können. Gähnen kann regelrecht als Kanaleröffnung angesehen werden: Es ist eine Handlung oder eine körperliche
Bewegung, auf die eine Energiebewegung oder eine Ätherwelle folgen kann.
Wie bei allen Kanaleröffnungen ist der entstehende Energiefluß weitaus
wichtiger als die körperliche Bewegung. Aber wie wir weiter vorne (in Abschnitt 6.3) betont haben, muß dieser Energiefluß zugelassen werden, sonst

findet er gar nicht oder nur in kaum spürbarem Ausmaß statt. Das ist eine dieser natürlichen Funktionen, die unser Ätherkörper nicht mehr automatisch allein ausführt.

Das Gähnen zu unterdrücken ist eine perverse Konditionierung, die von einer repressiven Erziehung herrührt. Richtig intensives Gähnen befreit das Herz ähnlich wie Weinen. Es löst auch viele Spannungen, die sich ansonsten in den Augen anhäufen würden. Daher rührt auch die winzige Träne, die sich nach einem richtig ausgedehnten Gähnen im Augenwinkel bildet.

Sehen wir einmal, wie man am meisten aus dem Gähnen macht. Wenn du das Ganze vom dritten Auge aus beobachtest, wirst du sehen, daß die meisten Menschen beim Gähnen dazu neigen, Energien über den Mund freizusetzen. Wenn du dir dieses Energiestroms bewußt werden und ihn beim Gähnen »absichtlich« verstärken kannst, wird dies bereits eine entscheidende Verbesserung darstellen.

Aber es gibt noch eine »spirituellere« Art des Gähnens. Das allgemeine Prinzip lautet: nach oben gähnen. Du mußt alle Muskeln hinten im Hals manipulieren, damit der Energiefluß nach oben, in Richtung Schädeldecke, gelenkt wird und nicht waagrecht aus dem Mund heraus. Versuch beim Gähnen deinen Rachen länger werden zu lassen. Der Mund muß dabei nicht weit offen sein, er kann sogar fast geschlossen bleiben. Lenk deine ganze Aufmerksamkeit auf den oberen Halsbereich hinter der Nasenhöhle. Dieser Bereich, das Rachengewölbe, ist eng verbunden mit der Verwandlung des Nektars der Unsterblichkeit.

Tips:

• Wenn du schnell genug bist, kannst du auch das Niesen zur Energiefreisetzung benutzen.

• Hast du schon einmal bemerkt, wie ansteckend Gähnen ist? In einer vom Juni bis Juli 1909 abgehaltenen Vortragsreihe erklärte Rudolf Steiner, daß in Atlantis unbewußte Einflüsse sehr viel freier von einem Menschen auf den anderen übertragen wurden. Ein starker Mann war in der Lage, seinen Arm zu heben, und allein durch das Spiel dieser unbewußten Kräfte fühlten sich alle Menschen um ihn herum automatisch genötigt, ihren Arm zu heben. Gähnen ist das letzte Überbleibsel dieser allgemeinen Tendenz.[26]

---

26 Siehe Steiner, Rudolf: *Das Johannes-Evangelium im Verhältnis zu den drei anderen Evangelien, besonders zu dem Lukas-Evangelium.* 14 Vorträge Kassel 1909. Gesamtausgabe Bd. 112. Dornach: Rudolf Steiner Verlag.

8.16 Der Ring auf der richtigen Seite

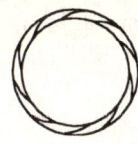 Wenn du einen Ring trägst, zieh ihn ab. (Wenn du mehrere Ringe trägst, zieh sie alle ab, um sie einen nach dem anderen testen zu können.)

Schließ die Augen, und werde dir der Vibration im dritten Auge sowie im entsprechenden Finger bewußt. Atme mit der Reibung im Hals, um das Gefühl zu verstärken.

Zieh dann deinen Ring wieder an, und werde dir der Vibration im dritten Auge und in dem Finger noch einmal bewußt. Bleib etwa eine halbe Minute bewegungslos sitzen.

Zieh den Ring wieder ab, dreh ihn herum und zieh ihn anders herum wieder an. (Ein Ring hat zwei Seiten. Nachdem du den Ring wieder angezogen hast, ist also die Seite, die zuvor den Fingerknöcheln zugewandt war, jetzt am weitesten von ihnen weg.)

Werde wieder bewegungslos, stimme dich auf die Vibration im dritten Auge und im Finger ein. Atme mit der Reibung im Hals. Vergleich die Schwingung, die du jetzt spürst, mit der vorherigen. Der von dem Ring erzeugte Schwingungsfluß fühlt sich häufig ganz anders an.

Welches ist die richtige Position? Probier jede Position ein paarmal aus, bis du dich entscheiden kannst, welche Position sich richtig, »direkt« und förderlich für deine Energien und welche sich falsch, »rückläufig« und deinen Energien entgegenwirkend anfühlt.

Tips:

• Ein Ring, egal ob mit oder ohne Stein, kann viel Kraft speichern. Je kraftvoller der Ring, desto wichtiger ist es, ihn auf der »richtigen Seite« zu tragen.

• Zur Bestimmung der »richtigen« Seite des Rings kann auch ein Pendel benutzt werden.

8.17 Kurze Anmerkung zu Armbanduhren

Vorsicht! Vom dritten Auge aus gesehen, sind Armbanduhren weitaus schädlicher, als gemeinhin angenommen wird. Das trifft besonders auf Quarzuhren zu. Für deinen Ätherkörper ist jede Vibration der Uhr wie ein Peitschenhieb. Aber auch ohne Quarz neigen Armbanduhren dazu, ein unnatürliches Ätherfeld zu erzeugen und stellen für den natürlichen Energiefluß einen größeren Störfaktor dar.

Hier ein einfaches Experiment, um dich von der schädlichen Wirkung von Armbanduhren zu überzeugen. Zur Ausführung dieses Experiments brauchst du einen Freund oder eine Freundin und ein Pendel. Ein Schlüssel oder ein Ring am Ende eines fünfzehn Zentimeter langen Baumwollfadens reicht als Pendel völlig aus. Es ist besser, Kunstfasern zu vermeiden.

Bitte deinen Freund, seine Armbanduhr auszuziehen. Halte das Pendel in einer Hand, und fühl mit der anderen deinem Freund an der rechten Hand den Puls, falls er normalerweise seine Uhr links trägt. Trägt er seine Uhr rechts, wird der Puls an der linken Hand gemessen.

Wie nimmt man den Puls? Leg deinen Zeige-, Mittel- und Ringfinger nebeneinander auf die Speichenarterie direkt oberhalb des Handgelenks auf der Seite des Daumens. Beachte, daß dieser Abschnitt der Speichenarterie auf dem Lungenmeridian liegt (siehe Abschnitt 4.8).

Während du mit der einen Hand den Pendel hältst und mit der anderen den Puls fühlst, begib dich mit deinem Bewußtsein ins dritte Auge, werde dir der Vibration bewußt und atme mit leichter Reibung. Stimm dich dann auf die Energie des Pulsschlags ein. Versuch die Schwingung in der Arterie zu spüren. Der Pendel wird anfangen, sich in eine Richtung zu drehen.

Wiederhol jetzt denselben Vorgang mit der anderen Hand deines Freundes. Stimm dich auf die Pulsschwingung ein. Du wirst sehen, daß sich in den meisten Fällen der Pendel in die andere Richtung zu drehen beginnt. Dieser Effekt ist ganz normal: Er zeigt nur, daß die Energie jedes Arms eine andere Polarität hat.

Wiederhol nun denselben Ablauf, aber bitte deinen Freund dieses Mal, seine Armbanduhr anzuziehen. Nimm den Puls an der Hand mit der Armbanduhr, stimm dich ein, und was passiert jetzt? Der Pendel hört auf, sich zu drehen oder dreht sich in die entgegengesetzte Richtung. Das bedeutet jedoch, daß die Armbanduhr die Energiepolarität des Arms, an dem sie getragen wird, neutralisiert oder umkehrt – eine wahrlich beunruhigende Beobachtung!

Es gibt keinen geeigneten Ort, um eine Armbanduhr am Körper zu tragen. Die Angewohnheit der Krankenschwestern, die Armbanduhr in der Nähe des Herzens zu tragen, ist sicher ebenfalls nicht ratsam. Solange die Armbanduhr in direktem Körperkontakt oder dem Körper sehr nahe ist (weniger als zwei bis fünf Zentimeter entfernt), stellt sie für den Ätherkörper einen deutlichen Störfaktor dar. Deshalb ändert sich auch nicht viel, wenn du die Armbanduhr, statt am Arm in der Hosentasche trägst.

Eine Armbanduhr sollte man am besten in einer Tasche mit sich tragen und nicht am Körper. Es ist beispielsweis durchaus möglich, eine Armbanduhr so am Riehmen einer Tasche zu befestigen, daß man sie auch noch von weitem lesen kann. Warum fängst du nicht einfach eine neue Mode an?

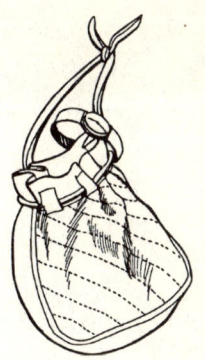

Kapitel 9

Gegenwärtigkeit

9.1 Zentriertheit durch Achtsamkeit im dritten Auge

Fangen wir mit einer einfachen Übung an. Schließ die Augen, und stell wieder die Verbindung zum Raum her: Werde zwischen den Augenbrauen gegenwärtig, und atme mit der Reibung im Hals. Steigere die Vibration im dritten Auge. Schlag dann die Augen auf, und schau dir irgendeinen Gegenstand vor dir an. Empfinde auch mit offenen Augen ein starkes Bewußtsein der Vibration zwischen den Augenbrauen. Was befindet sich in deinem Bewußtseinsfeld? Der Gegenstand, du und die Vibration zwischen den Augenbrauen.

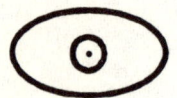 Etwas Interessantes fällt dabei auf: Es ist, als würdest du den Gegenstand von dem Bereich zwischen den Augenbrauen aus betrachten. Du versuchst es nicht, sondern es passiert einfach automatisch. Du schaust einfach einen Gegenstand an, und erhältst dabei eine starke Gegenwärtigkeit der Vibration im dritten Auge aufrecht. Und auf ganz natürliche Weise stellst du fest, daß du den Gegenstand von der Mitte zwischen den Augenbrauen aus anschaust. Oder, anders ausgedrückt, du bist zentriert. Interessant ist dabei, daß du nichts aktiv unternimmst, um diese Zentriertheit zu erreichen, sie stellt sich einfach von selbst ein. **Das kommt daher, weil die wahre Natur des dritten Auges Zentriertheit ist. Wann immer du deshalb von deinem dritten Auge aus handelst, wirst du merken, daß du zentriert bist.**

Such dir jetzt einen anderen Gegenstand aus, und schau ihn an. Sei dir gleichzeitig der Vibration zwischen den Augenbrauen bewußt. Eine andere Beobachtung ist, daß dein Verstand dabei langsam zum Schweigen gebracht wird. Wieder gilt hier, daß du nicht versuchst, deinen Verstand aktiv zum Schweigen zu bringen. Denn es ist sowieso ein hoffnungsloses Unterfangen, innere Stille durch Ankämpfen gegen den Verstand zu erlangen. Versuch also nichts, mach gar nichts, sei dir einfach der Vibration im dritten Auge gegenwärtig. Und als Nebeneffekt wirst du beobachten können, daß dein Verstand ruhiger als normal ist.

Wie kommt es dazu? Sobald du mit dem Bewußtsein im dritten Auge bist, bist du schon ein bißchen weiter aus dem Verstand heraus. Erinnere dich an die Augenkontaktübung von Abschnitt 5.9. Wir beobachteten dabei die Schicht des Alltagsbewußtseins, die im Sanskrit *Manas* genannt wird. Dieser *Manas*-Verstand, der aus Zufassen und Konditionierung besteht, ist die Fassade, die Stimme in deinem Kopf, die immer weiterredet. Und das dritte Auge ist das Tor, das aus ihm herausführt. Jedesmal wenn du dich in dein drittes Auge hineinbegibst, machst du also einen ersten Schritt aus dem Verstand heraus, und deshalb wird alles ruhiger.

Wiederhol diese Übung immer und immer wieder. Such dir verschiedene Gegenstände um dich herum aus, und verbring einige Zeit damit, jeden eine Weile anzuschauen. Jedesmal sind da der Gegenstand, du und die Gegenwärtigkeit der Vibration/des Kribbelns/des Drucks in der Mitte zwischen den Augenbrauen. Halt die Augen offen, blinzle so wenig wie möglich. Atme immer weiter mit der Reibung im Hals. Beobachte deine eigene Gegenwärtigkeit und wie sie sich ändert, wenn deine Aufmerksamkeit nicht auf das dritte Auge gerichtet ist.

9.2 Innere Alchemie

Die Zentriertheit und die innere Ruhe, die mit der Gegenwärtigkeit im dritten Auge einhergehen, veranschaulichen die Natur der inneren Alchemie. Das dritte Auge ist die Struktur, und die Zentriertheit ist eine ihrer Funktionen. Wenn die Struktur aktiviert wird, wird gleichzeitig die Funktion in Gang gesetzt. Anstatt mit dem Verstand gegen dein Verstandesbewußtsein anzukämpfen, baust du eine neue Struktur auf: das dritte Auge. Dann brauchst du nur noch die Struktur einzuschalten, um die Funktion, Stille, zu aktivieren.

Das ist eines der großen Geheimnisse der inneren Alchemie. Versuch ein Problem nicht auf der Ebene des Problems zu lösen. Verschwende z. B. keine Zeit damit, mit dem Verstand gegen den Verstand anzukämpfen. Schaff ein neues Organ. Wenn das dritte Auge einmal Gestalt angenommen hat, strahlt es Ruhe aus – denn das ist eines seiner wichtigsten Wesensmerkmale. Die Aufgabe besteht also darin, das dritte Auge aufzubauen, wie die Menschen vergangener Jahrhunderte Kathedralen bauten. Das ist eine Arbeit, die Ausdauer erfordert, oder in den Worten eines Mottos der Clairvision School: »übernatürliche Beharrlichkeit«. Und dann merkst du eines Tages, daß du nur in deinem dritten Auge sein mußt, damit dein Verstand still wird. Es gibt nichts zu kämpfen und nichts auszuprobieren: Die vollständige Beherrschung hat sich eingestellt. Du kannst die Gedanken als kleine Formen auf deinen Verstand zukommen **sehen**, und du kannst entscheiden, ob du sie einlassen willst oder nicht.

Nehmen wir ein anderes Beispiel: die Meditation. Möglicherweise hast du einmal oder mehrere Male im Leben einen sehr hohen Meditationszustand erreicht, z. B. in einer Zeit, in der du dich aus deinen Alltagsaktivitäten zurückgezogen und mehrere Tage oder Wochen lang an einem Meditationsworkshop teilgenommen hast. Aber nachdem du anschließend wieder zu arbeiten angefangen und dein normales Leben wieder aufgenommen hast, verblaßt der hohe Bewußtseinszustand langsam, und du bist wieder in deinen alltäglichen Gedankengängen gefangen.

Die Antwort aus der Sicht der inneren Alchemie würde lauten: Kämpf nicht dagegen an, daß die Erfahrung langsam verblaßt. Du kannst sie nicht festhalten, denn dir fehlt es am geeigneten Organ dafür, an der geeigneten Energiestruktur, die es dir erlauben würde, dich in einem höheren Bewußtseinszustand zu halten. Beginn damit, dir deinen Körper der Unsterblichkeit zu weben. Öffne den zentralen Energiekanal in und vor der Wirbelsäule. Bau dein Kronenchakra oder Scheitelzentrum oben am Kopf aus.

 Schaff dir die geeigneten feinstofflichen Organe dafür, und du wirst nicht nur während Meditationsworkshops in der Lage sein, Bewußtseinserweiterungen zu erfahren, sondern die ganze Zeit. Sogar mitten in einer Menschenmenge, in einem überfüllten Bahnhof oder wenn du in einen Stau gerätst, wird dieser neue Bewußtseinszustand dich nicht mehr verlassen. Die Erfahrung wird nicht mehr davon abhängen, daß dein Verstand während eines Rückzugs weit weg von der Welt ruhig gestellt wird. Spirituelle Gegenwärtigkeit wird vom Selbst durch die neu aufgebauten Vehikel ausstrahlen, ganz egal, was um dich herum vor sich geht.

Wir befinden uns jetzt in der Aufbaustufe des dritten Auges, dem ersten Schritt auf dem Pfad zur Verwirklichung des Körpers der Unsterblichkeit.

9.3 Beständige Gegenwärtigkeit im dritten Auge

Der spirituellen Wege gibt es viele und vielgestaltige. Dasselbe gilt für die dabei angewandten Methoden. Sie laden dich dazu ein, die Welt und dich selbst aus verschiedenen Blickwinkeln zu betrachten. Doch die meisten haben zumindest ein paar gemeinsame Faktoren. Das zentrale Thema, das nahezu allen Methoden der Selbst-Transformation gemein ist, ist die Notwendigkeit der Aufrechterhaltung einer beständigen inneren Gegenwärtigkeit.

Die indischen Meister lassen ihre Schüler mit Vorliebe über die Frage nachdenken, was einen erleuchteten Weisen von jedem anderen menschlichen Wesen unterscheidet. Der Mensch mag intelligenter, gebildeter und besser aussehend sein als der Weise. Er mag alle möglichen Fertigkeiten besitzen, die der Weise nicht hat. Aber es gibt eine grundlegende Eigenschaft, die den wesentlichen Unterschied zwischen den beiden ausmacht: Der Weise ist ständig gegenwärtig und der andere nicht. Der Weise ist in einen Bewußtseinsraum hineingeschleudert worden, in dem die innere Gegenwärtigkeit spontan erfolgt. Der Verstand des Menschen ist ständig in einen unaufhörlichen Fluß von Gedanken, Wahrnehmungen und Emotionen verstrickt, der die Wahrnehmung von seinem Selbst überschattet.

Zur Aufrechterhaltung der Gegenwärtigkeit haben sich Generationen von spirituellen Erfindern alle möglichen Methoden einfallen lassen. Manche verwenden ein Mantra, eine mit magischen Kräften versehene Klangfolge, die sie innerlich **die ganze Zeit** wiederholen! Wie etwa der große Yogi Ramdass, der seine Erleuchtung erreichte, indem er das Mantra *Om Ram* 20 Jahre lang ohne Unterlaß wiederholte.[27] Auch in der christlichen Mystik waren vergleichbare Methoden gang und gäbe, bei denen bestimmte Gebete ständig wiederholt wurden. Diese Methode kann sehr wirkungsvoll sein, obwohl sie nicht für alle geeignet sein mag: Die konstante Wiederholung einer Klangfolge ist nur einer von vielen Wegen.

Das Problem besteht darin, eine Methode zu finden, die zu deiner Energie paßt, und sie beizubehalten. Meiner Ansicht nach sollte die Frage an dich lauten: Was ist mein »Zauberstab«, d.h., welches Instrument benutze ich, um die ganze Zeit gegenwärtig zu bleiben? Und funktioniert er? Wenn dir deine spirituelle Entwicklung am Herzen liegt, ist diese Frage unumgänglich. Denn solange die Antwort auf die zweite Frage »Nein« lautet, bist du nicht einmal ein Kandidat für höhere Bewußtseinszustände und für die Initiation.

Es sei bemerkt, daß die richtige Technik für dich nicht immer die sein muß, die dir am Anfang gefällt. Erfolg geht in der spirituellen Praxis häufig mit Beharrlichkeit einher. Wenn du einmal das Leben von verschiedenen Meistern näher unter die Lupe nimmst, wirst du häufig darauf stoßen, daß sie am Anfang ihres Weges überhaupt nichts von dem verstanden haben, was sie taten. Die Technik, die ihnen an die Hand gegeben worden war, die Technik, über die sie später zur Erleuchtung gelangen sollten, kam ihnen zuerst trocken, unproduktiv und fremd vor. Weshalb wurden sie jedoch zu Meistern, während viele andere es zu nichts brachten? Sie zeigten Ausdauer und Beharrlichkeit und übten weiter und immer weiter, bis zu dem Punkt, an dem diese Beharrlichkeit wichtiger wurde als die Technik selbst und schließlich in einen phänomenalen Durchbruch mündete.

---

27 Der indische Ramdass, nicht der amerikanische Ram Dass (Richard Alpert), dem wir, nebenbei bemerkt, auch höchsten Respekt zollen.

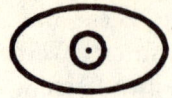 Auf unserem Pfad der inneren Alchemie wird unser erster »Zauberstab« sein, eine beständige Gegenwärtigkeit im dritten Auge aufrechtzuerhalten. Wenn du einen Gegenstand ansehen und dir gleichzeitig der Vibration im Bereich zwischen den Augenbrauen bewußt bleiben kannst, dann kannst du z. B. auch mit diesem Bewußtsein durch die Gegend laufen. Warum probierst du es nicht einfach **jetzt sofort** aus (ein anderes unserer Mottos)? Laß das Buch einfach liegen, und geh eine Minute lang mit völliger Gegenwärtigkeit der Vibration zwischen den Augenbrauen im Kreis herum.

Damit hast du zum ersten Mal deine spirituelle Suche auf deine Alltagsaktivitäten ausgedehnt. Jedes Mal, wenn du jetzt gehst, kannst du ein Suchender sein. Du kannst entweder unbewußt, versunken in deine Gedanken, durch die Weltgeschichte wandern, oder du kannst völlig in der Vibration zwischen den Augenbrauen gegenwärtig sein.

 Autofahren ist auch eine Tätigkeit, die sich leicht mit dem Bewußtsein im dritten Auge kombinieren läßt. Autofahren vom dritten Auge aus ist für die Seele harmonisch und befriedigend. Die Aufmerksamkeit im dritten Auge sorgt dafür, daß du gegenwärtig und zentriert bleibst, und du kannst dadurch länger und mit weniger Anspannung und Ermüdung fahren. Darüber hinaus bleibst du wachsamer, und dein Gesichtsfeld ist weiter, wodurch die Fahrsicherheit verbessert wird.

Ziel ist es, deine Gegenwärtigkeit auf immer mehr Bereiche deiner alltäglichen Aktivitäten auszuweiten, bis du eine beständige Aufmerksamkeit im dritten Auge erreicht hast. Ab einem gewissen Zeitpunkt wird die Wahrnehmung zwischen den Augenbrauen automatisch und mühelos. Sie wird dann in alle deine Handlungen integriert sein. Dann hast du die Stufe des Einweihungskandidaten erreicht.

Denk einmal an all die Mönche in den Klöstern, die ihr ganzes Leben nichts anderes tun, als von morgens bis abends zu beten oder zu meditieren. Nur ein ganz geringer Prozentsatz von ihnen wird zu der Erleuchtung gelangen, die sie anstreben. Wie kannst du dir da auch nur den Hoffnungsschimmer einer Chance ausmalen, wenn du nur zweimal täglich 20 Minuten lang meditierst und ansonsten im Tumult des modernen Lebens gefangen bist?

Die Antwort liegt in der Ausdehnung deiner Gegenwärtigkeit auf jede Situation des täglichen Lebens. Fang an, die Welt zu benutzen, um gegenwärtiger zu werden. Dann wird die Welt zu deinem Lehrer anstatt zu deinem Gegner. Die unbedeutendsten Umstände verwandeln sich in wunderbare Gelegenheiten, um deine Zentriertheit und deine Wachsamkeit zu testen und zu verstärken. Denn es ist auch durchaus möglich, in einem Kloster vor sich hin zu dösen, sich in ein unzusammenhängendes Innenleben zurückzuziehen, das die Kernthemen nicht anschneidet und nirgendwo hinführt. Wenn du dich hingegen entscheidest, dich der Welt zu stellen, dann wird die Welt auch alles tun, damit du dich dir selbst stellst.

Doch laß nun bitte die Gegenwärtigkeit im dritten Auge nicht zu einem Beispiel an peinlicher Gewissenhaftigkeit ausarten: Hab Spaß dabei! Alle Clairvision-Techniken zielen darauf ab, daß du mit ihnen herumspielen kannst. Es gibt eine alberne Art, den ganzen Tag in deinem Kopf zu bleiben, dich nur von Zeit zu Zeit daran zu erinnern, daß dein Ziel Achtsamkeit ist, und dich ansonsten über dich zu ärgern, daß du mit deinen Gedanken ganz woanders bist. Anstatt dich von deinen täglichen Routinehandlungen auffressen zu lassen und dich nur ab und zu an die Gegewärtigkeit im dritten Auge zu erinnern, empfehle ich am Anfang, verschiedene Handlungen mit einer vollkommenen Gegenwärtigkeit im dritten Auge auszuführen.

Probier einfach einmal aus, beim Geschirrspülen 100 Prozent im dritten Auge gegenwärtig zu bleiben. Wenn du mit ganzem Herzen dabei bist, wird es nach ein paar Mal von allein gehen: Jedesmal, wenn du zu spülen anfängst, wird die Gegenwärtigkeit im dritten Auge sich von selbst einstellen. Ganz nebenbei kann Spülen dadurch zu einer äußerst erfrischenden Tätigkeit werden, besonders wenn du fließendes Wasser dazu benutzt und deine Spannungen und falschen Energien beim Geschirrspülen an das Wasser abgibst (Übung 4.12).

Alle möglichen Tätigkeiten, die dir normalerweise lästig und langweilig vorkommen, werden so unerwartet zu faszinierenden Handlungen, wenn du sie vom dritten Auge aus vollziehst.

Je mehr sich die Aufmerksamkeit in deinem dritten Auge mit dem Zustand des Sehens erhöht, desto mehr wird sich die Welt in eine ständige Quelle von Wundern verwandeln. Du kannst diesen Pfad genau an dem Punkt einschlagen, an dem du heute stehst. Hier und jetzt. Deine Arbeit aufzugeben und in irgendeine Höhle zu flüchten ist nicht unbedingt von Vorteil. Das Problem besteht nicht darin, die Tätigkeit zu wechseln, sondern deine Handlungen mit einer neuen Gegenwärtigkeit auszuführen.

Leben im dritten Auge: Tips, Tricks und Fallen

• Es ist immer gut, ein paar Gedächtnisstützen zu benutzen: So kehrst du jedes Mal, wenn du sie siehst, mit deinem Bewußtsein wieder ins dritte Auge zurück. Binde dir z. B. ein Band um das Handgelenk, oder befestige kleine Zettelchen an strategisch wichtigen Punkten der Wand. Oder schreibe dir eine Notiz auf deinen Spiegel, mal einen deiner Fingernägel in einer anderen Farbe an usw.

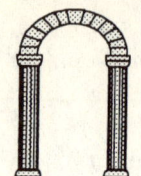

• Türen und Tore haben eine starke Symbolik. Eine wirksame Übung besteht darin, dich jedesmal an deine spirituellen Ziele zu erinnern, wenn du durch eine Tür gehst.

• Eine andere wirksame Methode besteht darin, sich eine Uhr mit einem Stoppuhr-Mechanismus zu verschaffen und sie z. B. alle sieben Minuten klingeln zu lassen. Jedesmal, wenn du das Signal hörst, kannst du dein Bewußtsein wieder auf deine Vibration zwischen den Augenbrauen lenken und zehn bis fünfzehn Sekunden lang mit der Halsreibung atmen. Sieben ist eine gute Zahl für die Selbst-Transformation. Wichtig ist dabei nicht wirklich die Länge des Intervalls, sondern die Tatsache, daß das Signal und die Übung mit extremer Regelmäßigkeit wiederholt werden. Das gibt dem Astralkörper ein Rhythmusgefühl und prägt dir die Gewohnheit, im dritten Auge zu sein, tief ein.

• Probieren wir jetzt noch etwas Neues aus. Mach die Augen zu, fang an, mit der Halsreibung zu atmen, und bau ein bis zwei Minuten lang eine starke Vibration in der Mitte zwischen den Augenbrauen auf. Mach dann die Augen wieder auf, aber laß die Aufmerksamkeit so intensiv wie möglich auf den Bereich zwischen den Augenbrauen gerichtet. Schau dich jetzt im Spiegel an.

Deine Freunde und Verwandten werden es etwas irritierend finden, wenn du sie mit einem solchen Gesicht anblickst! Was also tun?

Erstens solltest du immer, wenn du mit jemandem sprichst, üben, gleichzeitig im dritten Auge und im Herzen zu sein (Übung 5.13), so daß die Intensität des dritten Auges durch die Öffnung und die Weichheit deines Herzens gemildert wird.

Und zweitens, wenn du durch ständiges Üben sicherer im dritten Auge geworden bist, wird der anfangs intensive, halb angestrengte Blick von allein verschwinden, und du wirst ziemlich normal aussehen. Versuch in der Zwischenzeit diplomatische Zwischenlösungen zu finden.

9.4 Die Früchte der Beständigkeit

Fassen wir an dieser Stelle noch einmal die Vorteile zusammen, die sich aus der Aufrechterhaltung einer ständigen Gegenwärtigkeit im dritten Auge ergeben:

• Gegenwärtigkeit

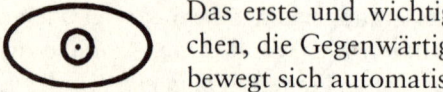

Das erste und wichtigste von allem ist, wie bereits besprochen, die Gegenwärtigkeit an sich. Jeder, der gegenwärtig ist, bewegt sich automatisch auf sein höheres Selbst zu. Jeder, der nicht gegenwärtig ist, verschwendet wunderbare Wachstumschancen.

- Zentriertheit

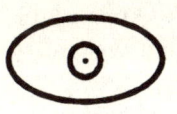

Wie anhand der einfachen Erfahrungen am Anfang dieses Kapitels gezeigt, besteht einer der direkten Effekte der Aufrechterhaltung der Gegenwärtigkeit in einem zentrierteren Bewußtseinszustand. In der Philosophie des Yoga (*Yoga-Darshana*) gibt es ein wichtigess Wort: *Vikshepa*. *Vikshepa* bezeichnet einen zerstreuten und ausgedehnten Geisteszustand. Der große Seher Patanjali beschrieb in seinen klassischen *Yoga-Sutras* (Aphorismen über das Yoga) *Vikshepa* als eines der Haupthindernisse auf dem Weg zur spirituellen Reintegration (siehe *Yoga-Sutras I:30–31*). Je weiter sich dein drittes Auge entwickelt, desto mehr wirst du herausfinden, daß du in der Lage bist, nach Belieben einen ruhigen, stillen Geisteszustand aufrechtzuerhalten.

- Eine Gegenwärtigkeit, die über den weitschweifenden Verstand hinausgeht:

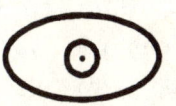

Der Vorteil des Einsatzes des dritten Auges zum Zwecke der Gegenwärtigkeit besteht darin, daß er zu einer Achtsamkeit führt, die über jede normale Schicht des denkenden Verstandes hinausgeht. Einer der häufigsten Fehler, die Suchende auf dem Pfad der Gegenwärtigkeit begehen, ist das Beobachten des Verstandes mit dem Verstand oder des Geistes mit dem Geist. Manchen Menschen gelingt es sogar, eine bestimmtes Bewußtsein von ihren Gedanken zu erlangen, aber es handelt sich dabei um ein rein verstandesmäßiges. In anderen Worten: Jedesmal, wenn sie einem Gedanken nachhängen – sagen wir mal über ihre Freundin Brunhilde –, geht damit ein anderer Gedanken einher: »Ich denke an Brunhilde.« Und so weiter und so weiter. Diese Leute werden meist nach einiger Zeit sehr unzufrieden. Sie haben das Gefühl, alles richtig zu machen, angefangen bei der Gegenwärtigkeit, und trotzdem passiert nie etwas. Sie bleiben in ihrem normalen Verstandesbewußtsein verhaftet. Sie erleben nie einen wirklichen Durchbruch zu einem erweiterten Bewußtseinszustand.

Der Grund ist offensichtlich. Das wahre Ziel ist das Bewußtsein von dem Selbst und nicht nur das Selbst-Bewußtsein! *Manas*, die Schicht des Alltagsbewußtseins, die Ebene, die in deinem Kopf immer weiterquasselt, ist der hauptsächliche Schleier zwischen dir und dem Selbst. Deshalb besteht das Ziel darin, aus dem *Manas*-Verstand heraus und in das Selbst hineinzutreten und nicht den *Manas*-Verstand dazu zu bewegen, eine höheres Bewußtsein nachzuahmen, indem er einen Gedanken auf den anderen folgen läßt.

Wenn du also anfängst, deinen Verstand von einer Warte außerhalb deines Verstandes aus zu beobachten, fängt deine Gegenwärtigkeit an, in spiritueller Hinsicht lohnend zu werden. Und das ist, weshalb es so wertvoll sein kann, an der Öffnung der Wahrnehmung zu arbeiten. Wenn die Öffnung auf der Grundlage unserer Prinzipien erreicht wurde, ermöglicht dir die Öffnung, den *Manas*-Verstand hinter dir zu lassen. Der springende Punkt ist dabei nicht so sehr das Aura-Sehen und das Sehen von nichtphysischen Welten, als die Tatsache, daß du sie von einem Punkt »außerhalb des Verstandes« aus siehst. In dem Moment fängst du an, außerhalb des Käfigs zu existieren.

Jetzt kannst du besser verstehen, weshalb in diesem Buch ständig darauf hingewiesen wurde, daß die Essenz nicht in dem liegt, was du siehst, sondern in der Tatsache des Sehens. Aus der Sicht der geistigen Entwicklung ist der Inhalt der Visionen im Vergleich zu dem Durchbruch aus der Schicht des normalen Verstandesbewußtseins zweitrangig. Die Menschen, die zuviel Zeit und Energie darauf verschwenden, die symbolische Bedeutung ihrer Visionen zu analysieren, gehen häufig völlig am Kern der Sache vorbei.

• Das Aufbauen des dritten Auges

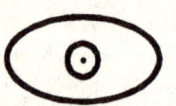 Durch ständiges Richten der Aufmerksamkeit auf den Bereich zwischen den Augenbrauen läßt sich die Entwicklung des dritten Auges entscheidend beschleunigen. Das Auge wird durch die Gegenwärtigkeit gespeist. Darüber hinaus stellst du damit eine Verbindung her, die es Geistführern und -helfern ermöglicht, dir Energie und Unterstützung zukommen zu lassen. In den ersten Stadien der geistigen Entwicklung ist es ihre Aufgabe, dir beim Bilden der feinstofflichen Organe der Hellsichtigkeit zur Hand zu gehen. Ihre Aufgabe wird durch die Aufrechterhaltung einer ständigen Achtsamkeit deinerseits in hohem Maße erleichtert. In Wirklichkeit ist die Gegenwärtigkeit, die du anstrebst, ein verbundenes Bewußtsein. Anstatt zu sagen: »Sei im dritten Auge gegenwärtig«, könnte man auch sagen »Bleib durch die Aufmerksamkeit im dritten Auge verbunden.« Wenn du alles daran legst, eine bestimmte Beständigkeit im dritten Auge zu entwickeln, wird das Gefühl der Verbindung zu deiner eigenen Energie immer stärker werden.[28]

Beharrlichkeit bei dieser Arbeit fördert auch verschiedene physiologische Veränderungen in den Nerven und Drüsen, die mit dem dritten Auge in Verbindung stehen. Das dritte Auge selbst ist kein physisches Organ, sondern ein Energieorgan. Es gehört hauptsächlich dem Äther- und Astralkörper an. Doch einige physische Strukturen in der unmittelbaren Nachbarschaft stehen mit ihm in Verbindung und machen mit fortschreitender Entwicklung des dritten Auges eine tiefe Verwandlung durch. Betroffen davon ist z. B. die Hirnanhangsdrüse und zu einem späteren Zeitpunkt auch die Zirbeldrüse.

---

28 Diese Erfahrung der Verbindung durch das dritte Auge ist der erste Schritt in Richtung der »Säule des Geistes«, die in einer fortgeschritteneren Phase der alchemistischen Arbeit eine entscheidende Rolle spielt.

Diese beiden Drüsen wurden von Esoterikern aller möglichen Schulen immer wieder im Zusammenhang mit dem dritten Auge erwähnt. Eingehende hellseherische Nachforschungen haben jedoch ergeben, daß entscheidende Veränderungen auch in anderen Strukturen stattfinden, wie etwa in der Siebplatte des Siebbeins (durch die die Nerven aus der Nasenschleimhaut das Gehirn erreichen), der Sehnervenkreuzung, der Stirn- und Nasennebenhöhle, der Keilbeinhöhle, den Gehirnventrikeln (mit Flüssigkeit gefüllte Hohlräume im Gehirn) und anderen.

• Das dritte Auge als Filter der äußeren Welt

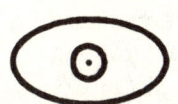

Ein Grund, weshalb du die nichtphysischen Welten normalerweise nicht sehen kannst, liegt daran, daß dein Verstand mit Eindrücken, die ihm über die physischen Sinne übermittelt werden, gesättigt ist. Oder, anders ausgedrückt, dein Kopf ist voll von Bildern und Geräuschen aus der physischen Welt, und für irgendwelche anderen Dinge ist kein Platz mehr da. Die Tasse muß erst geleert werden, bevor irgend etwas anderes hineingeschüttet werden kann. Deshalb begegnet uns beispielsweise bei Steiner oft der Hinweis, daß der esoterische Schüler jeden Tag etwas Zeit damit verbringen sollte, sich von allen sinnlichen Wahrnehmungen völlig abzuschneiden. Dann kann der Astralkörper, die Schicht des Verstandesbewußtseins, sich in ein ganz eigenes Leben zurückziehen und nichtphysische Bilder empfangen. Dann kann sich die Schicht der Gedanken und Emotionen, d. h. der Astralkörper, in ihr eigenes Leben zurückziehen und keine physischen Bilder erblicken. Ein ganz ähnliches Konzept wird in den verschiedenen Yoga-Traditionenen Indiens immer wieder hervorgehoben: Das Sanskrit-Wort *Pratyahara* bezeichnet ein Zurückziehen von den Sinnen, durch das die reine Beschaffenheit des Bewußtseins erfahren werden kann. In der Sanskrit-Literatur wird *Pratyahara* häufig als die Voraussetzung für höhere innere Erfahrungen beschrieben.

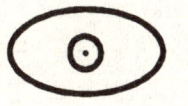

Wenn du dich nun ganz für das Sehen öffnest, wirst du eine interessante Entdeckung machen: Die Verunreinigung ist nicht nur eine Frage von Quantität sondern auch von Qualität. Nicht nur die Tatsache, daß du ständig eine ungeheure Menge an physischen Sinneseindrücken empfängst, ist Schuld daran, daß du die anderen Welten nicht sehen kannst. Es liegt auch daran, daß diese physischen Wahrnehmungen eine verhärtende Wirkung auf dein System haben. Was von den physischen Sinnen übermittelt wird, ist derbes Material: Es ist zu grob. Wenn es nicht gefiltert wird, macht es dein Bewußtsein hart und unrein.

Anders ausgedrückt, wirst du ständig mit unverarbeiteten Eindrücken bombardiert: Bilder, Geräusche, Gerüche etc. Sie überfluten dein Bewußtsein und richten viel mehr Schaden an, als du denkst. Analog betrachtet ist es, wie wenn die Nahrungsmittel, die du aufnimmst, direkt in die Organe und Gewebe des Körpers weitergegeben würden, ohne sie vorher im Verdauungstrakt zu verarbeiten. Wenn das der Fall wäre, würde dein physischer Körper seine Identität verlieren und zu sehr »dem Äußeren ähnlich« werden. Und das ist genau das, was mit deinem Bewußtsein passiert. Es verliert die Identität des Selbst. Das Selbst kann unter dieser Flutwelle von äußeren Eindrücken nicht länger unterschieden werden.

Ich bestehe deshalb so auf diesen Punkt, weil bei hellsichtiger Betrachtung der Aufbau des Bewußtseins eine wesentliche Rolle spielt. Ebenso wie unser physischer Körper aus dem besteht, was wir gegessen haben, tragen alle Sinneseindrücke dazu bei, deine Schicht des Verstandesbewußtseins zu weben. Und in der gegenwärtigen Situation wird das Selbst von einer dicken Wolke groben Astralmaterials verhüllt, das ständig in dir produziert wird.

Was passiert, wenn du im dritten Auge ständig gegenwärtig bleibst? Die Eindrücke aus der äußeren Welt werden zuerst vom dritten Auge empfangen, anstatt gleich deinen Verstand zu überfluten. Erinnere dich an die Zentrierungsübungen am Anfang dieses Kapitels: Du schaust einen Gegenstand an und bleibst zwischen den Augenbrauen gegenwärtig. Automatisch ist es so, als schautest du vom dritten Auge aus, was bedeutet, daß die visuellen Eindrücke zuerst dein drittes Auge erreichen. Was passiert dann? Das dritte Auge »verdaut« die Eindrücke. Es filtert und verarbeitet sie.

Dieser Mechanismus wird dich beeindrucken, wenn du ihn erst einmal hellseherisch wahrnehmen kannst. Die Schwingungsqualität dessen, was in deinen Kopf eindringt, ist, je nachdem, ob es vorher von deinem dritten Auge verarbeitet wurde oder nicht, sehr verschieden. Die Wahrnehmungen, die zuerst über das dritte Auge gegangen sind, sind ruhig und verfeinert. Die anderen sind hart und unstimmig. Sie tun weh wie Kopfschmerzen. Sie weben dein Bewußtsein auf eine Art, die sich nicht für spirituelle Gegenwärtigkeit eignet.

Dieses Prinzip zu verstehen und umzusetzen ist an sich schon genug, um einem Schicksal eine neue Richtung zu geben. Denn was sieht man, wenn man den Verstand hellseherisch betrachtet? Die Gedanken des Verstandes sind keine abstrakten Einheiten, sie bestehen aus einer bestimmten Substanz. Natürlich handelt es sich dabei nicht um eine physische Substanz, aber trotzdem existiert sie auf einer bestimmten Stufe als Materie. Und die Qualität deiner geistigen Substanz bestimmt die Qualität deiner Gedanken. Spirituelle Gedanken, oder einfach nur kluge Gedanken, können einfach nicht wachsen oder empfangen werden, wenn die geistige Substanz zu grob und unergiebig ist. Wenn dir an deiner spirituellen Entwicklung etwas liegt, empfehle ich dir eingehend, über diesen Punkt nachzudenken und zu meditieren.

Übung 9.5

Du kannst sitzen oder stehen, aber achte darauf, daß dein Rücken gerade ist. Werde zwischen den Augenbrauen gegenwärtig. (Logischerweise solltest du, nachdem du dieses Kapitel gelesen hast, bereits mit deinem Bewußtsein in der Mitte zwischen den Augenbrauen sein.)

Werde bewegungslos. Blinzle und beweg deine Augen so wenig wie möglich.

• Bilder

Schau dir einen Gegenstand in deiner Nähe an. Sieh ihn vom dritten Auge zwischen den Augenbrauen aus. Versuch die eben besprochene Filterübung in die Praxis umzusetzen. **Versuch das »Gewicht« der Bilder auf deinem dritten Auge zu spüren, als drückten die Bilder auf den Bereich zwischen den Augenbrauen.** Achte darauf, daß kein visueller Eindruck das dritte Auge umgeht. Werde dir des Verarbeitens der physischen Bilder durch das dritte Auge bewußt.

Laß dann jegliches Bewußtsein im dritten Auge los. Lenk deine Aufmerksamkeit nirgendwo mehr hin. Schau dir nun die Gegenstände aus der normalen verstandesmäßigen Betrachtungsweise an, und werde dir über den Unterschied klar. Merkst du, daß die Vibrationen, die deinen Kopf erreichen, weniger fein sind?

• Klänge

Wende dieselbe Methode auf Klänge an. Leg irgendeine Musik auf, und verbring zuerst eine Minute damit, der Musik zu lauschen, ohne dein Bewußtsein auf irgend etwas Bestimmtes zu richten und ohne deine Aufmerksamkeit auf dein drittes Auge zu lenken. Versuch die Qualität der Schwingung dessen, was von dir aufgenommen wird, zu schätzen.

 Werde dann zwischen den Augenbrauen gegenwärtig. Lausch vom dritten Auge aus. Halte deine Aufmerksamkeit so aufrecht, daß die Klänge im dritten Augen empfangen werden. Versuch den Unterschied der Art und Weise der Schwingung zu spüren, die in dich eindringt.

• Gerüche

Üb nun mit etwas, das deinen Geruchssinn anregt. Riech die Substanz zuerst ohne ein besonderes Bewußtsein. Empfang den Geruch dann mit dem Bereich zwischen den Augenbrauen: Riech mit dem dritten Auge. Wie verändert sich der Eindruck, wenn er durch das dritte Auge gefiltert wird?

• Geschmack

Iß eine Mahlzeit zunächst ohne bestimmtes Bewußtsein. Fang dann nach ein paar Minuten an, das Essen mit dem dritten Auge zu schmecken. In diesem Falle wird der Unterschied in der Qualität der Schwingung besonders verblüffend sein.

Üb dann spezifischer mit verschiedenen Geschmacksvarianten und Nahrungsmitteln. Beobachte und vergleiche nacheinander den Effekt von süßen, salzigen, sauren und anderen Speisen auf dein drittes Auge.

Eine der wichtigsten Entdeckungen wird dabei sein, daß du, wenn du im dritten Auge gegenwärtig bist, nicht unbedingt dieselben Speisen bevorzugst, als wenn du ohne Bewußtsein ißt.

Übung 9.6

 Üb dich darin, mit voller Gegenwärtigkeit im dritten Auge auf der Straße zu gehen. Achte darauf, daß jedes Bild, jedes Geräusch und jeder Geruch mit dem dritten Auge empfangen wird.

Laß nach ein paar Minuten deinem Bewußtsein freien Lauf. Empfang alles über den Verstand, ohne gerichtete Aufmerksamkeit auf das dritte Auge. Vergleich die Qualität der Schwingungen in dir.

Übung 9.7

Was genau dringt in dich ein, wenn du ein Bild, einen Klang, einen Geruch etc. wahrnimmst? Welche Art von Schwingung wird da empfangen? Welche Art von feinstofflicher Substanz wird deinem Wesen hinzugefügt?

Wiederhol Übung 9.5, aber dieses Mal mit dem Schwerpunkt auf dem Wahrnehmenden, also dir. Schau einen Gegenstand an, ohne deine Aufmerksamkeit auf dein drittes Auge zu richten. Der Gegenstand hat bestimmte Eigenschaften, und in deinem Kopf ist auch eine bestimmte Schwingungsqualität.

Was wird da zu deiner eigenen Schwingung hinzugefügt, wenn du das Bild des Gegenstands empfängst? Was verändert sich energiemäßig in deinem Kopf oder wo auch sonst?

Begib dich nun mehr und mehr ins dritte Auge hinein. Es gibt verschiedene Stufen des »Im-Auge-Seins«. Du kannst 10 Prozent im Auge sein oder 40 Prozent …, und wenn du immer beharrlich weiter übst, wirst du auch eines Tages in der Lage sein, 100 Prozent im Auge zu sein.

Fang damit an, einfach ein bißchen im dritten Auge zu sein, sagen wir einmal 5 Prozent. Beobachte den Unterschied in der Schwingung, die du von dem Gegenstand empfängst im Vergleich zu vorher, als keine bestimmte Gegenwärtigkeit im Auge vorhanden war. Steigere das Ganze langsam: Werde zuerst 10 Prozent im dritten Auge gegenwärtig, dann 20 Prozent und so weiter. Beobachte jedesmal die Schwingung, die aufgenommen wird, während du den Gegenstand ansiehst. Mach dann die ganze Übung noch einmal mit soviel Gegenwärtigkeit im dritten Auge wie möglich. Versuch zu spüren, wie der visuelle Eindruck auf dich wirkt. Was wird deiner Energie beim Empfangen hinzugefügt? Kannst du den Sinneseindruck als astrale Materie empfinden?

Wechsle von einem Gegenstand zum nächsten, und wiederhol dieselbe Beobachtung mit ständig zunehmender Gegenwärtigkeit im dritten Auge.

Leg dann irgendeine Musik auf und wiederhol denselben Vorgang mit Klängen.

Dieselbe Übung kann auch auf den Geschmack angewandt werden.

9.8 Test

Such dir den hektischsten Platz in der ganzen Stadt aus. Versuch dort eine halbe Stunde mit voller Gegenwärtigkeit im dritten Auge zu bleiben. Achte darauf, daß keine Wahrnehmung zu dir vordringt, ohne zuerst vom dritten Auge verarbeitet worden zu sein. Filtere sogar die Wahrnehmungen, die normalerweise unbemerkt bleiben, aber unbewußt trotzdem registriert werden.

Wieweit kannst du deine Integrität aufrechterhalten?

Wiederhol den Test von Zeit zu Zeit, um deinen Fortschritt zu messen.

9.9 Intermezzo: Veränderte Wahrnehmung

 Eine der ersten Wirkungen, die du bemerken wirst, wenn du die in diesem Buch beschriebenen Methoden anwendest, ist eine leichte Veränderung deiner Art und Weise, bei deinen täglichen Aktivitäten den Raum wahrzunehmen. Es wäre am besten, wenn du die im folgenden beschriebenen Übungen im Freien, in einem Garten oder im Wald, machen könntest.

Üb dich darin, Bäume und Blumen anzusehen, während du im dritten Auge bist. Setz dich irgendwo bequem hin; es muß nicht unbedingt in Meditationshaltung sein. Sei einfach entspannt. Stell die Verbindung zu deinem dritten Auge zwischen den Augenbrauen wieder her. Laß die Augen dabei offen. Es ist besser, sich nicht zu viel dabei zu bewegen, aber du brauchst auch nicht zur Salzsäule zu erstarren, wie bei den Augenkontaktübungen.

Beginn wieder mit dem Prozeß des dreifachen Sehens, also:

1. Gegenwärtigkeit im dritten Auge;
2. Gegenwärtigkeit der Tatsache oder des Zustands des Sehens.
   Wenn das noch ein Problem ist, fühl das Bild einfach, ohne
   es anzusehen;
3. Fühlen mit dem Herzen.

Du wirst merken, daß sich mit dem Bewußtsein im dritten Auge deine Wahrnehmung von der Landschaft leicht verändert. Ein erster einfacher Unterschied besteht darin, daß deine Wahrnehmung globaler wird. Von dem, was sich am Rand des Bildes befindet, wird mehr in dein Gesichtsfeld einbezogen. Anstatt einen Ausschnitt herauszupicken und sich unbewußt darauf zu konzentrieren, bleibst du dir des Gesamtbildes bewußt.

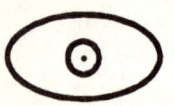 Aber da passiert noch mehr als das Einbeziehen der Wahrnehmung der Randbereiche. Im Vergleich zu dem, was du normalerweise sehen würdest, scheint das Bild »weniger flach« zu sein. Die Luft scheint eine »Dimension« anzunehmen. Das Bild scheint mehr Perspektive, mehr Relief zu haben. In dem Maße, wie sich dein drittes Auge entwickeln wird, wird dieser Kontrast immer deutlicher werden. Der Unterschied zwischen dem Sehen mit dem dritten Auge und dem normalen Sehen ist vergleichbar mit dem Unterschied zwischen der Wirklichkeit und einer Postkarte oder zwischen einem Hologramm und einem normalen zweidimensionalen Bild. Das dritte Auge scheint dem Bild eine plastische Dimension hinzuzufügen und braucht dazu noch nicht einmal zur außersinnlichen Wahrnehmung oder zum Sehen von Auren überzugehen.

Ein anderer bemerkenswerter Unterschied besteht darin, daß das Bild »lebendiger« erscheint. Die Farben sind leuchtender, als ob sie eine eigene Intensität und Vitalität besäßen. Die Farben sprechen deine Seele an und teilen ihr ihre Qualitäten mit. Das Bild strömt zweifellos ein Gefühl der Lebendigkeit aus. Dein physisches Sehen wird dadurch plötzlich in hohem Maße bereichert: Es ist, als würdest du die Welt neu entdecken! Und um diese andere Sichtweise zu erlangen, ist alles, was du tun mußt, ein bißchen aus der Verstandesebene herauszutreten, in der du zum Handeln konditioniert wurdest. Erinnere dich daran, daß du mit dem Eintreten in die Gegenwärtigkeit des dritten Auges bereits zur Hälfte den Verstand hinter dir gelassen hast.

Wenn wir durch Rückführungsübungen und hellseherische Methoden Episoden von vergangenen Leben noch einmal durchleben, wird uns klar, daß bis vor kurzem die meisten Menschen die Welt auf diese schönere und lebendigere Weise sahen. Das »Abflachen« des Bewußtseinsfelds scheint erst ab dem 19. Jahrhundert, parallel zur industriellen Revolution und der Explosion der wissenschaftlichen Entdeckungen, stattgefunden zu haben. (Es kann auch mit dem in Verbindung gebracht werden, was Steiner »das verstärkte Spürbarwerden der ahrimanischen Einflüsse auf das menschliche Bewußtsein« nannte.)

Wenn du Sorgen hast oder aufgeregt bist, rate ich dir deshalb, zum Wandern in die Natur hinauszugehen und wieder die Verbindung zu der lebendigen Erscheinung der Dinge herzustellen. Das ist eine sanfte Methode, um viele Konflikte in deinem Kopf zur Ruhe kommen zu lassen, nicht durch Ankämpfen dagegen, sondern durch das Richten der Aufmerksamkeit auf die Schönheit der Welt, wie sie durch den Nicht-Verstand gesehen wird.

9.10 Die Auge-Herz-Gegenwärtigkeit

 Wenn du also eine solide Gegenwärtigkeit im dritten Auge entwickelt hast, dient dir der folgende Schritt zur Verankerung dieser Gegenwärtigkeit im Herzen. Mit dem Herzen ist nicht das physische Organ, bestehend aus dem Herzmuskel auf der linken Körperseite, gemeint, sondern das Herzzentrum, das Chakra in der Mitte der Brust.

In den verschiedenen Augenkontaktübungen hieß es immer, du solltest gleichzeitig im dritten Auge und im Herzen gegenwärtig sein, als ob du die Bilder und Gefühle im Herzen über das dritte Auge empfangen würdest. Der nächste Schritt besteht darin, dieses doppelte Sehen auf all deine Aktivitäten auszudehnen.

Die Auge-Herz-Gegenwärtigkeit ist eine Weiterentwicklung des Bewußtseins im dritten Auge. Wenn du erst einmal daran gewöhnt bist, im dritten Auge zu leben, ist es nicht mehr schwierig, gleichzeitig mit dem Herzen zu fühlen. Die Kraft dringt dadurch tiefer ein. Deine Gegenwärtigkeit wird im Herzen verankert, geerdet, und dadurch wird dir ein ganz neues Spektrum von Wahrnehmungen und Gefühlen eröffnet, weil so eine höhere Stufe der Integration erreicht wird.

Was kann man in der Aura eines Menschen sehen, der mit einer ständigen Gegenwärtigkeit im dritten Auge und im Herzen durch das Leben geht? Man sieht Schwingungs- und Lichtströme, die anfangen, zwischen dem Herzen und verschiedenen anderen Energiezentren in der Nähe der Hirnanhangsdrüse und der Zirbeldrüse zu fließen. Zwischen dem Herzen und dem Kopf findet eine neue Art von Kommunikation statt. Einige neue Kanäle des Energiekörpers werden aktiviert.

Der Bewußtseinszustand, der sich aus diesem doppelten Sehen ergibt, ist ziemlich anders. Der Hauptunterschied besteht darin, daß die Gegenwärtigkeit im Herzen es dir ermöglicht, mit deinem »Ego« oder Höheren Selbst leichter in Kontakt zu kommen. Dein Selbst empfängt damit mehr und mehr von deinen Wahrnehmungen, anstatt von deinem bewußten Dasein abgetrennt zu sein. Einerseits ergibt sich aus der ständigen Gerichtetheit deiner Aufmerksamkeit auf das dritte Auge eine neue Form des Denkens. Andererseits kannst du dieses neue Denken mit der Präsenz des Höheren Selbst im Herzen verknüpfen.

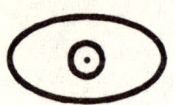 Diese Form des doppelten Sehens hat auf jeden Fall zur Folge, daß du in deinem Umfeld präsenter wirst. Es ist einfach nicht mehr möglich, daß du Dinge mechanisch und ohne innere Beteiligung ausführst, wenn du dir deiner eigenen Präsenz im Herzen voll bewußt bist. Du arbeitest am Aufbau einer heiligen Verbindung, die es dem Selbst erlauben wird, der Welt Einlaß zu gewähren und sich selbst in der Welt auszudrücken. Oder anders ausgedrückt: Du bereitest die große alchemistische Vermählung zwischen dem Selbst und der Welt vor.

9.11 Wann sollte damit begonnen werden?

Wann sollte nun damit begonnen werden, die Aufmerksamkeit nicht nur auf das dritte Auge, sondern gleichzeitig auch auf das Herz zu lenken? Nicht zu früh. Natürlich hängt es davon ab, mit wieviel innerer Beteiligung du an den ganzen Prozeß herangehst. Aber trotzdem bedarf es mindestens einer Phase von ein bis zwei Jahren beständiger Gegenwärtigkeit, damit die alchemistische Transformation deines dritten Auges voll in Gang gekommen ist. Es wäre ein großer Fehler, zu früh mit dem Vorstoßen in tiefere Ebenen aufzuhören und deine Aufmerksamkeit abzulenken. Auch wenn du dich selbst als fortgeschritten einschätzt, rate ich dir, mit dem gezielten, ausschließlichen Richten des Bewußtseins auf das dritte Auge lange genug, d. h. mindestens eine Periode von mehreren Monaten, fortzufahren.

Wenn du dann auf die Auge-Herz-Gegenwärtigkeit umgeschaltet hast, empfiehlt es sich trotzdem wärmstens, mindestens ein bis zwei Tage in der Woche das Bewußtsein nur auf das dritte Auge zu richten, um es dadurch zu stärken.

Natürlich gibt es auch Ausnahmen von der Regel. Aufgrund ihrer inneren Organisation, d. h. bereits in früheren Leben vollzogener Arbeit in bezug auf ihre Selbst-Transformation, sollten sich bestimmte Menschen von Anfang an mehr auf die Entwicklung der Gegenwärtigkeit im Herzen als im dritten Auge konzentrieren. Manche Menschen werden, sobald sie mit ihrem dritten Auge in Kontakt kommen, in ein Feuerwerk von Feinwahrnehmungen hineingeschleudert. Es ist, als würden sie sich in den Astralraum ausdehnen. Sie sehen überall nichtphysische Wesen. Sie verschmelzen mit den geistigen Welten und neigen dazu, den Bezug zu sich selbst zu verlieren. In diesem Falle sollte die Gegenwärtigkeit im Herzzentrum verstärkt werden. Jedes Mal, wenn ein Mensch diese Erfahrung macht, sollte ihm geraten werden, einen Sinn für sein eigenes Ego zu bewahren und sich zu bemühen, den Bezug zu seinem Selbst zu entwickeln, indem er seine eigenen Präsenz im Herzen fühlt. Die in den Kapiteln über Schutz beschriebenen Übungen zum Erden sind hier sehr hilfreich.

Kapitel 10

Ein paar Erlebnisse beim Üben

10.1 Kribbeln in verschiedenen Körperteilen

In diesem Kapitel wollen wir auf die häufigsten Erfahrungen, Empfindungen, Gefühle eingehen, die bei der Arbeit mit dem dritten Auge und dem Üben der in diesem Buch beschriebenen Techniken auftreten können.

Vibrieren und Kribbeln deuten darauf hin, daß etwas in deinem Ätherkörper, d. h. der Schicht deiner Lebenskraft oder dem Prana, aktiviert worden ist. Wenn du beim Meditieren ein Kribbeln in den Händen, Armen, Beinen oder in irgendeinem anderen Körperteil spürst, deutet dies einfach darauf hin, daß in deiner Energie bestimmte Verschiebungen stattfinden. So beginnt vielleicht in manchen Kanälen, die zuvor blockiert waren, die Energie wieder zu fließen, ein bestimmter Energiekreislauf wird vorübergehend besonders stimuliert oder irgendeine sonstige Bewegung findet in deinem Ätherkörper statt.

Diese kleinen Symptome haben an sich keine Bedeutung. Sie kommen und gehen, und am besten schenkt man ihnen nicht allzuviel Beachtung.

10.2 Laß die Dinge kommen und gehen

Es ist ein allgemeines Kennzeichen von Energiearbeit, daß hie und da alle möglichen Gefühle und Empfindungen erlebt werden. Das können Zuckungen, kurze Schmerzen, das Sehen von Farben oder das Hören von inneren Geräuschen etc. sein. Sie kommen und gehen. Solange diese Nebeneffekte nicht länger anhalten, haben sie im Prinzip keine Bedeutung. Nimm sie einfach als kleine »Befreiungen« oder Verschiebungen deiner Energie hin. Halte dich nicht zu lange mit ihnen auf, laß dem natürlichen Fluß seinen Lauf.

Erst wenn du merkst, daß sie in regelmäßigen Abständen immer wieder auftreten, solltest du ihnen Beachtung schenken und ihre Bedeutung zu verstehen versuchen.

10.3 Wenn eine Meditationserfahrung zu intensiv wird

Kann Meditation überhaupt je zu intensiv werden? Das ist zweifellos eine sehr strittige Frage. Ist die Wirkung sehr intensiv, ist es immer am besten, ganz ruhig zu bleiben und zu beobachten, was passiert, ohne zu reagieren.

Wenn du anfängst, dich aus irgendeinem Grund wirklich unwohl zu fühlen, und diese Erfahrung abbrechen möchtest, brauchst du einfach nur deine Augen aufzumachen und die Übung zu unterbrechen. Allein durch das Öffnen der Augen wird der Druck des Erlebten augenblicklich nachlassen, und du wirst in deinen normalen Bewußtseinszustand zurückbefördert.

10.4 Vibration oberhalb des dritten Auges

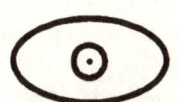 Bisweilen kommt es vor, daß der Druck und das Licht ganz oben auf der Stirn empfunden werden, etwa zwei bis drei Zentimeter oberhalb des Bereichs zwischen den Augenbrauen am Übergang von der Stirn zum Haaransatz. Der Druck und das Licht können auch nach dem Meditieren noch anhalten und sogar noch, wenn du keine Achtsamkeit im dritten Auge mehr aufrechterhalten willst.

Diese Art von Druck deutet darauf hin, daß deinem dritten Auge Energie zugeführt wird. Hier sind die nichtphysischen Helfer am Werk, wie beim »Herausmeißeln« deiner feinstofflichen Organe zum Hellsehen.

Eine andere mögliche Erfahrung ist die Empfindung einer »Lichtsäge« in der Kopfmitte (oben am Kopf). Es fühlt sich an wie ein Druck aus Vibration und Licht, der dein Gehirn in zwei Hälften teilen will.

Alle diese Effekte sind gute Zeichen, denn sie deuten darauf hin, daß deine Entwicklung vorangeht. Aber sie sind natürlich kein Muß: Du kannst durchaus den gesamten Öffnungsprozeß abschließen, ohne irgendwelche dieser Nebeneffekte zu spüren.

Wenn sie auftreten, beobachte sie einfach. Sie werden eine bestimmte Zeit anhalten und wieder verschwinden, wenn diese Episode des Aufbauprozesses abgeschlossen ist.

Wenn du den Prozeß beschleunigen oder fördern willst, kannst du versuchen, dich auf die Energie hinter der wirkenden Kraft einzustimmen. Du kannst z. B. probieren herauszufinden, wo dieser Druck herkommt. Kannst du die Präsenz irgendeines Wesens hinter der »Lichtsäge« – oder was immer du fühlst – spüren? Egal, was du spürst, immer gilt: Am besten gar nichts »machen«. Nimm einfach die Verbindung bewußt war, denn damit erleichterst du die Aufgabe des Helfers.

10.5 Freisetzung von Hitze

Es kann vorkommen, daß bei den Übungen Hitze freigesetzt wird. Das ist keinesfalls negativ. Es ist eine häufig auftretende Erscheinung in bestimmten Phasen der Erweckung, die normalerweise nicht lange anhält.

Wenn du keinen Alkohol trinkst, brauchst du an deinem Verhalten nichts Besonderes zu verändern. Es ist jedoch empfehlenswert, während dieser Zeit der Hitzefreisetzung kein Fleisch zu essen, um deine Ernährung so rein wie möglich zu gestalten und auf scharfe Gewürze zu verzichten. Du kannst auch ausgiebig duschen und die Hitze in das über deinen Körper herabfließende Wasser abgeben, wie in der Übung der Armwaschungen (Abschnitt 4.12). Baden in Flüssen und im Meer ist auch sehr empfehlenswert. Beim Kundalini-Yoga, einer Form spiritueller Übungen, bei der große Hitzewellen freigesetzt werden können, wird häufig auch das Essen von Yoghurt empfohlen, um der Erwärmung des Körpers entgegenzuwirken.

Die Kombination Energiearbeit + Alkoholkonsum ist gefährlich – und das gilt für jede Art von Alkohol. Sie öffnet einer ganzen Reihe von üblen Energien Tür und Tor und kann Unheil heraufbeschwören. Bei Personenen, die Alkohol trinken, kann keine Form des Schutzes effektiv wirken (siehe Abschnitt 17.6).

10.6 Wenn die Atmung aufhört

Eine häufige Erscheinung beim Meditieren ist, daß man irgendwann das Gefühl bekommt, daß die Atmung aufhört. Manche Menschen neigen dazu, dann Angst zu bekommen. Sie denken: Und wenn mein Körper jetzt einfach nicht mehr anfängt zu atmen? In Wirklichkeit brauchst du dir keine Sorgen zu machen, denn kein Mensch ist je infolge natürlichen Anhaltens des Atem gestorben. Der Körper weiß genau, was er tut! Du mußt nur ein paar Sekunden länger warten, dann setzt die normale Atmung wieder ein.

Tatsächlich ist die kurze Zeit, in der die Atmung aufhört, sehr wertvoll. Alles in dir kommt zum Stillstand, als würde der ganze Kosmos einen Moment lang innehalten. Es ist deshalb eine Gelegenheit, tiefer in den Raum einzutauchen und mit den erweiterten Dimensionen deines Selbst in Kontakt zu kommen.

10.7 Wenn der Druck im dritten Auge unangenehm wird

In manchen Fällen kann der Druck im dritten Auge unangenehm werden und an Kopfschmerzen grenzen. Woran liegt das? Eine Mischung aus verschiedenen Faktoren kann dabei eine Rolle spielen.

• Dein Verstand »faßt zu«!

Dir wurde nie empfohlen, dich mit dem Verstand auf dein drittes Auge zu konzentrieren, sondern nur dein Bewußtsein oder deine Aufmerksamkeit darauf zu richten. Doch es passiert sehr leicht, wenn man damit kämpft, mit dem Bewußtsein im dritten Augen zu bleiben, daß man statt dessen anfängt, sich darauf zu konzentrieren und daran festzuklammern, anstatt einfach im dritten Auge gegenwärtig zu sein. Dadurch wird eine unnötige Spannung erzeugt, die sich zu Kopfschmerzen auswachsen kann.

Wenn das also passieren sollte, solltest du als erstes sicherstellen, daß du dein Bewußtsein nur ganz sachte auf das dritte Auge richtest und nichts zu erzwingen versuchst.

• Die Energie versucht dich nach oben zu ziehen, und du leistest unbewußt Widerstand.

Von Zeit zu Zeit kommt es bei den Übungen mit dem dritten Auge vor, daß dein Bewußtsein in höhere Ebenen emporgehoben wird, vom Bereich zwischen den Augenbrauen über den Kopf hinaus. Das ist etwas ganz Natürliches und rührt von der engen Verbindung zwischen dem dritten Auge und dem Kronenchakra ganz oben am Kopf her. Wenn dies passieren sollte, laß einfach zu, daß du nach oben gezogen wirst und genieß es, eine Weile über dem Kopf zu sein. Kehr dann in das dritte Auge zurück, sobald diese Erfahrung vorüber ist.

Am Anfang kommt es häufig vor, daß du dieses »Nach-oben-Ziehen« nicht erkennst und unbewußt Widerstand dagegen leistest, indem du dich dazu zwingst, in dem Bereich zwischen den Augenbrauen zu bleiben. Deine Entschlossenheit, ganz auf dein drittes Auge gerichtet zu bleiben, ein Bestreben, das natürlich im Prinzip richtig ist, sorgt dafür, daß du unbewußt gegen den natürlichen Fluß der Energie ankämpfst. Das Ergebnis ist ganz einfach: Kopfschmerzen.

Was sollte also getan werden? Die Antwort ist offensichtlich: Lenk deine Aufmerksamkeit eine Weile woanders hin. Verschieb dein Bewußtsein von dem Bereich zwischen den Augenbrauen auf den Bereich über dem Kopf. Der Energieüberschuß in deinem Kopf wird dadurch nach oben freigesetzt.

Hier eine Übung, die dir dabei helfen kann.

Übung 10.8: Befreiung von Kopfschmerzen

 Schließ die Augen, und lenk dein Bewußtsein auf einen etwa zehn bis fünfzehn Zentimer über deinem Kopf gelegenen Bereich. Dort befindet sich ein Energiezentrum, ein Chakra.

Es ist nicht das Kronenchakra, sondern das darüberliegende. Einer meiner Lehrer nannte es das »Zentrum der zischelnden Schlange« denn wenn man mit diesem Chakra in Kontakt kommt, kann häufig ein zischelndes Geräusch wahrgenommen werden.

Stimm dich also auf den zehn bis fünfzehn Zentimeter über dem Kopf gelegenen Bereich ein, und sei dort eine Minute lang ganz gegenwärtig und lausche. Denk daran: keine bildhafte Vorstellung! Es ist weitaus besser, einfach nur gegenwärtig zu sein, als sich irgendein Geräusch einzubilden.

Während du nun deine Gegenwärtigkeit auf derselben Höhe, also ca. 15 Zentimeter über dem Kopf, beibehältst, gibst du etwa ein oder zwei Minuten ein anhaltendes Zischen von dir: »Sssssssss ...« (ein physisches Geräusch, nicht nur ein geistiges). Gib nicht nur einfach ein »Ssss ...« von dir, sondern zischle richtig, als ob du eine große Schlange wärst. Versuch, mit deinem ganzen Bewußtsein im Zischeln zu sein, und bleib dabei über dem Kopf gegenwärtig.

Bleib dann weiterhin über dem Kopf gegenwärtig, und wiederhol das Geräusch im Stillen innerlich zwei bis drei Minuten lang.

An diesem Punkt wirst du in vielen Fällen mit freudiger Überraschung feststellen, daß deine Kopfschmerzen verschwunden sind.

Je besser du diese Technik beherrschst, desto mehr wirst du in der Lage sein, dich von unerwünschten Energien zu befreien und sie nach oben über den Kopf freizusetzen.

Tips:

• Ein bißchen Tigerbalsam auf die Stirn aufgetragen hilft häufig auch sehr gut gegen energiebedingte Kopfschmerzen, besonders wenn es gleich beim ersten Anflug der Schmerzen aufgetragen wird.

• Wenn es dir schwerfällt, die Energie durch deinen Kopf nach oben abzugeben, gehst du statt dessen durch die Kopfmitte hinten am Kopf hoch. Dieser Bereich, um den Akupunkturpunkt Gouverneur 20 (Abschnitt 16.7), ist ein leichterer Weg aus dem Kopf heraus.

• Eine andere Methode zur Erleichterung der Aufwärtsbewegung der Energie besteht im Hochziehen und so weit wie möglich Obenhalten der Augenbrauen von Anfang bis Ende der Übung.

• Diese Technik dient zur Befreiung von übermäßigem Druck im Kopf, der durch »übertriebenes Üben« entstanden ist. Doch wenn du den Trick erst einmal heraus hast, kannst du ihn dazu benutzen, dich von fast jeder Art von Kopfschmerzen zu befreien, auch wenn sie von etwas ganz anderem ausgelöst wurden. Diese Technik kann auf jeden Fall zur Kontrolle von Migräne unterschiedlichsten Ursprungs angewandt werden, vorausgesetzt der Patient ist bereit, mit Energien umgehen zu lernen.

10.9 Andere mögliche Ursachen von Kopfschmerzen

Schauen wir uns an diesem Punkt auch noch ein paar andere Ursachen von Kopfschmerzen bei der Arbeit mit der inneren Alchemie an (ohne auf das ganze Spektrum von krankheitsbedingten Kopfschmerzen einzugehen).

• Wenn du auf einer schädlichen Erdlinie (siehe Kapitel 12) meditierst, schläfst oder arbeitest, können alle möglichen Arten von negativen Symptomen auftreten, u. a. auch Kopfschmerzen. Es ist durchaus möglich, daß die Öffnung deiner Wahrnehmung diese Symptome zum Ausbruch bringt und sie verschlimmert. Es ist nicht so, daß es dir selbst schlechter geht, sondern viel eher, daß du dir deiner Energiestörungen mehr bewußt wirst. Durch Veränderung der Situation (Verschieben des Bettes etc.) wirst du dir auf lange Sicht viele Unannehmlichkeiten ersparen.

• Kopfschmerzen können auch daher kommen, daß du in der Nähe von einem Kühlschrank, Fernseher, elektrischen Heizkörper, Kabeln, Heizdecken, elektronischen Geräten, von einem Teppich aus Kunstfasern oder irgendeiner Metallkonstruktion schläfst, die statische Elektrizität speichert. Wenn du die Ursache beseitigst, gehen die Kopfschmerzen weg.

Zusammenfassend kann also gesagt werden, daß es außer aus den genannten Gründen nicht üblich ist, beim Arbeiten mit dem dritten Auge Kopfschmerzen zu bekommen. Wenn du unter Kopfschmerzen leidest und wenn du überprüft hast, daß keine der genannten Ursachen daran Schuld sein kann, dann ist es wahrscheinlich, daß der Grund ganz woanders zu suchen ist als in deiner spirituellen Praxis. In diesem Fall empfiehlt es sich, mit einem Heilpraktiker darüber zu reden.

10.10 Schwindelgefühl

Es ist vollkommen in Ordnung, wenn du dich nach manchen Übungen, die dich weit in den Raum hinausgeführt haben, etwas beschwingt im Kopf fühlst. In manchen erweiterten Bewußtseinszuständen fühlst du dich extrem leicht und ein bißchen euphorisch, als ob du ein oder zwei Gläser Champagner getrunken hättest.

Doch häufig bist nicht du es, der sich ganz unbeschwert fühlt, sondern die anderen, die sich »niedergeschlagen« fühlen! Das Leben im normalen Verstandesbewußtseins erzeugt häufig eine erstickende Schwere von Gedanken und Gefühlen. Doch die meisten Menschen merken dies gar nicht mehr, weil sie schon so lange daran gewöhnt sind.

Je weiter du dich entwickelst, desto »normaler« wird durch deine Übungen ein gemäßigtes Gefühl von Beschwingtheit und Leichtigkeit werden, das in deine übliche Art des Funktionierens im Alltagsleben einfließen wird. Du wirst es nicht einmal bemerken. Auch wenn du dich am Anfang etwas »anders« fühlst, wirst du es bald einfacher und wirkungsvoller finden, von diesem Zustand der leichten Heiterkeit aus zu handeln. (Wenn du anfängst, mit Engeln zu arbeiten, wirst du beobachten, daß es ein wahres Vergnügen ist, ein Gefühl, als ob du mitsamt deiner Schuhe fliegen könntest).

Wenn dir aus irgendeinem Grunde dieses Gefühl der Leichtigkeit und Beschwingtheit unangenehm wird, werden die folgenden Tips die Situation höchstwahrscheinlich schnell wieder ins Gleichgewicht bringen:

- Mach die Übungen des Erdens, die in den Kapiteln über den Schutz beschrieben werden (Kapitel 18 und 20), und behalt eine starke Gegenwärtigkeit im dritten Auge und im Bauch bei.

- Iß etwas! Essen ist eine der besten Methoden, um sich kurzfristig zu erden. Wenn ein Freund von dir nach dem Meditieren völlig abgehoben ist, und es einen dringenden Grund gibt, ihn zurückzuholen, dann füttere ihn. Greif im Notfall zu schweren Speisen, wie Kuchen und sogar Fleisch. Diese Methode ist äußerst wirksam, aber übertreib nicht: Wirkliches Erden sollte über deinen meisterhaften Umgang mit der Energie zustandekommen (Kapitel 18 und 20) und nicht durch irgendeine zweifelhafte Speise!

In dem Kapitel über Schutz wird sehr deutlich werden, daß der Arbeitstil der Clairvision School darauf abzielt, daß es genauso wichtig ist, sich zu erden, wie eine Verbindung zum Raum herzustellen.

10.11 Überdruß oder Gefühlsausbrüche

Was ist los, wenn du nach dem Meditieren plötzlich Überdruß empfindest und Gefühlsausbrüche hast? Deine emotionalen Blockaden werden durch die Öffnungsarbeit aufgedeckt. Das ist ganz logisch und auch notwendig. Wenn du versuchst, dein System zu reinigen und zu läutern, stößt du auf alles Unklare in deinem Innern, das du loslassen und heilen kannst. Darüber hinaus sind diese emotionalen Blockaden wie Flecken in deinem Astralkörper. Oft ergeben sich aus der Auflösung dieser Blockaden größere Verschiebungen in der Öffnung deiner Wahrnehmung.

 Was kannst du dafür tun? Rückführungstechniken anwenden! Die Rückführungstechnik der Clairvision School, ISIS ist speziell zur Lösung dieser Probleme entwickelt worden.[29] Auch andere Techniken zur Freisetzung von Emotionen, wie z. B. Rebirthing, können hier hilfreich sein.

Wenn es keine Möglichkeit gibt, Zugang zu irgendwelchen Techniken der emotionalen Befreiung zu haben, kann auch viel körperliche Bewegung helfen. Arbeit im Garten und auf dem Feld wirkt überaus beruhigend. Doch du solltest dir darüber im klaren sein, daß körperliche Bewegung zwar dazu beiträgt, daß du dich möglicherweise besser fühlst, aber keine deiner Probleme löst. Dazu mußt du tiefer gehen und die Konflikte in deinem Kopf mit Hilfe geeigneter Techniken angehen. Das Vernachlässigen der emotionalen Reinigung ist wahrscheinlich einer der Hauptgründe, weshalb manche Leute eine Meditationstechnik oder eine Methode der spirituellen Entwicklung manchmal bis zu 30 Jahre lang anwenden, ohne jemals einen wirklichen Durchbruch zu erleben.

10.12 Geräusche hören

Nichtphysische Geräusche zu hören ist eine ganz normale Erfahrung bei der Entwicklung des dritten Auges. Oft fängt es mit einer Art Summen im Kopf an, das ganz langsam immer feiner wird, bis es schließlich in die Sphärenharmonie übergeht.

Wenn du in deinem Kopf Geräusche wahrnimmst, hör sie dir einfach an. Sie sind ein guter Fokus, auf den du deine Aufmerksamkeit richten kannst. Der beste Bereich, auf den du dein Bewußtsein lenken kannst, um dich auf die nichtphysischen Töne einzustimmen, liegt hinter dem Bereich zwischen den Augenbrauen in der Mitte des Kopfes.[30]

10.13 Wenn keine Energie da ist, ist sie woanders!

An manchen Tagen fühlt sich die Verbindung zur Energie sehr intensiv an, und die Erfahrungen fließen leicht und natürlich. An anderen Tagen scheint überhaupt keine Energie vorhanden zu sein, und es ist viel schwieriger, sich mit dem Bewußtsein in das dritte Auge hineinzubegeben.

---

29 Vgl. Sagan, Samuel: *Regression, Past-Life Therapy for Here and Now Freedom.*
30 Diese nichtphysischen Sphärenharmonieklänge spielen auf einer fortgeschritteneren Stufe der Clairvision-Techniken der inneren Alchemie eine entscheidende Rolle.

Tatsächlich ist Veränderung ein Wesenszug von Energie. Um den Vollmond ist die Schwingung z. B. sehr intensiv, während sie um den Neumond herum manchmal kaum wahrnehmbar ist. Andererseits ist es um den Neumond oft sehr viel leichter, sich in den Raum, den violetten Äther des dritten Auges, hineinzubegeben. Viele andere Energieschwankungen können beobachtet werden, wobei manche vorhersehbar sind, andere wiederum nicht. Vielleicht wird eines Tages einmal eine verläßliche Methode zur Bestimmung der »Meterologie der Energie« entdeckt. Das sollte eigentlich das Ziel der wahren Astrologie sein.

Damit du beim Üben erfolgreich bist, mußt du lernen, diese Energieschwankungen zu spüren und im Einklang mit ihnen zu arbeiten. Wenn du also einen dieser Tage hast, an dem du, sobald du die Augen schließt, sofort in den violetten Raum hineingeschleudert wirst, brauchst du gar nicht erst deine Zeit damit zu verschwenden, klare Kanaleröffnungen bewirken zu wollen, da die Vibration sowieso kaum spürbar sein wird. Konzentrier dich lieber ganz auf die Meditation, und versuch, so tief wie möglich in den Raum vorzudringen.

Wenn beim Üben gar nichts zu passieren scheint, bedeutet dies nicht unbedingt, daß keine Energie da ist, sondern nur, daß du am falschen Ort nach der Energie suchst. Stimm dich ein, und versuch mit einer höheren Ebene in Kontakt zu kommen, und du wirst möglicherweise erstaunt sein, was du dort findest.

10.14 Nach Sattva kommt Tamas.
Zur Bekämpfung von Tamas dient Rajas.

In der indischen Tradition werden alle Entwicklungen der Schöpfung drei *Gunas*, Eigenschaften der Natur, zugeschrieben: *Tamas*, *Rajas* und *Sattva*.

Tamas ist gekennzeichnet durch Trägheit, Undurchsichtkeit, Verschwommenheit, Langweiligkeit, Mangel an Initiative, ein Gefühl von Faulheit etc.

Rajas hingegen ist Aktivität, Bewegung, Lust. Wenn *Rajas* in uns aktiviert wird, fangen wir an herumzurennen und den Dingen nachzujagen, die wir erreichen wollen. Wir beteiligen uns äußerst aktiv am täglichen Geschehen in der Welt. Zuviel *Rajas* wirkt sich in Form von Unruhe und Rastlosigkeit aus.

Sattva erzeugt reine und durchsichtige Bewußtseinszustände, Offenheit des Geistes und der Wahrnehmung, Empfänglichkeit für das Licht und das höhere Bewußtsein.

Spirituelle Entwicklung kann demnach als eine allmähliche Entfaltung des *Sattva* in der Persönlichkeit des Individuums zur Widerspiegelung des Höheren Selbst verstanden werden.

 Eine der grundlegenden Gesetzmäßigkeiten der Wechselwirkung zwischen den drei *Gunas* besagt, daß nach einer hohen Dosis von *Sattva* (Klarheit), *Tamas* (Trägheit) aktiviert wird. Auf die Praxis übertragen, bedeutet dies, daß es nach einer ungewöhnlich deutlichen Bewußtseinserfahrung ganz normal ist, sich eine Weile träge und unklar zu fühlen. Unter solch *tamas*-beeinflußten Bedingungen ist es sehr schwer, direkt wieder in einen inneren *Sattva*-Raum einzutreten. Es wird viel leichter gehen, wenn vorher eine *Rajas*-Phase eingeschoben und erst dann wieder ein *Sattva*-Zustand angestrebt wird. In der Praxis heißt das, daß du, wenn du dich am Tag nach einer besonders intensiven Erweckungserfahrung träge und unempfänglich fühlst, lieber nicht zu lange meditieren, sondern dich besser bewegen solltest, z.B. ausgehen, einen Spaziergang in der Natur machen, körperlich arbeiten, und dabei so gegenwärtig wie möglich bleiben. Danach kannst du dann wieder versuchen, Klarheit zu erlangen. (Ein anderer Grund für diese Reaktion des Eintretens eines *Tamas*-Zustandes könnte natürlich auch sein, daß durch das Erreichen einer neuen Lichtintensität der Schlamm in den Tiefen deiner Persönlichkeit aufgewirbelt und zutage gefördert wird.)

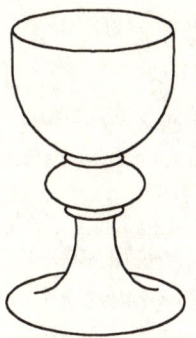

Kapitel 11

Die Kunst des »Sich-Einstimmens«

11.1 »Sich-Einstimmen«

Fangen wir mit einer einfachen Übung an. Nimm einen Bergkristall und irgeneinen anderen Stein zur Hand, den du in der Natur gefunden hast. Wenn du keinen Bergkristall hast, nimm einfach zwei Steine, die eine verschiedene Farbe und Beschaffenheit haben. Außerdem brauchst du auch noch eine Blume oder einen Zweig mit Blättern. Setz dich bequem hin, und leg die Gegenstände vor dir aus. Achte darauf, daß dein Rücken ganz gerade ist. Schau nun den Bergkristall oder einen der Steine an.

Benutz dazu die Technik des dreifachen Sehens:
1. Werde zwischen den Augenbrauen gegenwärtig. Bleib ganz regunslos sitzen. Blinzle so wenig wie möglich.
2. Werde dir, anstatt die Einzelheiten des Bildes vor dir anzusehen, des »Zustands des Sehens« bewußt. Wenn dies nicht möglich ist, versuch einfach das Bild vor dir zu erspüren, anstatt es anzuschauen.
3. Fühl den Gegenstand mit dem Herzen. Nimm den Gegenstand über das dritte Auge in dein Herz auf.
Beschäftige dich zwei bis drei Minuten mit dem ersten Gegenstand. Mach dann dasselbe zwei Minuten oder mehr mit dem zweiten Stein. Geh dann mit dem dritten Gegenstand gleichermaßen vor.

 Es wird klar werden, daß dir jeder Stein und die Blätter und Blumen ganz unterschiedliche Gefühle vermitteln. Natürlich haben diese Gegenstände alle verschiedene Schwingungsqualitäten. Aber auch **du** reagierst anders, wenn du dich für den einen oder anderen Gegenstand öffnest. Jeder Gegenstand bewirkt, daß du in eine andere Schwingungsfrequenz versetzt wirst. Je sensitiver du wirst, desto klarer wird der innere Kontrast beim Einstimmen in Gegenstände oder Personen hervortreten.

Wir könnten das »Sich-Einstimmen« als die Fähigkeit definieren, im Einklang mit einem Gegenstand, einem Tier oder einer Person zu schwingen.

Durch das »Sich-Einstimmen« wird die übliche Ebene des Alltagsbewußt-seins umgangen. Es stellt eine direkte Form des Wissens und des Erfahrens dar, die sich von der gewöhnlichen verstandesmäßig gesteuerten Vorgehens-weise in vieler Hinsicht unterscheidet.

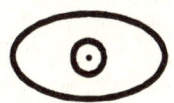 Ein wesentlicher Punkt dabei ist, daß der Verstand, wann immer du einen Gegenstand über ihn anschaust, diesen Gegenstand »abtötet«. Der Gegenstand strotzt nur so vor Energie und Schwingungen, denn er hat ein Eigenleben. Verschiedene Naturgesetze sind in ihm aktiv. Und was empfängst du in deinem Kopf? Ein totes Abbild, das man auch geistige Postkarte nennen könnte. Die Essenz der Information ist verlorengegangen.

Wenn du dich auf einen Gegenstand einstimmst, findet genau das Gegen-teil statt. Du läßt die Eigenschaften des Gegenstands in dir lebendig werden. Du empfängst also keine Postkarte mehr, sondern ein lebendiges Gefühl.

Wiederhol dieselbe Übung mit verschiedenen Farben. Wende die Methode des dreifachen Sehens mit Wänden, Kleidern oder allen möglichen Gegen-ständen in verschiedenen Farben an. Versuch dich jedesmal auf die Farbe »einzustimmen«. Öffne dich für sie. Laß die Qualitäten der Farbe in dir lebendig werden.

Das Ergebnis ist einfach magisch. Die verschiedenen Farben bewegen dich in unterschiedliche Richtungen und lösen in dir eine ganze Bandbreite von verschiedenen Wirkungen aus. Darüber hinaus fangen die Farben und Lich-ter an, dich zu nähren: z. B. das Blau des Himmels, das Licht der Sterne oder sogar das Gelb eines T-Shirts. Du kannst die Farben und ihre Energien ge-radezu »trinken«. Du kannst aus ihnen Kraft schöpfen, die deine Seele stärkt. Vielleicht verstehst du jetzt, weshalb kleine Kinder, die noch nicht im engen Rahmen des Verstandes leben, von Farben und Lichtern so fasziniert sein können.

Ein anderer Hauptunterschied zwischen verstandesmäßigem Wissen und dem »Sich-Einstimmen« besteht darin, daß das Verstandeswissen auf Tren-nung beruht, während das Wissen, das aus dem »Sich-Einstimmen« entsteht, ein Prozeß der Vereinigung ist. Wenn du ein geistiges Abbild von einem Ge-genstand oder einer Person empfängst, besteht keine wirkliche Verbindung zwischen dem Gegenstand und dem Bild. Aber wenn du dich auf einen Ge-genstand einstimmst, **wirst** du zu dem Gegenstand.

Wenn dich beispielsweise die Katze zu verwirren versucht, und du nicht mehr weißt, ob du ihr nun schon etwas zu fressen gegeben hast oder nicht, stimm dich auf die Katze ein, und du wirst zu der Katze. Und dann kannst du alles fühlen, was die Katze fühlt. Du kannst die Welt aus der Sicht der Katze wahrnehmen, d. h. mit völlig anderen Sinneseindrücken. Du spürst, wie der Instinkt der Katze dich durchströmt, du weißt genau, wie es ist, eine

Katze zu sein. Und du kannst auch fühlen, ob dein Katzenmagen voll oder leer ist!

Es ist ein über die Identität erzeugtes Wissen, ein äußerst faszinierender Vorgang. Es schafft in dir ein tiefes intuitives Verständnis der Natur von Gegenständen und Lebewesen. Du dringst von innen in ihre Logik ein, denn du wirst zu dem, was sie sind.

Das »Sich-Einstimmen« ermöglicht dir den Zugang zu einer neuen und reichhaltigen Palette von Gefühlen und Empfindungen. Du entdeckst eine Vielfalt von inneren Erlebnissen, von deren Existenz dein Verstand nicht die leiseste Ahnung hatte. Du wirst ganz weit. Durch die Kunst des »Sich-Einstimmens« werden viele einfache Dinge des Lebens, wie die Sterne betrachten, im Meer schwimmen oder die Katze füttern, absolut faszinierend. Du nimmst an dem Leben des Universums teil, anstatt es wie eine Serie von Postkarten wahrzunehmen.

In einem Retreatzentrum unserer Schule, das in den Hochebenen von New South Wales in Australien liegt, kommt es z.B. häufig vor, daß ein Adler kommt und uns zusieht, wenn wir im Freien arbeiten. Wenn du dich auf den Adler einstimmst, bleibt er zwanzig Meter über deinem Kopf stehen und schaut auf dich herab. Es kommt zu einem völligen Stillstand, zu einem Moment der Wahrheit. Wenn du dann deine Arme zu dem Adler emporstreckst und dich langsam zu drehen beginnst, dreht sich der Adler mit dir. Ganz langsam, als wäre er in der Luft aufgehängt, folgt dir der Adler in einem bewegungslosen Tanz. Wenn du dann zu dem Adler wirst, findet eine Art von innere Explosion in dir statt. Es gibt einfach keine Worte, um das zu beschreiben. Ein Mensch, der nie etwas Ähnliches erlebt hat, mag zwar klug und erfolgreich sein, lebt aber trotzdem in nichts weiter als einem Käfig.

Übung 11.2: Farben trinken

Wende den Prozeß des dreifachen Sehens an (bewegungloses Richten der Aufmerksamkeit auf das dritte Auge, den Zustand des Sehens und Fühlen mit dem Herzen), und stimm dich in verschiedene Farben ein. Du kannst dazu irgendeinen Gegenstand oder irgendeine Pflanze benutzen oder sogar eine Wand. Wenn du dich auf die Farbe von Kleidern einstimmen willst, ist es besser, wenn sie neu sind, damit die Farben noch ganz frisch sind.

Stimm dich auf die Farbe ein. Achte nicht auf die übrige Beschaffenheit des Gegenstands selbst; stimm dich einfach auf die Farbe ein und nichts weiter, als würdest du sie trinken. Laß die Energie der Farbe in dein Wesen einfließen. Schwing mit ihr auf derselben Schwingung. Schau sie dir nicht einfach nur an, oder sieh sie nicht nur: Werde selbst zu der Farbe.

Wiederhol dieselbe Übung mit verschiedenen Farben und beobachte, wie **du** dich dabei von einer zur anderen veränderst. Werde unter dem Einfluß der Farbe flüssig. Laß die Farbe die Kontrolle übernehmen. Laß sie in deine Energie einströmen.

Tips:

• Was hältst du von der Idee, diese Wahrnehmung von dem Geist der Farben als neue Methode zur Auswahl deiner Kleider zu benutzen?

• Keine physische Farbe auf Erden ist so rein wie die Farben, die von den Sternen ausgehen. Sich die Sterne mit offenem Auge anzusehen ist eine einzigartige Erfahrung und führt zu überraschenden Visionen.

Lern, die Sterne mit Hilfe eines Handbuchs zu erkennen, und stimm dich in sie ein. Du wirst bald entdecken, daß die Energien der Sterne, von einem Stern zum anderen stark variieren. Ein goldener Stern wie Arcturus löst z.B. ein Gefühl der Fülle im Herzen aus und wärmt dir deinen Geist. Manche andere, wie z.B. Algol oder Ras Alhague, sind wie Orchideen unter den Sternen: Ihre Schönheit ist manchmal trügerisch.

Die Sterne werden sich, besonders wenn sie mit dem Prozeß des dreifachen Sehens betrachtet werden, als unerschöpfliche Quelle der Inspiration und der Zentrierung erweisen. Seher verschiedener Traditionen haben darüber hinaus Sternenkonstellationen als den Wohnort der höchsten spirituellen Wesen wahrgenommen.

11.3 Blumen, Pflanzen und Elementargeister

Greifen wir z.B. eine Blume heraus, um die grundlegenden Mechanismen der Feinwahrnehmung zu beschreiben.

Wenn man ein Blume betrachtet, nimmt der Verstand eine Form, verschiedene Farben, einen Geruch usw. wahr. Aber was nimmst du wahr, wenn du dich auf die Blume einstimmst? Du empfindest ein Gefühl, über das sich das Wesen der Blume, ihre Schwingungsqualität ausdrückt. So ist es beispielsweise ganz offensichtlich, daß eine Rose, eine Sonnenblume und eine Orchidee ganz verschiedene Gefühle vermitteln, wenn du dich ihnen öffnest. Viele Menschen haben ein natürliches intuitives Verständnis vom Wesen der Pflanzen.

Aber das Einstimmen auf eine Pflanze ist mehr als nur ein vages Gefühl, es ist eine metaphysische Öffnung. Wenn du dich auf eine Pflanze einstimmst, fängt dein ganzer Energiekörper an, mit ihr zu schwingen. Du kannst überall um dich herum Lichtströme fließen spüren. Es ist, als ob du in eine andere Dimension eintreten würdest. Die Pflanze wird in dir lebendig. Mit dieser inneren Explosion geht ein Wissen einher, das dir wie ein Informationspaket übermittelt wird, das alle Eigenschaften der Pflanze enthält. Die Pflanze vermittelt dir einen Sinn dafür, wie sie zu benutzen ist.

 Oder beschreiben wir es in anderen Worten: Das physische Bild und der physische Geruch sind wie eine Hülse. Durch Anwenden der Technik des dreifachen Sehens (bewegungslose Aufmerksamkeit, gerichtet auf das dritte Auge, den Zustand des Sehens und Fühlen mit dem Herzen), nimmst du eine Vielfalt von nichtphysischen Farben, Gerüchen und Geschmacksvarianten wahr, d. h. das, was wir die Aura der Pflanze nennen könnten, ihre nichtphysische Schwingung.

Und wenn du darüber hinausgehst, wirst du noch etwas viel Überraschenderes sehen: ein Wesen. Du kannst tatsächlich ein kleines Wesen sehen, das wie die Essenz der Pflanze ist und das manche westlichen Esoteriker auch »*Deva*« nennen, nach einem Sankrit-Wort, das Gottheit bedeutet.[31] Du stellst fest, daß die Aura der Pflanze, ihre Farben etc. wie ein Kleid des Wesens, der kleinen Deva, sind. Alle feinstofflichen und physischen Eigenschaften der Pflanze sind nichts anders als die Auswirkungen der Natur dieses Wesen. Man könnte auch sagen, das Wesen entfaltet seine Persönlichkeit durch die Erscheinung der Pflanze: ihre Farben, ihre Gerüche, ihre medizinischen Eigenschaften. Und dieses Wesen hat ein Eigenleben, du kannst mit ihm reden und dich mit ihm austauschen …

Wenn du eine Chance haben willst, deine nichtphysischen Wahrnehmungen zu verstehen, schlag ich vor, einige Zeit über folgendes Prinzip nachzudenken:

Überall, wo Schwingung ist, ist ein Wesen dahinter.

Die Schwingung ist wie das Kleid des Wesens. Sie ist seine äußere Erscheinung. Und alles, was in der Schwingung wahrgenommen werden kann, ist einfach die äußere Erscheinung. Solange du also keinen Kontakt zu dem Wesen aufgenommen hast, entgeht dir die Essenz des Gegenstands: Du nimmst nur Auswirkungen wahr.

---

31 Im Sanskrit und in der indischen Tradition im allgemeinen bezeichnet das Wort *Deva* keine Elementarwesen hinter Blumen oder Pflanzen, sondern Götter des Hindu-Pantheons, wie *Agni*, *Indra*, *Gansha* etc. Die *Devas* lassen sich also mit den Göttern der griechischen Mythologie vergleichen.

Es handelt sich hier um ein universelles Prinzip, das nicht nur auf Pflanzen und andere lebende Organismen anwendbar ist. Wenn du dich z. B. auf die Farbe einer Wand einstimmst, empfängst du zuerst ihre lebendige Energie, d. h. ihre Schwingung. Aber wenn du darüber hinausgehst, was kannst du dann sehen? Hinter der Schwingung der Farbe kann eine Vielzahl von kleinen Elementarwesen wahrgenommen werden. Das ist nicht leicht, weil die Elementarwesen äußerst pfiffig sind und sich die ganze Zeit verstecken. Du brauchst einen sehr ruhigen und stabilen Bewußtseinszustand, um sie mit deinem dritten Auge erhaschen zu können. (Jetzt fängst du natürlich an, dir Gedanken darüber zu machen, was wohl genau in einer Dose Farbe enthalten ist.)

Dasselbe gilt für Feuer, Luft, Wind und Wasser: Hinter der Schwingung und der Aura der Substanzen, können Elementarwesen wahrgenommen werden. Aber ich würde dir nicht raten, deine hellseherischen Fähigkeiten an ihnen auszuprobieren, denn sie sind extrem scheu und äußerst gewieft darin, sich nicht sehen zu lassen.

11.4 Die Starrheit des Verstandes bekämpfen

Um dich für einen Gegenstand zu öffnen und auf ihn einstimmen zu können, mußt du aus Liebe heraus handeln. Empathie, oder die Fähigkeit sich in andere hineinzuversetzen, ist der Schlüssel, der es zuläßt, daß die Eigenschaften des Gegenstandes oder der Person in dir »zum Leben erweckt« werden.

Außerdem brauchst du ein bestimmtes Maß an Offenheit und Flexibilität. Wenn du zu starr bist, wirst du nie in der Lage sein, mit Dingen mitzuschwingen, die nicht so sind wie du. Der Teil von dir, der aus Konditionierung besteht und nur über Reaktionen funktioniert, d. h. der *Manas*-Verstand, ist wie ein Käfig. Du lebst in deinem Verstand wie in einem Käfig, immer beschränkt auf dieselben Gedanken, Emotionen und Reaktionen. Es ist, als würdest du die Welt durch eine getönte Brille sehen, und alles erscheint dir z. B. als Blaugrün, Grün und Gelbgrün. Das »Einstimmen« gibt dir die Gelegenheit, aus diesem Verstandeskäfig auszubrechen und anzufangen, in einem erweiterten Spektrum von Schwingungsfrequenzen einfach zu »sein«.

Natürlich wirst du dir erst dann bewußt, daß es ein Käfig war, wenn du ihn hinter dir gelassen hast. Wenn du immer in einem Käfig gelebt hast, dann ist es für dich kein Käfig, sondern das gesamte Universum. Das »Einstimmen« ermöglicht dir durch Einlassen ungeahnter Seinsmuster in dein Bewußtsein Grenzen zu durchbrechen. So ermöglicht dir das Licht von bestimmten Sternen z. B., auf ganz seltsamen Frequenzen mitzuschwingen, die du auf der Erde nie finden würdest. Aber du mußt natürlich nicht so weit gehen, um die Grenzen deines Käfigs zu sprengen. Allein schon, wenn es dir gelingen würde, nur ein paar Sekunden zu deiner Katze oder deinem Blumenstock zu werden, würde dies einen außerordentlichen Durchbruch bedeuten.

Eine andere Eigenschaft, die für die Kunst des »Sich-Einstimmens« unerläßlich ist und sich durch Üben entwickeln läßt, ist die Fähigkeit, dein kleines Selbst eine Weile zu vergessen. Wenn du zu sehr wie dein Käfig bleibst, ist kein Platz für anderes da. Du mußt deine Oberflächenpersönlichkeit einfach einen Moment lang ausradieren. Dazu mußt du lernen, eine extreme innere Stille zu entwickeln, eine völlige Abwesenheit von Reaktion. Du mußt leer werden, um von allem Persönlichen abstrahieren zu können. Das läßt eine erfrischende Pause entstehen und ein Gefühl der Relativität in bezug auf deine eigenen kleinen Probleme.

⊙ Im Hinblick auf dein Ego oder Höheres Selbst passiert hingegen etwas ganz Paradoxes.[32] Das »Einstimmen« verhüllt nämlich nicht dein Ego, sondern enthüllt es. Denn erst dadurch, daß du mehr dein Höheren Selbst bist, kannst du zu einem Gegenstand »werden«. Der Teil von dir, der in der Lage ist, im Einklang mit irgend etwas anderem im Universum zu schwingen, ist dein Höheres Selbst. Und das ist deshalb so, weil es ein Teil des Universums ist. Indem du also zu etwas anderem »wirst« als du selbst, verlierst du dein kleines Selbst und dein wahres Selbst wird enthüllt. Durch Wahrnehmen der Welt deckst du dein Selbst auf. Und das ist genau der Kern, worum es bei Clairvision geht.

Das ist kein vages Gefühl oder irgendeine intellektuelle Vorstellung. Es ist eine äußerst dichte Daseinsfrequenz. Es ist eine objektivere Erfahrung, als deine Hand ins Feuer zu halten. Durch Einstimmen auf einen Gegenstand und das Zu-dem-Gegenstand-Werden wirst du zu deinem wahren Selbst. Du bist in dem Moment zehntausendmal mehr du selbst, als wenn du mit dem Verstand über den Gegenstand nachdenkst. Wann immer du über den Gegenstand nachdenkst, bist du nicht dein Höheres Selbst, sondern gleichst deinem Käfig.

 Die Zeit ist gekommen, den klassischen Ausspruch des französischen Philosophen Descartes: »Cogito ergo sum« (»Ich denke, also bin ich«), umzukehren. Das höhere Sehen enthüllt uns, daß es genau umgekehrt ist: »Ich denke, also bin

---

32 Im vorliegenden Buch werden die Begriffe *Ego, Höheres Ego, Selbst* und *Höheres Selbst* als Synonyme verwendet. In einer fortgeschritteneren Phase unseres alchemistischen Prozesses werden *Ego, Selbst* und *Geist* in ihrer spezifischen Bedeutung dann genauer unterschieden werden.

ich nicht.« Durch Ausschalten des Verstandes kannst du dem Käfig entfliehen und sagen: »Ich denke nicht, also bin ich.« Der Arbeitsstil der Clairvision School zielt darauf ab, Wahrnehmung zu benutzen, um diesen Zustand zu erreichen.

11.5 Bäume

Gehen wir zurück zu unseren praktischen Übungen, und beschäftigen wir uns dieses Mal mit Bäumen. In Bäumen ist viel Weisheit gespeichert, daher auch ihre Verehrung beispielsweise von seiten der keltischen Einweihungsschulen. Es ist auch bezeichnend, daß in der buddhistischen Tradition die Tatsache eine so große Rolle spielt, daß Shakyamuni Buddha seine Erleuchtung unter einem Baum, dem *Ficus religiosa* in Bodh-Gaya hatte. In Australien gibt es einen erstaunlichen Baum, der derselben Familie angehört, der sogenannte Moreton Bay Ficus *(Ficus macrophylla)*, der ein bißchen wie ein Banyanbaum aussieht. Es ist ein riesiger, wunderschöner Baum, der immer bereit ist, dir Rat zu geben. Wenn du einen Baum mit einer ähnlichen Energie finden kannst, ist das ein Segen. Wann immer du einen großen inneren Schritt in eine neue Richtung machen mußt, kannst du dich unter den Baum setzen und meditieren. Und der Baum wird dir helfen.

Übung 11.6

Das »Sich-Einstimmen« ist eine Fähigkeit, die sich stufenweise entwickelt. Am Anfang bist du etwa 10 Prozent auf den Gegenstand eingestimmt, d.h., daß du nur einen bestimmten Eindruck von dem Gegenstand bekommst. Es ist dann eine Frage der Intensivierung der Verbindung und des Auslöschens deiner Oberflächenpersönlichkeit durch totale innere Ruhe und Stille. Dann läßt du die Eigenschaften des Gegenstands in dir lebendig werden, bis du die Stufe erreichst, auf der du tatsächlich zu dem Gegenstand wirst.

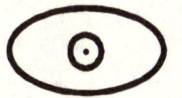

Zur Ausbildung deiner Fähigkeit des Einstimmens empfehle ich dir, mit verschiedenen Baumarten zu üben. Stimm dich auf sie ein, und lern, mit ihnen zu schwingen. Du wirst entdecken, daß verschiedene Bäume völlig unterschiedliche Energien haben. Hier ein paar Vorschläge zum Entdecken der Eigenschaften und Qualitäten von Bäumen. Unsere Methode besteht darin, daß du beim Einstimmen auf die jeweiligen Bäume deine eigenen Gefühle erforschst.

Was passiert, wenn du dich auf den Baum einstimmst?

- Dehnt sich deine Energie eher aus oder fühlt sie sich eingedämmt an?
- Vermittelt dir der Baum ein Gefühl von Weicheit oder eher von zäher Stärke?
- Empfängst du eher ein Yang-Gefühl (aktiv etc.) oder mehr eine yin-ähnliche Energie (empfänglich etc.)?
- Gleicht die Energie des Baums eher dem Element Feuer, Wasser, Erde oder Luft?
- Löst die Energie des Baums eher eine Resonanz in deinem Bauch, deiner Brust, deinem Hals oder deinem Kopf aus? (Beim Versuch, die Eigenschaften einer Pflanze oder Substanz zu erfassen, ist es immer empfehlenswert, zu erspüren, mit welchem Chakra sie am ehesten schwingt.)
- Gibt dir der Baum, wenn du dich auf ihn einstimmst, das Gefühl, von ihm beschützt zu werden? Manche Bäume können dich mit ihren Ästen wie ein Engel mit seinen Flügeln schützend umhüllen.
- Versuch zu erspüren, worin die Besonderheit dieses Baums liegt. Wofür könnte er aus medizinischer oder heilerischer Hinsicht gut sein?

Mach diese Übung abwechselnd mit verschiedenen Bäumen.

Tips:

• Bäume eignen sich besonders gut zum Üben des Sich-Einstimmens, denn sie sind von Natur aus großzügig. Sie teilen gerne ihre Energie mit. Ich hatte Gelegenheit, mehrere Personen zu beobachten, die beim Einstimmen auf einen Baum eine große Öffnung ihrer Wahrnehmung erlebten. Manche Bäume reden buchstäblich mit dir. Wenn du scharfsichtiger geworden bist und erst noch mehr wahrnehmen kannst, kommt es nicht selten vor, daß du an einem Baum vorbeigehst und einfach anhalten mußt, weil dich der Baum ruft. Schreck nicht davor zurück, Bäume zu umarmen!

• Erinnere dich an Übung 8.12: Wenn du ein Problem hast oder eine unangenehme Energie, die du loswerden willst, umarm einen Baum lange genug, und bitte ihn, dir deine Sorgen abzunehmen. Das Ergebnis ist manchmal verblüffend. (Die Energie, die für dich schädlich ist, macht dem Baum nichts aus.) Je mehr sich deine Fähigkeit des Einstimmens entwickelt, desto häufiger wirst du in der Lage sein, diese Übung mit größerer Intensität auszuführen.

• Es gibt den schönen alten Brauch, einen Baum zu pflanzen, wenn ein Kind geboren wird. Dies hat zur Folge, daß das Kind und der Baum ein ähnliches Horoskop haben. Natürlich ist es nicht einfach, den Baum genau im Mo-

Unternehmen wäre). Du kannst also folgendermaßen vorgehen: Notier dir den genauen Zeitpunkt, wenn der Kopf des Kindes zum Vorschein kommt, und sorg dafür, daß jemand am Tag darauf genau zur selben Zeit den Baum pflanzt. Außer dem Mond bewegen sich die Himmelskörper an einem Tag nicht viel, und 24 Stunden später erreichen sie fast genau die gleiche Position in den Häusern wie am Tag zuvor. Ein anderer guter Zeitpunkt ist der Neumond vor der Geburt. Wenn das Kind bis zum Vollmond noch nicht geboren ist, dann pflanz einfach noch einen Baum. Diese beiden Bäume, der Neumond- und der Vollmondbaum werden für das Kind eine ganz besondere Bedeutung haben.

Such einen guten Baum aus, in dem sich das Kind und später die erwachsene Person wiederfinden und widerspiegeln kann.

11.7 Erspüren der männlichen und weiblichen Pole

Häufig behaupten Leute, daß sie nie genau wissen können, was ihr Freund oder ihre Freundin fühlt oder denkt, einzig und allein, weil er bzw. sie dem anderen Geschlecht angehört (als ob eine Frau in ihrem Inneren nie wissen könnte, was ein Mann empfindet und erlebt und umgekehrt).

 Tasächlich gibt es nichts Falscheres. Durch die Kunst des »Sich-Einstimmens« erwirbst du die Möglichkeit, die ganze Bandbreite von Empfindungen und Gefühlen des anderen Geschlechts zu erleben. So kann ein Mann am eigenen Leibe spüren, was es heißt, Brüste, eine Gebärmutter, die Periode zu haben oder schwanger zu sein etc. Damit meine ich nicht irgendeine Art von theoretischem oder intellektuellem Verständnis, sondern die wirkliche und direkte Erfahrung dieses Gefühls, genauso, als befände er sich in einem weiblichen Körper. Das trifft auch auf eine ganze Reihe von emotionalen Verhaltensweisen zu.

Dieser Vorgang kann buchstäblich als eine Art Intitiation angesehen werden. Wenn du diese Erfahrung einmal gemacht hast, verändert sich deine Art und Weise, wie du mit dem anderen Geschlecht umgehst, völlig: Das Ganze wird viel unkomplizierter und gründet sich auf ein wahres Verständnis. Verschiedene psychologische Probleme hinsichtlich der Beziehung zum anderen Geschlecht (und da gibt es im allgemeinen eine ganze Reihe von Problemen) werden damit automatisch verschwinden.

An diesem Punkt ist es vielleicht interessant, ein Faktum über den Ätherkörper (die Schicht der Lebenskraft, das *Prana* im Sanskrit oder das *Qi* in der chinesischen Tradition) einzuflechten. Viele Esoteriker haben häufig darauf hingewiesen, daß der Ätherkörper einer Frau männlich und der Ätherkörper eines Mannes weiblich sei. Dadurch wird eine innere Grundlage ge-

körper eines Mannes weiblich sei. Dadurch wird eine innere Grundlage geschaffen, die uns in hohem Maße den Zugang zu den Gefühlen des anderen Geschlechts erleichtert.

Mit der Ausdehnung der Wahrnehmung wird ein Mensch nicht mehr so sehr als Frau im Gegensatz zu einem Mann oder als Mann im Gegensatz zu einer Frau gesehen, sondern als eine Ganzheit, die aus zwei Polen besteht. Aus dieser Sicht verlieren Begriffe wie »der Krieg der Geschlechter« vieles von ihrer Bedeutung. Wir alle haben eine männliche und eine weibliche Seite in uns, und beide müssen zur Erleuchtung gebracht werden.

Natürlich entspräche es in keinster Weise der Wahrheit, zu glauben, daraus ergäbe sich nun ein gemischtes oder asexuelles Geschlecht. Ganz im Gegenteil trägt dieser Prozeß dazu bei, die beiden Gegensätze besser unterscheiden zu lernen, und hilft damit einer Frau ihre Weiblichkeit und einem Mann seine Männlichkeit bewußter zu leben. Wenn eine Frau ihren männlichen Pol erkennt, hilft dies ihrer Weiblichkeit, sich besser zu entwickeln. Wenn ein Mann keinen Kontakt zu seinem weiblichen Pol hat, ist seine Männlichkeit reine Fassade und viel leichter anzukratzen, als dies seine chauvinistische Haltung vortäuschen mag.

In der indischen Tradition gibt es ein Symbol, das dies verdeutlicht: das sogenannte *Shiva-Linga*. Das Shiva-Linga ist ein aufgerichteter Phallus. Seine symbolische Bedeutung geht weit über den rein geschlechtlichen Begriffsinhalt hinaus. Dieses Symbol findet sich auf dem Altar der meisten Tempel in Indien. Wenn du dir das Shiva-Linga aber einmal genauer ansiehst, wirst du bemerken, daß der Phallus in Wirklichkeit auf einer *Yoni* ruht, d. h. auf einem weiblichen Fortpflanzungsorgan. Dadurch wir versinnbildlicht, daß sich die männliche Kraft nur auf der Grundlage des entgegengesetzten Pols stark entfalten kann.

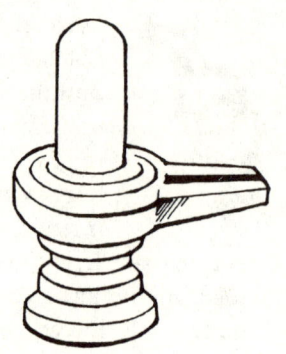

Shiva-Linga

11.8 Du bist, was du ißt

Es gibt einen Bereich, in dem sich durch die Kunst des »Sich-Einstimmens« besonders schnelle und spektakuläre Ergebnisse erzielen lassen: beim Essen. Stimm dich auf die Speisen auf deinem Teller und in deinem Mund ein, und deine Mahlzeit wird sich zu einem unerwartet intensiven Erlebnis verwandeln. Manchen Gemüsesorten, wie Karotten oder rote Beete, und manchen Früchten, wie Zitronen, wohnen Energien inne, die in dei-

nem Mund buchstäblich explodieren. Anstatt nur auf deinen Verdauungstrakt begrenzt zu sein, ist es, als sei dein ganzer Körper am Essen beteiligt
und empfange die Schwingungen der Speisen. Als kleiner Nebeneffekt wird
es dir leichter fallen, deinen Konsum von Junk-Food einzuschränken.

Durch Einstimmen auf die Nahrungsmittel und Beobachten deiner Reaktionen darauf ist es möglich, ohne irgendwelche dogmatischen Vorschriften
eine ganz genau auf dich abgestimmte Ernährung zusammenzustellen, die
genau richtig für dich ist. Durch das Einstimmen wird auch klar, daß der
Bewußtseinszustand, in dem du das Essen zu dir nimmst, möglicherweise
genauso großen Einfluß auf dein System hat wie die Qualität des Essens
selbst.

Diese Dimension scheint von den meisten modernen Ernährungslehren
völlig außer acht gelassen zu werden. Wenn z. B. Krebspatienten, Allergiker
oder Menschen, die unter Parasiten leiden, zu einem Heilpraktiker gehen,
werden ihnen sofort Listen von Nahrungsmitteln in die Hand gedrückt, die
sie keinesfalls oder unbedingt zu sich nehmen sollen. Aber kaum eine Bemerkung wird darüber fallengelassen, wie das Essen zu sich genommen werden
sollte.

Nehmen wir einmal ein Gruppe von Leuten, die alle genau dasselbe essen.
Manche bekommen danach Darmparasiten und manche nicht. Dem hellseherischen Auge kommt es bisweilen so vor, als würde der Darmtrakt dann
von Parasiten befallen, wenn der Verstand voller »Parasiten« ist. In der
Astrologie wird diese Verbindung durch die Tatsache versinnbildlicht, daß
das Sternzeichen Jungfrau und sein Planet Merkur sowohl den Verstand als
auch die Verdauungsorgane beherrschen.

Wir haben gesehen, daß die Fähigkeit des »Sich-Einstimmens« genau im
Gegensatz zu der Starrheit des Verstandes steht. Je stärker der Verstand in
stereotypen Vorstellungen verhaftet ist, desto schwieriger ist es, Zugang
zu der bunten Palette von Gefühlen zu bekommen. Tatsächlich gibt es
eine verblüffende Verbindung zwischen dem Geisteszustand, in dem du
ißt, und dem Flexibilitätsniveau deines Verstandes: Je nachdem, wie du ißt,
verstärkt oder verringert sich die Starrheit. Jedesmal, wenn Speisen mit
wenig Bewußtsein und ohne Wahrnehmung der energetischen Eigenschaften
hinuntergeschluckt werden, wird die Starrheit des Verstandes entscheidend
gefördert.

Oder anders ausgedrückt: Wenn du von dem Verstand aus ißt, fütterst du
den Verstand! Den Nahrungsmitteln wird ein geistiges Siegel aufgeprägt,
und deine ganze Struktur wird insgesamt mehr vergeistigt. Aus der Sicht des
dritten Auges sieht es so aus, als bestünde einer der Haupttricks des Ver-
stands zur Erhaltung seiner Vorherrschaft darin, dich zum unbewußten Essen
zu bewegen.

Anderseits entwickelst du durch das harmonische Mitschwingen mit den Nahrungsmitteln die Beweglichkeit deiner verstandesmäßigen Substanz und förderst dadurch in hohem Maße deine allgemeine Fähigkeit des Einstimmens. Der allgemeingültigen Behauptung: »Der Körper besteht aus dem, *was* du ißt«, könnte man hinzufügen: »Und der Verstand besteht aus dem, *wie* du ißt.« Natürlich spielen außer der Ernährung auch noch viele andere Faktoren bei der Organisation der Verstandesebene eine Rolle. Das ändert jedoch nichts an der Tatsache, daß wir durch sorgfältige Kontrolle der Nahrungsaufnahme und des Bewußtseinzustands beim Essen großen Einfluß auf die Dynamik des Verstandes nehmen können. Deshalb sagte Gandhi auch immer: »Wenn der Geschmackssinn unter Kontrolle ist, sind alle Sinne unter Kontrolle.«

Ein weiterer Faktor, der den Prozeß der inneren Alchemie positiv beeinflussen kann, ist ein relativ striktes Einhalten von regelmäßigen Essenszeiten. Der Astralkörper ist am Verdauungsprozeß intensiv beteiligt. Durch relativ regelmäßige Mahlzeiten bewirkst du, daß dein Astralkörper zu regelmäßigen Zeiten arbeitet, und das prägt ihm ein gewisses Rhythmusgefühl ein.

Rhythmus ist genau das, was dem Astralkörper fehlt. Der Astralkörper ist die Ebene, auf der sich die Emotionen abspielen. Schauen wir uns nun einmal einige grundlegenden Funktionen unseres physischen Körpers an, die einem regelmäßigen Rhythmus folgen, wie etwa der Herzschlag und der Atem. Sobald du eine Emotion empfindest, wird die Frequenz von beiden unregelmäßig! Normalerweise ist der Astralkörper damit ein Feind des Rhythmus: Jede große Welle im Astralkörper neigt dazu, den gleichmäßigen Takt unseres physischen Körpers zu stören. Was den Rhythmus angeht, ist die gesamte Erziehung des Astralkörpers noch offen.

Deshalb ist es so wichtig, jeden Tag zur selben Zeit seine Mahlzeiten zu sich zu nehmen und nichts zwischendurch zu essen. Dies bringt nicht nur körperliche, sondern auch psychologische Vorteile mit sich. Durch Einprägen eines Rhythmusgefühls in den Astralkörper verstärkst du seine Gesamtstruktur, was sich in Form von erhöhter emotionaler Stabilität, geistiger Klarheit, Ausdauer und Beharrlichkeit auswirkt. Damit wird eine bestimmte Seelenkraft gefördert, die dir die Verbindung zu den höheren Welten erleichtert.

Unabhängig von dieser spirituellen Sichtweise, sollte allen Patienten, die unter Krebs, Asthma, Allergien, Parasitenbefall etc. leiden, regelmäßige Mahlzeiten als grundlegender Ratschlag mit auf den Weg gegeben werden. Wenn du klug genug sein kannst, Kinder an regelmäßige Essenszeiten zu gewöhnen, hilfst du ihnen, sich zu strukturieren und sich harmonisch zu entwickeln.

Hinsichtlich der Körperrhythmen gibt es einige moderne Erfindungen, die sich als Katastrophe erwiesen haben, wie z. B. die Sommerzeit. Auf der ganzen Welt haben Bauern festgestellt, daß die Einführung der Sommerzeit die Kühe durcheinanderbringt. Dahinter steckt eine tiefe Wahrheit, was die feinstofflichen Körper betrifft. Tiere haben sowohl einen Äther- als auch einen Astralkörper. Wenn ihr Lebensrhythmus gestört wird, wirkt sich das bei ihnen in Form verschiedener Probleme aus. Das Ergebnis ist eine geringere Produktivität, die von den Bauern sofort registriert wird.

Es wäre dumm zu glauben, daß der menschliche Körper unter dieser zweimal pro Jahr stattfindenden Störung der natürlichen Rhythmen nicht leiden würde. Die Zahl von schweren Krankheiten und Menschen mit allgemeinem Ausgelaugtheitsgefühl des Körpers, die durch die Umstellung auf die Sommerzeit beeinflußt werden, ist wahrscheinlich viel größer als wir denken. Es bleibt zu hoffen, daß diesem Problem mehr Aufmerksamkeit geschenkt wird und daß mehr Wissenschaftler Studien in dieser Hinsicht in Angriff nehmen.

11.9 Ein paar Tips zur Kommunikation mit Engeln

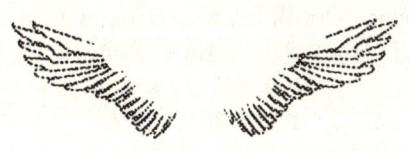

Beenden wir dieses Kapitel mit einem kleinen Exkurs darüber, wie uns die Kunst des Einstimmens bei der Kommunikation mit höheren spirituellen Wesen helfen kann. Häufig sehen wir beim Meditieren nichtphysische Lichter und Farben. Sobald sich dein drittes Auge öffnet, siehst du viele dieser Lichter. Nun kann es vorkommen, daß du eine Stufe in deiner Entwicklung erreicht hast, auf der du beim Meditieren alle möglichen Lichter siehst, und dich fragst, wie es nun weitergehen soll. Diese Lichter sind ja ganz nett, und das Ganze macht dich heiter, aber was ist der nächste Schritt? Dann ist der Zeitpunkt gekommen, dir wieder eine Bemerkung ins Gedächtnis zu rufen, auf die wir weiter vorne in diesem Kapitel bereits eingegangen sind: **Überall, wo Schwingung oder Licht ist, ist ein Wesen dahinter.** Die Farben, die vor dir auftauchen, sind wie ein Kleidungsstück, wie die äußere Erscheinung von nichtphysischen Wesen. Der nächste Schritt besteht also darin, dich auf diese Lichter einzustimmen, um die Präsenz der Wesen hinter ihnen zum Vorschein zu bringen.

Eine andere Erfahrung, die dir beim Meditieren oder auch außerhalb davon passieren kann, ist das Fühlen der Präsenz eines Engels oder irgendeines höheren spirituellen Wesens um dich herum. Diese Erfahrung ist nach einer großen (und ehrlichen) emotionalen Befreiung beim Anwenden der Clairvision-Rückführungstechniken nicht unüblich. Sie vermittelt dir das Gefühl, als überkomme dich eine äußerst friedliche Energie, die dich umgibt und dein gesamtes Wesen in Licht taucht.

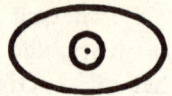 Aber was macht man mit einem Engel? Da ist das Gefühl, daß der Moment äußerst wertvoll ist und, wenn man vielleicht nicht die richtige Empfänglichkeit zeigt, ein Großteil der Erfahrung auf der Strecke bleibt. Manche Menschen versuchen, mit dem Engel einen Dialog zu führen und ihm alle möglichen Fragen zu stellen oder sogar die Botschaft des Engels zu channeln, so daß er durch sie spricht und die von anderen gestellten Fragen beantwortet. Das Problem bei dieser Einstellung ist, daß dabei versucht wird, eine geistige Kommunikation mit einem Wesen aufzubauen, das von Ebenen herkommt, die weit jenseits des Verstandes liegen. Es ist deshalb ein große Verschwendung. Diese wunderbare, überbewußte Präsenz ist dir ganz nah, und du grenzt es mit den Vorstellungen deines Verstandes ein. Um die Symbolik von vorher zu benutzen, ist es, als versuchtest du, den Engel in den Käfig zu quetschen.

Der Ansatz der Clairvision-Techniken ist da anders: Bleib extrem still und ruhig, und stimm dich auf den Engel ein. Werde zu dem Engel. Laß seine Herrlichkeit in dir zum Leben erweckt werden. Das ist das Beste, was du aus dem Moment machen kannst, da die Erfahrung durch keinen geistigen Filter eingeschränkt wird. Ganz im Gegenteil: Es läßt ganz neue Bewußtseinsmuster in dir entstehen. Viele dynamischen Aktivitäten und Funktionsweisen des Höheren Selbst werden dadurch ausgelöst, die dann später langsam reifen. In dieser Hinsicht gibt dir deine Erfahrung einen ersten kurzen Einblick in die Bewußtseinzustände, die als nächstes kommen. Damit werden die Samen der darauf zuführenden Transformation gelegt und gefördert.

Die Verfolgung dieses Ansatzes des »Sich-Einstimmens« ist damit insgesamt genommen nichts anderes als der altüberlieferte Sanskritspruch: »*Deham bhutva, devam yajnet.*« (»Um einen Gott zu ehren, mußt du zuerst selbst zu dem Gott werden.«)

Kapitel 12

Erdlinien, Kraftlinien und Kraftorte

12.1 Der erste Reaktion, wenn du »Krebs« hörst

Das Interesse an Erdlinien hat seinen Ursprung im Europa der 30er Jahre, und dort vor allem in manchen Städten Deutschlands und Frankreichs, die klein genug waren, daß alle ihre Einwohner nur von ein oder zwei praktischen Ärzten behandelt werden konnte. Manchen dieser Ärzte ließ die Tatsache keine Ruhe, daß in bestimmten Häusern Krebsfälle mit ungewöhnlicher Häufigkeit auftraten. Der Hausarzt behandelte eine ältere Frau wegen Krebs. Fünf Jahre nach ihrem Tod kam die Tochter mit genau derselben Form von Krebs zu dem Arzt in Behandlung. In der Zwischenzeit war die Tochter ins Schlafzimmer der Mutter umgezogen und schlief in ihrem Bett. Oder eine Frau brachte ihren Mann zum Arzt, weil er unter Krebs litt. Der Ehemann starb. Die Frau heiratete wieder, und ein paar Jahre später erkrankte der neue Ehemann, der im selben Bett schlief, wie der alte, an genau derselben Form von Krebs wie dieser ...

 Mehrere ähnliche Fälle erweckten die Neugierde der Ärzte, die daraufhin beschlossen, professionelle Rutengänger zu Rate zu ziehen. Das Ergebnis war die Entdeckung von bestimmten Linien, den sogenannten schädlichen »Erdstrahlen«. In Wirklichkeit weiß niemand, aus was diese Linien genau bestehen, aber es bürgerte sich ein, sie Erdstrahlen oder Erdlinien zu nennen. Da im Zusammenhang mit diesen Linien tatsächlich jedoch nie irgendwelche Strahlen nachgewiesen werden konnten, möchte ich den irreführenden Namen »Erdstrahlen« vermeiden und lieber die einfachere Bezeichnung »Erdlinien« benutzen.

Die Stärke dieser Linien ist von Ort zu Ort verschieden. Das Wesentliche dabei ist, daß die Rutengänger jedesmal, wenn sie das Haus eines Krebspatienten untersuchten, auf Erdlinien schädlicher Intensität stießen, und zwar entweder an der Stelle, an der das Bett des Patienten stand, oder an einem Ort, an dem er viel Zeit verbrachte, beispielsweise an seinem Schreibtisch.

Daraufhin entbrannte in Deutschland ein paar Jahrzehnte lang eine Art Kampf, da viele angesehene medizinische Autoriäten versuchten, die ganze

Theorie zu widerlegen. Studien mit tausenden von Fällen wurden erstellt – manchmal mit über 30 000 bis 50 000 Krebspatienten. Und jedesmal war das Ergebnis so durchschlagend und deutete auf die Existenz dieser schädlichen Erdlinien hin, daß die Möchtegern-Widerleger sich zu ihren eifrigsten Verfechtern wandelten.

Es sollte darauf hingewiesen werden, daß es sich hier um keine Randfiguren der Heilkunde handelte, sondern um angesehene Wissenschaftler und Medizinprofessoren, die damit ihren Ruf und ihre Karriere aufs Spiel setzten. Ihre provozierende und nahezu einstimmige Schlußfolgerung lautete: Die Entwicklung einer Form von Krebs ist sehr unwahrscheinlich, solange man nicht regelmäßig auf einer schädlichen Erdlinie schläft oder sich auf ihr aufhält. Diese schädlichen Erdlinien wurden in nahezu 99 Prozent der Fälle in den Häusern der Krebspatienten gefunden.

Im Februar 1987 erreichte die Entwicklung dann einen Höhepunkt, als die westdeutsche Regierung Millionen von D-Mark in ein Forschungsprojekt investierte, bei dem die Wirkungen von Erdlinien auf lebende Organismen erforscht werden sollten.

Sicher sollte die Bedeutung von anderen Faktoren, wie schlechte Ernährung, emotionaler Streß etc., bei der Krebsentstehung nicht außer acht gelassen werden. Eine Krankheit, insbesondere eine so ernste Krankheit wie Krebs, wird immer durch eine Kombination von Ursachen ausgelöst. Doch die Statistiken der deutschen Wissenschaftler sind so aussagekräftig, daß unsere erste Reaktion, wenn wir »Krebs« hören, sein sollte: Such mit der Wünschelrute nach schädlichen Erdlinien! Und stell dann das Bett um, oder zieh notfalls sogar ganz um, je nachdem, was gefunden wird. Den Patienten von der schädlichen Erdlinie wegzubringen reicht natürlich häufig noch nicht aus, um seine Krankheit zu heilen, doch scheint es ein wichtiger Faktor für die Verbesserung seiner Heilungschancen zu sein.

Schädliche Erdlinien wurden auch für andere pathologische Prozesse verantwortlich gemacht, wie etwa das Auftreten von plötzlichem unerwarteten Kindstod, Gelenkproblemen, migräneartigen Kopfschmerzen, Herzkrankheiten, Krampfadern, Bettnässen und verschiedenen anderen Problemen.

Das Schlafen auf einer schädlichen Energielinie hat häufig folgende Reaktionen zur Folge: schlechte Träume, Schlaflosigkeit oder schwierige Nächte, nach denen man sich völlig erschlagen fühlt. Häufig wird von Patienten das Gefühl beschrieben, morgens müder aufzuwachen, als sie abends zu Bett gegangen sind. Ganz typisch ist auch der Fall von Kindern, die jeden Morgen verkehrt herum im Bett liegen, weil sie unbewußt versuchen, einer Erdlinie auszuweichen.

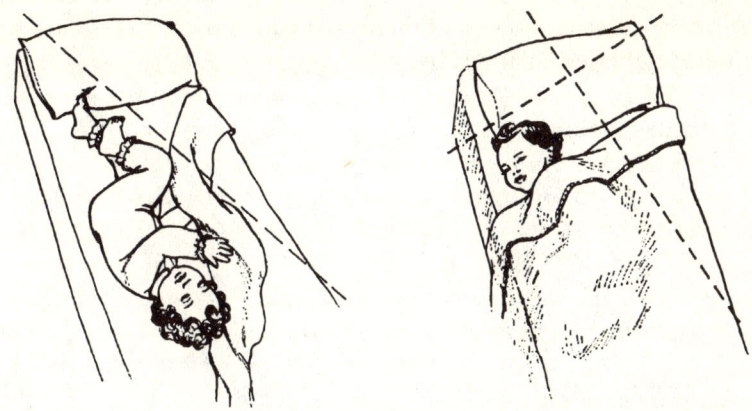

12.2 Häufige Beobachtungen an Erdlinien

• Die Linien bilden über die ganze Erdoberfläche verteilt ein Gitternetz, das »Hartmann-Netz«. Der Abstand zwischen den einzelnen Linien in diesem Gitter beträgt etwa zweieinhalb Meter, obwohl das von Ort zu Ort leicht variiert.

• Die Linien sind nicht auf die direkte Erdoberfläche beschränkt. Wenn eine Linie im Erdgeschoß eines Hauses gefunden wird, setzt sich diese Linie an der gleichen Stelle auch in jedem darüberliegenden Stockwerk fort.

Das Hartmann-Gitter

• Die Linien sind manchmal sehr schädlich und manchmal viel weniger stark und nicht so schädlich. Trotzdem ist es **nie** ratsam, auf einer solchen Energielinie zu schlafen oder zu sitzen.

• Die Kreuzungspunkte von Erdlinien sind besonders schädlich.

• In der Nähe von geologischen Verwerfungen ist die (schädliche) Intensität der Linien verstärkt.

• Ein unterirdischer Bach oder eine Wasserader erzeugen eine besonders schädliche, zusätzliche Energielinie außerhalb des Gitters. Diese beeinflußt die anderen Linien um sich herum und macht sie schädlicher. Je stärker der Fluß des Wassers ist, desto schädlicher ist die Linie.

• Wasserrohre im Haus oder unter dem Haus wirken wie kleine unterirdische Bäche.

• Elektrische Kabel erzeugen zusätzliche Linien.

• Wenn ein Haus durch seine überall in ihm verlaufenden Leitungen und elektrischen Kabel wie ein Faradayscher Käfig gebaut ist, sind die Linien zum einen verstärkt und zum anderen werden zusätzliche Linien geschaffen. Das macht Hochäuser zu einer ökologischen Katastrophe.

• Die Stärke und Breite der Linien nimmt unter manchen Bedingungen zu:
  – z. B. bei Gewittern und stürmischem Wetter;
  – zwischen ein und zwei Uhr morgens (verdoppelt);
  – bei Vollmond (verdreifacht).

• Die meisten lebenden Organismen werden krank, wenn sie längere Zeit auf diesen Energielinien verweilen: Pflanzen sterben, Bäume bekommen Krebsgeschwüre, alle Verwesungsprozesse werden gefördert. Deshalb sind Kreuzungspunkte auch ideale Standorte für deinen Komposthaufen – keinesfalls jedoch für dein Bett.

• Andererseits scheinen bestimmte Pflanzen und Tiere auf diesen Linien besser zu wachsen. Dies gilt vor allem für Eichen, die heiligen Bäume der Druiden. Die meisten großen alten Eichenbäume befinden sich auf starken Erdlinien. Andere »Liniensucher« unter den Bäumen sind Weiden, Eschen und Tannen und unter den anderen Pflanzen: Misteln, Pilze und Spargel.

Ameisen lieben diese Erdlinien, was gut zu ihrer Aufgabe als Reiniger alles Verwesenden in der Natur paßt. Ameisenhaufen finden sich oft auf starken Linien. Das sollte dich zur Vorsicht mahnen, sobald du einen Ameisenhaufen in der Nähe deines Hauses entdeckst.

Im Gegensatz zu Hunden scheinen Katzen diese Linien zu suchen. Traditionell ist daher der Platz, den deine Katze bevorzugt, kein guter Platz für dich. Aus meiner Erfahrung scheinen die heutigen Katzen sich jedoch viel eher für ein weiches Kissen als für Erdlinien zu interessieren. Also keine Panik, wenn deine Katze, immer wenn du dein Bett an eine neue Stelle rückst, schnurstracks dein Kissen aufsucht.

Auch Käfer und Termiten scheinen diese Linien anzuziehen. Dasselbe gilt für Parasiten und Mikroben (daher auch die Verwesungsprozesse).

12.3 Kraftlinien und Erdlinien

Streng genommen muß ein Unterschied zwischen Kraftlinien und Erdlinien gemacht werden. Wie wir eben beschrieben haben, bilden die Erdlinien ganz grob gesagt ein Gitternetz. Sie werden u. a. für die Entstehung von Krebs und verschiedenen anderen Krankheiten verantwortlich gemacht. Diese Erdlinien, die häufig auch Erdstrahlen genannt werden, sind in dem sogenannten Hartmann-Gitter oder Hartmann-Netz, das nach den Himmelsrichtungen ausgerichtet ist, miteinander verbunden.

Auch bei den Kraftlinien handelt es sich um tellurische, die Erde betreffende Energielinien, allerdings von ganz anderer Natur. Sie bilden kein Gitter, und die Entfernung zwischen ihnen ist viel größer: Kraftlinien können manchmal mehr als 100 Kilometer auseinanderliegen. Die Kraftlinien sind nicht schädlich für die Gesundheit. Sie gleichen mehr Linien intensiver spiritueller Energie, die sich über die ganze Erde ziehen. Heilige Orte, wie z. B. Glastonbury oder die Kathedrale von Chartres, sollen auf solchen Kraftlinien liegen.

In der Praxis verwenden jedoch viele Rutengänger für beide Linien dieselbe Bezeichnung.

In diesem Kapitel wollen wir uns mit den Erdlinien des Hartmann-Gitters befassen, da sie überall zu finden sind und jeden von uns angehen. Es sei nebenbei bemerkt, daß es außer diesem Gitter auch noch andere Gitter tellurischer Linien gibt; der Einfachheit halber wollen wir diese am Anfang jedoch noch außer acht lassen.

12.4 Was genau sind diese Linien?

Niemand kennt die genaue Natur dieser Linien. Die Bezeichnung »Erdstrahlen« ist irreführend: Obwohl das gesamte Phänomen uns wie eine Art tellurische Strahlung vorkommt, konnten nie wirkliche »Strahlen« nachgewiesen werden.

Dem Hellsichtigen offenbaren sich diese Erdlinien nicht wie Linien, sondern wie Mauern. Dies könnte man auch von der Tatsache ableiten, daß eine im Erdgeschoß eines Hauses gefundene Linie sich in jedem darüberliegenden Stockwerk an derselben Stelle fortsetzt.

Mit dem dritten Auge gesehen, können diese Wände als eine Art rauchige Energie wahrgenommen werden.

Je schädlicher eine Linie ist, desto nebliger, dichter und undurchdringlicher scheint die rauchige Energie zu sein. Bei Gewittern oder um den Vollmond kommen uns diese Wände wesentlich breiter und dichter vor.

Je schädlicher eine Linie ist, desto unangenehmer ist das Gefühl, wenn wir uns auf sie einstimmen.

Die Erdlinien – und besonders die schädlichsten – scheinen negative Energie zu konzentrieren. Dieser Effekt ist an den Kreuzungspunkten der Linien am stärksten. Anders ausgedrückt wirken die Linien wie Mülleimer und ziehen den ganzen »ätherischen Müll« eines Raumes an.

Häuser, die schlechte Schwingungen zu haben scheinen und in denen sich die meisten Menschen unwohl fühlen, sind für gewöhnlich auf einem Gitter von schädlichen Linien erbaut. Wenn in einem Zimmer eine Wesenheit oder ein nichtphysischer Parasit gefunden wird, hält er sich nahezu immer an einem Kreuzungspunkt auf.

12.5 Kraftorte

Wo immer es einen Drachen gibt, gibt es auch eine Prinzessin! Kraftorte sind die positive Entsprechung zu den schädlichen Erdlinien. Die Kraftorte sind geheimnisvoller, und sicherlich ist über sie nicht so viel nachgeforscht worden, wie über die Erdlinien.

Wenn du die Abenteuer von Carlos Castaneda gelesen hast, erinnerst du dich wahrscheinlich daran, wie Don Juan ihn nach »seinem Platz« in einem Raum suchen ließ, dem Ort, an dem er sich beschützt und sicher fühlen konnte. Das ist ein Kraftort. Kraftorte sind Punkte, von denen eine heilende und auch spirituelle Energie ausgeht. Es sind Plätze, an denen uns das Beten oder Meditieren und die Verbindung zu den spirituellen Welten leichter fällt. Wenn ein Engel ein Zimmer mit seinem Licht erfüllen will, ist ein Kraftort oder eine Quelle der Kraft für ihn ein guter Ort, um zu uns herabzukommen.

Für den Hellsichtigen sieht der Kraftort wie eine Lichtsäule oder, man könnte auch sagen, wie ein Lichtgeysir aus (obwohl er mit keiner Temperaturveränderung einherzugehen scheint). Oft schwankt der Durchmesser der Säule zwischen 40 und 60 Zentimeter – möglicherweise sogar mehr, falls du einen großen Kraftort findest.

Ähnlich wie die Linien nach ihrer unterschiedlichen Schädlichkeit klassifiziert werden könnten, haben verschiedene Kraftorte eine unterschiedliche Größe, Intensität und ein anderes Heilungspotential. Aber im Gegensatz zu den Erdlinien und ihrem Gitter scheint es keine regelmäßige Verteilung der Kraftorte zu geben – zumindest keine, die mir bekannt wäre.

12.6 Erdlinien und spirituelle Übungen

Wenn du mehr über die Energie in dir und um dich herum lernen möchtest, mußt du den Energielinien auf jeden Fall sorgfältige Beachtung schenken. Denn das Gitternetz eines Ortes bestimmt die Art seiner Energie und damit auch die Qualität deiner eigenen Energie, wenn du dich dort aufhältst.

Es gibt keine geschlossenen lebenden Organismen. Und dies gilt auf der Energieebene sogar noch mehr als auf der materiellen Ebene, denn du bist permanent in eine Vielfalt von Wechselwirkungen mit deiner Umgebung verstrickt. Um hellseherische Fähigkeiten zu entwickeln und mit deinem Höheren Selbst in Kontatk zu kommen, muß eine tiefe Transformation deiner feinstofflichen Körper stattfinden. Dieser alchemistische Prozeß wird, je nachdem, ob du dich an einem Ort befindest, an dem das Gitter für oder gegen dich wirkt, begünstigt oder gehemmt. Es ist deshalb wichtig, das Gitter der Energielinien an dem Ort, an dem du lebst, mit der Wünschelrute ausfindig zu machen, um sicherzugehen, daß du nicht auf einer Erdlinie schläfst oder meditierst.

Diese Regel wird um so wichtiger, wenn du bei einem Kurs oder einem intensiven Retreat längere Zeit meditierst. Beim Meditieren erfolgt eine deutliche Öffnung des Energie- oder Ätherkörpers und damit kommt es zu einem erhöhten Energieaustausch mit deiner Umgebung.

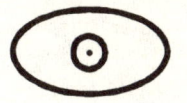 Wenn du also beim Meditieren, vor allem längere Zeit, auf einer Erdlinie sitzt, ist das Risiko groß, daß du die falschen Energien einfängst. Es kann sein, daß du dich unwohl und rastlos fühlst. Das sind sehr häufig auftretende Symptome, wenn man längere Zeit meditiert. Wenn du dich so fühlst, ist das allerdings noch lange kein Hinweis darauf, daß du auf einer Erdlinie sitzt. Die Unruhe nimmt im allgemeinen sehr viel größere Ausmaße an, wenn du auf einer Erdlinie sitzt. Und wenn es sich um eine sehr schädliche Linie handelt, sind dem Schaden, den du deinem Körper dadurch zufügen kannst, buchstäblich keine Grenzen gesetzt. Meditationslehrer sollten sich deshalb des Energiegitters

in dem Raum, in dem sie ihre Kurse geben, besonders bewußt sein. Denn die Kursteilnehmer nehmen im allgemeinen den ganzen verfügbaren Raum ein, und das kann dazu führen, daß manche von ihnen am Ende auf der falschen Stelle sitzen.

Wir führen damit eine Vorstellung ein, die heute nicht mehr weit verbreitet ist, aber in der Vergangenheit in vielen traditionellen Kulturen vertreten wurde: Das Ergebnis deiner spirituellen Übungen ist abhängig von dem Ort, an dem du sie ausführst. Damit ist nicht nur der Ort oder das Gebäude allgemein gemeint, sondern der ganz spezifische Ort z. B. innerhalb eines Zimmers. An verschiedenen Plätzen innerhalb eines Zimmers können völlig verschiedene Erfahrungen gemacht werden. Den Ort zu finden, der für dich richtig ist, ist genauso wichtig, wie die richtige Technik oder die richtige Lehre für dich zu finden.

Dasselbe gilt für Heilung und Therapie im allgemeinen. Wenn du deinen Massage- oder Akupunkturtisch auf einen Kraftort stellst, werden deine Ergebnisse zehnmal so gut sein als sonst. Es ist dann für einen unsichtbaren Helfer sehr viel leichter, hinzuzukommen und dir bei deiner Arbeit zu helfen. Der Kraftort wird dir die Hälfte der Arbeit abnehmen, wenn nicht sogar mehr. Wenn du hingegen Akupunktur, Rückführungstechniken, Rebirthing usw. auf einer schädlichen Linie ausübst, kann es gut sein, daß es deinen Klienten nach der Behandlung noch schlechter geht.

Das Auffinden der Linien ist extrem einfach! In den Kursen der Clairvision School gelingt es mindestens 80 Prozent der Kursteilnehmer beim ersten Versuch, sie zu orten, vorausgesetzt sie haben die im vorliegenden Buch beschriebenen vorbereitenden Techniken zur Öffnung des dritten Auges befolgt – wohlgemerkt befolgt und nicht gemeistert!

12.7 Das Aufspüren der Erdlinien mit der Wünschelrute: die Ausrüstung

Du brauchst dazu: zwei L-förmige Metallbügel und zwei Kugelschreiber.

Die Metallbügel sollten aus dickem Draht bestehen. Der längere Schenkel des Ls sollte etwa 40 Zentimeter lang sein und der kürzere etwa 12 Zentimeter. Ein paar Millimeter hin oder her spielen dabei keine Rolle.

Am besten eignen sich Metallkleiderbügel (wie man sie in der Reinigung erhält) zum Herstellen der Ruten. Man zwickt sie mit der Zange durch, wie in nebenstehender Ab-

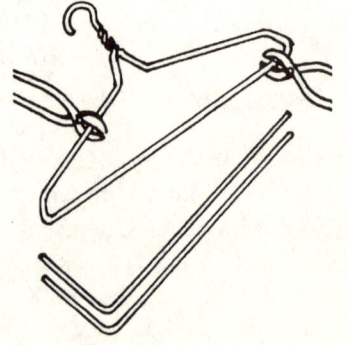

bildung gezeigt. Wenn du keine Kleiderbügel hast, kannst du auch jeden anderen Metalldraht dazu benutzen, allerdings muß er steif genug sein, um die L-Form zu bewahren.

Nimm dann zwei billige Kugelschreiber zur Hand. Entfern die Minen, denn verwendet werden nur die Plastikhülsen. Schieb den kürzeren Schenkel deiner L-förmigen Rute in die Plastikhülse. Das ist alles, was du zum Rutengehen brauchst.

WICHTIG: Deine Ruten müssen sich in den Hülsen frei bewegen können. Achte also darauf, daß

1. du dein L in einem scharfen Winkel von 90 Grad biegst und keine langgestreckte Kurve produzierst;

2. der Draht auf beiden Seiten des Winkels so gerade wie möglich ist. Wenn der kürzere Schenkel der Wünschelrute auch nur leicht verbogen ist, kann ungewollte Reibung die freie Bewegung der Rute hemmen.

Mein Rat: Laß immer zwei Ruten und Plastikhülsen im Kofferraum deines Autos, so daß du sie bei der Hand hast, wenn du sie zum Rutengehen benutzen willst.

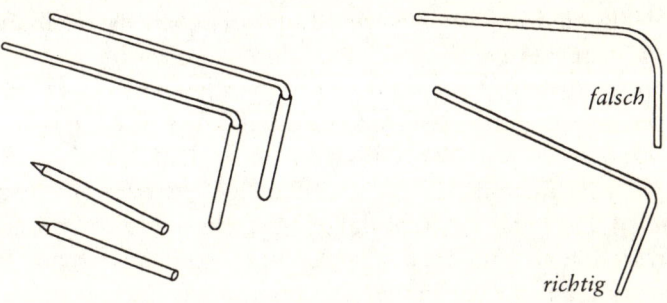

12.8 Die Auge-Bauch-Gegenwärtigkeit beim Rutengehen

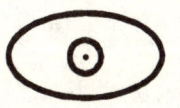 Rutengehen hat etwas mit der Auge-Bauch-Gegenwärtigkeit zu tun, d.h. mit der Gegenwärtigkeit im dritten Auge und in dem Bereich unterhalb des Nabels. Um die Auge-Bauch-Gegenwärtigkeit zu üben, kannst du zuerst im Zimmer herumlaufen und dein Bewußtsein stark auf den Nabelbereich ausrichten oder, besser gesagt, auf das Energiezentrum zwei bis drei Zentimeter unterhalb des Nabels. Du mußt nicht genau wissen, wo das Zentrum liegt, sei einfach in dem Bereich unter dem Nabel gegenwärtig. Geh »aus dem

Bauch heraus«. Stell dir vor, du seist ein Cowboy oder ein amerikanischer Polizist, die beide normalerweise gut aus dem Bauch heraus laufen können. Oder geh wie ein japanischer Kampfsportmeister durch die Gegend.

Die Erdlinien bestehen aus einer Ätherenergie, die der physischen Ebene sehr nahe ist. Aus Erfahrung wissen wir, daß das Schlüsselwort im Zusammenhang mit der Ätherebene Schwingung lautet. Grob gesagt heißt das, daß du, immer wenn du eine Schwingung oder Vibration spürst, die Ätherenergie fühlst. Manche Ätherschwingungen sind sehr schwach und fein, sozusagen ein Zwischending zwischen Licht und Vibration. Andere, wie die, die du beim Rutengehen spüren wirst, wenn du dich auf die Energielinien einstimmst, sind »dichter« und physisch gesehen greifbarer. Zum Aufspüren der Linien mit der Wünschelrute mußt du dir der Vibration in deinem Bauch bewußt sein und nicht irgendwo in dem Licht über deinem Kopf herumschweben. Je mehr du dich in die Vibration hineinfallen lassen kannst, desto näher bist du an der Wahrnehmung der Linien.

Kehr dann wieder zu der Gegenwärtigkeit im dritten Auge zurück. Stell ein paar Sekunden lang wieder den Kontakt zum Raum her: Werde dir der Vibration zwischen den Augenbrauen bewußt, atme mit der Reibung ganz hinten im Hals, und stell eine Verbindung zwischen der Reibung und der Vibration im dritten Auge her.

Bleib nun im dritten Augen ganz gegenwärtig, und werde dir gleichzeitig des Bereichs unterhalb des Nabels bewußt. Du bist dir nun der Vibration im dritten Auge und der Vibration unter dem Nabel gleichzeitig bewußt. Üb dich darin, mit deiner Auge-Bauch-Gegenwärtigkeit im Zimmer herumzugehen. Du wirst merken, daß eine starke Vibration im dritten Auge dir erlaubt, im Bauch eine noch stärkere Vibration zu spüren. Verschiedene Schutztechniken, auf die wir in den Kapiteln 18 und 20 noch näher eingehen werden, beruhen auf dieser Steigerung deiner Energie durch eine gleichzeitige starke Lenkung deiner Aufmerksamkeit auf das dritte Auge und den Bauch.

12.9 Die Technik des Wünschelrutengehens

Halte je eine Rute auf der Höhe deines Nabels in jeder Hand. Wenn du die Ruten so hältst, wie du Pistolen vor dich hin halten würdest, hast du die richtige Höhe und wahrscheinlich auch die richtige Gegenwärtigkeit im Bauch: Wichtig ist hier, daß du in der Vibration geerdet bist und nicht irgendwo elfengleich in den Lüften herumschwebst.

falsch, zu hoch   *richtig*

Häufig wird der Fehler begangen, die Ruten mit den Daumen festzuhalten: Die Ruten müssen aber frei rotieren können.

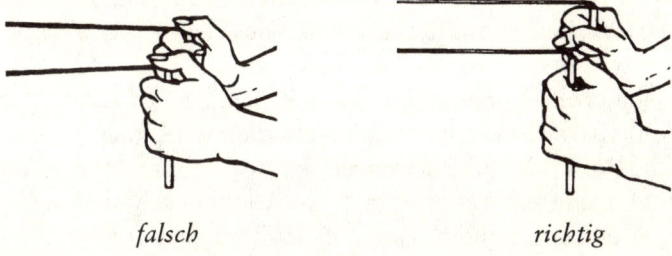

falsch   *richtig*

Fang an, mit einer starken Gegenwärtigkeit der Vibration im dritten Auge und im Bauch langsam mit den Ruten in der Hand herumzugehen wie ein Tiger. Halte deine Hände ruhig, um Bewegungen der Ruten zu vermeiden. Die Ruten zeigen mit den Spitzen nach vorne. Wenn sie ausschwenken, sollte dies aufgrund des Signales einer Erdlinie passieren, und nicht weil sie sich mit deiner Bewegung beim Laufen mitbewegen. Halte die Ruten nicht mit den Daumen fest, laß sie sich frei bewegen. Sei auf jede Empfindung, die aus deinem Bauch kommen könnte, eingestellt. Atme immer weiter mit der Reibung im Hals und gehe dabei langsam umher.

Wenn du eine Linie überschreitetst, passiert folgendes:
1. Die Ruten schlagen aus und stellen sich parallel zu der Erdlinie. Um also den Verlauf der Erdlinie bestimmen zu können, mußt du einfach der Richtung folgen, in die deine Ruten zeigen. Es spielt keine Rolle, ob

die Ruten nach rechts oder links ausschlagen oder eine nach rechts und
eine nach links ausschlägt.

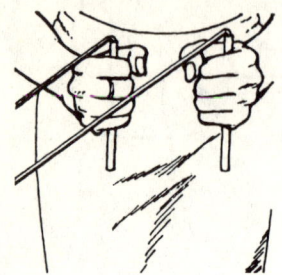 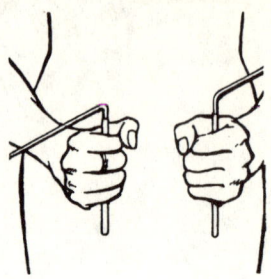

 2. Du kannst für den Bruchteil einer Sekunde, bevor die Ruten
ausschlagen, eine sehr »körperliche« Empfindung im Bauch
spüren. Wir nennen das das »Bauchsignal«. Tatsächlich ist
es kein sehr angenehmes Gefühl. Je schädlicher eine Linie
ist, desto unwohler wirst du dich im Bauch dabei fühlen. Es
ist also eine einfache Art um festzustellen, wie schädlich eine Linie ist.

Sobald du eine grobe Vorstellung vom allgemeinen Verlauf des Gitters hast,
ist es empfehlenswert, im rechten Winkel zu diesen Linien zu laufen. Jedesmal, wenn du die Linien überschreitest, kannst du dann eine klare Drehung
der Ruten beboachten. (Wenn du fast parallel zu den Linien läufst, schlagen
die Ruten im entscheidenden Moment des Überschreitens nur ganz wenig
aus.) Zur Markierung des Linienverlaufs empfiehlt es sich, immer eine Rolle
Klebestreifen dabei zu haben, und den Punkt, jedesmal wenn du eine Linie
überschreitest, zur Erinnerung zu markieren.

Da die Linien des Gitternetzes im allgemeinen im rechten Winkel zueinander verlaufen, wirst du normalerweise zwei Gruppen von parallel verlaufenden Linien finden. Wenn du alle parallelen Linien einer Gruppe ausfindig
gemacht hast, fang an, im rechten Winkel dazu zu gehen, um die zweite
Gruppe des Gitters aufzuspüren.

Was bedeutet es, wenn du eine Linie findest, die nicht in das Gitter paßt
und z. B. diagonal dazu verläuft? Das bedeutet, daß du etwas gefunden hast,
das zusätzlich zu dem natürlichen Gitter existiert, wie etwa ein elektrisches
Kabel, ein Wasserrohr oder gar einen unterirdischen Bach. Begib dich dann
mit deinem Bewußtsein noch weiter in dein drittes Auge, stimm dich auf
die Linie ein, und versuch herauszufinden, was sie ist. Elektrische Kabel
äußern sich normalerweise als mäßig starke Linien. Ein unterirdischer Bach

oder eine Wasserader erzeugen die Art von Linien, bei denen dir schlecht wird, wenn du dich
auf sie einstimmst. Wasserrohre liegen irgendwo zwischen den beiden, je nachdem, wieviel
Wasser durch sie hindurchfließt.

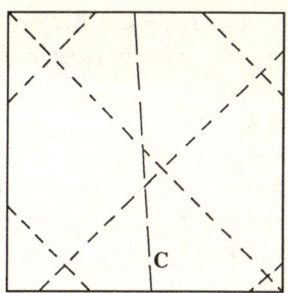

12.10 Das Auffinden der Erdlinien mit der Wünschelrute: Praktische Tips

• Wenn deine Ruten auszuschwenken beginnen, bevor du dich überhaupt in
Bewegung gesetzt hast, kann dies bedeuten, daß du in dem Moment gerade
auf einer Energielinie stehst! Geh einfach ein bis zwei Schritte weiter und
probier es dann noch mal.

• Nehmen wir einmal an, du fändest eine Linie, die auf den Verlauf eines
Kabels schließen läßt, aber unter dem Boden ist kein Kabel. Was kann das
bedeuten? Wahrscheinlich, daß das Kabel in der Decke ist! Die Energielinien
werden nicht nur über dem Kabel oder Wasserrohr erzeugt, sondern auch
unter ihm.[33]

• Probier das Rutengehen pro Tag nicht zu lange. Denn, außer wenn du
sehr geübt darin bist, kann diese Übung sehr erschöpfend sein, wenn sie
mehr als eine halbe Stunde am Tag durchgeführt wird. Dafür gibt es einen
einfachen Grund: Um etwas wahrzunehmen, mußt du dich darauf einstimmen. Wenn du die Linien mit der Wünschelrute aufspüren willst, muß du
eine innere Verbindung zu ihrer Energie herstellen. Da diese Linien jedoch
von Natur aus schädlich sind, ist leicht verständlich, weshalb das Rutengehen ein sehr ermüdender Sport ist.
    Deshalb ist es auch nicht ratsam, Erdlinien aufzuspüren, wenn du wenig
Energie hast oder deprimiert bist. Auch für Schwangere und Kinder ist das
Rutengehen keine gute Tätigkeit.

---

33 Du weißt, daß die Linie C in dem oben dargestellten Gitter ein Rohr, ein Kabel oder
   ein unterirdischer Bach sein kann, weil die Linie nicht parallel zu den Linien des
   Netzes verläuft. Falls es eine Steckdose an den Randpunkten der Linie C gibt oder
   wenn eine Lampe darüber hängt, dann ist die Linie mit großer Sicherheit auf ein elektrisches Kabel zurückzuführen.

• **Wasch dir nach dem Rutengehen ziemlich lange in fließendem Wasser die Hände,** wie in Abschnitt 4.12 beschrieben. Eine Dusche wäre sogar noch besser.

• Es gibt viele Vereinigungen von Rutengängern, von denen die meisten Kurse und Ausflüge zum praktischen Üben des Auffindens von Erdlinien veranstalten. Es wäre nicht schlecht, sich ihnen ein oder zwei Sonntage anzuschließen, um zu überprüfen, ob deine Technik des Rutengehens richtig ist.

12.11 Das Bauchsignal

In Kapitel 11 wurde beschrieben, wie man durch die Kunst des »Sich-Ein-stimmens« lernen kann, die Eigenschaften eines Gegenstandes in seinem Bewußtsein »lebendig werden« zu lassen. Für den Anfänger in Sachen Hell-sehen ist das Aufspüren von Erdlinien mit der Wünschelrute eines der ein-drucksvollsten Beispiele für diesen Vorgang. Es ist besonders leicht, sich auf Energielinien einzustimmen. Und beim Überschreiten einer Linie mit den Ruten macht sich im Nabelzentrum, um das *Manipura*-Chakra der indi-schen Tradition, ein spürbarer Effekt bemerkbar. Es handelt sich dabei um ein sehr körperliches Gefühl im Bauch – es ist unverwechselbar. Das Ruten-gehen ist ein typische Beispiel dafür, wie man sich einstimmen und danach als Reaktion eine Veränderung seiner Energie spüren kann.

Als Folge dieses spürbaren Effekts gibt es für die Schüler im allgemei-nen eine angenehme Überraschung: Sie finden die Linien häufig an densel-ben Stellen, obwohl sie zum ersten Mal die Wünschelrute zum Auffinden von Linien benutzen.

Das Auffinden von Erdlinien mit der Wünschelrute ist deshalb so bemer-kenswert, weil es wahrscheinlich die einfachste aller außersinnlichen Wahr-nehmungen ist, die sich objektiv nachweisen und reproduzieren läßt. Wenn es irgend jemandem beispielsweise in den Sinn käme, Phänomene der außer-sinnlichen Wahrnehmung wissenschaftlich nachweisen zu wollen, würde ich ihm auf jeden Fall raten, dies an Erdlinien zu versuchen.

Näheres zum »Bauchsignal«: Interessanterweise scheint ein bestimmter Anteil der Bevölkerung nicht zum Rutengehen in der Lage zu sein – meiner Erfahrung nach sind es ungefähr 10 Prozent. Es scheint ein Zusammenhang zu bestehen zwischen der Unfähigkeit zum Rutengehen und emotionalen Blockaden im Bauchbereich. Das heißt mit anderen Worten, daß diese hoff-nungslosen Rutengänger fast immer die Schüler mit den größten Energie-blockaden im Nabelzentrum sind. Wenn diese Personen mit Hilfe von Rück-führungstechniken einen Läuterungsprozeß durchmachen und sich von ihren

Blockaden im Bauch befreien, finden sie ihre Fähigkeit zum richtigen Rutengehen oder, besser gesagt, sie gewinnen sie wieder zurück.

12.12 Erspüren der Erdlinien ohne Wünschelrute

Wenn du erst einmal den Verlauf der Linien eines Gitters nach der oben beschriebenen Methode bestimmen kannst, besteht der nächste Schritt im Erspüren der Linien ohne Wünschelrute. Das ist etwas, was deine Rutengängerfreunde sehr überraschen wird. Es ist eine ziemlich komische Situation: Sie werden sich fragen, wie du, der du doch erst seit ein paar Wochen das Rutengehen gelernt hast, nicht nur die Linien finden, sondern sie sogar ohne Wünschelrute aufspüren kannst, wo sie sich doch schon jahrelang mit dieser Sache befassen und trotzdem keine Ahnung haben, wie man es macht. Natürlich beruht das darauf, daß deine Art des Rutengehens von der systematischen Ausbildung deiner Wahrnehmungsfähigkeit herrührt und keine abgekoppelte Fertigkeit ist.

Mit einer starken Gegenwärtigkeit im dritten Auge ist es in Wirklichkeit nicht sehr schwer, die Linien auch ohne Wünschelrute mit den Händen zu spüren.

Beginn mit ausgestreckten Unterarmen und nach vorne zeigenden Handflächen im Zimmer langsam herumzugehen. Behalte dabei wie zuvor ein starkes Bewußtsein der Vibration im dritten Auge und unter dem Nabel bei. Atme mit der Reibung im Hals, um die Vibration noch zu steigern. Stimm dich vom Bauch aus auf die Linien ein.

Wenn du über eine Linie läufst, werden deine Hände einen leichten Widerstand spüren, als ob du auf etwas stoßen würdest, das dicker und dichter als die reine Luft im Zimmer ist. Manchmal spürst du zusätzlich auch ein leichtes Vibrieren in den Händen, wenn du eine Linie »berührst«. Geh noch einmal einen Schritt zurück und geh dann erneut langsam auf die Linie zu. Verweile in diesem Gefühl, lern es kennen. In Wirklichkeit wäre es angemessener, von einer »Wand« als von einer Linie zu sprechen, denn was du spürst, fühlt sich tatsächlich viel mehr wie eine Wand aus Schwingungen an, ein bißchen wie eine Wand aus ätherischem Rauch.

Wie immer lautet der Geheimtip auch hier: Üben, üben und nochmals üben! Wenn du das machst, wirst du mit der Zeit in der Lage sein, sofort beim Betreten eines Raumes sagen zu können, wo die Linien verlaufen und wie schädlich sie sind. Du brauchst dann keine Wünschelrute mehr dazu. Und du brauchst nicht einmal mehr in dem Raum herumzulaufen.

12.13 Das Sehen der Erdlinien

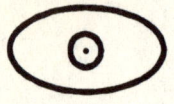 Die Erdlinien oder Wände rauchiger Energie zu sehen ist nicht viel schwirirger, als die Lichterscheinungen und Strahlenkränze um Menschen zu sehen. Die Techniken, die man dazu anwenden muß, sind genau dieselben wie die, die wir in den Kapiteln über das Sehen beschrieben haben.

Wende den Prozeß des dreifachen Sehens an:
1. Bewegungslosigkeit und gerichtete Aufmerksamkeit im dritten Auge, mit so wenig Blinzeln wie möglich.
2. Such nicht nach den Linien, sondern werde dir einfach der Tatsache oder des Zustands des Sehens bewußt. Wenn das nicht geht, versuch das Bild, das du vor dir siehst, einfach zu fühlen, anstatt es anzuschauen.
3. Versuch, mit dem Herzen zu fühlen, und gegebenenfalls gleichzeitig auch mit dem Bauch. Wenn es dir schwerfällt, gleichzeitig im dritten Auge, im Herzen und im Bauch gegenwärtig zu sein, lenk deine Aufmerksamkeit nur auf das dritte Auge und den Bauch. Sieh vom Bauch aus durch das dritte Auge. Wenn das zu schwer ist, richte deine Aufmerksamkeit vorwiegend auf das Bauchzentrum zwei bis drei Zentimeter unterhalb des Nabels.

Tips für Anfänger:

• Je mehr Menschen in einem Raum im dritten Auge gegenwärtig sind, desto leichter fällt uns das *Sehen*.

• Es ist einfacher, die Linien zu sehen, wenn du es versuchst, während eine andere Person das Rutengehen im gleichen Zimmer ausübt.

• Meiner Erfahrung zufolge entsteht eine große Wolke chaotischer Energie im Raum, wenn mehrere Anfänger versuchen, sich auf einen Gegenstand einzustimmen oder ihn gleichzeitig hellseherisch zu sehen, und es fällt dann sogar ausgebildeten Hellsichtigen schwer, irgend etwas zu unterscheiden. Manchmal dauert es eine gute halbe Stunde, bis irgend jemand wieder etwas wahrnehmen kann.

Dasselbe gilt auch für die Erdlinien: Wenn zu viele unerfahrene Schüler sie gleichzeitig zu sehen versuchen, ist es sehr wahrscheinlich, daß nach 30 Sekunden absolut niemand mehr in der Lage ist, irgend etwas zu sehen.

• Üb das Sehen der Linien um den Vollmond herum und am Abend, wenn die Linien am breitesten sind.

Übung 12.14: Die Aura des Rutengängers

Eine interessante Übung geht folgendermaßen: Versuch, so ruhig wie möglich sitzen zu bleiben, wende die Technik des dreifachen Sehens an, und betrachte die Aura eines Menschen, der gerade mit der Wünschelrute versucht, Erdlinien ausfindig zu machen. Jedesmal wenn er eine Linie überschreitet, kannst du eine Veränderung der Farben und der Intensität seiner Aura erkennen. Auch wenn du Farben noch nicht klar sehen kannst, wird es dir nicht allzu schwerfallen, den Unterschied zu spüren, der in der Energie der Person stattfindet.

Versuch auch, dich auf seine Bauchenergie einzustimmen. Immer wenn er eine Linie überquert, wirst du das »Bauchsignal« in ihm spüren können. Wenn die Erdlinie wirklich schädlich ist, kann es leicht vorkommen, daß dir, trotz der Entfernung zu der Person, allein durch das Einstimmen auf den Bauch des Rutengängers ein bißchen schlecht wird.

Übung 12.15: Diagnostizieren von geopathogenem Streß

Wenn du in der Entwicklung deiner hellseherischen Fähigkeiten erst noch weiter fortgeschritten bist, kann es sein, daß du eine interessante Diagnosefähigkeit entwickelst: das Fühlen des Eindrucks, den die Linien bei den Menschen zurückgelassen haben. Wenn jemand monatelang auf einer Energielinie schläft, hinterläßt dies eine Spur in der Energie des Menschen. Und du kannst tatsächlich die Energie der Erdlinien auf ihm spüren und sehen.

Diese Übung ist weitaus weniger schwierig, als sie klingt. Du mußt dazu nur ein gewisses Gefühl für die Linien entwickelt haben. Das heißt, du mußt genau wissen, wie sich die Energie einer Linie anfühlt. Wenn du dich auf eine Person einstimmst, brauchst du dann nur noch nach demselben Gefühl Ausschau zu halten. Wenn sich in die Energie von Menschen schädliche Erdlinien eingeprägt haben, d.h., wenn sie unter »geopathogenem Streß« leiden, wirst du dieses »Liniengefühl« wiedererkennen, weil es dasselbe ist, wie wenn du dich auf das Gitter einstimmst. Dies wird dir dabei helfen, relativ schnell zu erkennen, ob die Krankheit einer Person auf den Einfluß einer schädlichen Erdlinie zurückzuführen ist.

12.16 Kraftorte finden

Das Thema Kraftorte ist sehr viel geheimnisumwobener als das der schädlichen Erdlinien. Es ist nur sehr wenig schriftlich über sie festgehalten worden. Das Auffinden von Kraftorten erfordert ein hohes Maß an Kenntnissen über die tellurischen Kräfte;

außerdem ist es dabei wichtig, eine gewisse Achtung für das Land zu entwickeln und dessen Energien zu schätzen.

Zum Auffinden von Kraftorten sind zwei Haupteigenschaften nötig: Achtung und die Fähigkeit des Sich-Einstimmens. Denn nicht du bist es, der die Kraftorte findet, sondern es ist das Land, das sie dir zeigt. Vielleicht. Wenn das Land Vertrauen zu dir hat und dich nett findet.

Was aber ist eine nette Person aus der Sicht des Landes? Du kommst an einen Ort mit dem Kopf voller Verstandesaktivität, wie sie das moderne Leben eben hervorbringt, aber das Land schwingt auf einer ganz anderen Frequenz. Als erster Schritt mußt du dich also auf das Land einstimmen, d. h. auf seiner Frequenz mitschwingen. Das Land reagiert auch empfindlich auf deinen Magnetismus. Es schätzt und achtet Menschen mit einer gewissen Dichte. Du mußt im Bauch ganz beharrlich gegenwärtig sein und eine Verbindung zwischen deiner Bauchenergie und dem Land herstellen, indem du die Kraft deiner unteren Chakras in der Erde verankerst. Bevor du also z. B. ein Haus in Augenschein nimmst, empfiehlt es sich, ein paar Minuten auf dem Land und um das Haus herumzulaufen, um die Energie des Ortes zu erspüren und Verbindung damit aufzunehmen.

Wie findest du nun die Kraftorte, sobald du in der richtigen inneren Verfassung bist? Wenn du bereits eine gewisse Hellsichtigkeit entwickelt hast, ist es ziemlich einfach: Du mußt dich nur umsehen. Ein Kraftort sieht wie ein kleiner Energiespringbrunnen aus, wie ein kleiner »Geysir« oder eine Lichtsäule. Auch wenn dir das Aura-Sehen noch nicht so leichtfällt, probier es einfach mit dem dreifachen Sehen: Laß deinen Blick vom dritten Auge aus durch den Raum schweifen. Wenn du auf die Energie des Ortes eingestimmt bist, ist es gut möglich, daß du ganz unerwartet etwas aufblitzen siehst.

Geh dann ganz langsam mit nach vorne zeigenden Handflächen im Raum umher, als wolltest du Erdlinien ohne Wünschelrute erspüren (siehe Abschnitt 12.12). Es gibt ein deutsches Wort, das sich nicht genau in andere Sprachen übersetzen läßt: »gemütlich«. Es bedeutet freundlich, »gefühlvoll«, angenehm, behaglich, einladend für die Seele – und genau so fühlt sich ein Kraftort an.

Meiner Erfahrung zufolge finden sich Kraftorte häufig in der Nähe von einer Erdlinie (aber nicht auf ihr). Mach dir also keine Sorgen, wenn du einen Kraftort direkt neben einer Erdlinie findest: Da ist nichts falsch daran.

Kraftorte können unterschiedlich groß sein. Die Kraftorte, die wir in Sydney finden, haben im allgemeinen einen Durchmesser von 30 bis 60 Zentimeter oder auch ein bißchen mehr. Aber an verschiedenen Kultstätten der Aboriginies finden sich z. B. viel größere. Manche dieser Stätten haben wirklich etwas Magisches an sich, denn es wimmelt dort nur so von Kraftorten, die wie lauter kleine Feuerwerke aus dem Märchen aussehen. Wenn du an diesen Orten mit dem richtigen Bewußtsein umhergehst, befördert dich das in eine andere Daseinsdimension.

 Von verschiedenen Kraftorten geht jeweils eine unterschiedliche Energie aus. Manche fördern eher die Inspiration, andere haben eher heilende Effekte. Um das herauszufinden, mußt du dich auf die Wesenheit des Kraftortes einstimmen. Aber gehe dabei ganz sachte vor, denn diese Wesen sind scheu. Schau ohne hinzuschauen, stimm dich aus einer gewissen Entfernung darauf ein, sonst offenbaren sie dir ihre Energie nicht und der Kraftort wird von deinem dritten Auge nicht wahrgenommen. Erst wenn du mit dem kleinen Wesen des Kraftorts auf vertrautem Fuße stehst, wird es dir alle Geheimnisse enthüllen.

Über Kraftorte gibt es noch eine Menge zu entdecken!

12.17 Lassen sich schädliche Erdlinien neutralisieren?

Rutengänger haben alle möglichen Versuche unternommen, um schädliche Erdlinien zu neutralisieren. Viele Werkzeuge und Geräte wurden dafür benutzt und entwickelt, wie etwa verschiedene Ausführungen von Kupferwünschelruten, Bleispiralen, elektromagnetische Geräte, Kerzen, Öllampen, Mandalas und magische Symbole unter dem Teppich etc. Nachdem ich mehrere davon ausprobiert habe, bin ich zu dem Schluß gekommen, daß nichts wirklich hilft. Manche Geräte bewirken eine vorübergehende Verbesserung der Situation, aber ich habe nie gesehen, daß sie wirklich auf Dauer angehalten hätte. Nach eine paar Wochen oder spätestens nach ein paar Monaten schlägt der schädliche Charakter des Gitters wieder durch.

Vielleicht sollte man die Antwort woanders suchen. Obwohl manche dieser Linien für unsere Gesundheit schlecht sind, gilt dies nicht unbedingt für ihre Wirkung auf die Erde. Die Erdlinien sind für die Erde das, was die Akupunktur-Meridiane für unseren Körper sind. Weshalb sollten wir also versuchen, diese Energieströme zu blockieren?

Vielleicht liegt die Lösung nicht in dem Versuch, das natürliche Energiegitter der Erde zu korrigieren, sondern unsere Häuser an Stellen zu errichten, die für das menschliche Leben geeignet und förderlich sind. Das Gitter ist nicht überall schädlich: Viele Orte haben eine wohltuende Energie. Wenn du natürlich ein Haus direkt auf einer Wasserader oder einem unterirdischen Bach baust, hast du überall um das Haus herum mit Sicherheit ein schädliches Gitter. Aber wenn du dasselbe Haus nur 50 Meter weiter baust, gibt es dort möglicherweise keine ungünstigen Einflüsse.

In Australien, wo die tellurischen Energien besonders stark sind, habe ich Häuser gesehen, die auf den Begräbnisstätten der Aboriginies oder an Orten

erbaut wurden, die die Aborigines traditionell zum Wohnen für Menschen
als ungeeignet erachten. In diesen Häusern wurden die Menschen krank
und kämpften die ganze Zeit, machten Bankrott, begingen Selbstmord usw.
Sogar die Katzen, die sich normalerweise auf den Erdlinien wohl fühlen, ver-
steckten sich in den Schränken und hatten Nervenzusammenbrüche. Ist es
wohl vernünftig, gegen das Land Krieg zu führen, um so einen Ort zu läutern, oder sollte man vielleicht eher in Betracht ziehen, daß an diesem Ort
nie ein Haus gebaut werden sollte?

Das wahre Problem besteht darin, daß wir nicht in Harmonie mit den Energien der Erde leben. Wir errichten unsere Gebäude nach verstandesmäßigen
Gesichtspunkten und nachdem wir auf der Karte schöne Vierecke eingezeich-
net haben. Wir haben die Verbindung zur Erde und zum Land verloren: Wir
versuchen nicht einmal, es zu Rate zu ziehen, bevor wir ein Haus darauf
bauen. Und wenn dann die Schwingungen im Haus furchtbar sind, holen
wir uns die Technologie zur Hilfe, um uns zu retten, die natürlichen tellurischen Energieströme zu unterbinden und unseren gespenstischen Ort in eine
gemütliche kleine Hütte zu verwandeln. Die richtige Lösung des Problems
besteht darin, Architekten und Bauunternehmer mit der Wissenschaft der
tellurischen Linien und Kraftorte bekanntzumachen, und was dich betrifft:
Überprüf das Gitter und die Schwingungen eines Hauses, **bevor** du einziehst.

Was können wir praktisch tun? Begeh dein Haus in allen Winkeln mit der
Wünschelrute. Es gibt überall ein Netz von Energielinien, und sie liegen
überall etwa zwei bis zweieinhalb Meter auseinander. Aber in vielen Fällen
ist das Gitternetz nicht besonders schädlich. Trotzdem solltest du darauf
achten, daß dein Bett, dein Schreibtisch, dein Lieblingsmeditationsort oder
sonst ein Ort, an dem du dich häufig aufhältst, sich nicht gerade direkt auf
einer Erdlinie befindet. Nichts hindert dich daran, deine Möbel einfach um-
zustellen!

Der zweite Schritt besteht dann darin, überall (ganz sachte!) nach den
Kraftorten im Haus zu suchen und zu erforschen, was sie dir geben können.
All das bedeutet, daß du deine Gewohnheiten genau unter die Lupe nehmen
und anfangen mußt, den Raum in Harmonie mit der Energie des Hauses zu
nutzen. Wenn es möglich ist, die kluge Wahl zu treffen, das Innere deines
Hauses so zu entwerfen, daß du auf Kraftorten meditierst, schläfst, ißt und
arbeitest, dann wird das für deine körperliche, geistige und spirituelle Gesundheit enorme Vorteile haben.

Was aber, wenn das Gitternetz schädlich ist oder voller zusätzlicher Energielinien oder wenn das Haus so angelegt ist, daß du, egal wo du dein Bett
hinstellst, auf einem Kreuzungspunkt von Erdlinien landest? Mein Rat: Zieh
einen Umzug in Betracht. Spirituelles Erwachen ist ein Öffnungsvorgang. An
einem Ort, von dem schädliche Energien ausgehen, kann dies nicht glatt

vonstatten gehen. Wenn du tiefgreifende Veränderungen durchmachst, brauchst du eine Umgebung, die dich unterstützt und nicht gegen dich arbeitet. Geh hinaus, und such dir einen Platz, der sich für dich 100 Prozent richtig anfühlt. Das ist ein wichtiger Teil deiner spirituellen Suche, und deshalb wird dich das Univesum auch darin unterstützen, wenn deine Motivation stimmt.

12.18 Eine Geographie der Erleuchtung

Wenn du wirklich etwas über Energie lernen möchtest, empfehl ich dir, dich darum zu bemühen, die Erdlinien wahrnehmen zu lernen, bis du an dem Punkt angelangt bist, daß du, sobald du einen Raum betrittst, sofort weißt, wo die Linien verlaufen. Mach dir nichts draus, wenn du die Linien nicht gleich sehen kannst. Aber du mußt dein Gespür soweit entwickeln, daß du nur die Tür zu öffnen und dich einzustimmen brauchst, und schon spürst, wo die Linien verlaufen, ohne überhaupt in dem Raum herumgegangen zu sein. Das wird in dir eine tiefe Verbindung zu den Energien der Erde schaffen.

Es wird außerdem dazu führen, daß du jedesmal, wenn du an einen neuen Ort kommst, automatisch den Erdlinien ausweichst und dir den richtigen Sitzplatz aussuchst. Das wird ganz spontan geschehen, ohne daß du überhaupt darüber nachdenken mußt. Du wirst dich einfach irgendwo hinsetzen und erst später merken, daß du wieder einen Kraftort ausgewählt hast. Und wenn du aus irgendeinem Grund doch einmal auf einer Erdlinie zu sitzen kommen solltest, wirst du sofort von deinem Bauch ein Signal empfangen und den Wunsch verspüren, den Platz zu wechseln. Um diese Stufe zu erreichen, mußt du nicht einmal in der Lage sein, die Erdlinien hellseherisch zu sehen. Es reicht schon aus, wenn du dich darin übst, die Linien systematisch zu spüren.

Wenn du dir der tellurischen Energien erst noch bewußter bist, wirst du mit Überraschung feststellen, daß es Leute gibt, die sich aufgrund einer seltsamen magnetischen Anziehungskraft direkt von einer Erdlinie zur nächsten begeben. Wenn es irgendwo in deinem Wohnzimmer einen schädlichen Kreuzungspunkt gibt, gehen sie direkt darauf zu und setzen sich dort hin. Wenn es in der Stadt auch nur ein gespenstisches Haus gibt, sind sie die ersten, die es mieten wollen. Und auch wenn ihr Haus im Hinblick auf Erdlinien ziemlich einwandfrei ist, schaffen sie es, ihr Bett auf den schlimmsten Kreuzungspunkt zu stellen, den sie finden können. In gewisser Weise könnte man sagen, daß diese Menschen eine Sensivität für diese Energielinien entwickelt haben! Aber sie verwenden diese unbewußt gegen sich selbst. Diesen Erdlinien-Kamikazes würde es sehr gut bekommen, etwas an ihrem dritten Auge zu arbeiten und das Rutengehen zu lernen. Du wirst jedoch bald herausfinden, daß viele von ihnen sich hartnäckig weigern, einen Versuch in diese Richtung zu unternehmen oder überhaupt nur die Existenz von Erdlinien anzuerkennen.

Das läßt dich zu dem Schluß kommen, daß es einen Zusammenhang zwischen deiner eigenen Art von Energie und den Stellen geben muß, die du dir zum Sitzen aussuchst, sei es nun zu Hause oder in einem Restaurant, im Kino oder im Haus eines Freundes. Das bedeutet, daß viele Leute sich unbewußt schädliche Stellen aussuchen, um ihre Energiestörungen und Ungleichgewichte beizubehalten. Aber es bedeutet auch, daß wir durch systematisches Wählen von Orten mit einer hohen Energiequalität unseren Gesundheits- und Bewußtseinszustand positiv beeinflussen können – vielleicht sehr viel mehr als wir denken.

Es kann außerdem bedeuten, daß zwei Menschen, obwohl sie sich in derselben Umgebung aufhalten, in zwei völlig verschiedenen Welten leben können, wenn der eine sich systematisch immer Aufenthaltsorte auf Erdlinien aussucht und der andere Kraftorte.

Am Ende diese Kapitels möchte ich dich noch um einen Gefallen bitten: Das Wissen um die Erdlinien ist relativ einfach, und doch sind die Probleme, die man sich dadurch ersparen kann, immens. Sprich mit anderen über Erdlinien. Diskutier das Thema ausführlich mit deinen Verwandten, Freunden etc. Laß nie eine Situation aus, es zum Mittelpunkt des Gesprächs zu machen. Wenn du Journalist bist, schreib darüber, oder sorg dafür, daß eine Radio- oder Fernsehsendung darüber gemacht wird. Wenn du Heilpraktiker bist, erklär deinen Patienten, worum es dabei geht. Es wird deinem Ruf nicht schaden, denn es gibt sehr viel wissenschaftliches Material zu diesem Thema, das dieses Phänomen untermauert. Es sollte als eine Handlung höheren Mitgefühls verstanden werden, soviel Interesse wie möglich für dieses Thema zu erwecken.

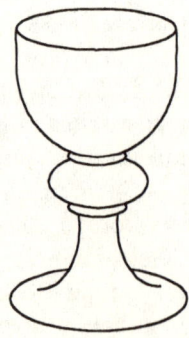

Kapitel 13

Nachtübung 1: Theoretische Aspekte

»Dormiens vigila.«
Bleibe beim Schlafen wach.

»Jenes (höhere Sein), das Nacht ist für alle Geschöpfe,
ist Wachsein für den Weisen, der sich selbst bemeistert
(sein leuchtender Tag wahren Seins, wahrer Erkenntnis
und Macht). Aber das Leben in der Spannung der Gegensätze, das für jene Wachsein ist (ihr Tag, ihr Bewußtsein,
die helle Voraussetzung für ihr Wirken), ist Nacht für
den Weisen, der erkennt.«

Bhagavadgita, II, 69

Die Nachtübung besteht aus einer Reihe von Techniken, die darauf ausgerichtet sind, einen Zustand des hellseherischen Schlafs herbeizuführen und
deine Nächte zur Selbst-Transformation zu nutzen. Wenn die Nachtübung
tagsüber gemacht wird, stellt sie eine schnelle und sichere Methode zur Er-
holung von Streß und Erschöpfung dar. Im fortgeschritteneren Stadium der
Nachtübung geht es um bewußte Astralreisen, für die im folgenden Kapitel
einige vorbereitende Techniken erläutert werden.

13.1 Entscheidende Momente

Wohin gehst du, nachdem du gestorben bist?
   Der tibetanischen und hinduistischen Totenlehre zufolge ist der Moment
des Todes entscheidend, denn er bestimmt die Bedingungen für deine Reise
nach dem Leben. Gleich und gleich gesellt sich gern. Es heißt, im Todes-
moment selbst finde eine Resonanz zwischen dem Inhalt deines Geistes und
dem Ort statt, zu dem du hingezogen wirst. In einem Vers der Bhagavadgita
wird dies folgendermaßen ausgedrückt:

»Yam-yam va'pi smaran bhavan tyajaty ante kalevaram, tam-tam evai'ti ...«

Bhagavadgita VIII,6

»Wer jedoch am Ende den Körper aufgibt und dabei an irgendeine Gestaltung des Seins denkt, der erlangt jene Gestalt [...], zu der die Seele während ihres körperlichen Lebens innerlich herangewachsen war.«

Es gibt in der buddhistischen Tradition eine Geschichte über einen Mann, der ein sehr tugendhaftes Leben führte. Als er auf dem Totenbett lag, saß sein Neffe an seiner Seite und gab vor zu trauern, aber insgeheim hatte er es nur auf die Erbschaft abgesehen. Als der Mann sah, daß die Trauer seines Neffen nur vorgetäuscht war, wurde er sehr wütend. Die Sterbenden können sehr leicht die Gedanken der Menschen um sie herum lesen, denn sie befinden sich bereits zur Hälfte in der Astralwelt. Seine Wut war so groß, daß sie ihn direkt in eine Hölle fahren ließ, wo er vor seiner nächsten Inkarnation einige Zeit bleiben mußte. Da der Moment des Todes so wichtig ist, haben viele westliche und östliche esoterischen Schulen ganz genaue Methoden entwickelt, wie man den Körper am besten verläßt, um die richtige Richtung in den nichtphysischen Welten einzuschlagen.

Sehen wir uns nun etwas ganz Alltägliches an, das sich vom Abenteuer des Todes nicht unterscheidet. Wohin gehst du, nachdem du eingeschlafen bist? Eine ganze Palette von Bewußtseinsebenen steht dir offen. Manche sind leicht und erfrischend, andere haben eher die Tendenz, dir schreckliche Alpträume zu vermitteln. Was das Ausruhen und die spirituelle Entwicklung betrifft, ist der Wert deines Schlafes von der Qualität der Ebenen abhängig, die dein Astralkörper bei Nacht aufsucht. Wenn du in die falschen Bereiche vorstößt, kann es gut sein, daß du müder aufwachst, als du eingeschlafen bist, oder sogar krank wirst.

 Was ist ausschlaggebend dafür, welche Ebenen du im Schlaf besuchst? Auch hier ist es dein Geisteszustand beim Überschreiten der Schwelle, der entscheidend ist. Am Tor zum Schlaf wie am Tor zum Tode findet eine Resonanz statt. Die Einstellung deines Bewußtseins genau im Moment des Einschlafens spielt eine entscheidende Rolle in bezug auf die Richtung, die deine Reise bei Nacht nimmt. Daher ist eine Zeit reiner und zusammenhängender Gegenwärtigkeit kurz vor dem Einschlafen von unschätzbarem Wert, denn sie ermöglicht, daß dein Astralkörper bei der Reise zu dem »richtigen Ort« hingezogen wird. Das hat viele wertvolle Nebeneffekte, wie etwa mehr Energie am Tag, höhere Widerstandsfähigkeit gegenüber Krankheiten, besseres Gedächtnis, gesteigerte Kreativität etc.

Dir würde es nie in den Sinn kommen, den Moment deines Todes leichthin abzutun. Die Parallele zwischen den beiden Erfahrungen ist so eindeutig, daß dem Moment des Einschlafens dieselbe Bedeutung beigemessen werden sollte.

13.2 Die Rolle des Todes bei der Initiation und das Geheimnis der Schwelle

In vielen Traditionen wird die Analogie zwischen Tod und Initiation hervorgehoben. Auch ohne esoterisches Hintergrundwissen kannst du dir über diese Entsprechung klarwerden, wenn du einen Menschen beobachtest, der im Sterben liegt. Er mag zuvor noch so viele Schicksalsschläge und soviel Leid erfahren haben, doch wenn er sich dem Moment des Sterbens nähert, fängt er an, eine große Gelassenheit auszustrahlen. Wenn er nicht mit zu vielen Medikamenten vollgepumpt ist, kannst du ganz deutlich spüren, daß eine Öffnung stattfindet.

Aus esoterischer Sicht ist die Verbindung zwischen Tod und Initiation offensichtlich: Der Eingeweihte kann sich schon in diesem Leben der Ebenen bewußt werden, die von den Toten aufgesucht werden. Der Initiierte kann die nichtphysischen Ebenen sehen und sie bereisen, obwohl er noch in einem physischen Körper inkarniert ist. Hingegen muß der Nichteingeweihte bis zum Tode warten, um zu entdecken, was auf der anderen Seite ist.

Darüber hinaus merkst du an den verschiedenen »Aha-Erlebnissen«, die du auf dem Pfad der Initiation hast, daß du genau in jenem Moment etwas vollendest, das von anderen erst zum Zeitpunkt ihres Todes erreicht wird. Und plötzlich wird deine Feinwahrnehmung enorm gesteigert. Es ist wie eine Explosion. Du weißt, daß du, wenn deine Zeit zum physischen Sterben gekommen ist, einen Großteil der Arbeit bereits getan hast.

Dieser Aspekt des Einweihungsprozesses hat nichts Bitteres an sich. Denk an die heitere Gelassenheit und das Öffnen des Sterbenden. Wenn du die Schwelle der Initiation einmal überschritten hast, wird ein gewisser Teil dieser Gelassenheit dir immer erhalten bleiben. Auch wenn du in der Betriebsamkeit dieser Welt gefangen bist, behältst du dieses sanfte Gefühl im Hintergrund bei. Und da du gleichzeitig tot und lebendig bist, kannst du wirklich zu leben anfangen. Der Geist ist eine Quelle wunderbarer Widersprüche: Das Durchleben einer todesähnliche Erfahrung macht dich viel lebendiger. Zuvor warst du nur lebhaft und nichts anderes, und jetzt bist du lebendig. Es ist so einfach, daß es schon außergewöhnlich ist.

Die Suche nach der Initiation beinhaltet immer auch eine Suche nach der Quelle, dem Tor, das dir den Blick auf die nichtphysischen Welten freigibt. Aber dem hellsichtigen Auge scheint es, als ob dieses Durchschreiten des Tores nicht nur im Moment des Todes stattfindet. Jeden Tag gehen alle Menschen daran vorbei und verpassen das, was in der esoterischen Tradition des Westens der »Hüter der Schwelle« genannt wird. Das passiert mindestens zweimal am Tag (viermal, wenn du ein Mittagsschläfchen hältst), jedesmal wenn du einschläfst und jedesmal wenn du aufwachst. Die Tragödie ist jedoch, daß der Hüter der Schwelle unbemerkt bleibt. Im allgemeinen schläft man sofort ein und wacht in einem Ruck wieder auf, wie wenn man auf dem Eis ausrutscht. Du gehst einfach, und plötzlich, bevor du noch weißt, wie dir geschieht, findest du dich auf dem Boden wieder. Es passiert so schnell, daß du absolut keine Idee hast, was in der Zwischenzeit passiert ist und wie es passiert ist. Das bedeutet, daß zwei- bis viermal am Tag eine phantastische Möglichkeit zur Selbst-Entwicklung verlorengeht.

 Schwellen spielen immer eine entscheidende Rolle. Der Tag ist Yang, und die Nacht ist Yin, und was ist die Dämmerung? Die Dämmerung ist eine Zeit, in der Gegensatzpaare überwunden werden können. Darum wirst du auch von so vielen Weisen und erleuchteten Menschen zu hören bekommen, daß sie ihre erste Erleuchtung in der Dämmerung hatten.

Die rechte Seite des Körpers, die Sonnenseite, ist männlich, und die linke Seite, die Mondseite, ist weiblich. Und was ist mit der Linie dazwischen? Sie ist der Sitz des Schlangenfeuers der esoterischen Tradition des Westens, das durch den Stab des Hermes symbolisiert wird. Ihm entspricht im Kundalini-Yoga die *Shushumna*, 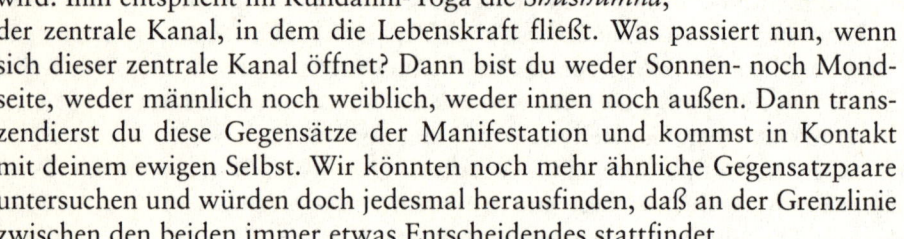 der zentrale Kanal, in dem die Lebenskraft fließt. Was passiert nun, wenn sich dieser zentrale Kanal öffnet? Dann bist du weder Sonnen- noch Mondseite, weder männlich noch weiblich, weder innen noch außen. Dann transzendierst du diese Gegensätze der Manifestation und kommst in Kontakt mit deinem ewigen Selbst. Wir könnten noch mehr ähnliche Gegensatzpaare untersuchen und würden doch jedesmal herausfinden, daß an der Grenzlinie zwischen den beiden immer etwas Entscheidendes stattfindet.

Ein wesentlicher Zweck der Nachtübung besteht im Erforschen der Grenzlinie zwischen Wachen und Schlafen. Interessier dich für diese Schwelle und wundere dich darüber! (»Sich wundern« ist eine wichtige spirituelle Eigenschaft, die man nie genug üben kann!) Es sollte dir geradezu zu so etwas wie einer fixen Idee werden, jedesmal wenn du schlafen gehst zu fragen: Was kann ich dieses Mal von dem Übergang über die Schwelle profitieren? Bei der vollen Erfahrung der Schwelle kommst du mit deinem Überbewußtsein in Kontakt, aber wie bereits erwähnt, wird der Übergang normalerweise verpaßt, weil du zu schnell bist. Die Nachtübung zielt also darauf ab, durch allmählich zunehmende Entspannung einen langsamen Übergang vom Wachen zum Schlafen zu fördern. Du erreichst dann einen Zustand, in dem du weder wach bist noch schläfst oder besser gesagt beides auf einmal, und dir dessen dabei noch bewußt bist. Dann ist der Zeitpunkt gekommen, deine Suche nach dem Hüter der Schwelle aufzunehmen.

13.3 Schlaf und feinstoffliche Körper

Um unser Thema ganz zu verstehen, sollten wir zuerst einmal ein paar Grundbegriffe der feinstofflichen Körper klären. Wir gehen davon aus, daß der Mensch aus vier Teilen besteht:

1. dem physischen Körper (PK);
2. dem Ätherkörper (ÄK) oder der Schicht der Lebenskraft. Diese Lebenskraft wird im Sanskrit *Prana* und im Chinesischen *Qi* genannt. Der Ätherkörper entspricht in der indischen Tradition dem *Prana-Maya-Kosha* oder der »Hülle aus Prana«. In bezug auf die innere Erfahrung läßt sich eine einfache Gleichung aufstellen: Wann immer du ein Vibrieren oder Kribbeln spürst, ist etwas in deinem Ätherkörper aktiviert worden;
3. dem Astralkörper (AK) oder der Schicht des Verstandesbewußtseins. Immer wenn du denkst oder Emotionen empfindest, passiert etwas in deinem Astralkörper;
4. dem Ego oder Höheren Selbst.

Der Astralkörper (AK) und das Ego stehen in einer engen Beziehung zueinander. Sie bilden zusammen einen »oberen Komplex«. Auch der physische Körper und der Ätherkörper sind eng miteinander verbunden und bilden deshalb zusammen einen »unteren Komplex«. Außer wenn du ein Eingeweihter bist, trennt sich der physische Körper nie vom Ätherkörper, solange du lebst.

Der obere Komplex (AK+Ego) ist der Sitz des Bewußtseins. Wenn du wach bist, dringt dieser obere Komplex in den unteren (PK + ÄK) ein, ein bißchen wie eine Hand sich in einen Handschuh schiebt. In anderen Worten: Dein Bewußtsein nimmt die materielle Welt durch den physischen Körper und den Ätherkörper wahr.

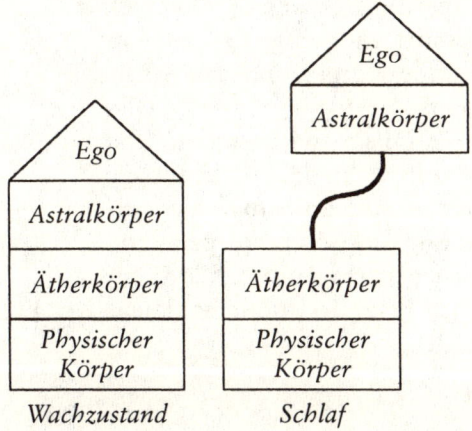

Wachzustand Schlaf

Wenn du einschläfst, verliert der obere Komplex (AK+Ego) sein Interesse am unteren (PK+ÄK). Er zieht sich von ihm zurück. Von außen betrachtet, verlierst du das Bewußtsein, d.h., du schläfst ein. Aber in Wirklichkeit ist das Bewußtsein nicht verloren, sondern nur woanders. Anstatt die physische Welt wahrzunehmen, wandert der obere Komplex (AK+Ego) in verschiedene Astralwelten und manchmal auch in höhere Bereiche des Geistes ab. Eine Vielzahl von verschiedenen Ebenen kann erfahren werden, von denen die einen schön und erholsam sind, andere grau und öde und wieder andere wirklich schädlich. Es hängt in hohem Maße von der Art des Bewußtseins ab, mit dem du die Schwelle überschreitest. Wenn du z.B. nach einer großen Portion Bratwürste und einem Horrorvideo betrunken einschläfst, kann es sehr gut sein, daß dein Schlaf nicht besonders erholsam oder erbauend ist, weil du mit hoher Wahrscheinlichkeit von unklaren Bereichen der Astralebenen angezogen wirst. Es gehört zum Transformationsprozeß, die richtigen Abendaktivitäten und Mahlzeiten zu finden, die es dir ermöglichen, des Nachts in höhere Sphären vorzudringen.

Um die Zeit des Aufwachens fängst du wieder an, dich für die physische Welt zu interessieren, und der obere Komplex (AK+Ego) vereinigt sich wieder mit dem unteren (PK+ÄK). Die Hand schlüpft wieder in den Handschuh. Und das ist wieder ein entscheidender Moment, denn wenn die Wiedervereinigung nicht richtig vonstatten geht, hast du sehr wahrscheinlich den ganzen Tag schlechte Laune. Du kannst dich sicher an Tage erinnern, an denen alles schief zu gehen scheint und du dir wünschst, du wärst gar nicht aufgestanden und hättest lieber bis zum nächsten Tag durchgeschlafen. Bis zu einem gewissen Grad lassen sich solche Tage durch den richtigen Umgang mit dem Moment des Aufwachens vermeiden. Genauso wie Einschlafen eine Kunst ist, ist es auch das Aufwachen.

Was passiert im Moment des Sterbens mit den feinstofflichen Körpern? Der obere Komplex (AK+Ego) koppelt sich endgültig ab und entschwebt. Der physische Körper und der Ätherkörper bleiben dem Zerfall überlassen. Dies macht eine weitere Parallele zwischen dem Tod und dem Schlaf deutlich. Im Hinblick auf die feinstofflichen Körper findet im Schlaf eine vorübergehende Trennung des Astralkörpers und des Ego vom physischen und vom Ätherkörper statt, während es sich beim Tod um eine dauerhafte Trennung handelt.

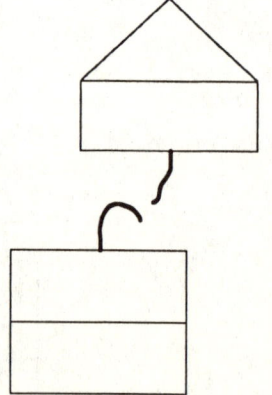

13.4 Engel und das »Herausmeißeln« der Organe der Hellsichtigkeit

Um einen direkten Blick auf die spirituellen Welten werfen zu können, müssen zuerst ein paar neue Organe geschaffen werden. Es ist offensichtlich, daß wir zur Wahrnehmung der physischen Welt physische Sinnesorgane und Nerven benötigen. In ähnlicher Weise, aber auf einer anderen Stufe, werden zur Wahrnehmung der nichtphysischen Welten verschiedene astrale Strukturen benötigt. Einer der Gründe, weshalb heutzutage die meisten Menschen gegenüber allem außer der physischen Wirklichkeit blind sind, liegt im Nichtvorhandensein dieser Organe der Hellsichtigkeit. Sie müssen zuerst aufgebaut werden, um uns für diese Form der Wahrnehmung zu öffnen.

Tagsüber ist der Astralkörper zu sehr mit Aktivitäten innerhalb des physischen Körpers beschäftigt, als daß sich diese neuen Organen entwickeln könnten. Unser Verstandesbewußtsein, und damit auch der Astralkörper, ist auf die physische Welt ausgerichtet. Der Astralkörper wird durch die physischen Wahrnehmungen gesättigt, die er von den Sinnen über das Gehirn übermittelt bekommt. Also muß abgewartet werden bis zur Nacht, wenn sich der Astralkörper in einen anderen Bereich zurückzieht. Erst dann können die neuen Instrumente der Wahrnehmung herausgebildet werden.

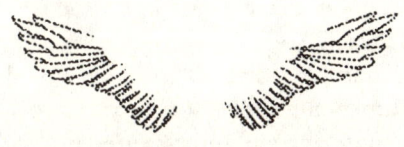 Die Schlüsselfrage lautet nun: Wer »meißelt« diese neuen Organe heraus? Wenn du darauf eine Antwort geben kannst, keine theoretische, sondern eine auf direkter Erfahrung beruhende, dann ist ein großer Teil der Arbeit bereits getan. Im Laufe des Initiationsprozesses wirst du dir darüber klar, daß zum Herausbilden der Astralorgane für das Hellsehen die Mitarbeit von nichtphysischen Geistführern und höheren spirituellen Wesen, wie etwa verschiedenen Gruppen von Engeln, erforderlich ist. Diese Wesen drücken sich in uns auf schöpferische Weise aus, legen neue Samen und bilden neue Strukturen. Sie versuchen uns zu helfen, so gut es geht. Aber das Problem besteht darin, daß es ihnen nicht immer möglich ist, sich uns zu nähern.

Das ist eine häufig beobachtete Tragödie. Es gibt viele Menschen, die verzweifelt versuchen, spirituell voranzukommen. Sie klagen: »Ich wünschte, Gott könnte mir helfen, ach, könnte mir Gott doch nur helfen …« Und wenn du dich umschaust, was kannst du dann genau über ihnen sehen? Helfer und Engel, die fortwährend flüstern: »Bitte, stimm dich doch auf uns ein, und empfang unser Licht!« Wenn sich diese Menschen, anstatt sich zu beklagen, einstimmen könnten, würde sich sofort ein Regen spiritueller Geschenke über sie ergießen.

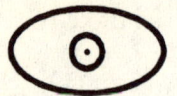 Unter welchen Bedingungen ist es diesen höheren Wesen möglich, ihre schöpferische Gestaltungsarbeit an uns vorzunehmen? Erstens hilft natürlich die Wahrnehmung! Wenn du die Arbeit der Engel wahrnehmen kannst, dann wirst du allein durch bewußtes Einstimmen auf ihre Energie den Prozeß deutlich erleichtern können. Daneben ist es auch sehr hilfreich, ein gewisses Bestreben zu entwickeln, zu ihnen zu beten und sie um Hilfe zu bitten. Geistführer und Engel haben einen bestimmten Moralkodex: Sie haben großen Respekt vor dem freien Willen der Menschen. Es ist für sie deshalb sehr viel leichter, dir zu helfen, wenn du sie darum bittest. Bedenk dabei jedoch, daß Gebete, die mit dem Kopf gemacht werden, im allgemeinen nicht sehr weit in den Himmel vordringen. Je weniger deine Gebete also vom Verstand geprägt und je mehr sie von wahrer Wahrnehmung begleitet sind, desto mehr Erfolg wirst du damit haben.

Außer deiner Empfänglichkeit spielen jedoch auch noch ein paar andere Faktoren eine Rolle. Engel leben in sehr reinen Sphären, und manche physischen Umgebungen eignen sich einfach nicht zum Aufnehmen von Verbindungen mit ihnen. Wenn ein Ort zu schmutzig oder zu chaotisch ist, wenn die Schwingungen zu belastet sind, wenn Leute Alkohol getrunken oder miteinander gekämpft haben oder wenn der Ort nur so nach Tabakrauch stinkt, dann ist das für einen Engel ein erdrückender Ort. Der Engel kann sich dir nicht nähern oder Verbindung mit dir aufnehmen.

Sieh dich einmal in deinem Zimmer um, und frag dich: Würde ein Engel hierher kommen? Und ergreif dann Maßnahmen zur Verbesserung der Situation. (Dieser Ansatz macht Aufräumen zu einer sehr viel intersssanteren Aufgabe!)

Es gibt ein Kunst, in einen Raum sozusagen positive Schwingungen hineinzuweben, die dir die Verbindung zu höheren Sphären deutlich erleichtern.

Aber wichtiger noch als deine Umgebung bist du selbst! Wenn deine Schwingungen nicht richtig sind oder wenn du zu aufgeregt bist, können die Engel ihrer Arbeit nicht nachkommen. Alle Gedanken, Worte und Werke eines Tages fügen sich zu einem Netz von Schwingungen in dir zusammen, das in hohem Maße bestimmt, wie tief das Licht des Engels zu dir vordringen kann.

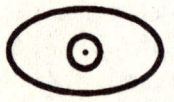 Aber entscheidend ist, wie gesagt, der Moment des Einschlafens. Er kann einen noch größeren Einfluß haben als alle Aktivitäten des Tages, wie in der Geschichte des tugendhaften Mannes, der wütend wurde, gerade als er seinen Körper verließ. Dies führt uns zu einer anderen Ursache, weshalb eine Phase kohärenten Bewußtseins vor dem Einschlafen äußerst positive Auswirkungen haben kann. Während der Nachtübung kannst du deine feinstofflichen

Körper in einer Verfassung lassen, die es höheren spirituellen Wesen ermöglicht, dich aufzusuchen und dir zu helfen. Die im folgenden Kapitel beschriebene Übung (insbesondere Phase 4 und 6) bewirkt eine Neugestaltung und ein kraftvolles Zurückziehen der Sinne von ihren Gegenständen der Wahrnehmung. Dadurch findet eine Internalisierung der astralen Sinne statt, die für ihre Entwicklung während der Nacht äußerst günstig ist.

13.5 Nachtübung und Ätherkörper

Beschäftigen wir uns nun mit der Beziehung zwischen dem Ätherkörper, der Schicht der Lebenskraft oder dem *Prana*, und dem Astralkörper, der Schicht des Verstandesbewußtseins und der Emotionen.

Manche Menschen stellen sich den Ätherkörper als eine zwei bis fünf Zentimeter dicke Hülle um den physischen Körper herum vor. Eine derartige Hülle kann tatsächlich wahrgenommen werden, aber das Bild stimmt so nicht ganz. Denn der Ätherkörper befindet sich nicht nur um den physischen Körper herum, sondern auch in den verschiedenen Geweben des physischen Körpers. Stell dir einfach einen Schwamm vor (der physische Körper), der mit Wasser getränkt ist (der Ätherkörper). Das Wasser ist überall im Schwamm und auch um den Schwamm herum.

Auf einer anderen Stufe kann dasselbe Phänomen auch mit dem Astralkörper beobachtet werden. Der Astralkörper durchdringt den Ätherkörper und dehnt sich über ihn hinaus aus.

Aber der Astralkörper durchdringt den Ätherkörper nicht überall gleich stark. Manchmal ist die Hand ganz im Handschuh drinnen und manchmal nur halb. Oder um ein anderes Bild zu verwenden: Stell dir einen Nebel vor (den Astralkörper) und ein Tal (den Ätherkörper). Manchmal hängt dichter Nebel im Tal und füllt es ganz aus – das ist, wenn du ganz wach bist. Ein anderes Mal schwebt der Nebel über dem Tal wie eine Wolke – das ist, wenn du tief schläfst und/oder dich auf einer Astralreise befindest. Zwischen diesen beiden Extremen gibt es verschiedene Zwischenstufen. Natürlich handelt es sich dabei nur um eine Metapher, die nicht wörtlich zu nehmen ist.

Welche Folgen hat es für den Ätherkörper und den physischen Körper, wenn der Astralkörper näher herankommt oder weiter weggeht? Schauen wir uns zuerst den physischen Körper an. Die Aktion des Astralkörpers bewirkt im allgemeinen, daß sich alles zusammenzieht. Stell dir eine starke Emotion vor, wie Wut oder Angst. Dabei steigt im Astralkörper eine unorganisierte Welle auf, und du fängst an, dich wütend oder ängstlich zu fühlen. Sofort setzt eine Kettenreaktion ein, und im physischen Körper wird eine Spannung erzeugt. Deine Augenlider ziehen sich zusammen, dein Solarplexus und deine Bauchmuskeln werden angespannt, dein Herz beginnt schneller zu klopfen (was bedeutet, daß es sich verstärkt zusammenzieht) usw. Je mehr der Astralkörper den physischen Körper ergreift, desto verkrampfter und angespannter wird der physische Körper.

Was geschieht hingegen mit dem physischen Körper, wenn sich der Astralkörper zurückzieht, wie beim Schlafen oder in tiefen Entspannungszuständen? Der physische Körper entspannt sich, und die Anspannung weicht.

Wie reagiert nun der Ätherkörper, wenn sich der Astralkörper in den unteren Komplex (PK + ÄK) hinein- und wieder hinausbewegt? Wenn der Astralkörper mehr mit dem unteren Komplex und damit mit dem Ätherkörper verhaftet ist, zieht sich sowohl auf der ätherischen als auch auf der physischen Ebene alles zusammen. Der Ätherkörper wird kompakter, gedrängter, verdichteter, undurchsichtiger und für äußere Einflüsse unzugänglich.

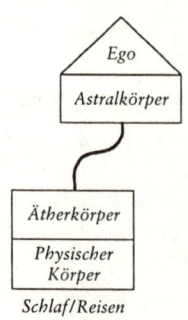

Schlaf/Reisen

Wenn sich der Astralkörper hingegen aus dem unteren Komplex, und damit aus dem Ätherkörper, zurückzieht, kann das Gegenteil beobachtet werden. Der Ätherkörper dehnt sich aus. Er wird ausgedehnter, dünner und offener. Das ist mehr als eine einfache Entspannung, denn die Ätherenergie ist weit davon entfernt, so unflexibel zu sein wie die physische Materie; sie ist viel formbarer und flüssiger. Deshalb handelt es sich dabei um eine wirkliche Ausdehnung, ein Anschwellen des Ätherkörpers, zu dem es kommt, wenn der Astralkörper sich entfernt. Der Ätherkörper fühlt sich nicht mehr so dicht an. Du kannst spüren, daß sich die Grenzen deiner eigenen Energie viel weiter ausdehnen, als wenn der Astralkörper eng mit ihm verhaftet ist.

Insgesamt bedeutet das also, daß der Ätherkörper manchmal verschlossen und kompakt ist und sich manchmal ausdehnt und durchlässiger wird, je nachdem ob der Astralkörper nah oder fern ist. In Kapitel 18 und 20 werden wir noch sehen, wie eine bewußte Beherrschung dieses Gleichgewichts zum Schutz deiner Energien benutzt werden kann. Es gibt eine bestimmte Art des vollen Gegenwärtigseins, die den Astralkörper in den Ätherkörper hineinzieht, und diesen dadurch vor schädlichen Einflüssen schützt. Es gibt dir das Gefühl, daß die Aura verschlossen und undurchdringlich ist.

Aber keine lebende Struktur kann wachsen, wenn sie ständig zusammengezogen ist. Zur Erhaltung der Gesundheit des Ätherkörpers muß es Phasen geben, in denen er sich vollkommen entspannen und ausdehnen kann. Je mehr der Zugriff des Astralkörpers gelöst wird, desto freier ist der Ätherkörper. Der Streß des modernen Lebens hat die Tendenz, einen anhaltenden Spannungszustand zu erzeugen, in dem der Astralkörper den Ätherkörper nie ganz losläßt. Auf lange Sicht führt das dazu, daß der Ätherkörper erschöpft und ausgelaugt wird. Mit Hilfe der Nachtübung kannst du eine Stufe ätherischer Entspannung erreichen, die weit über den normalen Schlaf hinausgeht.

Der perfekte Zustand ätherischer Entspannung ist den natürlichen Erfahrungen eines Babys sehr ähnlich. Warum schläft ein Baby die ganze Zeit? Weil sein Astralkörper noch gar nicht richtig auf der Erde angekommen ist. Der Astralkörper des Babys schwebt noch über ihm und inkarniert sich nur ab und zu in dem Ätherkörper. Deshalb ist der Ätherkörper des Babys völlig offen und befindet sich in einem Zustand absoluter Entspannung.

Das bedeutet auch, daß du auf dein Baby gut aufpassen mußt, denn diese Offenheit macht es äußerst verletzlich gegenüber seiner Umwelt. Das Baby »atmet durch die Haut« alle Einflüsse der Welt um sich herum ein. Manche Eltern nehmen ihre Babys mit auf Feste und Partys und denken, alles sei in Ordnung, da das Baby inmitten von Lärm und Trubel tief schläft. Das ist jedoch eine große Fehleinschätzung. Die chaotischen Schwingungen der Umgebung strömen in das Kind ein und erzeugen dort eine viel größere Unruhe und Erregung, als es die Eltern wahrhaben wollen.

Mit Hilfe der Nachtübung lernst du, den höchsten Punkt der Entspannung eines Babys zu erreichen, nicht nur auf deinen physischen Körper bezogen, sondern auch auf deinen Ätherkörper. So wird dem Ätherkörper Zeit zur völligen Öffnung und Ausdehnung gegeben. Deshalb kannst du dich mit der Nachtübung viel schneller erholen als bei einem normalen Mittagsschläfchen. Ein Lebensstil, bei dem eine völlige Öffnung und Ausdehnung des Ätherkörpers nie möglich ist, wie es für die meisten Menschen in der heutigen Zeit zutrifft, hat Erschöpfung und einen beschleunigten Alterungsprozeß zur Folge.

Doch die Öffnung bedeutet auch, daß du während der Nachtübung bestimmte Vorkehrungen treffen mußt. Es wäre z. B. nicht empfehlenswert, sich in der Eingangshalle eines großen Bahnhofs in einen Zustand der Tiefenentspannung zu versetzen. Es wäre dort sehr wahrscheinlich, daß dein Ätherkörper alle möglichen negativen Energien einfängt, und das würde dich mindestens ein paar Wochen, wenn nicht gar mehr, der Reinigung kosten, um dich wieder von ihnen zu befreien.

Während der Nachtübung öffnet sich dein Ätherkörper deutlich mehr als beim Meditieren. Man meditiert im allgemeinen in einer sitzenden Position, und aufgrund der Tatsache, daß dabei ein Wachzustand beibehalten wird, behält man sehr viel mehr Kontrolle über den physischen Körper und den Ätherkörper. Es ist möglich, wenn auch nicht unbedingt empfehlenswert, inmitten einer großen Menschenmenge zu meditieren, weil verschiedene Abwehrmechanismen beibehalten werden. Hingegen wäre es völlig absurd, eine

Nachtübung inmitten einer Menschenmenge zu machen, genauso absurd, wie ein Baby mit zu einer Demonstration zu nehmen. Sogar bei einem Nikkerchen oder während des unbewußtesten Schlafs bleibt dein Ätherkörper weiter geschlossen und undurchlässiger als bei der Nachtübung.

Daraus lassen sich für die Nachtübung verschiedene Empfehlungen ableiten. Ihre Logik ist ganz einfach: Wenn dein Ätherkörper offen ist, solltest du dich in einer ruhigen, sauberen und geschützten ätherischen Umgebung befinden. Fassen wir noch einmal ein paar Faktoren »ätherischer Verschmutzung« zusammen:

• Es ist **nicht** ratsam, die Nachtübung auf einer Erdlinie zu machen. Die Linien bilden ein Netz aus verdichteter Ätherenergie, das für den menschlichen Ätherkörper wie Gift ist. Dein Ätherkörper ist bei normalem Nachtschlaf offener als im Wachzustand, und deshalb sind auch Erdlinien bei Nacht schädlicher als bei Tage. Der Ätherkörper ist während der Nachtübung sogar noch weiter offen. Achte deshalb darauf, daß du die Technik nicht auf einer Linie übst. Lies noch einmal Kapitel 12 durch, und geh dein Schlafzimmer mit der Wünschelrute ab!

• Vermeide Betten, die aus Eisen gemacht sind oder Eisen in irgendeiner Form enthalten (wie z. B. Federkernmatratzen etc.). Eisen neigt zur Verstärkung aller Faktoren der elektromagnetischen Verschmutzung. Aus demselben Grunde sollten auch Elektrokabel und elektrische Geräte in Bettnähe vermieden werden. Heizdecken sollten nicht benutzt werden, auch wenn sie nicht eingeschaltet sind. Und bevor du auf einem Wasserbett schläfst, zieh in Betracht, daß es für die unterschiedlichsten Wesenheiten nichts Anziehenderes gibt als eine größere Menge von fließendem oder stehendem Wasser. Die moderne Technologie hat manchmal energetische Katastrophen zur Folge.

 Ein Kühlschrank z. B. kann für deinen Ätherkörper ziemlich schädlich sein, wenn du beim Üben nicht mindestens fünf Meter Abstand hältst. Mach einmal folgendes Experiment: Leg etwa zwei bis drei Meter von deinem Kühlschrank entfernt eine Matratze auf den Boden, und mach eine Nachtübung. Kühlschränke bleiben immer eine gewisse Zeit untätig, doch dann schaltet sich ihr elektrischer Motor ein – und in dem Moment fangen sie auch an, ein Geräusch von sich zu geben. Wenn du in einem Zustand ätherischer Entspannung bist, spürst du im selben Moment, in dem der Kühlschrank mit dem Geräusch anfängt, daß dein Ätherkörper wie durch eine Art Peitschenhieb erschüttert wird. Du kannst das Gefühl nicht verpassen: Es fühlt sich wie ein plötzlicher, schmerzhafter elektrischer Schlag an, der deinen Ätherkörper trifft, sehr greifbar und häufig begleitet von der Wahrnehmung eines

Farbblitzes. Probier es aus! Es kann dir nicht schaden, wenn du es nur ein- oder zweimal machst.

Das gibt dir Gelegenheit, über die Verbindungen zwischen der Äther- schicht und elektromagnetischen Kräften nachzudenken. Mit Sicherheit sind die beiden nicht dasselbe: Das elektromagnetische Feld gehört der physi- schen Sphäre an, und der Ätherkörper geht über die physische Ebene hin- aus. Dennoch gibt es direkte Brücken, über die die beiden miteinander ver- bunden sind, wie an diesem Beispiel gezeigt werden kann. Eine ähnliche Erfahrung kann gemacht werden, wenn du in einem Gebäude schläfst, in dem viel Eisen verwendet wurde, wie etwa in einem Hochhaus mit Zentralhei- zung. Von Zeit zu Zeit geht eine Entladung von statischer Energie durch die Heizkörper, die häufig von einem kleinen abrupten Geräusch begleitet wird. Wenn du zu jenem Zeitpunkt gerade eine Nachtübung machst, spürst du genau dieselbe Art von Peitschenhieb durch deinen Ätherkörper gehen.

• Es ist nicht ratsam, bei der Nachtübung zu nahe neben jemand anderem (oder neben einem Tier oder sogar neben Pflanzen) zu liegen. Der Grund ist offensichtlich: Dein Ätherkörper beginnt sich auszudehnen. Wenn er dabei auf den Widerstand des Ätherkörpers eines anderen Lebewesens stößt, wird der Ausdehnungsprozeß gehemmt, und dein Ätherkörper beginnt, sich aus Gründen des Selbstschutzes wieder zusammenzuziehen. Deine Nachtübung bleibt oberflächlich, und du bist nicht in der Lage, in einen tiefen Entspan- nungszustand zu versinken. Wenn du es hartnäckig weiter versuchst und die Öffnung erzwingst, könnte es sein, daß du ungewollt negative Energien der anderen Person aufnimmst und dir die Quintessenz deiner Lebenskraft ent- zogen wird.

Es soll hier noch einmal unterstrichen werden, daß sich dein Ätherkörper während der Nachtübung deutlich weiter ausdehnt und offener wird als im normalen Schlafzustand. Auch wenn du mit einer anderen Person zusam- menlebst, das Bett mit ihr teilst und mit ihr Sex hast, empfiehlt es sich, bei der Nachtübung etwas Abstand zu halten. Es spielt keine Rolle, ob die andere Person mit dir übt oder nicht.

Und wie groß sollte der Abstand nun tatsächlich sein? Ein Abstand von eineinhalb Metern ist ausreichend. Wenn du also das Bett mit jemandem teilst, heißt das: Üb woanders, und kehr ins Bett zurück, wenn du mit dem Üben fertig bist. Das verringert auch die Möglichkeit, daß du mitten beim Üben einschläfst. Mein Vorschlag lautet: Versuch beim Üben zu spüren, wie weit sich dein Ätherkörper ausweitet, und versuch wie immer selbst heraus- zufinden, was der richtige Abstand für dich ist.

Du wirst selbst sehen, daß die Gegenwart einer anderen Person, die im selben Raum mit dir übt, sehr förderlich sein kann, vorausgesetzt ihr könnt genügend Abstand halten. Die kombinierten Astralenergien von zwei Personen überwinden leichter die Trägheit der Unbewußtheit und machen es einfacher, beim Schlafen eine gewisse Bewußtheit aufrechtzuerhalten. Das macht Astralreisen wesentlich einfacher. Es könnte sehr wohl sein, daß sich in den kommenden Jahrzehnten daraus eine neue Form des gesellschaftlichen Zusammenseins entwickelt ...

13.6 Nachtübung und Gegenwärtigkeit im dritten Auge (1)

Allen Techniken und Übungen in diesem Buch ist eine Sache gemein: die Aufrechterhaltung der Gegenwärtigkeit im Bereich zwischen den Augenbrauen. Ob du nun meditierst, Auren siehst oder mit der Wünschelrute Erdlinien suchst, immer bleibt deine Aufmerksamkeit dabei auf das dritte Auge gerichtet. Es gibt nur eine Ausnahme von dieser Regel: die Nachtübung. Es ist nicht ratsam, beim Üben dieser Techniken des hellseherischen Schlafs die Vibration im Auge einzuschalten. Und es gibt ein paar einfache Gründe dafür.

Beim Üben der Kanaleröffnung wirst du bemerkt haben, daß durch Aktivierung der Vibration in den Händen automatisch eine Stimulation der gesamten Energie im dritten Auge und im ganzen Körper einhergeht. Das ist ein Erdungseffekt: Wenn du dich ein bißchen schläfrig oder »abgehoben« fühlst, wirst du dadurch wieder in deinem physischen Körper verankert und wachst auf. Was passiert da im Hinblick auf die feinstofflichen Körper? Die Art von starker Schwingung, die im dritten Auge durch das Gegeneinanderreiben der Hände erzeugt wird, zieht deinen Astralkörper in den Ätherkörper hinein. Diese Bewegung des Astralkörpers ist ganz ähnlich wie das, was passiert, wenn du aufwachst. Du wirst wacher, und du kannst die Lebenskraft durch deinen ganzen Körper fließen spüren.

In gewisser Hinsicht findet jedesmal, wenn du eine starke Vibration im dritten Auge erweckst, eine ähnliche Bewegung statt, auch wenn du die Hände dabei nicht gegeneinander reibst: Der Astralkörper wird in den Ätherkörper hineingezogen. Doch wenn Schlafen das Ziel ist, möchtest du natürlich, daß genau das Gegenteil passiert! Du möchtest, daß sich der Astralkörper von dem Ätherkörper und dem physischen Körper entfernt. Und du möchtest außerdem, daß der Ätherkörper und der physische Körper ganz ruhig werden und nicht überall vibrieren. Es ist also nur logisch, daß du bei der Nachtübung nicht versuchen solltest, die Vibration im dritten Auge zu stimulieren. Wenn du das machst, wirst du möglicherweise aufgeregt und kannst nur schwer einschlafen.

Das ist ein häufiger Grund, weshalb manche Leute, die einer bestimmten Meditationsrichtung folgen, Phasen haben, in denen sie bei Nacht nicht einschlafen können. Sie merken es meist gar nicht, aber unbewußt stimulieren sie die Vibration im dritten Auge. Es ist wie ein Zusammenpressen des Auges. Und aufgrund der beschriebenen Mechanismen werden sie wach gehalten.

 Der Schlaf dieser Personen läßt sich deutlich verbessern, indem man ihnen hilft, sich bewußt zu werden, was da vor sich geht, und sie dazu bringt, nicht an der Vibration im dritten Auge festzuhalten, sondern loszulassen. Eine gute Methode ist das Richten der Aufmerksamkeit auf das Herz. In einem bekannten Sanskrit-Text, dem *Brihad-Aranyaka-Upanishad* (II, I, 17–18) wird beschrieben, daß zum Einschlafen ein Zurückziehen der *Pranas* (der Ätherenergien) und der Sinne in das Herz stattfinden muß. Ein ganz sanftes Bewußtsein (keine Konzentration!) im Herzzentrum hinter dem Brustbein begünstigt die richtige Energieansammlung, die den Schlaf herbeiführt.

13.7 Eine mögliche Erfahrung

Wenn du systematisch an deinem »feinstofflichen Bodybuilding« arbeitest, kann es passieren, daß du eine Phase durchmachst, in der Tag und Nacht automatisch eine ständige starke Vibration im dritten Auge eingeschaltet bleibt. Du spannst dein drittes Auge nicht einmal unbewußt an, sondern es passiert einfach als natürliche Folge des Prozesses, und es hat oft etwas damit zu tun, daß deine Geistführer deiner Struktur Energie zufließen lassen. Du spürst dein Auge ganz intensiv, es vibriert stark, und möglicherweise nimmst du auch sehr viel Licht wahr. Manchmal ist soviel Licht in deinem Innern, daß es dir wie der hellichte Tag vorkommt, obwohl du mitten in der Nacht in einem dunklen Zimmer liegst. Es kann gut sein, daß du nicht einschlafen kannst, weil die Vibration im dritten Auge zu stark ist. Ein anderes häufig auftretendes Begleitsymptom besteht darin, daß du infolge der Entladung von Astralenergien in deinen physischen Körper ein paarmal aufstehen und Wasser lassen mußt.

Wenn du dich in einer solchen Situation befindest, kannst du immer versuchen, deine Aufmerksamkeit ganz sanft auf dein Herz zu lenken. Das hilft. Aber im Grunde kann nicht viel dagegen unternommen werden: Der Prozeß muß seinen Lauf nehmen. Wenn dir also etwas Ähnliches passiert, mach dir keine Sorgen, und hab einfach Geduld. Dir bleibt nichts anderes übrig, als zu akzeptieren, daß du eine gewisse Zeit lang nicht früh einschläfst. Genieße das Licht. Auf jeden Fall wirst du dich morgens nicht mehr so oft erschlagen fühlen, auch wenn du nur wenig normalen Schlaf hattest. Denn obwohl du völlig wach bist, befindest du dich halbwegs in einem hellseherischen Schlaf, und der Körper kann sich so bis zu einem gewissen Maße auch erholen. Zudem geht dieses Phänomen häufig mit einem »amphetaminähnlichen« Effekt einher (der natürlich nicht auf irgendwelche Drogen oder Medikamente zurückzuführen ist), der dich mit viel zusätzlicher Energie erfüllt. Nach einer gewissen Zeit geht diese Phase von selbst wieder vorbei.

Wie lange kann so eine Phase des Wachens dauern? Ein paar Tage oder ein paar Wochen lang – und in äußerst seltenen Fällen auch mal ein paar Monate. Sieh einfach die positive Seite davon: Starke Kräfte werden in deinem dritten Auge verwurzelt. Je intensiver diese Phase ist, desto ausdrucksvoller werden die Visionen sein, die darauf folgen. Aber glaube ja nicht, daß diese Phase der »erleuchteten Schlaflosigkeit« ein Muß wäre. Viele Menschen durchlaufen ihre gesamte Entwicklung, ohne jemals eine solche Phase zu erleben. Je nach deiner eigenen inneren Organisation kann es einfach geschehen oder auch nicht.

13.8 Nachtübung und Gegenwärtigkeit im dritten Auge (2)

Aus all dem bisher Gesagten sollte nun nicht geschlossen werden, daß jede Form des Bewußtseins im dritten Auge bewirkt, daß der Astralkörper in den physischen Körper und den Ätherkörper hineingezogen wird und dadurch den Schlaf verhindert. Das passiert nur, wenn zwischen den Augenbrauen eine Schwingung vorhanden ist, nicht wenn du den violetten Raum spürst.

Erinnere dich daran, was im Zusammenhang mit der ersten Meditationsübung gesagt wurde (Abschnitt 3.5). Wenn zwischen den Augenbrauen ein Vibrieren, Kribbeln oder Druck gespürt wird, deutet dies darauf hin, daß der ätherische Teil des dritten Auges aktiviert wurde. Auf die feinstofflichen Körper bezogen, bedeutet das, daß eine starke Vibration im Bereich zwischen den Augenbrauen darauf hinweist, daß der Astralkörper einen stärkeren Eindruck auf den Ätherteil des dritten Auges und den Ätherkörper im allgemeinen ausübt.

Wenn du dich in die Wahrnehmung des violetten Raums versetzt, wirst du merken, daß der Astralkörper auf die Astralwelten ausgerichtet ist und nicht auf den Ätherkörper und den physischen Körper. Denn der violette Raum ist nichts anderes als eine Schicht der Astralebenen.

Das Problem besteht darin, daß es für dich am Anfang beim Richten deiner Aufmerksamkeit auf das dritte Auge schwierig ist, die Vibration von dem Licht und dem Raum zu unterscheiden. Du spürst ein bißchen von allem: Vibration, Licht und Raum, alles gleichzeitig. Deshalb ist es bei der Nachtübung besser, das dritte Auge ganz aus dem Spiel zu lassen, denn die Verstärkung der Vibration würde der natürlichen Schlaftendenz nur entgegenwirken.

Wenn du in deiner inneren Entwicklung noch weiter fortgeschritten und in der Lage bist, den Raum ohne jegliche Vibration willentlich im dritten Auge wahrzunehmen, gibt es keinen Grund mehr, warum du bei der Nachtübung nicht im dritten Auge gegenwärtig sein könntest.

13.9 Sorge für genügend Schlaf

Wenn manche Leute etwas über Methoden der Tiefenentspannung, hellseherischen Schlaf und andere Methoden auf derselben Ebene hören, fangen sie an, seltsame Rechnungen aufzustellen. Sie hören, daß man sich mit einer Stunde hellseherischem Schlaf genauso gut erholt wie mit drei bis vier Stunden normalem Schlaf. Sie denken dann: »Eine Stunde hellseherischer Schlaf entspricht vier Stunden normalem Schlaf. Das heißt also, daß ich pro Nacht nur drei Stunden hellseherischen Schlaf einschieben muß, und damit ist die Sache geritzt. Wieviel Zeit ich dadurch spare!«

Diese Berechnungen beruhen auf einem Mißverständnis! Die Menschen, die glauben, Schlafen sei reine Zeitverschwendung, verpassen alle astralen Entwicklungen, die normalerweise bei Nacht stattfinden.

Zum einen müßtest du dich zuerst zu einem großen Meister des hellseherischen Schlafens entwicklen, damit sich dein Körper mit drei oder vier Stunden pro Nacht genügend erholen kann. Aber auch wenn dies der Fall wäre, würdest du dennoch von all den Reifungs- und Reiseerfahrungen profitieren, die du im Laufe der Nacht erlebst. Der Wunsch, die Schlafmenge pro Nacht zu reduzieren, beruht auf einer äußest materialistischen Sichtweise und entspricht keinesfalls der Wirklichkeit des Transformationsprozesses.

Die Nachtübung sollte als eine Methode verstanden werden, deinen Schlaf effizienter und lichtvoller zu machen, nicht ihn zu ersetzen. Eine vernünftige Zeit für eine Nachtübung wäre etwa 30 bis 60 Minuten vor dem Zubettgehen und, falls du möchtest, ein bis zwei Übungphasen im Laufe des Tages. Aber damit dein Transformationsprozeß und dein »feinstoffliches Bodybuilding« ihren Lauf nehmen können, solltest du jede Nacht deine normale Schlafdauer beibehalten.

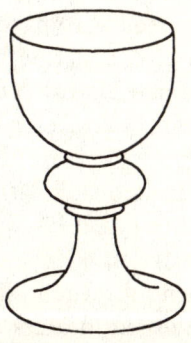

Kapitel 14

Nachtübung (2): Anleitungen

14.1 Wenn du Freunden die Anleitungen vorliest

Als eine gute Methode zum Erlernen der Nachtübung hat sich die Verwendung von Audiokassetten erwiesen, die auch ein Teil der Fernkurse der Clairvision School bilden. Aber du kannst dir die Anleitungen auch vorlesen lassen, während du auf dem Boden liegst. Laß dich aber auf jeden Fall einfach von der Stimme führen, damit du ganz entspannen und loslassen kannst. Je mehr du dich gehenlassen und dich von dem Fluß der Stimme davontragen lassen kannst, in um so tiefere Bereiche wird deine Reise gehen.

Der Vorlesende sollte am besten in Meditationshaltung auf dem Boden sitzen. Die anderen legen sich mit dem Kopf in Richtung der vorlesenden Person hin. Der Vorlesende hat also lauter Köpfe um sich herum und nicht die Füße. Wenn es in dem Raum keinen Teppich gibt, sollten sich die Teilnehmer auf eine dünne Matte oder auf eine oder zwei Decken legen. Ihre Körper sollten sich gegenseitig nicht berühren, um unerwünschte Energieübertragungen zu vermeiden (wie bereits im letzten Kapitel näher beschrieben).

Wenn tagsüber geübt wird, sollten die Fenster abgedunkelt werden, damit eine dämmrige Atmosphäre entsteht. Wenn bei Nacht geübt wird, sollte man zumindest ein kleines Licht brennen lassen, um völlige Dunkelheit zu vermeiden. Aber wenn du im Bett direkt vor dem Einschlafen übst, brauchst du kein Licht anzulassen.

Alle, die nicht üben, sollten den Raum verlassen. Sorg dafür, daß es in dem Raum keine Störfaktoren gibt, sonst wird niemand »abheben«.

Im allgemeinen empfiehlt es sich, daß sich die Teilnehmer mit einer Decke zudecken, denn in einem Zustand der Tiefenentspannung wird es vielen oft kalt, auch wenn sie nicht gefroren haben, als sie mit der Übung anfingen. Wenn Kissen benutzt werden, sollten sie relativ dünn sein, sonst können sich im Hals Verspannungen bilden und den Entspannungsprozeß stören.

Die Arme sollten locker neben dem Körper liegen und die Beine nicht verschränkt sein. (Wenn beim Üben im Liegen die Beine verschränkt werden, ist das im allgemeinen ein Zeichen für Widerstand.) Der Körper sollte völlig gerade und die Position so bequem wie möglich sein, damit beim Üben keine

Spannungen entstehen, die den Übenden in sein Oberflächenbewußtsein zurückbefördern können.

Hier ein paar Empfehlungen für die Person, die die Anweisungen vorliest:

• Achte darauf, daß keiner auf einer Erdlinie liegt. Wenn die Übung schon begonnen hat und du im nachhinein merkst, daß jemand auf einer Errdlinie liegt, versuch zu erspüren, welche Art von Störung durch die Erdlinie erzeugt wird.

• Die Anleitungen in eckigen Klammern [ ] werden nicht gelesen.
Mach jedesmal, wenn im Text drei Punkte eingefügt sind »...« eine kleine Sprechpause (von ein paar Sekunden oder mehr), bevor du mit den Anleitungen fortfährst.
Jedesmal, wenn die drei Punkte hingegen in eckigen Klammern stehen [...], wird eine längere Pause (von einer halben Minute oder mehr) eingeschoben.

• Ganz wichtig: Mach die Übung beim Vorlesen der Anleitungen selbst mit. Werde dir z. B. deiner Körperteile nacheinander bewußt, während du sie aufzählst. Dann klingt deine Stimme »richtig«. Dann wird die richtige Erfahrung vermittelt. Wenn du hingegen den Text nur abliest und dabei in Gedanken ganz woanders bist, werden deine Freunde viel weniger von ihrer Übung haben.

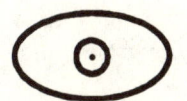

• Achte auf kleine Zeichen, wie Spannung in den Augenlidern. Wenn ein Teilnehmer ganz in sich vertieft ist, sind die Augenlider vollkommen entspannt, und im Körper bewegt sich absolut nichts. Wenn die Augenlider hingegen flattern oder sich immer wieder zusammenziehen, weißt du, daß die Person nicht tief »versunken« ist. Auch durch Beobachten des Atems der Teilnehmer kannst du ein gutes Gefühl dafür entwickeln, wie tief entspannt sie sind. (Diese Hinweise gelten auch für das Üben von ISIS, der Rückführungstechnik der Clairvision School.)

• Stimm dich auf die Teilnehmer ein. Fühl, was sie fühlen. Dring in ihre Erfahrung ein. Versuch zu sehen, wer seinen Körper verläßt und wie er aussieht, wenn das passiert. Besonders während der siebten Phase ist es wichtig, daß du deine Aufmerksamkeit ganz intensiv auf dein drittes Auge und auf den Zustand des Sehens gerichtet hältst. Versuch wahrzunehmen, ob es manchen Teilnehmern gelingt, ihre astralen Gliedmaßen zu heben. Wenn das geschieht, äußert es sich in Form einer Wolke oder eines Nebels über dem physischen Körperteil. Wenn jemand völlig abhebt, was praktisch in jeder

Phase der Nachtübung vorkommen kann, dann ist die Wolkenformation größer (normalerweise etwas größer als der physische Körper) und schwebt irgendwo bis hinauf zur Zimmerdecke über dem physischen Körper. Wenn du so etwas beobachtest, versuch die Silberschnur zu sehen, von der man sagt, daß sie den Astralkörper mit dem physischen Körper verbindet. Tausch nach Abschluß der Übung deine Erfahrungen mit den anderen Teilnehmern aus, um deine Wahrnehmungen zu bestätigen.

Es ist nicht zwingend notwendig, daß die Anleitungen von einer anderen Person vorgelesen werden. Du kannst die Übung auch ohne weiteres allein machen. Die Erfahrung hat jedoch gezeigt, daß Anfänger in den meisten Fällen zum Einschlafen neigen, sobald sie einen tiefen Entspannungszustand erreichen. Ich empfehle dir deshalb, vor allem in der ersten Lernphase die Audiokassetten zu benutzen oder die Hilfe eines Freundes zu suchen, der dir die Anleitungen vorliest.

Hier nun also die Anleitung:

Vorbereitung

»Zieh deine Schuhe, deinen Gürtel und deine Armbanduhr aus.
    Achte darauf, daß du nicht auf einer Erdlinie liegst.
    Leg dich auf den Rücken. Deine Arme liegen locker neben dir.
    Dein Körper liegt ganz gerade ausgestreckt.
    Die Beine sind nicht überkreuzt. Wenn du willst, deck dich mit einer Decke zu, weil die Körpertemperatur beim Übergang in tiefe Entspannungszustände bei der Nachtübung im allgemeinen absinkt.
    Achte darauf, daß du keinen anderen Körper berührst.« […]

PHASE 1: Werde ein Meister in der Kunst des Ausatmens
»Atme ein paarmal tief aus …
    Versuch so auszuatmen, als würdest du deinen letzten Atemzug tun, als würdest du dein Leben aushauchen …
    Es ist eine Suche nach dem absoluten Seufzer …
    Versuch, so tief wie möglich auszuatmen, so daß dein ganzer Körper ganz leer und weich und völlig ohne Spannungen zurückbleibt […]

PHASE 2: Wandere mit deinem Bewußtsein durch den ganzen Körper
[2a] »Werde dir jetzt jedesmal, wenn ich einen Körperteil nenne, dieses Körperteils bewußt. [Wenn du allein übst, wiederhol den Namen des Körperteils im Stillen, während du dein Bewußtsein darauf lenkst, oder, besser noch, hör, wie deine innere Stimme den Namen des Körperteils sagt.]

Werde dir des Scheitelpunkts ganz oben in der Mitte des Kopfes bewußt.
  Werde dir nun nacheinander der linken Seite der Schädeldecke bewußt ...
  und der rechten Seite der Schädeldecke ...,
  der linken Stirnhälfte, der rechten Stirnhälfte,
  des linken Auges, des rechten Auges,
  des linken Ohrs, des rechten Ohrs,
  der linken Wange, der rechten Wange,
  des linken Nasenflügels, des rechten Nasenflügels,
  der linken Seite der Lippen, der rechten Seite der Lippen,
  der linken Seite der Zähne, der rechten Seite der Zähne,
  der linken Zungenhälfte, der rechten Zungenhälfte,
  der linken Seite des Unterkiefers und des Kinns, der rechten Seite des
  Unterkiefers und des Kinns,
  der ganzen linken Gesichtshälfte und der ganzen rechten Gesichtshälfte ...

Lenk nun dein Bewußtsein nacheinander weiter in die linke Halspartie und
  die rechte Halspartie,
  in die linke Seite des Nackens, in die rechte Seite des Nackens ...
  in die linke Schulter, in die rechte Schulter,
  in den linken Oberarm, in den rechten Oberarm,
  in den linken Ellenbogen, in den rechten Ellenbogen,
  in den linken Unterarm, in den rechten Unterarm,
  in das linke Handgelenk, in das rechte Handgelenk,
  in die linke Hand, in die rechte Hand,
  in den linken Daumen, in den rechten Daumen,
  in die Finger der linken Hand, in die Finger der rechten Hand,
  in den ganzen linken Arm ... und den ganzen rechten Arm ...

in die linke Hüfte, in die rechte Hüfte,
  in den linken Oberschenkel, in den rechten Oberschenkel,
  in das linke Knie, in das rechte Knie,
  in den linken Unterschenkel, in den rechten Unterschenkel,
  in den linken Knöchel, in den rechten Knöchel,
  in den linken Fuß, in den rechten Fuß,
  in die linke große Zehe, in die rechte große Zehe,
  in die linken Zehen, in die rechten Zehen,
  in das ganze linke Bein, in das ganze rechte Bein ...

Wandere nun mit deinem Bewußtsein hinauf in die linke Seite des Unterleibs
unterhalb des Bauchnabels, rechte Seite des Unterleibs unterhalb des Bauchnabels,

in die linke Seite des Bauchraums über dem Nabel, in die rechte Seite des Bauchraums über dem Nabel,
in die linke Brust, in die rechte Brust,
in die linke Seite des ganzen Körpers, in die rechte Seite des ganzen Körpers und Bewußtsein des ganzen Körpers.«

Jetzt wiederholen wir den ganzen Kreislauf noch einmal. Versuch, dir bei diesem Durchgang jedes Körperteils noch tiefer bewußt zu werden, als ob du eins mit ihm werden würdest. Verschmilz mit dem Körperteil, der genannt wird.
[Lies nun die ganze Abfolge der Körperteile noch einmal von vorne durch, wie zuvor].

Dritter Durchgang. Werde dir jedesmal, wenn ein Körperteil genannt wird, dieses Körperteils und gleichzeitig des »Zustands des Sehens« bewußt. Versetz dich in den Zustand des Sehens, und stimm dich auf den Körperteil ein.
[Lies nun die ganze Abfolge der Körperteile ein drittes Mal vor, und erinnere die Teilnehmer ab und zu daran, sich auch ihres Zustands des Sehens bewußt zu werden. Vergiß nicht, auch selbst deine Aufmerksamkeit auf den Zustand des Sehens zu lenken. Füg zum Schluß hinzu:]
»Zustand des Sehens des ganzen Körpers ... Bewußtsein des ganzen Körpers und des Zustands des Sehens ... Was kannst du von deinem Körper sehen?« [...]

[2b] *Erforschen der Organe*

»Werde dir der Milz auf der linken Seite hinter den Rippen und dem Magen bewußt ... Werde eins mit der Milz ...
Verlagere dann dein Bewußtsein auf die Leber ... Werde eins mit der Leber, als **seist** du die Leber ...
Bewußtsein auf die Gallenblase ...
Bewußtsein auf das Herz ... Begib dich vollkommen in dein Herz hinein ...
Bewußtsein auf die Nieren ... Werde eins mit den Nieren ...
Bewußtsein auf die Lungen ... Verschmilz mit den Lungen ...
Bewußtsein auf die Gebärmutter ... Wenn du ein Mann bist, lenk dein Bewußtsein auf dein Becken, den Unterleib unter dem Nabel ... Und such nach dem energetischen Gegenstück zu der weiblichen Gebärmutter. Werde dir deiner Energiegebärmutter bewußt ...

Wir wiederholen jetzt den ganzen Organzyklus noch einmal und fügen dieses Mal noch die Qualität des Zustands des Sehens hinzu.

Werde dir des Zustands des Sehens bewußt, der Tatsache des Sehens, und stimm dich auf die Milz ein ... Such nach dem Element Erde in der Milz. [...]

Werde dir des Zustands des Sehens bewußt, der reinen Qualität des Sehens, und werde eins mit der Leber ... Versuch, die warme Feuchtigkeit der Leber zu spüren. [...]

Bewußtsein auf den Zustand des Sehens und die Gallenblase ... Stimm dich auf die Gallenblase ein ... Such nach dem Feuer der Galle. [...]

Bewußtsein auf den Zustand des Sehens und Bewußtsein auf das Herz ... Werde eins mit deinem Herz ... Such nach der Gegenwärtigkeit im Herzen. [...]

Bewußtsein auf den Zustand des Sehens und Gegenwärtigkeit in den Nieren. [...]

Werde dir des Zustands des Sehens in den Lungen bewußt, und stimm dich auf die Lungen ein ... Werde dir des Elements Wind in den Lungen bewußt. [...]

Bewußtsein auf den Zustand des Sehens und die Gebärmutter ... Such nach dem Element Wasser in der Gebärmutter.» [...]

PHASE 3: *Richte dein Bewußtsein auf den Atem*

[3a] »Werde dir des Bereichs etwa drei Zentimeter unter dem Nabel bewußt. Werde dir der natürlichen Bewegung dieses Bereichs beim Ein- und beim Ausatmen bewußt. Folg einfach dem natürlichen Fluß deines Atems, ohne ihn zu ändern. Es ist, als würdest du deinen Körper beim Atmen beobachten. Jedesmal, wenn du einatmest, hebt sich der Bereich unter dem Nabel. Und jedesmal, wenn du ausatmest, senkt er sich wieder. Beginn nun, auf folgende Weise von 33 auf 1 rückwärts zu zählen:

33, wenn der Körper einatmet und sich der Bereich unter dem Nabel hebt.

33, wenn der Körper ausatmet und sich der Bereich unter dem Nabel senkt.

32, wenn der Körper einatmet und sich der Bereich unter dem Nabel hebt.

32, wenn der Körper ausatmet und sich der Bereich unter dem Nabel senkt.

31, wenn der Körper einatmet und sich der Bereich unter dem Nabel hebt.

31, wenn der Körper ausatmet und sich der Bereich unter dem Nabel senkt [...].

Zähl auf diese Weise weiter, und folg dabei dem natürlichen Rhythmus deines Körpers ... Wenn du bei eins angekommen bist, fang wieder bei 33 an [...]

[Erinnere die Teilnehmer zwischendurch alle ein bis zwei Minuten mit folgenden und ähnlichen Bemerkungen daran, beim Zählen ihr Bewußtsein auf den Bereich unter dem Nabel gerichtet zu halten.]

»Bewußtsein in dem Bereich unter dem Nabel.« [oder]
»Bleib beim Zählen in dem Bereich unter dem Nabel gegenwärtig.«[34]

[3b] »Werde dir nun des Bereichs in der Mitte der Brust, etwa in der Mitte
des Brustbeins bewußt. Wie zuvor hebt sich die Brustmitte mit jedem Einatmen, und sie senkt sich mit jedem Ausatmen. Beginn wieder bei 33 und
zähl auf folgende Weise bis auf 1 herunter:
    33, wenn der Körper einatmet und die Brust sich hebt.
    33, wenn der Körper ausatmet und die Brust sich senkt.
    32, wenn der Körper einatmet und die Brust sich hebt.
    32, wenn der Körper ausatmet und die Brust sich senkt …

Zähl so weiter bis auf eins herunter und folg dabei immer dem natürlichen
Rhythmus deines Atems. Wenn du bei eins angekommen bist, fang wieder
bei 33 an. […]
    [Erinnere die Teilnehmer zwischendurch alle zwei bis drei Minuten mit
folgenden und ähnlichen Sätzen daran, beim Zählen ihr Bewußtsein auf die
Brustmitte gerichtet zu halten.]
    »Zählen und Atmen auf der Brustebene.« [oder:]
    »Beobachte den Atem in der Mitte der Brust.«

[3c] »Werde dir des Atems bewußt, der durch deine Nase ein- und ausströmt.
Jedesmal, wenn du einatmest, strömt Luft ein. Jedesmal, wenn du ausatmest,
strömt die Luft wieder hinaus. Beobachte den natürlichen Fluß deines
Atems. Beobachte einfach nur, greif nicht ein.
    Werde dir der Schleimhaut in der Nase bewußt. Jedesmal, wenn du ein-
atmest, kommt es wie zu einer kleinen Kollision zwischen der Schleimhaut
und der einströmenden Luft. Werde dir dieses abrupten Aufeinanderprallens
der Schwingung der einströmenden Luft und der Schwingung der inneren
Nasenschleimhaut bewußt.

Beginn beim Atmen wieder von 33 rückwärts zu zählen:
    33, wenn der Körper einatmet und die Luft einströmt,
    33, wenn der Körper ausatmet und die Luft ausströmt,
    32, wenn der Körper einatmet und die Luft einströmt,
    32, wenn der Körper ausatmet und die Luft ausströmt …

---

34 Die durchschnittliche Atemfrequenz liegt bei etwa 18 Atemzügen pro Minute. Daraus
   folgt, daß es im allgemeinen etwas weniger als zwei Minuten dauert, bis man auf diese
   Weise von 34 auf 1 zurückzählt.

Wenn du bei eins angekommen bist, fang wieder von vorne an.
[Füg etwa alle ein bis zwei Minuten einen Satz wie diesen ein:]
»Bewußtsein auf den Atem, der durch die Nase ein- und ausströmt.«
»Zählen und Atmen auf der Nasenebene.«

[3d] »Hör mit dem Zählen auf, und werde dir dieser Schwingung in der Nasenschleimhaut jedesmal beim Einströmen der Luft bewußt … Versuch, mehr und mehr von der Energie der Luft einzusaugen … als würdest du die Luft trinken … Richte gleichzeitig dein Bewußtsein auf den Bereich am unteren Ende der Wirbelsäule, in der Gegend des Steißbeins und des Damms … Versuch zu sehen, ob in diesem Bereich etwas stimuliert wird, während du weiter immer mehr Lebenskraft durch die Nase einzusaugen versuchst.« [...]

PHASE 4: *Die feinstofflichen Sinne an der Wurzel der physischen Sinne*
[4a] »Nimm einen Geruch in der Luft auf, und laß deine Aufmerksamkeit eine Minute lang darauf gerichtet. [...]

Verlagere dann dein Bewußtsein wieder in die Luft, und versuch, einen anderen Geruch herauszugreifen, der von weiter weg kommt … Verbleibe mit deinem Bewußtsein eine Minute lang bei diesem Geruch. [...]

Nimm dann wieder einen anderen Geruch auf. Versuch, dir dieses Mal einen Geruch auszusuchen, der durch das Fenster aus weiter Ferne kommt … Laß dein Aufmerksamkeit eine Minute lang darauf gerichtet. [...]

Laß dann von diesem Geruch wieder ab. Werde dir jetzt der Tatsache des Riechens bewußt, der reinen Qualität des Riechens, anstatt dich auf irgendeinen Geruch im besonderen festzulegen. Lenk dein Bewußtsein ganz auf den »Zustand des Riechens«, die Handlung des Riechens, unabhängig von irgendeinem bestimmten Geruch.« [...]

[4b] »Verlagere nun dein Bewußtsein vom Geruchssinn auf ein besonderes Geräusch im Haus oder draußen. Irgendein Geräusch … Sei dir eine Minute lang dieses Geräusches bewußt, und richte deine Aufmerksamkeit dabei auf nichts anderes als auf die Wirkung dieses Geräusches auf deinen Gehörsinn. [...]

Laß dann dieses Geräusch wieder in den Hintergrund treten, und such dir ein anderes aus, das durch das Fenster von weiter weg kommt … Es kann auch ein ganz schwaches, leises Geräusch sein … Richte deine Aufmerksamkeit eine Minute lang darauf. Beobachte, wie sich das Geräusch und dein Gehörsinn gegenseitig beeinflussen. [...]

Such dann nach einem Geräusch, das von ganz, ganz, ganz weit weg herkommt … und so leise ist, daß du kaum unterscheiden kannst, ob es sich um ein physisches oder ein nichtphysisches Geräusch handelt … Sei dir des

Geräuschs eine Minute lang bewußt, und versuch dabei zu beobachten, wie dein Gehörsinn von diesem Geräusch beeinflußt wird. [...]

Laß dann alle Geräusche wieder in den Hintergrund treten, und werde dir der Tatsache des Hörens bewußt ... die reine Qualität des Hörens, unabhängig von jedem Geräusch ... Bewußtsein des ›Zustands des Hörens‹, der Tatsache des Hörens.« [...]

[4c] »Erinnere dich an den intensiven Geschmack von Essen. Greif eine bestimmte Speise oder Frucht heraus, und erinnere dich daran, wie sie sich in deinem Mund anfühlt ... Die Struktur und der Geschmack auf der Zunge, der Speichelfluß ... Versetz dich völlig in den Geschmack hinein, als würde nichts anderes auf der Welt existieren. [...]

Erinnere dich dann an den Geschmack einer anderen Speise. Denk nicht nach, sondern nimm einfach das erste, was dir einfällt. Und erinnere dich dann daran, wie es sich in deinem Mund anfühlt ... Geh ganz in dem Geschmack auf ... Erleb ihn in allen Einzelheiten. [...]

Such dann nach dem nichtphysischen Geschmack des Nektars: wie ein langsames Tröpfeln oder ein leichtes Fließen hinten im Hals, ganz erfrischend und süß ... Der Geschmack des Nektars, der hinten in deinem Hals hinunterrieselt ... Laß dich von ihm nähren. [...]

Laß dann wieder von allen Geschmäckern ab, und werde dir der Tatsache des Schmeckens bewußt, der reinen Qualität des Schmeckens, unabhängig von jedem Geschmack an sich.« [...]

PHASE 5: *Den Tag von hinten aufrollen*

»Ruf dir die Bilder des vergangenen Tages ins Gedächtnis. Fang mit dem an, was du zuletzt direkt vor der Nachtübung gemacht hast ... Erzwing nichts, laß es geschehen: Laß die Bilder des Tages einfach vor dir erscheinen ... Geh dann weiter zurück, und beweg dich so rückwärts durch den ganzen Tag, indem du die Bilder einfach vorüberziehen läßt ...

Bilder, von dem, was du am Abend gemacht hast. [...]

Bilder vom Abendessen. [...]

Bilder von deiner Tätigkeit am Nachmittag. [...] Von den Leuten, mit denen du geredet hast. [...]

Bilder vom Mittagessen. [...]

Bilder von deinen morgendlichen Aktivitäten. [...]

Bilder vom Frühstück. [...]

Bilder von dir bei deiner morgendlichen Meditation. [...]

Bilder von deiner Zeit im Badezimmer am Morgen. [...]

Bis zu den ersten Bildern am Morgen vor dem Aufstehen, als du noch im Bett lagst.« [...]

PHASE 6: *Spontane Bilder*

[6a] »Jetzt kommen wir zu der Phase der spontanen Bilder. Laß einfach irgendein Bild vor dir aufblitzen ... Ein x-beliebiges, das erste, das dir in den Sinn kommt ... Verweil mit deinem Bewußtsein ein paar Sekunden auf diesem Bild. [...]

Laß dann ein anderes Bild kommen ... Denk immer daran: keine bildhafte Vorstellung, erfinde nichts ... Nimm einfach das erste Bild, das kommt. [...]

Und dann das nächste Bild. [...]

Laß wieder von ihm ab, und laß das nächste erscheinen ... Sei einfach im Raum und laß die Bilder kommen und gehen.« [...]

[6b] »Laß ein neues Bild vor dir erscheinen. Werde dir dieses Mal nicht nur des Bildes, sondern auch der Tatsache des Sehens, des Zustands des Sehens bewußt ...

Ein anderes Bild und der Zustand des Sehens, der Vorgang des Sehens. [...]

Ein anderes Bild und der Zustand des Sehens.« [...]

[6c] »Laß alle Bilder los, und werde dir nur des Zustands des Sehens bewußt ... der reinen Qualität des Sehens, unabhängig von jedem Gegenstand.« [...]

PHASE 7: *Vorbereitungsübungen auf das Reisen*

[7a] »Werde dir deines astralen rechten Arms bewußt – nicht des physischen Arms sondern des Astralarms, der ihn überlagert. Dein physischer Körper bleibt völlig bewegungslos. Üb das Hochheben deiner rechten Astralhand und deines rechten Astralarms ... Und leg dann deinen rechten Astralarm und deine rechte Astralhand zurück in den physichen Arm.

Werde dir dann deines linken Astralarms und deiner linken Astralhand bewußt ... Üb, deinen linken Astralarm hochzuheben, ohne deine physischen Körper zu bewegen ... Laß dann den linken Astralarm wieder mit dem physischen Arm verschmelzen ... (vgl. Abb. Seite 238).

Wiederhol den gleichen Vorgang noch einmal mit der rechten Seite: Üb die Loslösung von Astralhand und -unterarm aus deiner physischen Hand und deinem physischen Unterarm. Heb sie hoch ... und laß sie dann wieder in ihre physischen Gegenstücke hineinsinken ...

Dann wieder die linke Seite. [...]

Die rechte Seite. [...]

Heb den linken Astralarm.« [...]

[Der ganze Vorgang kann noch ein paarmal wiederholt werden.]

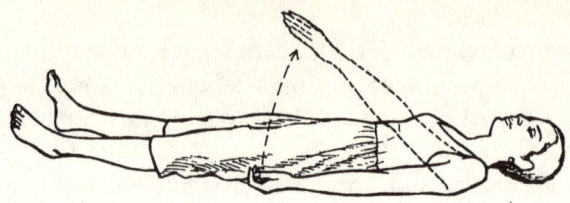

[7b] »Werde dir deines linken Astralbeins bewußt. Versuch, ohne irgend-etwas an deinem physischen Körper zu bewegen, deinen rechten Astralfuß und dein rechtes Astralbein aus dem physischen Fuß und Bein zu lösen und hochzuheben. Laß sie dann wieder zurücksinken ...

Werde dir deines linken Astralbeins bewußt ... Versuch, es aus dem physi-schen Bein heraus hochzuheben ... und laß es dann wieder in das physische Bein zurücksinken ...

Mach diese Übung auf jeder Seite ein paarmal: Das rechte Astralbein hochheben ... und wieder sinken lassen ...

Das linke Astralbein hochheben ... und wieder zurücklegen ...

Das rechte Astralbein hochheben... und wieder zurücklegen...

Das linke Astralbein hochheben ... und wieder zurücklegen ...«

[7c] »Werde dir nun deines Astralkörpers als Ganzes bewußt ...

Werde dir deines physischen Körpers als Ganzes bewußt.

Das Wesen des physischen Körpers ist die Schwerkraft, das Wesen des Astralkörpers ist die Schwebkraft und die Schwerelosigkeit ...

Werde dir der Schwerkraft deines physischen Körpers bewußt ... Werde dir des Gewichts deines Körpers auf der Matratze bewußt ... Alles Schwere, das du fühlen kannst, gehört deinem physischen Körper an ...

Schau nun nach innen, und such in dir nach dem, was leicht ist ... Such nach dem Prinzip der Leichtigkeit und der Schwebkraft, der Kraft, die sich nach oben bewegt ... Werde dir der nach oben drängenden Kraft bewußt, dem genauen Gegenteil des Prinzips der Schwerkraft ... Es ist da, in dir drin-nen ... Es ist nur eine Frage des Sich-Einstimmens darauf ... Stimm dich auf die nach oben drängende Kraft ein ... Laß sie deinen ganzen Körper ausfül-len ... Laß sie alles nach oben heben. [...]

Versetz dich nun wieder zurück in die Wahrnehmung der Schwerkraft ... Halte Ausschau nach dem Prinzip der Schwere. [...]

Richte dann deine Aufmerksamkeit wieder auf das Prinzip der Schwere-losigkeit. Werde dir der nach oben drängenden Kraft bewußt.« [...]

[7d] «Bewußtsein des Zustands des Sehens, der Tatsache des Sehens ...

Üb dich darin, deinen Körper von oben zu sehen ...

Werde dir des Zustands des Sehens bewußt, und stimm dich auf das Bild deines Körpers ein, wie du ihn von oben siehst.« [...]

Wiederherstellen der Verbindung

»Fang an, auf die Geräusche um dich herum zu hören. [...]
 Werde dir wieder deines Körpers bewußt ... Geh in deinen Körper zurück ...
 Atme ein paarmal ganz tief ein. [...]
 Beweg deine Hände ein bißchen ... und dann deine Füße ...
 Streck deinen Körper ...
 Roll dich zur Seite ... und mach die Augen auf.«
 [Wenn du im Bett vor dem Einschlafen übst, brauchst du diesen letzten Schritt der Anleitungen nicht zu machen. Statt wieder die Verbindung zum normalen Bewußtsein herzustellen, rollst du dich einfach auf die Seite und schläfst ein.]

ENDE DER NACHTÜBUNG

14.2 Wenn du nicht viel Zeit hast

Wenn du diese Übung anwenden willst, um dich während des Tages schnell auszuruhen, und nicht viel Zeit hast, fängst du am besten mit Phase 2 an und machst einen schnellen Durchgang durch deinen ganzen Körper. Richte dann dein Bewußtsein auf den Atem, und wähle einen Körperteil aus, mit dem du das Rückwärtszählen von 33 auf 1 beim Ein- und Ausatmen übst (Phase 3). Sobald du tief entspannt bist, wechsle mit dem Bewußtsein auf die Ebene der Bilder über (Phase 5 und 6). Wenn die Bilder klar und frei vor dir vorüberziehen, hast du einen Zustand intensiver, tiefer Entspannung erreicht, in dem sich deine Energien schnell wieder erholen können. Diese Phase ist deshalb besonders nützlich, wenn du ein kurzes, aber erholsames Nickerchen machen willst.

Oft konzentriert sich die Müdigkeit, wenn du dich am Tag erschöpft fühlst, auf eine ganz bestimmte Körperpartie: auf einen Punkt, ein Zentrum der Müdigkeit. Das kann beispielsweise irgendwo im Rücken sein oder vielleicht im Hals, wenn du viel reden mußtest.

Wenn du diesen Punkt findest und dann dein Bewußtsein auf den Atem richtest, kannst du die Rückwärtszählübung von Phase 3 mit diesem Körperteil machen. Du wirst dich ganz schnell von deiner Müdigkeit erholen.

Kapitel 15

Nachtübung (3):
Das Wie und Warum dieser Technik

15.1 Vorbereitung

Halte dich möglichst genau an die einzelnen Anweisungen, wie Schuhe ausziehen oder sich in der richtigen Position hinlegen. Sie machen einen entscheidenden Unterschied im Hinblick auf die Tiefe der Erfahrung, die von den Teilnehmern erreicht wird. Wenn ein oder zwei von ihnen diesen Vorbereitungsmaßnahmen nicht Folge leisten und während der Übungsphase an der Oberfläche bleiben, reicht dies schon aus, um die Schwingungen der ganzen Gruppe zu stören und die anderen daran zu hindern, ganz an der Erfahrung teilzunehmen.

15.2 Phase 1: Ausatmen

Ausatmen ist das Letzte, was ein Mensch auf dieser Erde tut. Darauf geht auch das Verb »aushauchen« zurück, das wörtlich ausatmen bedeutet und in der Verbindung »seinen Geist aushauchen« oder »sein Leben aushauchen« ein Synonym für »sterben« ist. Ebenso wie eine phantastische Spannung mit dem ersten Atemzug eines Neugeborenen einhergeht, findet ein wunderbares Loslösen statt, wenn Menschen, die im Sterben liegen, ihren letzten Atemzug tun.

Die Kunst des Ausatmens ist in Wahrheit eine Suche nach dem letzten Atemzug. Mach die Übung, als befändest du dich nach einem vollkommen erfüllten Leben auf deinem Totenbett.

Du kannst lernen, das Ausatmen als gerichteten Strahl zu benutzen, um Spannungen und unerwünschte Energien aus deinem Körper hinauszubefördern. Seufzen kann als Übung äußerst befreiend wirken.

15.3 Phase 2a: Der Fluß des Bewußtseins durch alle Körperteile

Das Üben von Gegenwärtigkeit in den verschiedenen Körperteilen sollte nicht als reine Entspannungstechnik angesehen werden, sondern als eine der wichtigsten Methoden auf dem Weg der inneren Alchemie. Durch Verbinden deiner Gegenwärtigkeit mit den Körperteilen wird die physische Ebene mit Bewußtsein erfüllt, und es kommt zu einer tiefgreifenden Verwandlung. In dem Maße, in dem du entspannter und offener wirst, reicht dein Bewußtsein viel tiefer in den physischen Bereich hinein, als wenn du mit deinem Normalbewußtsein des Tages von einem Körperteil zum anderen durch deinen Körper schweifst.

Je mehr du mit dem jeweiligen Körperteil »eins werden« kannst, desto tiefer durchtränkt dein Bewußtsein die physische Ebene. Stimm dich auf den Körperteil ein, und laß seine Eigenschaften (wie in Kapitel 11 beschrieben) in dir lebendig werden. Das Gefühl, das aus dem Einstimmen entsteht, ist Wissen durch völlige Übereinstimmung: Du *wirst* zu dem Körperteil. Eines der Geheimnisse der physischen Transformation liegt im Erreichen dieser metaphysischen Einheit, die weit über ein rein verstandesmäßiges Bewußtsein des Körperteils hinausgeht.

Beim Fließenlassen des Bewußtseins durch den ganzen Körper im »Zustand des Sehens« kommt es häufig vor, daß unerwartete Bilder von Knochen, Gelenkverbindungen und Organen aufblitzen.

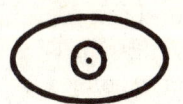 Richte deine Aufmerksamkeit beispielsweise einmal auf die Hohlräume in den Gelenken. Zwischen zwei Knochen, die sich in einem Gelenk treffen, gibt es einen Hohlraum, der mit einer besonderen Flüssigkeit gefüllt ist, der sogenannten Gelenkflüssigkeit oder Synovia. (Die Bezeichnung Synovia wurde einstmals von Paracelsus eingeführt.) Wenn du dich auf die Synovialhöhle einstimmst, bekommst du ein Raumgefühl. Deshalb wird die Synovialhöhle auch häufig Synovialraum (im Englischen: *synovial space* und im Französischen: *éspace synovial*) genannt. Durch die hellsichtige Betrachtung wird enthüllt, wie der Körper über diesen »Gelenkraum« eine Verbindung mit dem Astralraum des Universums herstellt. Daraus ergeben sich ganz neue und interessante Ansätze in bezug auf die Gelenkpathologie.

Eine kraftvolle Abwandlung dieser Übungsphase besteht darin, das Bewußtsein nach jedem Paar von Körperteilen (links/rechts) auf einen neutralen Punkt in der Körpermitte zu lenken. Hier ein Beispiel: linkes Auge ... rechtes Auge ... Bereich zwischen den beiden Augen.

Oder: linkes Knie ... rechtes Knie ... Bereich in der Mitte zwischen den beiden Knien.

Die linke und rechte Körperhälfte verkörpern entgegengesetzte Energiepole, wie Tag und Nacht, weiblich und männlich, Yin und Yang verschiedene Gegensatzpaare darstellen.

Wenn du wie in Phase 2a den Bewußtseinsfluß von einem Körperteil zum nächsten durch den Körper lenkst, kommst du zuerst mit dem linken Pol eines Körperteils in Kontakt und dann mit dem rechten. Wenn du danach noch den Mittelpunkt zwischen den beiden miteinbeziehst, stellst du eine Verbindung zu dem Raum her, in dem sich diese Gegensätze aufheben: Das ist der »Tao-Punkt«, der weder Yin noch Yang ist oder Yin und Yang gleichzeitig. Probier aus, ob du das selbst auch spüren kannst.

Eine andere interessante Form, mit dem Bewußtsein durch den Körper zu zirkulieren, besteht im Lauschen auf den inneren Klang jedes Körperteils.

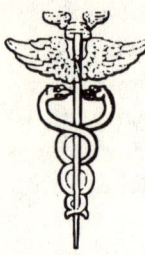

Weshalb fangen wir eigentlich immer mit der linken Körperseite an? Interessanterweise machen es die Soldaten beim Marschieren genauso: »links, rechts, links, rechts …« Im Hatha-Yoga gibt es die Übung der wechselseitigen Nasenatmung *(Nadi-Sodhana)*, bei der man nur durch ein Nasenloch ein- und ausatmet und das andere mit den Fingern zuhält, dann wird gewechselt. Auch hier wird mit dem Einatmen immer erst mit dem linken Nasenloch begonnen. Es gibt verschiedene Beispiele dafür, daß beim Umgang mit Energie häufig die linke Seite vor der rechten Seite aktiviert wird.

Darüber hinaus wird bei vielen spirituellen Handlungen, wie beim Werfen der Münzen zur Befragung des I Ging, traditionell die linke Hand (die Hand des Herzens) benutzt. Dasselbe gilt für das Abheben der Tarotkarten. Dies liegt möglicherweise daran, daß die linke Körperpartie mit der rechten Gehirnhälfte verbunden ist, die als die intuitivere und weniger analytische gilt, und deshalb auch mehr spirituellen Themen zugeneigt. Beim Hatha-Yoga wird der Hauptenergiekreislauf in der linken Körperhälfte dem Mond-Nadi Ida zugeschrieben, der eine Verinnerlichung der Energie und eine Öffnung zu den inneren Räumen bewirkt. Rudolf Steiner hat vorausgesagt, daß in der fernen Zukunft der Menschheit die linke Hand die Hauptrolle spielen wird, und zwar letztendlich in einem solchen Maße, daß die rechte Hand verkümmern wird.[35]

15.4 Phase 2b: Gegenwärtigkeit und »Zustand des Sehens« der Organe

Mit zunehmender Hellsichtigkeit wirst du beim Üben dieser Phase faszinierende Visionen von deinen Organen haben, die von einem tiefen intuitiven Verständnis ihrer Funktionen begleitet sind. Diese Übung hat damit nicht nur eine heilende Wirkung, sondern verhilft dir auch zu ganz neuen Kenntnissen über deine Organe. Du wirst viele unerwartete Entdeckungen machen,

---

35 Steiner, Rudolf: *Foundations of Esoterism*, end of lecture III (Berlin 28. Sept. 1905). London: Rudolf Steiner Press, 1982, S.23. Steiner, Rudolf: *Grundelemente der Esoterik. Notizen von einem esoterischen Lehrgang in 31 Vorträgen*. Berlin 1905. Gesamtausgabe Bd.93a, 3. Aufl. 1987.

die ein ganz anderes Licht auf bestimmte, allgemein als feststehend angenommene Tatsachen der Anatomie, Physiologie und Pathologie werfen. Der Weg des Sehers ist voller Überraschungen.

Je mehr du in der Lage bist, die Organe in deinem Innern auf hellseherische Weise wahrzunehmen, desto mehr wirst du dies auch bei anderen können. Das ist wirklich eine große Diagnosehilfe! Dies läßt uns einen entscheidenden Faktor im Zusammenhang mit Wahrnehmung im allgemeinen erkennen: Immer wenn du etwas in dir sehen oder fühlen kannst, kannst du dies auch in jeder anderen Person sehen oder fühlen. »Innen« oder »außen« macht im Zusammenhang mit hellseherischen Fähigkeiten keinen großen Unterschied.

 Weshalb wurde gerade diese Reihenfolge der Organe gewählt?

In der hermetischen bzw. alchemistischen Tradition wird von Entsprechungen zwischen den Körperorganen und den Planeten des Sonnensystems ausgegangen. Der Mensch ist der Mikrokosmos, das Universum der Makrokosmos. Jedes Organ verkörpert im Körper alle Symbole und Funktionen seines entsprechenden Planeten. Die Reihenfolge der Organe, wie in Phase 2b beschrieben, folgt der traditionellen Reihenfolge der planetarischen Sphären: Saturn (Milz), Jupiter (Leber), Mars (Gallenblase), Sonne (Herz), Venus (Nieren), Merkur (Lungen) und Mond (Gebärmutter).

In einem fortgeschritteneren Stadium wird es sogar möglich sein, die planetarischen Kräfte hinter den Körperorganen wahrzunehmen, wodurch diese Technik zu einer astrologischen Meditation innerhalb deines eigenen Körpers werden wird. Um ein richtiger Astrologe oder Alchemist zu werden, sollte man in der Lage sein, die Planetenenergien intuitiv zu verstehen und in sich zu fühlen und sie nicht nur rational zu verstehen.

Alle, die sich für die Sternenkunde und ihre Entsprechungen innerhalb des menschlichen Mikrokosmos interessieren, täten gut daran, zu ihrer Nachtübung noch eine weitere Phase hinzuzufügen. Diese besteht im Durchlaufen der Körperzonen nach ihren traditionellen Sternbild-Entsprechungen: Widder/Kopf; Stier/Hals und Nacken; Zwilling/Schultern und Schulterblätter; Krebs/Brust; Löwe/Herz; Jungfrau/Darm; Waage/Nieren; Skorpion/Geschlechtsorgane; Schütze/Oberschenkel; Steinbock/Knie; Wassermann/Knöchel; und Fische/Füße. Sprich im Stillen den Namen des Sternbilds vor dich hin, und werde dir dabei des entsprechenden Körperteils bewußt.

15.5 Phase 3: Bewußtsein auf den Atem und Rückwärtszählen

In dieser Phase schlafen alle ein: Sogar die Menschen, die immer unter Schlaflosigkeit leiden, sinken mitten in dieser Phase weg! Aber es ist nicht gesagt, daß Einschlafen unbedingt falsch wäre. Kommen wir noch einmal auf einen wichtigen Punkt unserer Theorie zurück: Ein Ziel der Nachtübung ist es, dir zu ermöglichen, des Messers Schneide zwischen Wachen und Schlafen zu erforschen.

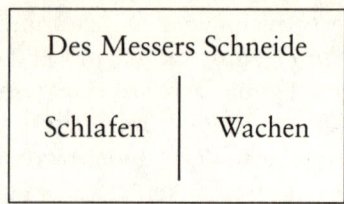

Wenn du während der ganzen Übung immer hellwach bleibst, bedeutet das, daß du nie die Schneide überschreitest, und dieser Zweck der Übung damit nicht erreicht wird. Schläfst du hingegen sofort ein und schnarchst bis zum Ende durch, bringt diese Übung ebenfalls keine große Erleuchtung.

Das Problem besteht darin, daß du das Bewußtsein verlierst, sobald du die Grenze zwischen Wach- und Schlafzustand erreichst. Du bist mit dem Wachzustand vertraut, und du bist mit dem Schlafzustand vertraut, doch die Trennlinie dazwischen ist dir fremd. Jedesmal, wenn du dich ihr näherst, verpaßt du sie und wirst sofort in den Schlafzustand hineingezogen.

Dieser Übungsteil ist deshalb wirkungsvoller, wenn jemand dir die Anweisung vorliest oder vorspricht (oder wenn du eine Kassette benutzt). Jedesmal, wenn du einschläfst, holt dich die Stimme ganz schnell wieder zurück: »Bleib wach und mit deinem Bewußtsein beim Rückwärtszählen.« Ein paar Minuten später schläfst du wieder ein, und die Stimme ruft dich wieder in den Wachzustand zurück. Du bewegst dich also immer um des Messers Schneide herum, und das ist eine ausgezeichnete Methode, um sie besser kennezulernen. Langsam lernst du, beim Überschreiten der Schneide mehr Bewußtsein aufrechtzuerhalten.

Wieder heißt es: Üben, üben und nochmals üben. Dadurch wird es dir möglich werden, einen Zustand zu erreichen, in dem du gleichzeitig schläfst und wach und vor allem **bewußt** bist. Wenn es dir gelingt, mehr als ein paar Sekunden lang auf der Schwelle zu verweilen, wird dein Bewußtsein zum Superbewußtsein und dir wird ein kurzer Einblick in das Geheimnis der Schwelle gewährt. Dann hast du auch das Stadium erreicht, in dem du die Fähigkeit erlangt hast, dich ungewöhnlich schnell auszuruhen und zu erholen. Dann bist du zu einem »Meisterschläfer« im Stile Napoleons herangereift.

Aus diesen Erläuterungen läßt sich folgender praktische Schluß ziehen: Laß Phase 3 aus, wenn du allein, ohne die gesprochene Anleitung eines Freundes oder einer Kassette übst und wenn du im Bett vor dem Einschlafen übst, besonders dann, wenn du dazu neigst, jedesmal beim Rückwärtszählen einzuschlafen.

Phase 3 sollte hingegen ausgeführt werden:
- wenn du Schwierigkeiten mit dem Einschlafen hast;
- wenn du tagsüber übst, um dich kurz auszuruhen. In diesem Falle ist das kurze zwischenzeitliche Einnicken infolge des Rückwärtszählens eine der besten Formen, um dich zu erholen und erfrischt wieder aufzuwachen;
- wenn dein Bewußtsein schon weiter ausgebildet und gefestigt ist und wenn du dich dem schmalen Grat nähern kannst, ohne gleich in den Schlaf hinübergezogen zu werden;
- wenn ein Freund dich bei deiner Nachtübung anleitet. Es kann dann interessant sein, dich längere Zeit mit Phase 3 aufzuhalten und so lange wie möglich über die Schwelle hin- und herzuwechseln. Du kannst gute 15 bis 20 Minuten darauf verwenden.

15.6 Phase 3c: Vibration in der Nase beim Einatmen

Regelmäßig angewandt, verbessert diese Übung in hohem Maße deine Sensitivität gegenüber Gerüchen. Darüber hinaus kannst du dadurch deine Fähigkeit, Energie aus der Luft aufzunehmen, deutlich erhöhen. Je vertrauter du mit dieser Übung wirst, desto offensichtlicher wird für dich bei jedem Einatmen das Aufeinanderprallen der Luftschwingung und der Nasenschleimhaut. Richte deine Aufmerksamkeit auf diesen Zusammenprall, und werde dir dessen bei jedem Einatmen mehr und mehr bewußt. In deiner Nase entsteht dadurch eine ausgeprägte Vibration, und in deinen Nasenlöchern wird ein unerwartetes Erwachen stattfindet.

Es ist fast, als würdest du die Luft »trinken«. Der ganze Rachenraum wird damit gestärkt und genährt, und das hat eine direkte stimulierende Wirkung auf das dritte Auge. Denk immer daran, daß dein drittes Auge kein Punkt irgendwo auf der Stirn, sondern in Wirklichkeit eine Art Tunnel ist, der von der Mitte zwischen den Augenbrauen durch deinen Kopf hindurch bis zum Hinterkopf reicht. Die Geruchsnerven in der Nasenschleimhaut laufen oben in der Nase zusammen und öffnen sich in den Kopfraum hinein durch die Siebplatte und das Siebbein, die etwa zwei bis drei Zentimeter direkt hinter der Mitte zwischen den Augenbrauen liegen – daher auch der direkte Effekt des erweckten Geruchssinns auf das dritte Auge.

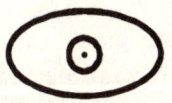

Um ein klareres Bild von der Verbindung zwischen dem dritten Auge und dem Geruchssinn zu bekommen, empfiehlt sich folgende Übung: Stimm dich auf das dritte Auge eines Hundes ein. Das dritte Auge eines Hundes ist praktisch reiner »Geruchssinn«. Du kannst deutlich wahrnehmen, wie sich sein drittes Auge bis in seine Schnauze zieht.

Über ihre lokalen Effekte hinaus stimuliert diese Übung in hohem Maße die Lebenskraft im allgemeinen, und zwar aufgrund der zusätzlichen Energieaufnahme und der Reflexstimulation verschiedener Körperorgane durch die Nasenschleimhaut. Die Fähigkeit, mehr Schwingungsenergie aufzunehmen, hält normalerweise den ganzen Tag an, und du entwickelst eine erstaunliche Empfindlichkeit gegenüber Gerüchen. Deine Nase wird zu einer ständigen Quelle des Staunens werden.

Im Kundalini-Yoga wird der Geruchssinn mit dem *Muladhara-* oder Wurzelchakra in Verbindung gebracht, das sich zwischen Damm und Steißbein am unteren Ende der Wirbelsäule befindet. Im Muladhara-Chakra konzentriert sich die ursprünglichste, geerdeste und körperlichste Form der Lebensenergie. Jedesmal, wenn der Geruchssinn stark erweckt wird, löst dies eine Reaktion im Muladhara-Chakra aus, wodurch dessen Funktionen aktiviert werden. Deshalb kann diese Übung auch zur Behandlung von depressiven Patienten eingesetzt werden, die auf der körperlichen Ebene jegliche Motivation verloren haben und nicht wissen, ob sie lieber leben oder sterben wollen. (Dies ruft uns die Riechsalze in Erinnerung, die in früheren Zeiten dazu benutzt wurden, Menschen, die ohnmächtig geworden waren, wieder das Bewußtsein erlangen zu lassen.)

Riechen ist der urspünglichste aller körperlichen Sinne. So gehören denn auch stammesgeschichtlich gesehen der Geruchssinnlappen oder das Riechhirn, die für die Geruchswahrnehmung mitverantwortlich sind, zu den ältesten Gehirnbereichen. Mit der hier beschriebenen Methode zur Stimulierung der »Nasen-Power« lassen sich deshalb bei der Wiedererweckung der Lebenskraft von deprimierten Menschen oder bei Patienten mit einer unheilbaren Krankheit erstaunlich gute Ergebnisse erzielen.

Viele von den Leuten, die ständig Vitamine in sich hineinschütten, wären sicher sehr erstaunt darüber, in welch hohem Maß sich ihre Vitalität durch Erziehung ihrer Nase steigern läßt. Die Nase ist das wichtigste Organ zur Wahrnehmung der Ätherenergie (Lebenskraft) in der Luft. Nicht nur während der Nachtübung, sondern bei all deinen täglichen Aktivitäten kannst du dich darum bemühen, immer mehr Energie aus der Luft aufzunehmen.

Tips:

• Regelmäßiges Üben der *Neti*-Methode (siehe Kapitel 16) kann die Entwicklung der Empfindlichkeit deiner Nasenlöcher und der Aufbau deiner »Nasen-Power« kraftvoll unterstützen.

• Beim Üben von Phase 3c und der Nachtübung im allgemeinen solltest du mit Gerüchen äußerst vorsichtig sein. Der Raum, in dem du übst, darf nicht stickig sein. Es ist immer besser, ein Fenster offen zu lassen. Außerdem sollte der Raum nicht von starkem Geruch nach Tabak, Räucherstäbchen oder Parfums erfüllt sein. Denn deine Sensitivität wird bei dieser Übung so stark erhöht, daß du dich wirklich unwohl fühlen und sogar deinen feinen Geruchssinn und deine Fähigkeit, Energie aus der Luft aufzunehmen, schädigen könntest.

15.7 Phase 4

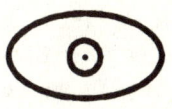

Durch die Trennung der Bilder von der Tatsache des Sehens oder dem Zustand des Sehens, kann man hellsichtig werden. Dasselbe Prinzip läßt sich auf die Entwicklung der anderen Sinne der Feinwahrnehmung übertragen. Das heißt also, die Unterscheidungsarbeit besteht darin, die Tatsache des Hörens gesondert von den Geräuschen zu betrachten, die Tatsache des Riechens unabhängig von den Gerüchen etc.

Diese Phase stellt ebenfalls eine wirkungsvolle Methode zur Verinnerlichung der Sinne dar, zur Trennung und Unterscheidung der astralen Sinne von den physischen, die den Astralkörper in einem Zustand läßt, in dem er ein Höchstmaß an Hilfe von höheren spirituellen Wesen während der Nacht empfangen kann.

15.8 Phase 5: Die Bilder des Tages noch einmal vorbeiziehen lassen

Diese Übung wird von vielen esoterischen Schulen des Westens als wesentlich angesehen und deshalb oft in der esoterischen Literatur erwähnt. Sie kann sich auf verschiedenen Ebenen abspielen und hat mehr als nur einen Zweck. Versuchen wir, hier wenigstens einen oder zwei davon zu verstehen.

Menschen, die gerade aus einer todesähnlichen Erfahrung ins Leben zurückgekehrt sind, berichten häufig über eine interessante Beobachtung, und zwar, daß sie ihr ganzes Leben wie in einem Film noch einmal im Zeitraffer vor sich ablaufen sahen. Neben dieser allseits bekannten Tatsache beschreiben Esoteriker den Zyklus der Reinkarnation als aus zwei abwechselnden Phasen bestehend: dem Leben auf der Erde, während dem Handlungen vollzogen werden, und der Reise durch nichtphysische Ebenen. Darauf folgt dann die nächste Inkarnation auf Erden usw.

Was passiert auf der Reise zwischen Tod und Wiedergeburt? Unter anderem findet eine Integration dessen statt, was auf der Erde erreicht wurde. Die

Seele verdaut praktisch alle Handlungen, die auf Erden vollzogen wurden. Sie kann versuchen, ihre nächste Inkarnation auf die bestmögliche Weise vorzubereiten. Doch wenn bedauerliche Dinge begangen oder Gelegenheiten verpaßt wurden, steht es völlig außer Frage, daß irgendeine in der Vergangenheit vollzogene Handlung rückgängig oder anders gemacht werden kann. Dies kann sich für die reisende Seele als schreckliches Drama erweisen.

Es ist eine langsame Aufnahme ihrer Quintessenz. Ein wichtiger Punkt ist, daß alles, was während der Inkarnation auf der Erde geschah, der reisenden Seele als Unmöglichkeit für jegliche Änderung erscheint. Die Seele kann daran arbeiten, die vollzogenen Handlungen zu verdauen.

Diese spirituelle Tatsache findet sich auch in der Hindu-Tradition wieder. In Sanskrittexten wird beschrieben, wie die individuelle Seele, solange sie noch nicht neu inkarniert ist und sogar noch im Mutterleib, voller guter Entschlüsse steckt: »Ich werde ein großer Verehrer von Shiva sein, ich werde mein Leben dem Üben von Yoga verschreiben etc.«

Doch sobald der einzelne Mensch im Trubel des Lebens gefangen ist, vergißt er sofort all seine guten Vorsätze und fängt an, sein Verhalten nach den Motivationen des niederen Ego auszurichten. Sobald dann die Seele im Moment des Todes den Körper verläßt, erinnert sie sich schmerzlich daran, wieviel Gelegenheiten sie ungenutzt gelassen hat. Und noch einmal fängt der Zyklus von vorne an. Ein bißchen Fortschritt wird dabei gemacht, aber häufig ist es im Vergleich zu dem, was wirklich hätte erreicht werden können, wenn eine Erinnerung an das ursprüngliche Ziel hätte aufrechterhalten werden können, nur ein Klacks.

Diese Übung, bei der der Tag im Rückblick betrachtet wird, zielt darauf ab, jeden Abend eine ähnliche Situation wie bei der rückblickenden Betrachtung der Lebenshandlungen zu schaffen, die normalerweise erst nach dem Tode stattfindet. Anstatt zu warten, bis du stirbst, kannst du den Reifungsprozeß hier und jetzt beginnen und dadurch deine Evolution beschleunigen.

 Völlig unangebracht wäre es, im Geiste alles vorbeiziehen zu lassen und jede Handlung in einem inneren Dialog einer moralischen Bewertung zu unterziehen, wie etwa: »Das hätte ich ganz anders machen sollen, das hätte ich nicht machen sollen …« Die Übung läuft auf einer viel tieferen Ebene ab. Der Reifungsprozeß wird nicht durch einen geistigen Dialog eingeleitet, sondern durch ein tiefes Öffnen der Seele. Das oberflächliche Bewußtsein einer moralischen Bewertung ist für das Auslösen des gewünschten Effekts völlig ungeeignet.

Nach dem Tode erfolgt die rückblickende Betrachtung der Lebensumstände nicht nur während der ersten dreieinhalb Tage, sondern wiederholt sich in verschiedenen Phasen der Reise mit unterschiedlichen Vorzeichen.

Wenn du jeden Abend vor dem Schlafengehen die Ereignisse des Tages noch einmal geduldig betrachtest, wird dir das später viel Energie und Zeit ersparen. Nicht, daß du es nach dem Tod eilig hättest, aber wenn du diese Arbeit bereits erledigt hast, steht deine Energie für andere wichtige Aufgaben zur Verfügung, die den Übergang fruchtbarer gestalten können.

Was die Technik des rückblickenden Betrachtens der Bilder des Tages betrifft, kannst du zwischen zwei Methoden wählen. Bei der ersten Methode werden die Ereignisse des Tages vom Abend bis zum Morgen eines nach dem anderen im Rückblick betrachtet. Die zweite und exaktere Form des Übens besteht darin, deinen Tag wie einen Film rückwärts abspulen zu lassen. Das heißt, wenn du also Auto gefahren bist, siehst du, wie sich das Auto rückwärts bewegt. Wenn du gelaufen bist, siehst du dich rückwärts laufen. Du siehst, wie das, was du gegessen hast, wieder aus deinem Mund herauskommt etc. Das mag am Anfang schwierig erscheinen, doch mit einiger Übung wirst du eine Stufe erreichen, in der sich alle Bilder mühelos von allein abspulen und der ganze Tag in vier bis fünf Minuten durchlaufen ist. Es handelt sich dabei um eines dieser Dinge, die man nicht wirklich »tun« kann, sondern bei denen man zulassen muß, daß sie geschehen.

Oft wird gefragt, wie detailliert der Tagesrückblick sein sollte und wieviel von den kleinen Einzelheiten und trivialen Begebenheiten mit einbezogen werden sollten. Ein vernünftiger Zeitrahmen für die Übung sind etwa fünf bis zehn Minuten. Je erfahrener du darin wirst, desto mehr Einzelheiten kannst du in dieser Zeit in die Übung mit einbeziehen.

15.9 Phase 6: Spontane Bilder

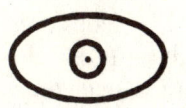 Sobald die Bilder in deinem Bewußtsein frei fließen, weißt du, daß du einen Zustand von hellseherischem Schlaf erreicht hast. Du hast eine innere Verbindung zwischen der Präzision der Bilder des Traumzustands mit der bewußten Gegenwärtigkeit des Wachzustands hergestellt. In diesem Zustand kannst du dich schnell und gut erholen. Beim Üben wirst du merken, daß das Vorbeiziehenlassen der Bilder des Tages (Phase 5) nur einen kurzen Übergang zu der Phase der spontanen Bilder darstellt.

Sobald du erst einmal eine gewisse Vertrautheit und Beherrschung der sechsten Phase erreicht hast, brauchst du dich nur noch in den Raum hineinzubegeben (denselben violetten Raum wie bei allen anderen hier aufgeführten Übungen) und die Bilder kommen lassen.

Wenn du noch einen Schritt weiter gehen willst, werde dir bei jedem Bild, das dir erscheint, gleichzeitg des Zustands des Sehens und deiner eigenen Gegenwärtigkeit in deinem Herzen bewußt. Was bedeutet das in bezug auf die bisherigen Übungen zur Erlangung der Hellsichtigkeit? Es bedeutet einfach, daß wir den Prozeß des dreifachen Sehens vom Traumzustand aus anwenden anstatt vom Wachzustand. Es bedeutet, deinen Zauberstab nicht nur bei Tag, sondern auch bei deinen abendlichen und nächtlichen Erfahrungen einzusetzen. Dies wird dir zu wunderbaren Visionen und unerwarteten Einsichten verhelfen.

15.10 Erfahrungen bei der Nachtübung

Spannung

Es kann passieren, daß in dir eine Spannung entsteht, die so stark wird, daß du dich auf die Seite drehen und deine Übung abbrechen mußt. Normalerweise hört die Spannung sofort auf, wenn du dich auf die Seite drehst und die Übung für diesen Abend einstellst, und du kannst dann einschlafen.

Diese Erfahrung, die dem manchmal auch beim Meditieren auftretenden Aufbauen von Spannung gleicht (siehe Abschnitt 10.11), ist auf energetische und emotionale Blockaden zurückzuführen. Zwing dich nicht, um jeden Preis auf dem Rücken liegen zu bleiben, sonst kann die Übung zu einer Qual für dich werden. Die wahre Antwort darauf findet sich auf einer anderen Stufe: Die Blockaden sollten durch geeignete Technik, wie beispielsweise Rückführung (unsere ISIS-Techniken), näher erforscht werden.

Es gibt aber auch noch einen anderen Grund, weshalb es bei der Nachtübung zu einer erhöhten Muskelanspannung kommen kann: Wenn du die Vibration im dritten Auge aufrechterhältst. Erinnere dich daran, daß bei der Nachtübung keine Schwingung im dritten Auge beibehalten und auch nicht mit der Reibung im Hals geatmet werden soll (siehe Kapitel 13). Jedesmal, wenn du bei der Nachtübung eine Anspannung spürst, achte darauf, daß du im dritten Auge keine besondere Gegenwärtigkeit aufrechterhältst. Eine Hilfe kann hier sein, die Aufmerksamkeit auf das Herz zu lenken.

Wenn du immer einschläfst

Verlier nicht den Mut – du bist nicht der oder die einzige. Zumindest hast du ein unfehlbares Mittel gegen Schlaflosigkeit gefunden. Hier ein paar Vorschläge zur Verbesserung der Situation:

• Üb auf dem Boden, nicht im Bett.

• Wenn du regelmäßig an einer bestimmten Stelle der Übung einschläfst, laß diese Phase eine Weile aus, und geh direkt zur nächsten Phase über. Das hilft dir, einen Prozeß, der sich zu einer schlechten Angewohnheit entwickeln kann, gleich von Anfang an zu unterbinden. Kehr einige Tage oder Wochen später wieder zu dieser Phase zurück.

• Benutze Kassetten mit der gesprochenen Nachtübung. In unserer Schule haben wir die Erfahrung gemacht, daß unsere Studenten die Schwierigkeiten mit dieser Übung beheben konnten, sobald sie mit den Kassetten des Fernlehrgangs arbeiteten.

• Üb zusätzlich zu deiner abendlichen Übung auch tagsüber. Das wird deine Fähigkeit, bewußt zu bleiben, während du dich auf der Schwelle befindest, deutlich steigern.

• Schaff dir ein Armbanduhr mit Stoppuhr-Funktion und einem **zarten** Piepsen an, die du so einstellst, daß sie bei der Nachtübung alle fünf Minuten leise piepst.

• **Sternegucken:** Betrachte jeden Abend vor dem Ins-Bett-Gehen ein paar Minuten oder mehr die Sterne. Sei beim Hinaufschauen zu den Sternen im dritten Auge völlig gegenwärtig. »Trink« das Licht der Sterne, nimm ihre Energie in dich auf. Das wird nicht nur bei der Nachtübung, sondern die ganze Nacht hindurch einen starken Einfluß auf die Qualität deines Bewußtseins haben.

Im Prinzip geht es dabei um folgendes: Wenn es dir beim Schlafen schwerfällt, eine gewisse Wachsamkeit aufrechtzuerhalten, so liegt das häufig daran, daß dein Astralkörper schwach ist, und es zwischen ihm und dem physi-schen Körper an Brücken fehlt. Bevor du also deine abendliche Reise beginnst, empfiehlt es sich, dein Bewußtsein mit einer äußerst intensiven und feinen Astralenergie aufzutanken: der Energie der Sterne.

Deshalb solltest du es dir zur Gewohnheit machen, bei der Nachtübung zwischendurch – insbesondere, wenn du spürst, daß du das Bewußtsein verlierst – immer wieder die Energie der Sterne zu Hilfe zu rufen. Laß dann zur Unterstützung die Sternbilder, die du vor dem Zubettgehen betrachtet hast, noch einmal vor deinem geistigen Auge erscheinen und ihre Energie auf dich einwirken.

Zum Abschluß dieses Abschnitts, wollen wir noch darauf hinweisen, daß die Fähigkeit des Aufrechterhaltens einer bewußten Gegenwärtigkeit beim Schlafen davon abhängt, wie gut deine feinstofflichen Körper ausgebildet sind. Zum Erreichen höherer Bewußtseinszustände beim hellseherischen

Schlaf ist daher der gesamte Prozeß der inneren Alchemie und nicht nur die Nachtübung erforderlich. Es ist weise, einfach zu akzeptieren, daß es einige Zeit und Übung erfordern wird, bis du in der Lage sein wirst, dich am Morgen beim Aufwachen an alle deine nächtlichen Reisen zu erinnern.

15.11 Die Nacht hat zwei Enden

Die energetische Arbeit des hellseherischen Schlafs erfolgt nicht nur am Anfang, sondern auch am Ende der Nacht. Ziel der Nachtübung ist es, beim Schlafen ein waches Bewußtsein beizubehalten. Ziel der »Morgenarbeit« ist es, sich an so viel Träume und Astralreisen wie möglich zu erinnern und sie in das Tagesbewußtsein hinüberzuretten.

Hier ein paar Vorschläge, die dir dabei helfen können:

15.12 Morgendliches Mitteilen

Wenn du mit einem Ehepartner, Freund oder Freundin im selben Zimmer schläfst, erzählt euch gegenseitig, sobald ihr aufwacht, was während der Nacht passiert ist. Es empfiehlt sich, dies sofort nach dem Aufwachen zu tun, solange ihr noch im Bett liegt und die Erinnerung noch frisch ist. Du wirst merken, daß du dich mit der Zeit an viel mehr erinnern kannst, wenn du weißt, daß du regelmäßig jeden Morgen deine Erinnerungen jemandem mitteilen kannst. Dieses Wissen motiviert dein Unterbewußtsein, mehr von den nächtlichen Erlebnissen und Erfahrungen im Gedächtnis zu behalten.

Wenn Kinder in deinem Haushalt leben, ermutige sie dazu, dir jeden Morgen, nachdem du sie begrüßt hast, zu erzählen, was sie geträumt haben.

15.13 Ein Symbol als Brücke

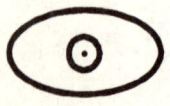 Faß beim abendlichen Üben vor dem Einschlafen den festen Entschluß, daß du dich am Morgen nach Wiedererlangung des Bewußtseins als erstes daran zu erinnern versuchst, was in der Nacht passiert ist. Ein gute Methode zur Erinnerung stellt das Auswählen eines Symbols dar (wie etwa ein Stern, ein Pentagramm, oder irgendein Symbol, das dir geeignet erscheint). Versuch um jeden Preis, dir genau im Moment des Einschlafens und sofort nach dem Aufwachen dieses Symbols bewußt zu sein.[36] Sobald du dann am Morgen

---

36 Das Symbol kann auch mit einem Ton oder Geräusch kombiniert werden, um im Bewußtsein einen stärkeren Eindruck zu hinterlassen.

deinen ersten Bewußtseinsfaden wiederaufnimmst, erinnerst du dich an das Symbol. So wird eine Brücke zwischen den beiden Momenten geschlagen.

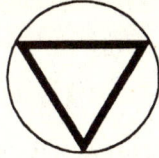 

15.14 Versuch deine Träume über die Pufferzone hinwegzuretten

Die Grenze zwischen Schlafen und Wachen gleicht mehr einem Zwischenraum als einer Linie.

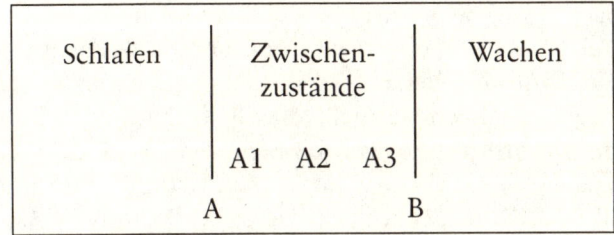

Gehen wir einmal davon aus, das erste Aufblitzen des Bewußtseins erfolge in A. Du bist dir dessen möglicherweise nicht bewußt, aber du mußt erst noch den Raum zwischen A und B durchqueren, um völlig wach zu werden. Normalerweise geschieht dies unbewußt und automatisch. Die meisten Menschen merken es gar nie.

Nehmen wir jetzt an, du würdest dich im Punkt A an einen Traum oder eine Astralreise erinnern. Es ist sehr wahrscheinlich, daß du ihn, bis du bei B angelangt bist, wieder vergessen hast. Um also Erinnerungen in den Wachzustand mit hinüberzuretten, mußt du sie dir beim Durchqueren dieser Pufferzone mehrmals ins Gedächtnis rufen. Du mußt dich beispielsweise zuerst im Punkt A erinnern, dann noch einmal in A1, A2, A3 und schließlich im Punkt B.

Ruf dir deine Träume sofort ins Gedächtnis, sobald du spürst, daß sich dein Bewußtsein auch nur ein kleines bißchen regt. Sonst passiert es leicht, daß du sofort in A3 oder gar in B landest, ohne es zu merken, und dann ist es zu spät und alles bereits wieder in Vergessenheit geraten.

 Bleib aus denselben Gründen ganz still und bewegungslos im Bett liegen, sobald du zum ersten Mal spürst, daß sich dein Bewußtsein regt. Durch Veränderung der Position be-

schleunigst du den Übergang von A nach B. Also noch einmal: Sobald du am Morgen die ersten Bewußtseinsregungen registrierst, **beweg dich nicht,** und versuch dich an so viel wie möglich zu erinnern.

15.15 Nutz das Gedächtnis des dritten Auges

Eine Methode, um das ganze Theater der eben beschriebenen Empfehlungen zu umgehen und dich trotzdem an alles Wichtige zu erinnern, wollen wir im folgenden beschreiben.

 In dem Maße, in dem du deine feinstofflichen Körper entwickelst, wirst du immer deutlicher merken, daß du Zugang zu einer neuen Form des Gedächtnisses bekommst: das Gedächtnis des dritten Auges. An einige Dinge, die dein bewußter Verstand völlig vergessen hat, kannst du dich sofort wieder erinnern, wenn du dich des Gedächtnisses deines dritten Auges bedienst.

Das heißt also, daß wir über zwei verschiedene Gedächtnisspeicher verfügen: das Gedächtnis des Verstandes und das Gedächtnis des dritten Auges. Interessanterweise zeichnen sie nicht dieselben Dinge auf. So erinnert sich das Gedächtnis des dritten Auges z. B. an Auren. Wenn du vor zehn Jahren eine Aura gesehen hast, erkennst du sie sofort durch Einstimmen auf das Gedächtnis des dritten Auges wieder. Dieses Gedächtnis ist sehr viel verläßlicher als das Verstandesgedächtnis und vergißt nie etwas, möglicherweise weil es nicht auf die Gehirnzellen angewiesen ist. Und im Gegensatz zu dem Verstandesgedächtnis funktioniert das Gedächtnis des dritten Auges völlig mühelos: Die Dinge kommen automatisch wieder zurück.

 Was die Nächte betrifft, so scheint sich der Verstand vor allem an Träume zu erinnern und das dritte Auge an Astralreisen und Bewußtseinserfahrungen. Damit scheint das Gedächtnis des dritten Auges die wahre Lösung für das allgemeine Problem des »morgendlichen Gedächtnisschwunds« darzustellen.

Leider gibt es keine einfache Formel, die angewandt werden könnte, um den Zugang zum Gedächtnis des dritten Auges zu entwickeln. Er kommt von selbst als Nebeneffekt des ganzen inneren Alchemieprozesses. Doch der springende Punkt dabei ist, daß dieses Gedächtnis des dritten Auges bereits bei vielen Menschen vorhanden ist. Das Problem ist nur, daß ihnen gar nicht einfällt, diese Quelle anzuzapfen. Wenn sie sich an etwas erinnern sollen, suchen sie in ihrem Verstand danach, und es kommt ihnen nicht einmal in den Sinn, den Versuch zu unternehmen, sich von ihrem dritten Auge aus zu erinnern.

Lenk deshalb jeden Morgen deine Aufmerksamkeit auf dein drittes Auge, und versuch, dich von dort aus an die Ereignisse der Nacht zu erinnern. Es ist wie ein Aura-Lesen deiner Nacht. Wenn du mit anderen Menschen zusammenlebst, wirst du entdecken, daß du, sobald du dich vom dritten Auge aus an deine eigenen nächtlichen Erlebnisse erinnern kannst, auch sehen kannst, was bei ihnen in der Nacht vor sich ging. Wie bereits erwähnt, beschränken sich die Wahrnehmungen des dritten Auges nicht auf die Grenzen deiner Haut.

15.16 Wenn du dich nie an etwas erinnern kannst

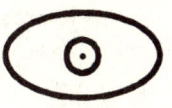 Warte bis zu deinem nächsten Urlaub ab, und wach dann ungefähr in fünf aufeinanderfolgenden Nächten nach jedem Traum auf, und schreib alles auf, woran du dich erinnern kannst. Leg dazu einen Schreibblock, einen Stift und eine Taschenlampe neben das Bett. Bei manchen Leuten reicht schon eine starker Entschluß aus, um wirklich nach jedem Traum aufzuwachen. Wenn dies bei dir nicht der Fall ist, besorg dir eine Armbanduhr, die dich jede Stunde mit einem leisen Piepsen weckt.

Wenn du eine Nacht im Liegewagen eines Zuges oder in irgendeiner Situation verbringst, in der du eher döst als schläfst, verpaß nicht die Gelegenheit, all deine Träume nacheinander aufzuschreiben.

15.17 Variante für Akupunkteure

Für Heilpraktiker, Akupunkteure, Shiatsu-Masseure und Therapeuten aus anderen Bereichen der östlichen Medizin kann eine wertvolle Ergänzung der Nachtübung im Einfügen einer zusätzlichen Phase zwischen Phase 2 (Rundgang durch die Körperteile und die Organe) und Phase 3 (Bewußtsein auf den Atem) bestehen, bei der es um das Richten des Bewußtseins auf die Meridiane geht. Diese zusätzliche Meridian-Phase gleicht in vielem der Kanaleröffnung (Kapitel 4 und 5), doch wird dabei nicht gerieben. Der Körper bleibt von Anfang bis Ende der Nachtübung völlig bewegungslos. Wenn die Zeit begrenzt ist, so mach den ganzen Ablauf des Fließens des Bewußtseins durch den Körper von Phase 2 nur einmal.

Versuch, in jedem Meridian zuerst das Vibrieren oder Kribbeln zu spüren, das nichts anderes ist als die Wahrnehmung des Qi oder der Ätherenergie. Versuch dann, den Fluß der Vibration oder Schwingung im Meridian wahrzunehmen. (Er fließt nicht immer in die Richtung, die in den chinesischen Büchern angegeben ist.) Versuch anschließend, den Fluß zu aktivieren, indem du mit Hilfe der Technik der »kleinen Hände« eine bewußte Bewegung der Energie entlang dem Meridian erzeugst (wie in Abschnitt 4.10 beschrieben).

Was die Reihenfolge der Meridiane betrifft, so folgst du am besten dem traditionellen Energiekreislauf: Lungenmeridian, Dickdarmmeridian, Magenmeridian, Milzmeridian, Herzmeridian, Dünndarmmeridian, Harnblasemeridian, Nierenmeridian, Herzbeutelmeridian, Dreifach-Erwärmer-Meridian, Gallenblasenmeridian, Lebermeridian. Schließ die Phase mit den Akupunkturpunkten Konzeptionsgefäß, Gouverneur und zuletzt mit der zentralen Energie-Leitbahn *Chongmai* ab, der chinesischen Entsprechung zu der indischen Sushumna, dem vom Wurzelzentrum zum Scheitel-Zentrum verlaufenden Zentralkanal, durch den die beim Kundalini- und Kriya-Yoga im Mittelpunkt stehende Kundalini-Kraft aufsteigt. Zu näheren Einzelheiten über den anatomischen Verlauf und die Beschreibungen der Meridiane verweisen wir interessierte Leser auf die breite Vielfalt an Akupunkturliteratur.

Kapitel 16

Ergänzende Übungen

16.1 Neti

In den alten Sanskrit-Abhandlungen über Hatha-Yoga werden verschiedene Methoden zur inneren Reinigung beschrieben. Sechs davon werden *Sat Karma* oder die »sechs Handlungen« genannt. Dies sind:
- *Neti*: Reinigung der Nasenhöhle,
- *Dhauti*: Reinigung des Magens,
- *Bhasti*: eine Art Einlauf.

Abgesehen von ihrer Wirkung an den entsprechenden Körperstellen sind *Dhauti* und *Bhasti* auch Reinigungsmethoden für das Element Erde und Wasser im Körper.
- *Trataka*: in eine Kerzenflamme oder auf einen kleinen Gegenstand blikken (siehe Abschnitt 5.6).
- *Nauli*: Hier werden die beiden geraden Bauchmuskeln einer nach dem anderen angespannt, so daß der Eindruck einer Drehung entsteht. *Nauli* regt das Bauchfeuer und das Körperfeuer im allgemeinen stark an.
- *Kapalabhati*: kurze, aber intensive Hyperventilation.

Diese Techniken eignen sich nicht nur zur Reinigung des physischen Körpers und der feinstofflichen Körper, sondern auch zur Erweckung des Energiekörpers und seiner Zentren. Deshalb können alle sechs Methoden Menschen, die ernsthaft auf der Suche sind, nur wärmstens empfohlen werden.

Wir wollen hier von diesen sechs Übungen die erste, *Neti*, herausgreifen und genauer erklären, denn sie hat eine direkte und bemerkenswerte Auswirkung auf die Erweckung des dritten Auges. Abgesehen von ihrem Einfluß auf das Stirnchakra soll sie auch alle Energiekanäle im Nacken und im Kopf reinigen. Daraus ergibt sich ein wichtiger Heileffekt hinsichtlich jeder Art von Störungen und Beschwerden an diesen Stellen.

Im traditionellen Hatha-Yoga wird *Neti* mit einem Kännchen mit langem Schnabel ausgeführt, das *Lota* genannt wird. Die *Lota* wird mit Salz-

wasser gefüllt. Dann legt der Yogi den Kopf auf
die eine Seite, während die Spitze der Schnauze in
das Nasenloch auf der anderen Seite eingeführt
wird. So fließt das Wasser durch das eine Nasenloch hinein und durch das andere wieder hinaus.
Das gleiche wird dann auf der anderen Seite wiederholt.

Lota

Für unsere Zwecke gibt es eine wirksamere Methode zur
Ausführung von *Neti,* für die keine *Lota* benötigt wird.
Nimm eine Tasse, oder noch besser einen Behälter oder
kleinen Topf, der niedriger, aber breiter als eine Tasse ist.
Füll den Behälter mit lauwarmem Wasser von ungefähr der gleichen Tempe-
ratur, wie sie im Mund herrscht. Gib einen halben Teelöffel Steinsalz oder
Meersalz hinein. (Benutze klares, gereinigtes Wasser.) Verwende **kein** norma-
les feines Tafelsalz. Das würde deine Nase nur reizen.

Halte nun die Nase ins Wasser, und fang an, das Salzwasser durch die
Nase zu »trinken«: Zieh es durch die Nase ein, und laß es durch den Mund
herausfließen. Das Wasser fließt direkt von der Nasenhöhle in den Mund
und wird dann ausgespuckt.

Die ganze Übung ist schnell gemacht und überhaupt nicht unangenehm.
Man fühlt sich danach sehr erfrischt und aufgeweckt. Sie erzeugt innere Klarheit und läßt in der Nase ein sehr deutliches Energiegefühl entstehen.

Tips:

• Einer der Geheimtricks bei dieser Übung besteht darin, beim Einsaugen des Wassers keine Luft mit einzusaugen. Deshalb empfehlen wir eine
Tasse mit weiter Öffnung. Sonst bekommst du, nachdem du etwa ein Viertel Wasser aus der Tasse »getrunken« hast, genausoviel Luft wie Wasser in
die Nase, und als Ergebnis kann deine Nasenschleimhaut etwas gereizt
werden.

• Ein anderes Geheimnis ist die Kunst des Nasetrocknens, nachdem du das
letzte Wasser ausgespuckt hast. In den meisten modernen Abhandlungen
über Hatha-Yoga werden hier nur vage und ausweichende Anweisungen gegeben, die meist über das normale Schneuzen der Nase nicht hinausgehen.
Ganz falsch! Wenn du die folgende Methode zum Trocknen anwendest, wirst
du mit Überraschung feststellen, wieviel Wasser noch aus deinen Nasen-
höhlen herauskommt, auch wenn du vorher deine Nase ein paar Minuten
lang geschneuzt hast.

Stell dich dich mit leicht gespreizten und halb gebeugten Beinen hin.

Stütz die Arme auf die Knie auf. Wirf nun den Kopf schnell nach oben und nach hinten, ohne den Rest des Körpers mitzubewegen, und atme gleichzeitig kräftig durch die Nase aus. Das Ganze dauert etwa eine halbe Sekunde. Danach atmest du ganz normal wieder ein.

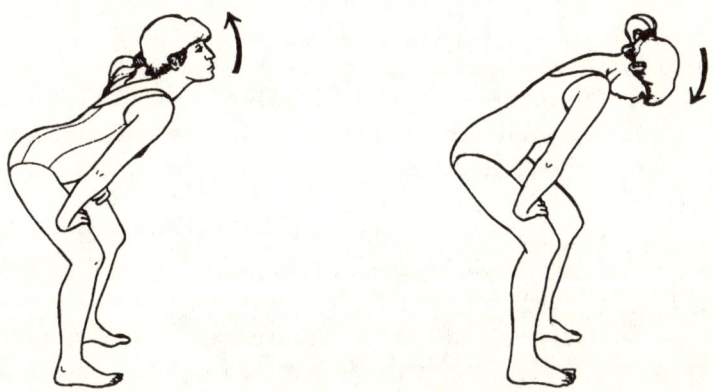

Trocknen der Nase im Anschluß an Neti

Laß dann nach einer halben Sekunde der Bewegungslosigkeit den Kopf rasch nach unten fallen, und stoß den Atem dabei kräftig aus. Atme dann wieder ganz normal ein.

Mach nun ungefähr eine halbe Minute lang so weiter: Kräftig ausatmen und den Kopf dabei abwechselnd nach hinten werfen und nach vorne fallen lassen.

Wiederhol dann die Übung, aber dreh dieses Mal beim Ausatmen den Kopf einmal nach links und einmal nach rechts. Atme jedesmal kräftig aus, wenn du den Kopf zur Seite drehst. (Du brauchst deine Nase vor oder nach dieser Trockenmethode nicht zu schneuzen.)

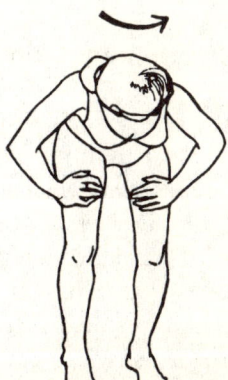

• Die *Neti*-Übung solltest du jeden Morgen vor dem Meditieren und auch vor dem Frühstück regelmäßig durchführen. Wenn du darin geübt bist, dauert sie einschließlich Trocknen nur zwei bis drei Minuten.

Üb ein oder zwei Jahre lang jeden Morgen. Laß dann ein paar Jahre verstreichen, bevor du wieder ein Übungsjahr einlegst.

• Neti hat eine äußerst belebende, kräftigende Wirkung. Du fühlst dich danach ganz klar, bewußt, wach und erfrischt. Sie stimuliert das dritte Auge auf auffällige Weise und unterstützt das Hellsehen. Wenn du tapfer genug bist, die Unannehmlichkeiten der ersten Übungsversuche auf dich zu nehmen, wirst du diese Übung bald sehr gerne machen und erhebliche Vorteile daraus ziehen.

• Wenn du die Neti-Übung erst einmal beherrschst, bist du in der Lage, jede Erkältung, die du dir möglicherweise einfängst, erfolgreich zu bekämpfen. Mit dieser Übung erwirbst du die Fähigkeit, die Energie hinten in der Rachenhöhle so zu beeinflussen, daß Absonderungen aus der Nase unterbunden werden können. (Der Trick funktioniert natürlich besser, wenn du die Erkältung gleich bei ihrer Entstehung bekämpfst.)

Das empfehle ich dir jedoch nicht! Schenke den kleinen Absonderungen des Körpers Beachtung, und unterdrücke sie nicht. Sie haben eine natürliche Reinigungsfunktion und spielen für die Aufrechterhaltung des allgemeinen Gleichgewichts in deinem Körpersystem eine entscheidende Rolle. Nimm also bitte die Erkältung in Kauf, und »laß es fließen«, um mit einem unserer Grundsätze zu sprechen. Die heutige Angewohnheit, beim kleinsten Symptom zu einem Arzt zu rennen, ist kindisch und basiert auf einer Fehleinschätzung der Wirtschaftlichkeit unseres Körpers. In vielen Fällen ist es richtig und wichtig, kleinen Beschwerden ihren Lauf zu lassen. Die Behandlung leichter Erkrankungen kann manchmal auf lange Sicht zum Entstehen schwererer Krankheiten führen.

16.2 Rhythmus und Regelmäßigkeit

In Abschnitt 11.8 haben wir bereits erwähnt, daß es dem Astralkörper grundsätzlich an Rhythmusgefühl mangelt. Die folgenden Vorschläge sollen zur Stärkung dieser Schwachstelle des Astralkörpers beitragen:

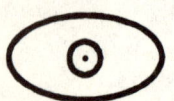
Der erste Rat besteht darin, die Übungen jeden Tag zur gleichen Zeit abzuhalten. Die Ergebnisse dieser Maßnahme werden sehr viel größer als die Anstrengung sein, die du auf dich nehmen mußt, um dich daran zu gewöhnen. Falls du jeden Morgen sowieso einige Zeit der Meditation widmest, macht es da wirklich noch einen Unterschied für dich, ob du beispielsweise genau um sie-

ben Uhr damit beginnst oder irgendwann zwischen Viertel vor und Viertel nach sieben? Was hingegen die Ergebnisse betrifft, macht es einen sehr deutlichen Unterschied. Jeden Tag wird dein Körpersystem automatisch zu einer bestimmten Zeit mit den Übungen beginnen! Es wird dich weniger Anstrengung kosten, einen meditativen Zustand zu erreichen, und die Bewußtseinserfahrungen werden spürbar tiefer werden. Abgesehen von diesen einfachen Ergebnissen, werden die Meditation und die anderen Übungen einen viel größeren Effekt auf deinen Astralkörper haben.

Regelmäßigkeit hat eine unerwartet starke Wirkung auf den Astralkörper und kräftigt seine gesamte Struktur. Stell dir einmal ein Schiff vor, dessen Außenhülle ein Leck hat. Du kannst versuchen, alle möglichen Verbesserungen am Schiff vorzunehmen: bessere Segel anbringen, einen Zusatzmotor einbauen etc. Dadurch wird das Schiff schneller. Aber es wäre ein viel gezielterer Eingriff, das Leck abzudichten, denn dadurch wird einer grundsätzliche Schwäche am Schiff abgeholfen. Und genau das erreichst du, wenn du dich darum bemühst, deinem Astralkörper ein stärkeres Rhythmusgefühl beizubringen.

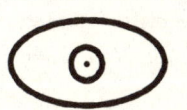 Du kannst deinen Übungen noch mehr Nachdruck verleihen, wenn du zuvor eine bestimmte Handlungsabfolge einschiebst. Beispielsweise die Hände waschen, auf die Toilette gehen, duschen – was immer du willst, aber immer in der gleichen Reihenfolge. Führe Morgen für Morgen die gleichen Bewegungen aus, eine nach der anderen, und etwas in der Struktur deines Astralkörpers wird sich verdichten. Darüber hinaus ist es hilfreich, auch jeden Abend – vor deiner Nachtübung – eine ähnliche Handlungsabfolge einzuhalten.

Je mehr der Astralkörper in diese Handlungen einbezogen wird, desto wirksamer wird die Übung sein. Das bedeutet, daß du alles mit voller Gegenwärtigkeit und ganz bewußt im dritten Auge ausführen und ganz bei der Handlung dabei sein mußt – selbst wenn es etwas anscheinend Unwichtiges ist, wie beispielsweise das Händewaschen oder ein Glas Wasser trinken. Führe jede Handlung »mit Absicht« und niemals automatisch aus. Sei mehr als bewußt, sei wach!

Dämmerung

 Die Nacht ist Yin, der Tag ist Yang, und was ist dann die Dämmerung? Außerhalb dieses Gegensatzpaares ist die Dämmerung eine Zeit für Transzendenz und Bewußtheit des Selbst. Sonnenaufgang und -untergang sollten als wertvolle Augenblicke betrachtet werden, in denen eine ganz besondere Energie für das spirituelle Erwachen zur Verfügung steht.

Es ist nicht sehr schwierig, die Zeiten des Sonnenaufgangs und -untergangs herauszufinden, da sie in den meisten Zeitungen stehen. Sie ändern sich von einem Tag auf den nächsten kaum, so daß es genügt, sie ein- oder zweimal in der Woche nachzusehen. Die Dämmerung ist sowieso kein fester Zeitpunkt, sondern eher eine Zeitspanne von ein paar Minuten.

Es ist von großem spirituellem Wert, sich zumindest jeden Abend beim Sonnenuntergang auf das dritte Auge und das Herz einzustimmen und das Bewußtsein darauf zu lenken (falls dein Tagesablauf es dir nicht erlaubt, bei Sonnenaufgang wach zu sein). Du mußt nicht unterbrechen, was du gerade tust, sondern dich nur einstimmen. Versuch, mit der ganz besonderen Energie der Dämmerung in Harmonie zu sein, und laß sie auf dich einwirken.

Neumond und Vollmond

 In ähnlicher Weise haben die Vollmond- und Neumondnächte eine Energie, durch die größere innere Veränderungen leichter erreicht werden können. Auch hier gilt: zu diesen Zeiten besonders wachsam sein.

16.3 Fasten vor Öffnungen

Wenn deine Wahrnehmung völlig blockiert ist, wenn du nichts sehen oder spüren kannst, obwohl du regelmäßig deine Übungen machst, dann könnte Fasten die Antwort sein. Ich habe bei vielen meiner Schüler, nachdem sie 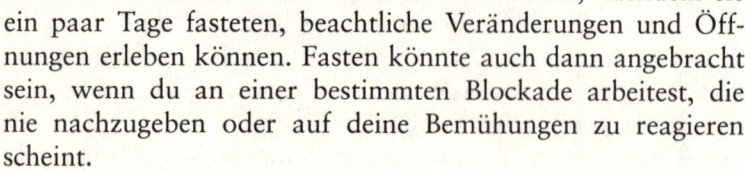 ein paar Tage fasteten, beachtliche Veränderungen und Öffnungen erleben können. Fasten könnte auch dann angebracht sein, wenn du an einer bestimmten Blockade arbeitest, die nie nachzugeben oder auf deine Bemühungen zu reagieren scheint.

Du mußt nicht gleich mit totalem Fasten beginnen. Probier zuerst aus, zwei oder drei Tage lang nur Fruchtsäfte zu trinken oder (ökologisch angebautes) Obst zu essen. Das reicht meist schon aus, um die Dinge in Bewegung zu bringen. Ein Obsttag pro Woche kann den Prozeß der Öffnung unterstützen.

Auch längeres und intensiveres Fasten kann wertvoll sein, aber das sollte man zuerst mit einem Arzt besprechen.

16.4 Vom taoistischen Umgang mit sexuellen Energien

Die Taoisten haben viele Methoden zur inneren Alchemie und
Langlebigkeit entwickelt, die auf einem besonderen Umgang
mit den sexuellen Energien beruhen. Diese Methoden können
deine Gesundheit und die Entwicklung deiner feinstofflichen
Körper tiefgreifend beeinflussen. Daher empfehle ich sie als
wertvolle Ergänzung zu den in diesem Buch vorgeschlagenen
Übungen.[37]

16.5 Vorsicht mit Impfungen

Impfungen begünstigen das, was Homöopathen »sykotisches Miasma« nennen. Das ist ein Energiezustand, in dem unter anderem der rationale Verstand zuungunsten der Intuition erstarrt. Sykotische Tendenzen sind genau
das Gegenteil von der Öffnung, die nötig ist, um hellsichtige Wahrnehmung
zu entwickeln. Wenn du dich völlig blockiert fühlst, könnte es von Nutzen
sein, einen Homöopathen aufzusuchen und ihn um Rat zu bitten.

Von einer hellsichtigen Warte aus gesehen, scheinen Impfungen sehr viel
toxischer zu wirken, als die gegenwärtigen wissenschaftlichen Autoritäten
anscheinend glauben. Meine Voraussage ist, daß eine Reihe von Manipu-
lationen, die gegenwärtig am menschlichen Körper vorgenommen werden,
sich eines Tages für die Menschheit als verheerender herausstellen könnten
als Atomwaffen, denn es sieht so aus, als würden durch das Impfen der Ver-
fall des genetischen Grundstocks, massive Unfruchtbarkeit und der völlige
Zusammenbruch unseres Immunsystems eingeleitet. Könnte es sein, daß die
Impfungen einen Keim für den Zusammenbruch des Immunsystems darstellen? Diese Frage sollte man zumindest stellen und ernsthaft in Erwägung
ziehen.

16.6 Telefon

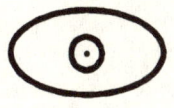

Statt jedesmal gleich hinzurennen, wenn das Telefon klin-
gelt, versuch einmal, ein oder zwei Sekunden lang innerlich
ganz ruhig zu bleiben und zu erspüren, wer der Anrufer ist.
Achte darauf, daß sich nicht dein rationaler Verstand mit

---

37 Zu diesem Thema vgl. die Bücher von Chia, Mantak: *Tao Yoga der Liebe* und *Tao
Yoga der heilenden Liebe*, beide Ansata Verlag, Interlaken.

»schlauen« Vorschlägen einmischt. Werde einfach innerlich einen Moment lang ganz leer und empfänglich. Diese Technik kannst du dir mühelos zur Gewohnheit machen, wenn du sie systematisch anwendest. (Im allgemeinen reicht es schon aus, sich zur Erinnerung einen kleinen Zettel ans Telefon zu kleben.) Das nimmt in deinem Tagesablauf keine zusätzliche Zeit in Anspruch. Du kannst diese Übung auch auf andere Situationen des täglichen Lebens übertragen. Versuch beispielsweise jedesmal, wenn jemand in dein Haus oder deine Wohnung kommt, dich auf die Person einzustimmen und zu »sehen«, wer es ist.

 Am Telefon hat diese Technik aus folgenden Gründen jedoch einen anderen Charakter: Mit hellsichtigem Auge gesehen, ist ein Telefonanruf eine merkwürdige Mischung von Bewußtsein und elektromagnetischem Signal. Diese beiden vermischen sich zu einer Welle, ähnlich der von den Radionikern gemessenen Frequenzen. Ein Anruf ist damit nicht nur ein elektrisches Signal. Auf einer bestimmten astralen Ebene wird eine Welle erzeugt, und das elektrische Signal ist nur der äußere Ausdruck dieser Welle.[38]

Deswegen gelingt es manchen Heilern auch, einem Patienten über das Telefon so wirksam beizustehen: Die telefonische Welle überträgt ihren psychischen Impuls. Das ist auch der Grund, warum du dich manchmal nach einem Anruf so fertig fühlst. Eine Menge Negativität kann über die Astralebene der Kommunikation zu dir gelangen.

Meine Voraussage geht dahin, daß in den kommenden Jahrhunderten manche Menschen erstaunliche außersinnliche Fähigkeiten entwickeln werden, indem sie elektronische Geräte (oder die Weiterentwicklungen unserer heutigen elektronischen Geräte) benutzen. Nicht alle Menschen, aber die Anhänger einiger besonderer Schulen, werden Elektromagnetismus oder andere Technologien dazu benutzen, ihre PSI-Kräfte zu verstärken. Sie werden ihr Nervensystem an merkwürdige Maschinen anschließen, was zu einer monströsen bio-elektronischen Symbiose führen wird. Elektronik wird zu einem Weg der Bewußtseinserweiterung werden, und dunkle Mächte werden versuchen, die Kräfte, die dadurch hervorgerufen werden, für ihre Zwecke zu nutzen. Und letzten Endes wird diese Technik auch in größerem Umfang als Kriegstechnik eingesetzt werden.

Zum gegenwärtigen Zeitpunkt wird eine Gruppe von Seelen besonders dafür ausgebildet, bei ihrer Reinkarnation auf die spezielle Aufgabe vorbereitet zu sein, die dunklen Mächte zu bekämpfen, die das radionische Feld beeinflussen werden. Diese Astralschicht wird einer gründli-

---

38 Das gilt auch für die Kommunikation mit Hilfe von Computer-Modems.

chen Reinigung bedürfen, ähnlich der Reinigung der Augiasställe durch Herakles.[39]

 Diese Kämpfe werden unglaublich gewaltsam sein, obwohl sie etwas ganz anderes darstellen als die gegenwärtige Form der Kriegsführung. Und der Sieg der Mächte des Lichts wird davon abhängen, ob eine große Anzahl menschlicher Wesen ihnen mit ihrer Unterstützung und Integrität beisteht. Einige der Leser dieses Buches werden direkt oder indirekt in diesen Krieg verwickelt werden, und die Seelenkräfte, die sie gerade jetzt durch ihre spirituellen Übungen entwickeln, werden eine entscheidende Rolle dabei spielen, welche Seite den Sieg davontragen wird.

16.7 Moxas über dem Akupunkturpunkt Bai Hui oder Gouverneur 20

Moxas sind Stöckchen oder Röllchen in der Form einer Zigarre. Sie werden aus einer Pflanze namens Beifuß *(Artemisia vulgaris)* hergestellt. Man kann sie in Esoterik-Läden finden. In der Akupunktur werden sie eingesetzt, um an bestimmten Punkten eine sanfte Wärme zu erzeugen, anstatt eine Akupunkturnadel zu setzen.

Der Akupunkturpunkt *Bai Hui* oder Gouverneur 20 befindet sich am hinteren Teil der Schädeldecke. Du findest ihn, indem du eine gedachte Linie über die Mitte der Ohrmuschel beider Ohren hinaus verlängerst, wobei du bogenförmig der Kopfhaut folgst. Bai Hui befindet sich an dem Punkt, an dem die beiden Linien aufeinandertreffen, am hinteren oberen Teil der Schädeldecke. Zur Benutzung der Moxas ist es nicht nötig, den Punkt ganz genau festzulegen.

---

39 Viele Radioniker und Homöopathen, die eine »Black Box« benutzen, sind sich nicht bewußt, wie unglaublich groß die magischen Kräfte sind, mit denen sie es dabei zu tun haben. In einigen Fällen muß man sich fragen, ob sie die Box benutzen oder ob umgekehrt die Kräfte des radionischen Felds sie durch die »Black Box« beeinflussen.

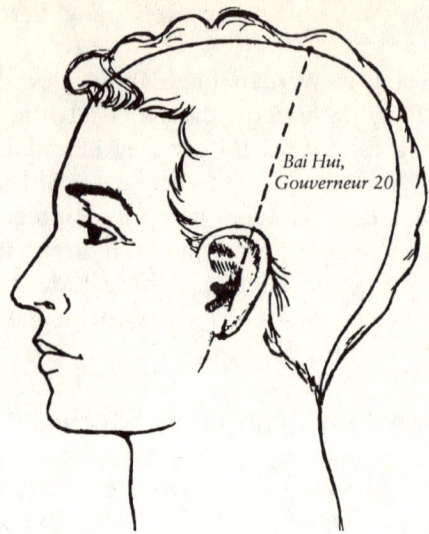

Bai Hui, Gouverneur 20

Zünde ein Moxa-Röllchen mit einer Kerze an. Halte es etwa fünf Zentimeter über den Punkt Bai Hui. Die behandelte Person sollte eine sanfte, angenehme Wärme spüren. Wenn keine Wärme empfunden wird, muß das Moxa-Röllchen näher an die Stelle gehalten werden. Falls es zu heiß wird, muß der Abstand wieder etwas vergrößert werden. Keinesfalls sollte während der Übung das Gefühl brennender Hitze entstehen. Erwärm den Punkt sanft fünf bis zehn Minuten lang. Vergiß nicht, gelegentlich die Asche von dem Moxa abzustreifen, sonst könnte sie auf die Kopfhaut fallen und auf dem Kopf deines Freundes eine Brandwunde hinterlassen.

Wenn du fertig bist, gibt es eine bestimmte Art, wie man das Moxa-Röllchen ausmacht. Da es sehr dick ist, kann man es nicht wie eine Zigarette ausdrücken. Du mußt das brennende Ende des Moxas in Erde stecken, damit es ausgeht (beispielsweise in einen Blumentopf).

Moxas über Bai Hui haben die Wirkung, die Energie nach oben zu ziehen und den Astralkörper etwas vom Ätherkörper und den Ätherkörper vom physischen Körper zu lösen. Der Ätherkörper wird natürlich nicht völlig vom physischen Körper getrennt, ist jedoch nicht mehr so fest mit diesem verbunden. So wird vorübergehend eine Situation geschaffen, die eine feinere Wahrnehmung begünstigt.

Ich empfehle nicht, Moxas regelmäßig über Bai Hui zu benutzen. Aber von Zeit zu Zeit kannst du damit herumexperimentieren, um deine Fähigkeit zu »sehen« anzukurbeln (beispielsweise vor der Augenkontaktübung).

Moxas sollten nicht benutzt werden, wenn es zu heiß ist, damit im Körper nicht zuviel Hitze erzeugt wird.

16.8 Pferdeschwanz

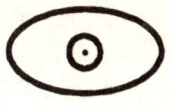 Eine andere interessante Methode, Bai Hui (Gouverneur 20) und das Kronenchakra zu stimulieren, besteht darin, an dieser Stelle ein Haarbüschel zusammenzubinden (siehe Abschnitt 16.7). Diese Sitte war bei Mönchen verschiedenster Traditionen weit verbreitet. Andere haben diesen Teil des Schädels glattrasiert, um ihre Empfänglichkeit für höhere Welten zu erhöhen, aber das ist nicht so empfehlenswert, wenn du ganz normal in dieser Welt lebst!

Du wirst überrascht sein, wie ein Pferdeschwanz im Bereich von Bai Hui sofort die Energie deines Kronenchakras steigert. Das ist eine kleine, aber wirksame Unterstützung, die du nutzen kannst, wenn du an einem Intensiv-Workshop teilnimmst, bei dem ununterbrochen geübt wird.

16.9 Blinde Kuh

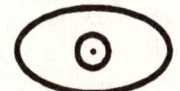 Verbinde dir die Augen, und laß dich von jemandem durch die Natur führen.

Diese Übung bietet Gelegenheit, sich hauptsächlich auf das dritte Auge zu verlassen und so seine Umgebung zu erspüren und zu erkunden. Sie ist außerdem sehr gut, um Vertrauen zu entwickeln.

Kapitel 17

Wie man sich schützt

Schutzebene 1: Verstärkung der Struktur

17.1 Zuerst das Einfache

Es ist sicher wichtig zu wissen, wie du deine Energie aufrechterhalten und dich vor negativen Einflüssen schützen kannst. Aber bevor wir genauer auf die Übungen, die esoterische Anatomie usw. eingehen, müssen wir einige grundlegende Dinge klären: Je gesünder und ausgeglichener du bist, desto geschützter bist du. Das ist zwar eine einfache, aber trotzdem sehr wahre Tatsache.

Daher haben unsere ersten Empfehlungen für deinen Schutz mit einer gesunden Lebensweise zu tun. Du wärst schlecht beraten, wenn du diese Tatsache übersehen würdest, weil sie sich so »unesoterisch« anhört. Ohne einen gesunden Lebensstil, der deinen Ausgangspunkt darstellt, werden weitere Schutzmaßnahmen nicht sehr wirkungsvoll sein. Auch der allgemeine Entwicklungsprozeß wird dadurch deutlich verlangsamt.

Im folgenden einige grundlegende Ratschläge:

17.2 Sorge für genügend Schlaf und Ruhe

Wenn du müde bist, ist die Wahrscheinlichkeit am größten, negative Energien anzuziehen. Im erschöpften Zustand ist dein Energiepotential niedrig, du bist »leer«, und diese Leere schafft die Voraussetzungen für das Eindringen aller Arten von unerwünschten Energien.

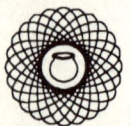In der traditionellen chinesischen Medizin sagt man, daß zuwenig Schlaf die Nieren erschöpfe und schädige. Die Niere ist sehr viel mehr als nur ein Filter. In der Akupunktur wird sie als Sitz und Speicher der höchsten Vitalität, als *Jing* oder Quintessenz des *Qi* bezeichnet. Das Qi ist die Ätherenergie oder Lebenskraft. Das *Jing* ist die Quintessenz der Lebenskraft und entspricht damit den *Ojas* der indischen Überlieferung und der *Quinta Essentia* der

Alchemisten. Wenn dein *Jing* bzw. deine Quintessenz stark ist, mußt du dir keine allzu großen Sorgen darum machen, wie du dein Energieniveau erhalten kannst. Natürlich solltest du immer gewisse Vorkehrungen treffen, die Übungen machen usw. Sollte sich jedoch aus irgendeinem Grund eine negative Energie bei dir einnisten, wäre deine allgemeine Vitalität dennoch so kräftig, daß es nicht zu schwierig sein dürfte, sich davon wieder zu befreien, entweder allein oder mit Hilfe eines Fachmanns auf diesem Gebiet.

Ist dein *Jing*, deine Quintessenz jedoch geschwächt oder erschöpft, kann sich nicht nur leicht eine negative Energie nach der anderen bei dir festsetzen, sondern es wird auch nicht einfach sein, diese wieder loszuwerden.

Mein erster Ratschlag lautet also: Wenn du dich auf den Prozeß einer spirituellen Entwicklung einlassen willst, solltest du in deinem Tagesablauf genügend Schlaf und Ruhe einplanen. Wenn du unsere Techniken der Nachtübung anwendest, solltest du eigentlich keine Schwierigkeiten mit dem Einschlafen haben.

Nebenbei bemerkt, hast du jemals von einem Tier gehört, das den ganzen Tag ohne Ruhepausen verbringt? Wann immer es möglich ist, solltest du deshalb unbedingt auch während des Tages eine kurze Nachtübung machen, beispielsweise wenn du von der Arbeit nach Hause kommst.

17.3 Richtige Ernährung

Ich werde kein besonderes Gewicht auf Dinge wie die Vorzüge organisch angebauter Lebensmittel usw. legen. Sie sind wichtig, und du brauchst keine außersinnliche Wahrnehmung, um zu diesem Thema genügend Literatur zu finden. Ich möchte deine Aufmerksamkeit nur auf ein paar ausgewählte Punkte lenken:

• Vermeide unausgewogene Ernährungsweisen, wie z. B. nur rohes Gemüse zu essen oder wochenlang nichts anderes als braunen Reis. Beispielsweise kann Makrobiotik, wenn sie falsch verstanden wird, zu sehr unausgewogener Nahrungsaufnahme mit schlimmen Folgen führen. Wenn du über lange Zeit eine bestimmte Ernährungsweise beibehältst, die dich nicht mit dem versorgt, was der Körper braucht, wirst du schwach und bist negativen Energien und Einflüssen leicht ausgesetzt.

• Regelmäßige Mahlzeiten zu festgesetzten Zeiten üben eine unerwartet günstige Wirkung auf die Stärkung deines Astralkörper und die Steigerung deiner allgemeinen Vitalität aus (siehe Abschnitt 16.2).

• Dein Bewußtseinszustand und die Aufmerksamkeit im dritten Auge beim Essen kann den spirituellen Wert deiner Mahlzeit und deiner Öffnung für die Wahrnehmung stark erhöhen. Bewußtes Essen mit Wahrnehmung ist eine ganz neue Erfahrung (siehe Abschnitt 11.8).

• Manche Lebensmittel haben die Eigenschaft, die Feinwahrnehmung zu steigern: z. B. rohe Karotten (gekochte nicht so sehr). So können beispielsweise rote Bete den Einfluß des Ego auf den physischen Körper verstärken. Manche Gewürze werden traditionell zum Schutz eingesetzt, z. B. Knoblauch. Die Wirkung all dieser Lebensmittel kann sich deutlich verstärken, wenn du dich auf ihre Energie einstimmst. Benutze deine Feinwahrnehmung, um herauszufinden, was wofür gut ist.

• Muß man Vegetarier sein, um erleuchtet und hellsichtig zu werden? Sicherlich nicht. Alle tibetanischen Meister essen Fleisch (in den Bergen Tibets kann kein Gemüse angebaut werden). Die meisten Menschen im Westen essen jedoch in der Tat zuviel Fleisch. Wenn du Fleisch ißt, dann lieber mittags als abends, damit dein hellseherischer Schlaf besser verlaufen kann.

• Mein wichtigster Ratschlag ist jedoch: Folg lieber deinem eigenen Empfinden als einem Dogma (obwohl es sicherlich genug Dogmen auf dem Gebiet der Ernährung gibt!). Wenn du auf deinen Körper hörst und beobachtest, welche Wirkung gewisse Lebensmittel auf deinen Bewußtseinszustand haben, wirst du unterscheiden lernen, was du vermehrt oder besser gar nicht mehr zu dir nehmen solltest. Je mehr du dich öffnest, desto mehr wird sich dein Geschmack von selbst verändern. Unter anderem ist es sehr wahrscheinlich, daß du auf ganz natürliche Weise weniger Fleisch zu dir nimmst.

17.4 Die richtigen Körperübungen

Hatha-Yoga läßt sich beispielsweise sehr gut mit dem inneren Weg vereinbaren. Dasselbe gilt für verschiedene Kampftechniken, wie Aikido. Menschen, die in einer Kampftechnik geübt sind, finden es meist nicht sehr schwer, sich zu schützen, wenn sie mit spirituellen Übungen beginnen.

Gartenarbeit oder ein bißchen richtig anstrengende Feldarbeit sind wunderbare Tätigkeiten für spirituell tätige Menschen: Je besser deine Füße in der Erde verwurzelt sind, desto sicherer kannst du mit dem Kopf zwischen den Sternen umherwandern.

17.5 Sei glücklich!

 Traurigkeit und Depression können oft zu Leere und Schwäche führen. Eine fröhliche Stimmung ist bereits ein Schutz an sich. Lach oft, und bring auch andere zum Lachen (dies gilt besonders für Therapeuten). Wenn dein spiritueller Weg nicht zur Freude führt, dann such dir einen anderen.

17.6 Alkohol und spirituelle Arbeit – eine gefährliche Mischung

Ich würde nie jemandem zum Rauchen raten, aber tatsächlich kann jemand große Fortschritte in spiritueller Hinsicht machen und immer noch Raucher sein. Tabak erzeugt negative Schwingungen, ist aber nicht grundsätzlich unvereinbar mit spirituellem Leben.

Alkohol kann hingegen sehr schnell zu einer Katastrophe führen, wenn man gerade lernt, nichtphysische Welten zu erforschen. Der Konsum von Alkohol bringt dich automatisch in Verbindung mit niederen Astralwelten voller schädlicher Wesenheiten. Daher sollte Alkohol unbedingt vermieden werden, sobald man beginnt, mit dem dritten Auge zu arbeiten.

Beruhigungsmittel, Neuroleptika und andere Psychopharmaka schneiden dich von höheren Welten ab und machen die ganze Arbeit der Öffnung für diese Welten zunichte.

Harte Drogen, wie beispielsweise Heroin, sind vollkommen unvereinbar mit innerer Arbeit. Ihre Wirkung ist ähnlich wie die von Alkohol, nur noch viel schlimmer. Wenn man versucht, seine Wahrnehmung zu erweitern, und das Haus mit einem Heroinsüchtigen teilt, ist das genauso, wie Zigarren in einer Erdölraffinerie zu rauchen: gefährlich.

Wie sieht es mit anderen Drogen aus? Ich könnte dir das Übliche sagen: Sie sind niemals notwendig. Sie hinterlassen Narben und führen nicht nur dem physischen Körper, sondern auch dem Äther- und dem Astralkörper Gifte zu. Wenn einige Drogen auch den Zugang zu höherer Wahrnehmung gewaltsam öffnen können, so ist diese Öffnung doch nur vorübergehend, unkontrolliert, völlig ungeschützt und meistens verzerrt. Selbst Marihuana birgt bei regelmäßiger Verwendung die Gefahr, deinen Astralkörper und seine Reaktionen zu trüben. Und so weiter und so weiter. All das sind Aussagen, die du sicher schon hundertmal gehört hast.

Meiner Meinung nach muß die wirkliche Antwort zum Thema Drogen folgendermaßen lauten: Wenn du deine feinstofflichen Körper entwickelst, wirst du die Fähigkeit erlangen, dich »berauscht« zu fühlen, auch ohne irgend etwas einzunehmen. Ein echter Seher ist ständig berauscht davon, was er vom Universum und von anderen Quellen empfängt. Es wäre falsch, zu glauben, daß es sich hierbei nur um ein Bild handelt, das man nicht zu wörtlich nehmen sollte. Warte ab, bis du den ersten Tropfen vom Nektar der Unsterblichkeit getrunken hast! Du wirst dich mindestens eine halbe Stunde lang lachend auf dem Boden wälzen. Wirklich. Und das ist für deine Gesundheit ausgezeichnet.

Stimm dich in die Energien oberhalb deines Kopfes ein, und du wirst sofort »stoned« sein (aber nicht abgestumpft). Öffne dein Herz, und du wirst dich ekstatisch fühlen. Die Anwesenheit von Engeln hat Nebeneffekte, die noch viel süßer sind als Schokolade. Wenn du den Lebensgeist, den wunderbar transformierten Ätherkörper erreicht hast, wird sich das wie das stärkste Amphetamin auswirken ... Auf einer einfachen Stufe führen einige Übungen dieses Buches, allein dadurch, daß sie von dir angewandt werden – du mußt sie nicht einmal beherrschen, sondern einfach nur durchführen – zu einer Ausschüttung und einem anhaltenden Fluß von Endorphinen. Eines der Dramen für die Männer und Frauen der heutigen Welt besteht darin, daß sie meinen, Rauschzustände mit Drogen erzeugen zu müssen, und daß sie, allgemein gesprochen, in der äußeren Welt nach dem suchen, was im Innern bereits auf sie wartet.[40]

Schutzebene 2: Vom richtigen Umgang mit den Energien

17.7 Wähle deine Farben

Trag die richtigen Kleider: Finde heraus, welche Farben zu dir passen und deine Energie verstärken.

Wenn eine Oberfläche weiß erscheint, liegt das daran, daß keine Farbschwingung an ihr haften bleibt, sondern alle Schwingungen reflektiert werden. Daher kann man gut verstehen, wieso Weiß ein Symbol für Reinheit ist. Weiß ist der Reflektor schlechthin. Von etwas Weißem prallt alles ab, nichts wird festgehalten. Das gilt nicht nur für Farben, sondern für Schwingungen im allgemeinen. Weiß steht für das, was von äußerlichen Einflüssen unberührt bleibt. Daraus folgt, daß du in einer Umgebung, in der du wirklich geschützt sein mußt, am besten weiße Kleidung trägst. Es ist kein Zufall, daß in Krankenhäusern Ärzte und Angestellte Weiß tragen oder daß Babies von jeher in weiße Kleidung gehüllt wurden.

Andererseits erscheint eine Oberfläche schwarz, weil sie keinerlei Farbschwingung reflektiert. Schwarz hält alles zurück und folgt daher einem ab-

---

40 Das fing gleich nach der Überflutung von Atlantis an, als Noah sich betrunken hatte: siehe Genesis 9,21.

sorbierendes Muster. Deshalb ist Schwarz eigentlich eine geradezu absurde Farbe für Beerdigungen: Sie zieht alle Arten dunkler Gefühle, Energien und Einflüsse an, und das zu einem Zeitpunkt, wo eigentlich zusätzlicher Schutz nötig wäre.[41] In manchen Zusammenhängen kann Schwarz buchstäblich wie ein Staubsauger für unangenehme Schwingungen wirken. Deshalb solltest du die Farbe Schwarz immer vermeiden, wenn du Massagen gibst oder irgendeine andere Form von Therapie betreibst, mit kranken Menschen zu tun hast oder Orte mit merkwürdigen Energien aufsuchst. Das gilt auch, wenn du dich nicht sehr vital, müde oder niedergeschlagen fühlst. Je sensibler du für Energien wirst, desto genauer solltest du hinterfragen, ob und wann du Schwarz tragen möchtest.

Diese Überlegungen beziehen sich nicht nur auf deine Kleidung, sondern auch auf die Wände. Energetisch gesehen ist es schwierig, einen Raum klar und rein zu halten, dessen Wände in dunklen Farbtönen gestrichen sind.

17.8 Finde deinen Platz

Wenn du dich schützen willst, werden dir Kenntnisse über die Erdlinien von großem Nutzen sein. Auf einer Erdlinie zu sitzen oder zu liegen macht dich anfällig für unerwünschte Einflüsse. Wenn du andererseits in dem Raum, in dem du den Großteil deiner Aktivitäten ausübst und häufig am gleichen Platz sitzt, eine Energiequelle oder einen Kraftort findest und dich dort hinsetzt, ist bereits auf natürliche Art und Weise für einen Großteil des Schutzes gesorgt. Als Therapeut solltest du sorgfältig auf die Qualität des Raumes achten, in dem du arbeitest: Gewöhnlich treten größere Probleme an schlechten Stellen im Raum auf.

17.9 Wie man einen Raum energetisch reinigt

Wenn der Platz bereits vom Zeitpunkt der Erbauung an üble Schwingungen besitzt, rate ich dir, ihn aufzugeben und einen besseren zu finden. Eine bestimmte Anzahl von Häusern, die auf dem Markt sind, sind für menschliches Wohnen ungeeignet, und das ist die Schuld des Architekten, nicht deine. Oft hätte man die Probleme dadurch vermeiden können, wenn man den ursprünglich geplanten Standort einfach um ein paar Meter verschoben hätte. Steht das Haus jedoch einmal am falschen Platz, kann man nicht mehr viel machen.

Wie steht es nun, wenn ein Raum früher einmal eine recht gute Atmosphäre hatte, seine Schwingungen jedoch plötzlich schlechter geworden

41 In Indien ist Weiß die Farbe für Begräbnisse und Trauer.

sind? Hier ein paar Vorschläge, wie die ursprüngliche Energiequalität wieder hergestellt werden kann.

• Brenn einige Tage lang viele Kerzen, Räucherstäbchen oder Weihrauch auf den Kreuzungspunkten der Erdlinien ab. Bei den Chinesen ist es traditionell üblich, in die Ecken von Räumen Säckchen mit grobem Salz zu stellen und die Wände zu »schlagen«, als ob man damit die darin wohnenden Erinnerungen auslöschen wollte. (Das kann man leicht mit einem großen Handtuch tun.)

• Eine andere Möglichkeit besteht darin, mit einem Heizgerät den Raum alle paar Stunden abwechselnd so heiß und so kalt wie möglich werden zu lassen. Dieser Vorgang ist so ähnlich wie der, bei dem du deine Hände dadurch reinigst, daß du abwechselnd heißes und kaltes Wasser darüber laufen läßt.

• Falls das alles nichts nutzen sollte, ist es wahrscheinlich, daß sich eine Wesenheit in dem Raum befindet, d.h. eine unerwünschte nichtphysische, parasitenähnliche Präsenz. Dann suchst du besser Hilfe bei jemandem, der Erfahrung mit der Reinigung von Räumen in solchen Fällen hat.

Beim Einzug in ein neues Haus ist es immer empfehlenswert, die Wände neu zu streichen, alte Tapeten herunterzureißen und einige der oben beschriebenen Methoden anzuwenden, um die Energieschwingungen der vorherigen Bewohner loszuwerden.

17.10 Arbeite im Einklang mit den Mondphasen

Energie verändert sich in bestimmten Phasen. Die naheliegendsten sind die Mondphasen. Durch Entwicklung deiner Sensititvität wird dir klar werden, daß deine Energie sich um den Neumond herum anders anfühlt als um den Vollmond. An den Tagen um den Neumond wendet sich alles nach innen und wird ruhig; es ist die Zeit des tiefsten Rückzugs. Um den Vollmond herum fühlt es sich an, als ob die Energie explodieren würde. Die Feen werden verrückt, und alle kleinen Elementargeister in der Natur sind sehr aktiv. Es gibt Unterschiede von einem Mondzyklus zum anderen, die von anderen Faktoren abhängen, aber wir können einige grundsätzliche Empfehlungen aussprechen.[42]

---

42 Verschiedene zu beachtende Faktoren sind die Stellung des Mondes in den Sternbildern, seine Aspekte zu Planeten und Fixsternen, seine Position südlich oder nördlich der Ekliptik, andere Planetentransite etc.

Der Tag des Vollmonds ist sehr gut geeignet zum Meditieren, zur Einstimmung auf deine inneren Führer, für spirituelle Erkenntnisse etc., aber es ist ein schlechter Tag für Sex. Außerdem sollten in der Akupunktur am Vollmondtag keine Nadeln gesetzt werden, und man sollte auch schwere Eingriffe in das Energiesystem vermeiden (wie z. B. chirurgische oder zahnärztliche Eingriffe), sonst könnte der Körper Schaden leiden. An diesem Tag sind alle Energien sehr stark nach außen gerichtet, und daher sollte man sich sanft und gesammelt verhalten, um ungewollte Energieverluste zu vermeiden. Hyperaktivität oder traumatische Zwischenfälle könnten deinen Vorrat an tiefen Energien erschöpfen.

17.11 Verwende häufig fließendes Wasser

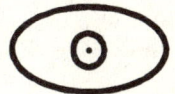 In Abschnitt 4.12 haben wir eine wichtige Methode beschrieben, um sich von negativen Energien zu befreien. Sie besteht darin, deine Hände in fließendem Wasser zu waschen. Wende diese Methode so oft wie möglich an! Sobald du in den Händen eine Energie spürst, die sich falsch anfühlt, wasch sie sofort mit Wasser ab. Wenn du dir das angewöhnst, wirst du negative Energie bereits dann bemerken, wenn sie an dir hängenbleibt. Und damit hast du die Möglichkeit, sofort etwas zu unternehmen, um sie loszuwerden, bevor sie sich tiefer festsetzen kann.

Wenn sich dein Energiebewußtsein noch stärker entwickelt, wird im Ätherkörper eine wichtige Funktion geschaffen: die Ausscheidung. Zur Zeit sind sich die wenigsten Menschen bewußt, welche Bewegungen innerhalb ihres Ätherkörpers ablaufen, und sind daher unfähig, eine Energie willentlich auszustoßen. Es ist jedoch unbedingt nötig, diese Fähigkeit zu entwickeln, besonders (aber nicht nur) wenn du in irgendeiner Form heilerisch oder therapeutisch tätig bist.

Übung 17.12 Energien an die Elemente abgeben

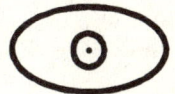 Werde ganz bewegungslos, und werde dir der Vibration im dritten Auge bewußt. Atme mit der Reibung im Hals, und steigere die Vibration ein oder zwei Minuten lang.

Werde dir dann der Vibration im ganzen Körper bewußt, und verbinde sie mit der Schwingung im dritten Auge. Benutz das Reibungsatmen, um das Vibrieren im ganzen Körper stärker wahrzunehmen. Oder anders ausgedrückt: Werde dir deines Ätherkörpers als Ganzes bewußt.

Halte die Hände und Unterarme unter laufendes Wasser, während du gleichzeitig bewußt die Schwingung im ganzen Ätherkörper empfindest. Öffne gleichzeitig den Mund, und atme ganz bewußt mit einer kräftigen Reibung im Hals aus. Laß soviel negative Energie wie möglich mit dem fließenden Wasser von dir wegfließen.

 Wiederhol den Prozeß der ätherischen Ausscheidung, und benutz diesmal eine Kerzenflamme anstelle des fließenden Wassers. Setz dich vor eine brennende Kerze. Laß die Vibration im dritten Auge ansteigen. Werde dir der ganzen Schwingungsschicht deines Ätherkörpers bewußt. Benutz das Reibungsatmen zur Verstärkung der Schwingung im Ätherkörper und ihrer Verbindung mit dem dritten Auge. Halte dann die Hände um die Flamme.

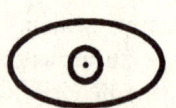 Stimm dich auf das Feuer ein. So wie der absteigende Energiefluß mit fließendem Wasser in Verbindung gebracht werden kann, kann ein aufsteigender Energiefluß um die Flamme herum gespürt werden. Stimm dich in diesen Fluß ein. Bleib dir deiner ätherischen Schwingung bewußt, und atme dabei mit weit offenem Mund und lauter Reibung im Hals ganz bewußt aus. Projiziere jegliche negative Energie in diesen aufsteigenden Fluß hinein. Spür deinen Ätherkörper, und überlaß alles, was du loswerden willst, diesem Fluß.

Mach diese Übung noch ein paar Sekunden bis zu einer Minute weiter.

Tips

• Du kannst diese Technik immer anwenden, wenn du dich in der Nähe eines großen Feuers befindest. Ein solches Feuer erzeugt eine Energie, die die Energie einer Kerze bei weitem übersteigt, was das Erreichen eines hohen Reinigungsgrades ermöglicht.

• Nach derselben Methode kann man Energien an den Wind oder die Erde abgeben. Wenn du wütend oder aufgeregt bist, wird es dir guttun, dein Feuer und deinen Wind an die Erde abzugeben. Setz dich auf den Boden (es muß in diesem Fall richtige Erde sein, kein Beton!). Stimm dich in die Gegenwart der Erde ein. Spür deine ätherische Schwingung. Öffne den Mund. Stell dir vor, du seist ein Drache, und atme mit lauter Reibung bewußt aus. Laß alles mitherausfließen, was du loswerden willst.

• Mit dem Element Erde sollte diese Übung länger durchgeführt werden, mindestens ein paar Minuten lang.

Kapitel 18

Schutz der Aura: Die Aura versiegeln (1)

18.1 Die Reaktion auf Gefahr: Kampf oder Flucht!

Bevor wir uns die Schutzmethoden im einzelnen ansehen, ist es vielleicht interessant, zu sehen, welche Schutzmaßnahmen die Natur für uns vorgesehen hat. Was ist die natürliche Reaktion eines Menschen, der sich in großer Gefahr befindet? Es ist der »Kampf-oder-Flucht«-Reflex, der durch eine große Freisetzung von Substanzen aus dem sympathischen Nervensystem vermittelt wird, u.a. durch die Ausschüttung von Adrenalin aus der Nebenniere. Der Blutdruck steigt an, das Herz schlägt schneller und kräftiger, und es kommt zu einer ganzen Reihe von drastischen physiologischen Veränderungen, durch die deine Muskelkraft und deine geistige Aktivität gesteigert werden. Schlagartig bist du hellwach.

♂ Was bedeutet das nun in bezug auf die feinstofflichen Körper? Erinnere dich, was wir in Abschnitt 13.5 besprochen haben: Wenn der Astralkörper (die Schicht des Verstandesbewußtseins und der Emotionen) schwebt und vom ätherischen und physischen Körper getrennt ist, fühlst du dich schläfrig oder schläfst bereits, oder du befindest dich in einem tiefen meditativen Zustand. Der ganze physische Körper ist völlig entspannt, und der Ätherkörper ist ausgedehnt und hat sich gewissermaßen ausgebreitet.

Auf der Basis dieser Beschreibung kannst du dir sicherlich vorstellen, daß bei dem »Kampf-oder-Flucht«-Reflex genau das Gegenteil passiert. Der Astralkörper wird stark in den Ätherkörper und in den physischen Körper hineingezogen und übt dort seine Wirkung aus, d.h., alles zieht sich zusammen.

Natürlich wäre es nicht angebracht, jedesmal einen starken Adrenalinschub herbeizuführen, wenn du dich geistig schützen möchtest. Im Hinblick auf die feinstofflichen Körper ist es jedoch wichtig zu beachten, daß die natürliche Reaktion auf ein Bedürfnis nach körperlichem Schutz aus einem starken Hineinziehen des Astralkörpers in den Ätherkörper und den physischen Körper besteht.

18.2 Versiegeln der Aura: Wann und warum

Wir befinden uns in einem ständigen Energieaustausch mit unserer Umgebung, ebenso wie wir Luft ein- und ausatmen, Flüssigkeit und Essen zu uns nehmen und Urin und Stuhl abgeben. In unserem gegenwärtigen Existenzrahmen ist ein Leben ohne Austausch nicht möglich. Aber das bedeutet noch lange nicht, daß wir einfach alles in uns aufnehmen müssen. Wenn du beispielsweise genügend Kohlenmonoxid einatmest oder nur ein wenig Zyankali schluckst, ist dein physischer Körper tot! So wie manche physischen Substanzen für den physischen Körper Gift sind, sind es auch manche astralen und ätherischen Energien für deine feinstofflichen Körper. Im selben Maße, wie ständiger Blutverlust den physischen Körper erschöpft, kann auch eine undichte Stelle im Ätherkörper deinen Vorrat an Lebenskraft verringern und dich niedergeschlagen, müde und krank machen, selbst wenn der Arzt keine Störung bei dir feststellen kann.

Beispielsweise wird man durch das Zusammensein mit manchen Menschen erschöpft. Schon eine halbe Stunde oder sogar noch weniger, die du mit ihnen verbringst, machen dich ganz plötzlich müde und weniger fröhlich, wenn nicht sogar fast depressiv. Vorher fühltest du dich leicht und beschwingt, und plötzlich fühlst du dich schwer; vorher warst du glücklich, und jetzt fühlst du dich plötzlich ausgelaugt. Wenn das passiert, ist es sehr wahrscheinlich, daß dir etwas entzogen wurde. Eine Art Vampir ist an deine Lebenskraft gelangt und hat sie dir ausgesaugt. Das Ganze ist eigentlich reine Zeitverschwendung, denn im allgemeinen gelangt die Person, die deine Energie aussaugt, nicht einmal in den Genuß dieser Energie, nachdem du sie verloren hast. Denn es handelt sich dabei eher um einen Vorgang der Energiezerstreuung als um eine Verschiebung.

Dieses Problem kann sich vor allem für Therapeuten drastisch auswirken, besonders dann (aber nicht nur), wenn es dabei zu Körperkontakt kommt, wie z. B. bei Massagen. Viele Menschen, die massieren lernen und zu Anfang ganz begeistert dabei sind, geben es nach zwei oder drei Jahren Massagetätigkeit wieder auf, weil sie sich einfach nicht selbst schützen können und zu sehr ausgelaugt werden. Eine andere Situation mit einem hohen »Vampirismus«-Risiko entsteht dann, wenn man es ständig mit vielen Menschen zu tun hat, beispielsweise wenn du in einem Bahnhof Zugfahrkarten verkaufst oder Brötchen in einem Laden. Es ist offensichtlich, daß man dann eine Methode braucht, um die Aura zu versiegeln.

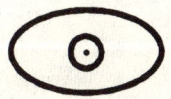

Woran erkennen wir, daß wir eine negative Energie aufgeschnappt haben? Nun, das ist genau eines der Probleme: Die meisten Menschen merken nicht, wenn das passiert, denn sie sind sich ihrer Energie absolut nicht bewußt. Dies legt den Schluß nahe, daß **Wahrnehmung und Aufmerksamkeit die ersten Schritte auf dem Weg zu einem wirklichen Schutz** darstellen. Wenn du nicht in der Lage bist zu spüren, was energiemäßig in einem Raum vor sich geht, dann gehst du durchs Leben, als versuchtest du, mit verbundenen Augen durch einen Wald voller Sümpfe zu laufen. Daher stellen alle Übungen, die in diesem Buch vorgeschlagen werden, von der Kanaleröffnung bis zum Aura-Sehen und Aufspüren von Erdlinien, erste Schritte auf dem Weg zu einem echten Schutz dar. Die Entwicklung dieser Fähigkeiten führt dazu, daß dir Häuser, die dir noch vor einiger Zeit ganz normal vorgekommen wären, schon »verdächtig« erscheinen, sobald du durch die Tür getreten bist. Das hat den Vorteil, daß du dann auf der Hut sein, deine Aura versiegeln und andere notwendige Vorsichtsmaßnahmen treffen kannst.

18.3 Öffnen und Verschließen der Aura: Eine Einführungsübung

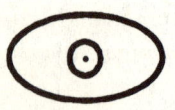
Zunächst einmal ist es wichtig zu lernen, wie man feststellt, wie offen oder geschlossen die Aura ist, und später, wie man dieses Gleichgewicht bewußt herstellt.[43] Weit offen ist deine Aura beispielsweise unmittelbar nach einer Nachtübung oder einer tiefen Meditation, oder wenn du schwebst und »ausgeklinkt« bist. Wir haben gerade besprochen, daß der »Kampf-oder-Flucht«-Reflex dein Energiesystem verschließt. Wir wollen jedoch eine Methode anwenden, die weniger plump und weniger streßig ist. Es folgt eine Übung, die dich in die Kunst des Aura-Versiegelns einführen soll.

Phase 1: Öffnung
Setz dich in Meditationshaltung auf eine Matte oder einen Stuhl. Laß während der ganzen Übung die Augen geschlossen. Beginn zu meditieren, indem du die verschiedenen Phasen der ersten Meditationsübung mit dem dritten Auge durchläufst: Reibungsatmung und Vibration im Hals, Vibration im dritten Auge, Licht im dritten Auge, der violette Raum (Abschnitt 3.7).

Richte dann deine Aufmerksamkeit nach fünf oder zehn Minuten auf den Raum über dem Kopf. Sei »einfach gegenwärtig« in diesem Raum und schweb über dem Kopf. Mach gar nichts, sondern sei einfach gegenwärtig. Laß dich in dem Raum über dem Kopf ausdehnen.

Versuch dann, die Grenzen deiner Aura zu spüren. Wie weit dehnt sich deine Energie um dich herum aus? Könntest du die Anwesenheit von Gegen-

---

43 »Aura« ist ein sehr verschwommener Begriff. In diesem Zusammenhang verstehen wir darunter all deine Äther- und Astralenergien innerhalb und außerhalb deines Körpers.

ständen um dich herum spüren, auch wenn du sie nicht sehen kannst? Könntest du sie mit deiner Aura »berühren«? Falls noch andere Menschen im Raum sind, kannst du deren Anwesenheit in deinem eigenen Energiefeld spüren? Wie vermischt sich deine Aura mit der der Menschen und der Dinge um dich herum? Könntest du sogar die Wände des Raumes spüren? Wie dicht fühlt sich deine Aura an? Stimm dich auf die Energie in deinem Körper und um deinen Körper herum ein. Fühlt sich deine Energie dicht oder schwach an? Erforsch den Raum noch ein paar Minuten lang in jede Richtung, und bleib dabei oberhalb des Kopfes offen und gegenwärtig.

Phase 2: Versiegeln

Als nächstes lenk dein Bewußtsein wieder auf den Bereich zwischen den Augenbrauen. Beginn mit einer hörbaren Reibung im Hals zu atmen, und laß zwischen den Augenbrauen eine starke Vibration entstehen.

Vibration, Licht und Raum im dritten Auge entsprechen den drei Stufen der sich immer weiter vertiefenden Erfahrungsebene. Wenn du im Raum bist, befindest du dich auf einer tieferen astralen Bewußtseinsebene, als wenn du Farben siehst. Und wenn du Farben siehst, ist das ein tieferer Zustand, als wenn du nur die Vibration spürst.

Nun ist der Zeitpunkt gekommen, da du starkes Vibrieren im dritten Auge erwecken solltest. Vielleicht geht es auch mit einem Licht einher, aber es muß ein helles und stark vibrierendes Licht sein – kein dahinschwebender Lichtschleier. Laß nicht zu, daß du dich im Raum verlierst.

Reib nun ein paar Sekunden lang die Handflächen gegeneinander, werde dann ganz bewegungslos, und sitz still mit nach oben zeigenden Handflächen da. Spür das Vibrieren in den Händen, wie in den Übungen zur Kanaleröffnung (Kapitel 4 und 5). Verbinde nun die Schwingung in den Händen mit der Schwingung im dritten Auge. Das Reiben der Hände bewirkt ein sehr »körperliches« und geerdetes Vibrieren im dritten Auge, und genau das wollen wir erreichen. Atme weiter mit der Reibung im Hals und spür, wie sich die Schwingung dadurch verstärkt. Versuch dann, dieses intensive Vibrieren überall im Körper zu empfinden.

Versuch nun noch einmal, ein Gefühl für die Grenzen deiner Aura zu bekommen. Wie weit hat sie sich ausgedehnt? Kannst du immer noch die Begrenzung des Raumes spüren? Kannst du immer noch andere Menschen und Gegenstände im selben Raum mit deiner Aura »berühren«?

Spür jetzt die Dichte deiner Aura. Werde dir der Energie in und um deinen physischen Körper bewußt. Fühlt sie sich immer noch so flüssig an wie zuvor? Erforsch diese Dinge ein bis zwei Minuten lang, und behalte dabei eine intensive Vibration im dritten Auge und eine starke Reibung im Hals bei.

Tips:

• Beim Durchführen dieser Übung kommt es häufig vor, daß die Aura in der ersten Phase als viel weiter, offener und weniger dicht empfunden wird. In der zweiten Phase wird die Aura dann als kleiner, dichter und äußeren Einflüssen gegenüber verschlossener wahrgenommen. In der zweiten Phase können die Grenzen des Raumes nicht mehr gespürt oder andere Menschen bzw. Gegenstände mit der Aura »berührt« werden. Das liegt einfach daran, daß sich deine Aura mehr zusammengezogen hat und sich nicht mehr so weit in den Raum ausdehnt wie zuvor. Es ist offensichtlich, daß deine Aura in der ersten Phase offener ist als in der zweiten.

Wenn deine Aura ganz offen ist, kann sich jedoch auch noch ein anderes Gefühl einstellen: Es kommt häufig vor, daß man sich fühlt, als befände man sich über dem Körper. Vielleicht hast du auch das Empfinden, deine Energie sei länglich nach oben gezogen wie ein Gummibärchen.

Wenn die Aura konzentriert und verschlossen ist, geht dies gelegentlich mit dem Gefühl einher, dein Körper wolle sich mit rundem Rücken und vorgezogenen Schultern vorbeugen.

 Wie funktioniert dieser Mechanismus des Öffnens und Schließens der Aura? Das ist nichts anderes als eine praktische Demonstration der Kräfte des Astralkörpers. In der ersten Phase, wenn du im Raum schwebst und deinen physischen Körper kaum noch spüren kannst, ist dein Astralkörper halb im Ätherkörper und im physischen Körper drinnen und halb draußen. Wie weit sich der Astralkörper ausdehnen kann, hängt davon ab, wie tief du meditieren kannst. In manchen äußerst tiefen Meditationszuständen, vergleichbar dem *Samadhis* der indischen Tradition, bist du völlig draußen. Dieser Zustand stellt sich ebenfalls ein, wenn du deine feinstofflichen Energiekörper so weit ausgebildet hast, daß du Astralreisen unternehmen kannst.

Andererseits findet genau das Gegenteil statt, wenn du eine starke körperliche Vibration im dritten Auge erzeugst und wenn du spüren kannst, wie die Schwingung in deinen Händen und überall in deinem Körper fließt. Dann ist dein Astralkörper völlig in den Ätherkörper und den physischen Körper hineingezogen. Durch die zusammenziehende Handlung des Astralkörpers ist deine Aura dann versiegelt und äußeren Einflüssen gegenüber sehr viel unempfindlicher. (An diesem Beispiel ist dir sicher klargeworden, wieso man so schwer einschlafen kann, wenn man eine starke Vibration im dritten Auge spürt.)

Über einen Punkt müssen wir uns allerdings völlig im klaren sein: Ich behaupte hier nicht, daß einer dieser beiden Energiezustände, der offene oder

der geschlossene, besser sei als der andere. Eine solche Behauptung würde bedeuten, daß Schlaf besser ist als Wachsein oder umgekehrt. Es handelt sich hier einfach um zwei Seinszustände, die beide gleich unentbehrlich sind. Ohne den abwechselnden Rhythmus von Schlafen und Wachen kann das Leben sich nicht entfalten, und man erkennt einen Meister daran, daß er willentlich einmal völlig offen und ein anderes Mal völlig verschlossen sein kann.

Es gibt jedoch Zeiten, in denen einer dieser beiden Zustände nicht angemessen ist. Wenn du beispielsweise immer einschläfst, wenn du am Arbeitsplatz ankommst, und hellwach bist, sobald du dich ins Bett legst, dann hast du ein Problem. Ebenso ist es, wenn du zuläßt, daß deine Aura weit offen ist, während du auf einem überfüllten Bahnsteig auf den Zug wartest oder wenn du einen Freund im Krankenhaus besuchst, denn dadurch kannst du alle möglichen Arten negativer Einflüsse einfangen. Du kannst dadurch sogar erst einige Zeit später krank werden, denn es kann ein recht langer Zeitraum zwischen der Ansteckung deiner Energie und dem Ausbruch der Krankheit liegen, so daß du möglicherweise gar keinen Zusammenhang zwischen Ursache und Wirkung mehr erkennst. Ein Grundprinzip lautet deshalb:

> **Wann immer du Schutz brauchst, solltest du ganz in deinem Körper sein und nicht darüber schweben.**

18.4 Schutz durch Gegenwärtigkeit im dritten Auge

 An dieser Stelle möchte ich eine weitverbreitete Ansicht korrigieren. Vielleicht hat dir schon einmal jemand gesagt, daß du durch eine psychische Öffnung viel empfänglicher seist für negative Energien und Einflüsse. Wenn du eine vollständige Ausbildung machst und alle Übungen wirklich anwendest, bei denen du das Öffnen und Verschließen deiner Energie lernst, dann gibt es keine falschere Aussage. Das Gegenteil ist der Fall! Wenn deine Wahrnehmung sich verschärft, kannst du sofort wahrnehmen, wann Schutz nötig ist. Da du deine Energie beherrschst, kannst du dich schützen, indem du deine Aura versiegelst. Und je weiter du in deiner Entwicklung fortschreitest, desto automatischer wirst du deine Aura versiegeln, sobald dein Höheres Selbst spürt, wie sich eine potentiell negative Energie deinem Feld nähert. So bist du schließlich auf natürliche Weise vor allen negativen Energien beschützt, die sich der normale Mensch ständig unbewußt einfängt.

Wenn du natürlich Anweisungen folgst, die dir nur zeigen, wie man die Aura öffnet und schwebt, dann könntest du sogar verwundbarer werden.

Das trifft beispielsweise zu, wenn du nur ein Trance-Medium und durchlässig werden willst, um Ideen und Einflüsse aufnehmen zu können. Ebenso kann so etwas eintreten, wenn du einem spirituellen Weg folgst, der darauf abzielt, deine Erdung aufzulösen: Wenn du beispielsweise sehr wenig und nur sehr Leichtes ißt, wenn du vor Tagesanbruch aufwachst (so daß du den ganzen Tag lang schläfrig bist), wenn du einen allzu abgehobenen Geisteszustand anstrebst usw. Solche Methoden mögen angebracht sein, wenn du dich von der Welt zurückgezogen hast, in einem Kloster lebst oder in einer Höhle meditierst. Wenn du jedoch nicht in einer der Welt entrückten Umgebung lebst, wirst du durch solche Methoden ungeschützt und allem ausgesetzt sein.

Die Übungen der Clairvision School sind für diejenigen gedacht, die in dieser Welt leben. Das ist einer der Gründe, warum die allererste Übung in diesem Buch zum Ziel hat, eine Vibration im dritten Auge anzuregen. Indem du lernst, eine ständige Wachsamkeit im dritten Auge aufrechtzuerhalten, kannst du einen wunderbaren Schild gegen negative Energien aufbauen und gleichzeitig deine Sensitivität und deine Intuition entwickeln.

18.5 Das Willenszentrum

 Ungefähr zwei bis drei Zentimeter unter des Nabels befindet sich ein Energiezentrum, das von großer Wichtigkeit ist, wenn du Schutz benötigst. Es entspricht der Gegend, die in der Akupunktur Konzeptionsgefäß 5 und Konzeptionsgefäß 6 genannt wird, und ist mit dem *Hara* verbunden. Bei den Kampfsportarten lernt man, im *Hara* die Energie zu konzentrieren.

Mit den Fingern kann man ungefähr zwei bis drei Zentimeter unter dem Nabel eine leichte Vertiefung ertasten, wie eine Delle in der Mitte der Bauchwand. Das Energiezentrum, das wir meinen, liegt mehr oder weniger im Bereich dieser Vertiefung. Man kann sie manchmal besser spüren, wenn man die Bauchmuskeln anspannt. Wenn dort zuviel Fettgewebe liegt, ist es schwieriger, sie zu fühlen.

Welche Funktion hat dieses Energiezentrum? An dieser Stelle ist ein ungeheuer großes Energiepotential gespeichert. So ist z. B. der chinesische Begriff für den Akupunkturpunkt Konzeption 6 *Qi Hai*, was soviel bedeutet wie »Meer von Energie«.[44] Durch richtiges Training kann diese Energie vom physischen Körper besser genutzt werden.

---

44 In der Bezeichnung *Qi Hai* bedeutet *Qi* oder *Ch'i* ätherische Energie. *Ch'i* ist die genaue Entsprechung des Sanskritwortes *Prana*. Genaugenommen entspricht nur Konzeptionsgefäß 5 dem Hara. In der Praxis sind Chakras keine Punkte, sondern eher Felder oder, genauer gesagt, Räume.

Eine weitere wichtige Funktion dieser Stelle besteht in der körperlichen Verwurzelung. Der chinesische Name des Punktes Konzeptionsgefäß 5 ist *Shi Men*, das bedeutet »Steintor«. Hiermit ist der Grundstein gemeint, auf dem alles aufgebaut werden kann, so wie Petrus der Felsen war, auf dem die Kirche aufgebaut werden konnte (das griechische Wort für Stein heißt *Petra*).

Das Zentrum unterhalb des Nabels ist das Willenszentrum. Das bezieht sich sowohl auf den gewöhnlichen menschlichen Willen als auch auf den Willen des Magiers, der Handlungen beherrscht, die außerhalb des normalen Wirkungsbereichs der Naturgesetze liegen.

Ebenfalls an dieser Körperstelle liegt der Punkt, an dem die taoistischen Alchemisten den Embryo der Unsterblichkeit entwickeln. Darunter verstehen sie einen neuen Körper aus (nichtphysischer) unvergänglicher Materie, in dem sie nach dem physischen Tod abschweben und eine bewußte Existenz aufrechterhalten können.

Dieses Zentrum ist deshalb für die Arbeit mit der inneren Alchemie von höchster Bedeutung. Aber abgesehen davon gibt es eine Anzahl täglicher Lebensumstände, bei denen es von großem Nutzen für dich sein kann, dein Bewußtsein auf dieses Energiezentrum zu lenken:

– Wenn du körperlich stark sein mußt, um eine anstrengende Aufgabe zu erledigen.
– Wenn du psychisch stark und durchsetzungsfähig sein mußt, beispielsweise wenn du bei einer Auktion mitbieten willst. Wenn du Autorität zeigen oder der Autorität einer dominierenden Person Widerstand leisten mußt. Wenn du mutig auftreten mußt, um dich aggressiven Menschen gegenüber zu behaupten und gleichzeitig ruhig zu bleiben.
– Wenn du dich gegen negative Energien schützen mußt, beispielsweise in einem Krankenhaus oder in einer ähnlich gefährlichen und energetisch stark verschmutzten Umgebung.
– Wenn du müde und schwach bist.
– Den Taoisten zufolge solltest du auch mit diesem Zentrum arbeiten, um Energie aufzutanken, nachdem du als Mann ein Kind gezeugt oder als Frau ein Kind geboren hast.

18.6 Übungen zum Erwecken und Stärken des Willenszentrums

Setz dich in Meditationshaltung hin. Für das Arbeiten mit dem Energiezentrum unter dem Nabel ist eine gute Sitzstellung auch, dich auf die Knie zu setzen, wobei der Po auf den Fersen ruht oder zwischen den Fersen den Boden berührt; die letztere Position wird im Hatha-Yoga *Vajrasana* genannt. Aber du kannst die Übung auch auf einem Stuhl sitzend durchführen, vorausgesetzt du hältst den Rücken gerade.

Zieh die Bauchmuskeln etwas ein, und massier den Punkt etwa zwei bis drei Zentimeter unter dem Nabel, indem du die Spitze des Mittelfingers in der kleinen Vertiefung – wenn du sie findest – kreisen läßt oder ansonsten einfach zwei bis drei Zentimeter unter dem Nabel. Mach etwa eine halbe Minute lang weiter und laß dann los. Versuch dann, das entstandene Vibrieren in diesem Bereich zu spüren.

Reib die Hände einen Moment lang gegeneinander, und halte sie dann flach übereinandergelegt vor den Bauch, etwa eine Handbreit vor das Willenszentrum.

Beginn mit der Reibung im Hals zu atmen. Stell eine Verbindung zu dem Kribbeln zwischen den Augenbrauen her. Laß dann zwei oder drei Minuten lang eine starke Vibration im dritten Auge entstehen. Atme weiter mit der Halsreibung, und werde dir dann der Vibration im Willenszentrum unter dem Nabel bewußt, die du vorhin nach dem Massieren gespürt hast. Stell eine Verbindung zwischen der Reibung im Halsund dem Willenszentrum her, um dadurch die Vibration weiter zu steigern.

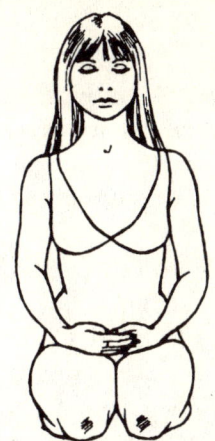

Spür das Vibrieren in den Händen und im Willenszentrum. Die Hände werden mit den Handflächen nach innen vor den Bauch gehalten, um als Reflektoren zu dienen und die Schwingung dichter zu machen.

Mach die Übung auf diese Weise noch ein paar Minuten weiter, und erhöh die Schwingung im Willenszentrum sowohl durch die Reibung im Hals als auch durch den Reflektorschild deiner Hände.

Übung 18.7: Die Auge-Bauch-Gegenwärtigkeit

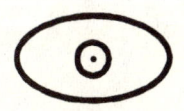

Setz dich mit geschlossenen Augen in Meditationshaltung hin. Beginn mit dem Reibungsatmen, und bau damit zwei oder drei Minuten lang die Vibration im dritten Auge auf. Üb dann, dir gleichzeitig der Vibration im dritten Auge und im Willenszentrum bewußt zu sein. Behalte die Reibung im Hals bei, um die Vibration zu verstärken und die beiden Zentren miteinander zu verbinden.

Zu Anfang sieht das so aus, daß zwischen den beiden Energiezentren eine Art Verbindung hergestellt wird. Versuch mit der Zeit, das dritte Auge in dem Bauch-Zentrum zu **verankern**. Auch hier gilt: keine bildhafte Vorstellung, keine Visualisierung. Diese Erfahrung kann man gut spüren, so, als ob das dritte Auge in der Schwingung des Willenszentrums geerdet und verwurzelt würde.

Üb noch ein paar Minuten weiter, und steigere dabei die Vibration in den beiden Zentren, und verbinde sie.

Mach dann die Augen wieder auf, und schau die Gegenstände um dich herum einen nach dem anderen an. Bleib ganz regungslos sitzen und im dritten Auge und unterhalb des Nabels gegenwärtig. Da ist der Gegenstand, da ist die Tatsache des Sehens, und da ist die Vibration im dritten Auge und im Bauch.

Als wir geübt haben, Gegenstände anzuschauen und dabei im dritten Auge gegenwärtig zu sein, haben wir festgestellt, daß sich dabei eine gewisse Zentrierung spontan einstellt (siehe Abschnitt 9.1). Bei dieser Übung kann man nicht nur Zentrierung, sondern auch Erdung erfahren. Wenn du gleichzeitig im dritten Auge und im Bauch gegenwärtig bist, fühlst du dich automatisch stabiler, dichter, weniger gefährdet, von einem leichten Windhauch davongeblasen zu werden. Es ist so, als stelltest du ein dichteres Loch im physischen Raum dar.

Tips:

• Wenn du diese Übung oft genug machst, wirst du mehr mit deiner eigenen Kraft in Kontakt kommen. Sie kann vor allem Menschen empfohlen werden, die unter einem geringen Selbstwertgefühl leiden und ihr Selbstbewußtsein fördern müssen.

• Mit diesen Erdungsübungen habe ich erfreuliche Resultate bei der Arbeit mit Borderlinern erzielt. Aufgrund der Natur ihrer Krankheit sind manche schizophrenen Patienten vollkommen in einem Chaos von außersinnlichen Wahrnehmungen gefangen, die zwar manchmal wirklich echt sind, von ihnen aber nicht kontrolliert werden können. Daher erzeugen diese Wahrnehmungen schreckliche Angstzustände bis hin zur Panik. Wenn man Schizophrenen beibringt, wie sie sich stark erden können, wenn sich ein solcher Anfall von Delirium nähert, gelingt es ihnen manchmal, den Anfall zu vermeiden und ihre geistige Gesundheit zu bewahren.

Übung 18.8 Überzeugend gehen aus dem Bauch heraus

Lies noch einmal Abschnitt 12.8 über den Ablauf dieser Übung durch. Ausgehend von dem, was wir gerade geübt haben, solltest du jetzt in der Lage sein, viel überzeugender aus dem Bauch heraus zu gehen.

Übung 18.9 Das Feuer anfachen

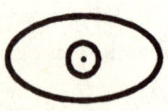

Bei dieser Übung ist es nicht nötig, eine Meditationshaltung einzunehmen, aber man sollte sie besser im Sitzen durchführen. Wie immer im Leben, ist es besser, den Rücken gerade zu halten. Werde im dritten Auge und im Willenszentrum gegenwärtig. Werde dir deines Atems bewußt, und atme nur vom Zwerchfell aus. Zwerchfellatmung bedeutet, daß sich beim Aus- und Einatmen in der Brust nichts bewegt. Beim Einatmen wölbt sich nur der Bauch nach außen, der Brustkorb bewegt sich nicht.

Atme bewußt weiter, und beobachte ein oder zwei Minuten lang, was im Rumpf vor sich geht, um sicher zu sein, daß sich außer dem Bauch nichts bewegt.

Mach dann folgendermaßen weiter: Behalte die reine Zwerchfellatmung bei, ohne daß sich der Brustkorb bewegt. Spann dann aber gleichzeitig bei jedem Einatmen die Bauchmuskeln an, so daß ein Gegendruck entsteht. Beim Ausatmen wird alles wieder losgelassen.

Atme in deinem normalen Atemrhythmus. Der Atem ist so tief wie gewöhnlich oder etwas tiefer.

Spann bei jedem Einatmen die Bauchmuskeln an, und laß den Druck im Bauch entstehen. Beim Ausatmen werden alle Muskeln wieder entspannt.

Bleib dir der Vibration im dritten Auge und im Willenszentrum bewußt, und atme auf diese Art bis zu einer halben Stunde oder sogar mehr weiter, wenn du möchtest.

Tips:

• Diese Technik kommt dir vielleicht sehr einfach vor, sie kann aber beachtliche Energien wecken.

• Das regelmäßige Üben dieser Technik wird all denen empfohlen, denen es schwerfällt, die positive Selbstbehauptungsenergie ihres Willenszentrums zu nutzen.

• Probier diese Übung einmal kurz vor einer Prüfung aus, um deine Angst einzudämmen und die Energie zu erzeugen, die du brauchst.

• Diese Übung ist auch sehr wirksam nach einem ausgedehnten Essen oder wenn du Verdauungsprobleme herannahen spürst. Einerseits beinhaltet sie mechanische Bewegungen, die wie eine innerliche Massage die Entleerung von Magen und Darm beschleunigen. Anderseits wird das Verdauungsfeuer kräftig durch eine Aktivierung der Energiezentren im Bauch angefacht.

Kapitel 19

Babys

19.1 Die Aura einer schwangeren Frau

Die Aura einer schwangeren Frau ist mit am leichtesten zu sehen, denn sie leuchtet besonders stark und strahlt goldfarben. Daraus erklärt sich, warum eine schwangere Frau oft Respekt bei anderen auslöst, manchmal sogar Ehrfurcht. Wenn die Menschen um sie herum auch nicht in der Lage sein mögen, ihre Aura bewußt zu sehen, so nehmen sie doch unbewußt etwas von der goldenen Energie wahr und sind davon beeindruckt.

Nimm also die Gelegenheit wahr, wann immer du dich in der Gegenwart einer schwangeren Frau befindest, den Prozeß des dreifachen Sehens zu üben. Die goldene Farbe in der Aura bedeutet, daß die Schwangere eine innige Beziehung zu hochentwickelten spirituellen Wesen hat, die den Embryo unterstützen und wachsen lassen. Deshalb ist die Zeit der Schwangerschaft auch besonders geeignet für spirituelles Wachstum. Es ist eine Zeit, in der man viel meditieren, spirituelle Literatur lesen und sich damit beschäftigen sollte, Intuition und Wahrnehmung zu entwickeln. Abgesehen von der Tatsache, daß das Baby außerordentlich empfindsam für die Gedanken und Emotionen der Mutter ist und von ihnen auch beeinflußt wird, kann eine spirituelle Ausrichtung während der Schwangerschaft große innere Veränderungen bei der Mutter bewirken.

Da wir gerade über die Energie von Schwangeren sprechen, möchte ich erwähnen, wie schwierig es anscheinend ist, das Geschlecht des Babys auf hellsichtige Weise herauszufinden. Ich muß zugeben, daß ich erlebt habe, wie einige berühmte Hellseher sich auf diesem Gebiet oft geirrt haben. Einer der Gründe ist wahrscheinlich der, daß man sich auf den Astralkörper des Babys einstimmt, und das, was man sieht, hat oft mehr mit den vorigen Leben des Kindes zu tun als mit seiner gegenwärtigen Inkarnation. Selbst wenn man also klar das Geschlecht spüren kann, ist es recht schwierig zu wissen, ob sich das auf dieses Leben oder das vorige bezieht. Darüber hinaus bringen Seelen, die sich heutzutage inkarnieren, in ihrem Astralkörper viel mehr von beiden Geschlechtern mit, sowohl vom männlichen als auch vom weiblichen, als noch vor ein paar Jahrhunderten, und das erleichtert das Ganze nicht gerade. Wenn du einen freundschaftlichen Rat willst: Setz deinen Ruf als Hellsichtiger nicht gerade mit einer solchen Voraussage aufs Spiel. Es könnte leicht passieren, daß du bei mehr als der Hälfte der Fälle falsch liegst![45]

19.2 Die Aura eines Neugeborenen

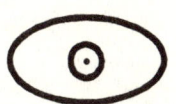 Die Aura eines gerade geborenen Babys ist unglaublich lichterfüllt. Zum Teil kann das damit zusammenhängen, daß dem Baby noch einiges von dem Licht der Engel anhaftet, die ihm beim Geburtsvorgang geholfen haben. Die tatkräftige Mitarbeit der Engel bei allem, was mit der Geburt zusammenhängt, macht aus einer Geburt eine wirklich faszinierende Erfahrung erhöhten Bewußtseins. Die Seele aller, die dabei anwesend sind, wird dadurch genährt. Ich möchte allen spirituell Suchenden ans Herz legen, jede Gelegenheit zu ergreifen, die sich bietet, um bei einer Geburt anwesend zu sein.

Wenn wir daran arbeiten, den Körper der Unsterblichkeit aufzubauen, besteht eines der größten Probleme bei diesem Prozeß der inneren Alchemie darin, daß bestimmte Schichten aus einer ganz besonderen (nichtphysischen) Substanz oder Materie bestehen müssen, die nirgends in deiner normalen astralen und ätherischen Umgebung zu finden ist. Es würde schon ausreichen, ein bißchen davon zu haben. Dann könntest du es wachsen lassen, genauso wie ein Kristall aus seinem Ursprungsgestein herauswächst. Aber dieses Ursprungsmaterial zu bekommen ist eine schwierige Aufgabe. Hier mußt du dich der Mitarbeit gewisser Engel versichern. Da sie viel weiter fortgeschritten sind, fließen ihre Körper geradezu von diesen Substanzen über. Wenn du dich auf eine bestimmte Art auf sie einstimmen kannst, kommt diese neue Materie gewissermaßen über dich, wie der Heilige Geist an Pfingsten über die Apostel. Das läßt sich natürlich nicht improvisieren. Dazu sind ein reines Herz und eine bestimmte Technik notwendig. Doch egal auf welcher Stufe du dich auch befinden magst, wird es sich bereits als eine unglaubliche Quelle der Inspiration für dich erweisen, nur ein paar Sekunden lang den Wesen der höheren Hierarchien ganz nahe zu sein.

---

45 Diese Schwierigkeit bei der Geschlechtsbestimmung eines Kindes kann auch damit zu tun haben, daß man in der Astrologie einen Faktor niemals aus dem Geburtsbild herauslesen kann, und das ist das Geschlecht eines Menschen. Durch die Geburtsdaten kann man eine Menge von Gegebenheiten und Tatsachen herausfinden, wenn man die Aspekte eines Geburtshoroskops betrachtet, aber niemals das Geschlecht.

Während seiner ersten zehn bis fünfzehn Tage auf der Erde wird das Kind immer noch genährt von den strahlenden astralen Eindrücken aus seiner gerade vollendeten Reise durch die Zwischenwelten. Diese können als überaus lebhafte Bilder wahrgenommen werden, die in dein Bewußtsein zu strömen beginnen, sobald du dich auf die Aura des Kindes einstimmst. Klare Bilder darüber, woher das Baby kommt, können sich dir offenbaren: aus dem Universum, aus Welten zwischen Tod und Wiedergeburt und sehr wahrscheinlich auch aus seiner vorherigen Inkarnation. Das Baby fließt förmlich über von astralen Bildern. Du brauchst dich einfach nur einzustimmen, und viele Eindrücke werden von allein vor deinem inneren Auge auftauchen.

19.3 Babys sind im dritten Auge äußerst gegenwärtig

Babys sind voller sensitiver Fähigkeiten. Du kannst dich davon sehr einfach und eindrücklich überzeugen, wenn du im dritten Auge ganz gegenwärtig bleibst, während du dich in der Nähe eines Babys befindest, das weniger als ein Jahr alt ist. Du wirst staunen, wie empfänglich das Kind für alle Botschaften zu sein scheint, die du ihm über dein drittes Auge sendest.

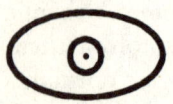 Mach folgende Übung: Richte jedesmal, wenn das Baby schreit oder unzufrieden ist, deine Aufmerksamkeit auf dein drittes Auge und stimm dich auf das Kind ein. Du wirst überrascht sein, wie oft du eine klare Antwort bekommst: Das Baby hört sofort zu schreien auf und teilt dir mit, was nicht in Ordnung ist, direkt von seinem dritten Auge zu deinem. Auch wenn es nicht völlig zu weinen aufhört, ist eine Reaktion zu erkennen, und das Kind spürt, daß ein Kontakt hergestellt wurde.

Viele Babys werden ärgerlich darüber, daß es ihnen nicht gelingt, mit ihrer Umgebung auf sensitive Weise zu kommunizieren. Sie versuchen, eine ganze Palette von Gefühlen zum Ausdruck zu bringen, aber anscheinend nimmt niemand Notiz davon. Das ist eine ziemlich frustrierende Erfahrung. Jeder Psychologe würde sich Sorgen machen, wenn einem Kind körperlicher Kontakt bzw. Stimulation vorenthalten würde. Wenn deine Feinwahrnehmung sich erweitert, kannst du sogleich feststellen, daß genau das mit den meisten Babys passiert, wenn auch auf einer anderen Ebene.

Daher könnte ein erster Schritt zur spirituellen Erziehung von Kindern darin bestehen, im dritten Auge immer wachsam zu bleiben und empfänglich für jedes Signal, das sie dir möglicherweise übermitteln. Sobald das Baby merkt, daß du reagierst, wird sich zwischen euch eine größere Harmonie entwickeln. Außerdem wird das Kind sein drittes Auge immer mehr dazu benutzen, mit dir zu kommunizieren.

19.4 Babys beim Einschlafen zusehen

In den Kapiteln über die Nachtübungen haben wir beschrieben, wie menschliche Wesen die Grenzlinie zwischen Wachen und Schlafen mindestens zweimal am Tag überschreiten und trotzdem nichts davon haben. Da Babys auf einer hohen sensitiven Ebene leben, haben sie eher Zugang zu diesem Mysterium. Daher wird es von Nutzen für dich sein, wenn du im dritten Auge und im Herzen gegenwärtig bist und dich auf das Baby einstimmst, jedesmal wenn es diese Grenzlinie überschreitet. Versuch, den Bewußtseinszustand, in dem sich das Baby beim Einschlafen befindet, zu erspüren und daran teilzuhaben, dann wird die Erfahrung des Überschreitens der Schwelle dir mit der Zeit vertrauter werden.

Wenn wir einschlafen, ziehen sich der Astralkörper (AK) und das Ego vom physischen Körper (PK) und vom Ätherkörper (ÄK) zurück. Die oberen beiden Körper (AK + Ego) lösen sich von den unteren beiden (PK + ÄK). Der obere Komplex (AK + Ego) geht für diese Nacht auf Reisen, und der untere Komplex (PK + ÄK) bleibt im Bett liegen.

Bei den meisten Erwachsenen ist der obere Teil jedoch nicht in der Lage, sich vollständig vom unteren zu lösen. Es ist wie ein Gelenk, das mit der Zeit etwas steif wird. Daher erreichen die meisten Erwachsenen nicht mehr die Tiefe des Schlafes, die sie als Kind hatten, außer sie werden Meister in den Nachtübungen. Dieser Zustand verschlechtert sich im allgemeinen immer weiter: Alte Menschen wachen häufig mehrmals in der Nacht auf und fühlen sich am Morgen selten völlig erfrischt. Durch diese langsame Loslösung des unteren Komplexes (AK+Ego) vom oberen (PK+ÄK) wird deutlich, warum man nicht so leicht beobachten kann, wie ein Erwachsener in der Nacht seinen Körper verläßt.

Bei kleinen Kindern erfolgt diese Loslösung hingegen sehr schnell und deutlich. Wenn du dich also auf ein Baby einstimmst, das gerade einschläft, wirst du ganz gut sehen können, wie sich der obere Teil vom unteren löst. Um es einfach auszudrücken: Es ist erstaunlich leicht zu sehen, wie dein Baby seinen Körper verläßt (und das kann man bei Erwachsenen keineswegs sagen).

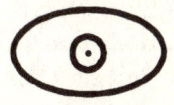

Babys sind äußerst gut im Astralreisen. Sobald sie einschlafen, sausen sie in den Raum hinein. Es ist nicht sehr schwer, ihnen in den ersten Stadien, kurz nachdem sie ihren physischen Körper verlassen haben, hellseherisch auf der Reise zu folgen. Stimm dich gut ein, und sieh jedesmal zu, wenn dein Baby einschläft.

Ich erinnere mich an einen Einjährigen, auf den ich eine Zeitlang öfters aufpaßte. Er brachte mich die ganze Zeit durcheinander. Ich brachte ihn zum Einschlafen, was in diesem Alter nie sehr einfach ist. Dann schlich ich auf Zehenspitzen aus dem Zimmer und hoffte, er würde nicht gleich wieder aufwachen. Es kam häufig vor, daß ich ihn, kaum daß ich mich erschöpft in einen Sessel fallen gelassen hatte (kleine Kinder hüten ist anstrengend!), im nächsten Moment durch die Tür des Wohnzimmers hereinmarschieren sah. Im ersten Moment dachte ich: »Oh, nein! Nicht schon wieder!«, aber dann wurde mir klar, daß das nicht der physische Körper des Kindes war, sondern sein Astralkörper. Das war natürlich eine Erleichterung, denn es bedeutete, daß der Kleine fest schlafend in seinem Bettchen lag. Für Babys ist es eigentlich ziemlich normal, schnell mal hereinzuschauen und »Hallo« zu sagen, kurz nachdem sie eingeschlafen sind, d. h. in der ersten Phase ihrer Astralreisen. Dann verliert man sie entweder aus den Augen, oder man folgt ihnen in Bereiche, die weit weg liegen, je nachdem, wie begabt man selbst für Astralreisen ist.

Es kommt ziemlich selten vor, daß man den Astralkörper eines Erwachsenen so deutlich und gleich nach dem Einschlafen sehen kann. Ein solcher Mensch müßte schon bemerkenswert gut ausgebildet und seine feinstofflichen Körper müßten sehr gut entwickelt, ausgebaut und »verdichtet« sein. Von Eingeweihten einmal abgesehen, erfolgt die Loslösung des Astralkörpers eines Erwachsenen im Schlaf im allgemeinen viel langsamer und schrittweise und meist relativ undeutlich.

19.5 Dein Baby als Meditationslehrer

Per Definition besteht der physische Körper aus Materie und ist deshalb der Schwerkraft unterworfen. Schwerkraft ist ein wesentliches Merkmal der physischen Ebene. Wenn du von einer Reise in ferne astrale und spirituelle Bereiche zurückkehrst, ist das Spüren dieser Schwerkraft ein Zeichen dafür, daß du dich der physischen Ebene näherst. Du beginnst dich schwer zu fühlen, und weißt, daß du von der physischen Welt nicht mehr weit entfernt bist. Du mußt dich nur noch ein bißchen mehr fallenlassen, und schon bist du wieder in deinem physischen Körper.

Wenn nun Babys so gut im Astralreisen sind, liegt das daran, daß ihre oberen beiden Körper (AK+Ego) mit unglaublicher Energie für das Schweben, oder Anti-Schwerkraft, ausgestattet sind, die sie nach oben zieht, sobald sie eingeschlafen sind. Man kann eine Menge aus dieser Aufwärtsbewegung lernen, die dem *Udana-Vayu* verwandt ist, das in Sanskrit-Texten so hoch gepriesen wird.[46] Die Anwesenheit dieser aufsteigenden Energie oder

---

46 In den Sanskritschriften wird *Prana* oder ätherische Energie in fünf wichtigere und fünf weniger wichtige *Pranas* unterteilt. Diese zehn genau beschriebenen Formen von ätherischer Energie werden manchmal auch die zehn *Vayus* genannt, was wörtlich »Winde« bedeutet. Eines der fünf wichtigen *Pranas* wird *Udana* oder *Udana-Vayu* genannt und ist für alle Aufwärtsbewegungen des Körpers verantwortlich.

Schwebkraft kann auch damit in Verbindung gebracht werden, daß Babys vom Licht der Engel erfüllt sind. Anti-Schwerkraft ist für Engel so normal wie die Schwerkraft für die physische Welt. Grob vereinfacht könnte man sagen, daß man zu einem Engel wird, sobald man in der Lage ist, nach oben fallen zu können.

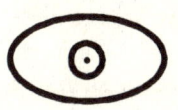 Um von dieser ganz besonderen Energie zu profitieren und deiner Meditation einen neuen Impuls zu geben, geh folgendermaßen vor: Wenn dein Baby gerade einschläft, nimm es in die Arme. Laß es an deiner Brust einschlafen. Werde gleichzeitig im dritten Auge und im Herzen gegenwärtig, wie wir es schon oft erklärt haben. Aber richte deine Aufmerksamkeit nicht zu stark auf dein drittes Auge. Das könnte für das Baby zu intensiv sein. Halte nur eine sanfte Gegenwärtigkeit aufrecht, ein leichtes Gerichtetsein deines Bewußtseins auf den Bereich zwischen den Augenbrauen, und verbinde dich mit dem Baby.

Eine Vermischung der Energien tritt auf natürliche Weise ein, wenn du ein sehr kleines Kind (bis 15 Monate alt) gegen deine Brust gedrückt hältst. Sobald du das Baby in den Armen hältst, ist die Grenzlinie zwischen seiner und deiner ätherischen Schwingungsebene nicht mehr so klar. Versuch, dir dieses Prozesses der Verschmelzung bewußt zu werden.

Wenn du eingestimmt bist, kannst du nun genau in dem Moment, in dem das Kind einschläft, auch nach oben gezogen werden. Das ist eine hervorragende Gelegenheit zur Meditation. Du brauchst dich nur einzuschwingen und dich mit ins Licht tragen zu lassen. Das fühlt sich so an, als ob man »nach oben ins Licht fallen würde«. Dieser Effekt des Emporgehobenwerdens tritt sofort ein, und das erzeugt eine Erweiterung des Bewußtseins, was dich wiederum in die Lage versetzt, eine hohe Meditationsebene zu erreichen. Wenn du mit dieser Energie erst noch etwas vertrauter geworden bist und gelernt hast, mit ihr zu fließen, wird dieser Effekt immer deutlicher werden. Wenn du dich mit Astralprojektion beschäftigst, wird dir diese Erfahrung eine große Hilfe sein.

19.6 Einige Bemerkungen für Astralreisende

Wenn du eine besondere Vorliebe für Astralreisen hast, dann muß aus dem bereits Gesagten jetzt klar geworden sein, daß du in dieser Beziehung eine Menge von Babys lernen kannst.

Die Menschen heutzutage sind in einem Zustand von so fester Inkarnation in ihrem physischen Körper, daß es ihnen auf bewußte Art und Weise nicht möglich ist, ihn zu verlassen. Sie werden von der Schwerkraft vollkommen festgehalten. Dem Baby geht es genau umgekehrt: Sein Astralkörper ist erfüllt mit Anti-Schwerkraft. Für das Baby ist das Inkarniertsein ein Problem, und zwar ein so großes, daß es nicht in der Lage ist, lange in seinem Körper zu verweilen. Es schläft dauernd wieder ein, weil es von der außerordentlichen Schwebkraft seines Astralkörpers aus dem Körper gezogen wird. So könnte das Motto lauten: »Folg dem Baby!«

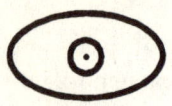
Was kann ein Hellsichtiger über dem Körper eines tief schlafenden Erwachsenen sehen? Eine Art Wolkengebilde, das in der Tat relativ leicht wahrzunehmen ist. (Wenn du dich mit einem Schlafenden in einem Raum befindest, nimm die Gelegenheit unbedingt wahr, ihn auf hellsichtige Weise zu beobachten.) Aber dieses Wolkengebilde ist nicht der ganze Astralkörper, sondern nur ein Teil davon. Der Rest des Astralkörpers dehnt sich in die astralen Welten hinein aus, aber das ist viel schwerer wahrzunehmen. Um das zu können, mußt du in der Lage sein, der schlafenden Seele zu folgen. Wie bereits erwähnt, ist es leichter, ganz kleinen Kindern zu folgen, denn abgesehen von anderen Dingen, verlassen sie ihren Körper völlig und sofort nach dem Einschlafen, während sich viele Erwachsene halb innerhalb und halb außerhalb ihres Körpers befinden und sich nur nach und nach von ihrem physischen Körper zurückziehen können.

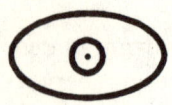
Führ folgende Übung durch: Setz dich bequem hin, nachdem du das Baby in seinem Bettchen zum Schlafen hingelegt hast. Lenk dein Bewußtsein auf dein drittes Auge und dein Herz, und stimm dich auf das Baby ein. Du mußt sehr schnell sein und das Baby astral sehen können, sobald es seinen Körper verläßt. In den ersten Minuten nach seinem Einschlafen kann das Baby oft in der gleichen astralen Form wie sein physisches Ebenbild wahrgenommen werden. Stimm dich auf die gleichen Lichtpartikel ein wie im dritten Teil unserer Grundmeditation (Abschnitt 3.7), aber laß diesmal die Augen dabei offen. Bleib absolut bewegungslos sitzen, schau unablässig auf das Bettchen, und blinzle so wenig wie möglich.

Das Baby wird sich ein paar Minuten lang in deiner Nähe aufhalten und dann verschwinden. In diesem Moment mußt du ganz auf das Baby eingestimmt und so stark wie möglich mit seiner Anti-Schwerkraft verbunden sein. Wenn es dir gelingt, auf der gleichen Schwingungsebene wie der außerordentliche Schwebkraft-Energie des Babys mitzuschwingen, dann wirst du buchstäblich nach oben gezogen und in den Raum hineingeschleudert werden.

Der nächste Schritt besteht darin, dem Baby so weit wie möglich zu folgen. Laß dich von der Energie, die das Kind umgibt, tragen, und fühl, wie sich der Raum um dich herum ständig verändert, während du in verschiedene Schichten und Welten eintrittst. Sich in einem Halb-Wach-und-halb-Schlaf-Zustand großer Müdigkeit zu befinden (wie es vielen Eltern geht, die jede Nacht mehrere Male von ihrem Baby geweckt werden) ist in diesem Zusammenhang sehr hilfreich, um astrale Reiseerfahrungen zu machen. Ich möchte niemandem zu Schlafentzug raten, aber wenn Eltern sich sowieso in diesem Zustand befinden, können sie genausogut davon profitieren.

Die Babys werden entzückt sein, wenn es dir gelingt, mit ihnen zu reisen. Es macht ihnen großen Spaß, und es wirkt beruhigend auf sie, eine Verbindung zwischen dieser Welt und den anderen zu spüren und dieselben Menschen auf verschiedenen Ebenen anzutreffen. Außerdem wissen sie dann, daß sie sich zu dir flüchten und dich um Hilfe bitten können, wenn in der Nacht etwas schiefgeht.

19.7 Wie lange hält dieser Zustand an?

Wie lange besitzt dein Kind diese sensitiven Fähigkeiten? Bis zu einem gewissen Grad wird das davon abhängen, wieviel spirituelle Arbeit du mit dem Baby zusammen machst. Je mehr du mit dem Baby auf diese Weise kommunizierst, desto mehr Samen für eine spätere spirituelle Entwicklung werden in diesem Alter der höchsten Empfänglichkeit gelegt.

Sobald die geistige Entwicklung des Kindes jedoch eine bestimmte Ebene erreicht, beginnen die sensitiven Fähigkeiten abzunehmen. Deshalb kann im allgemeinen im Alter von 16 bis 18 Monaten, wenn das Kind anfängt, die ersten Worte zu plappern, eine spürbare Verschlechterung wahrgenommen werden. Die goldene Zeit für sensitives Arbeiten mit Babys ist das erste Lebensjahr oder höchstens bis zum 18. Monat.

Wie viele dieser Fähigkeiten während der Kindheit und Jugend noch beibehalten werden können, hängt von der Natur des Kindes und der Qualität der häuslichen Umgebung und der Erziehung ab. Ich denke jedoch nicht, daß man sich mit allen Mitteln dafür einsetzen sollte, daß ein Kind sensitive Fähigkeiten aufrechterhält. Die Menschheit war früher sehr hellsichtig. Wenn man bis in die Anfangszeit von Atlantis zurückgeht, stellt man fest, daß die Menschen damals die geistigen Welten sogar deutlicher als die physische Welt wahrnehmen konnten. Es war jedoch ein Bestandteil des Lernprozesses der Menschheit, daß diese atavistische Hellsichtigkeit verlorenging und dunkle Zeiten kamen, in denen keine Verbindung zu den geistigen Welten bestand. Heute stehen wir an der Schwelle zu einem Zeitalter, in dem die Menschen diese hellsichtigen Fähigkeiten wieder entdecken, aber auf einer höheren Ebene, auf der das Ego eine viel direktere Rolle spielen wird.

Jedes menschliche Wesen wiederholt die Geschichte der Welt, aber in einer viel kürzeren Zeitspanne. (Das macht das Studium der Embryologie so faszinierend.) Babys kommen in einem vollkommen offenen Zustand auf die

Welt, sind in das Licht der geistigen Welten getaucht und bemerken die physische Wirklichkeit um sie herum noch kaum. Wenn dieses kosmische Sehen nicht etwas verhüllt würde, fiele es dem Kind sehr schwer, einen Kontakt zur physischen Welt herzustellen und sich zu erden. Um also den natürlichen Gang der kindlichen Entwicklung zu respektieren, mußt du akzeptieren, daß dein Kind nach und nach immer »mentaler« wird und weniger sensitiv. Du kannst das spirituelle Wachstum des Kindes mit der entsprechenden Erziehung unterstützen, aber du kannst es nicht daran hindern, seinen Verstand zu benutzen.

Alles, was das Kind in seinem ersten Lebensjahr mit deiner Hilfe entwickeln kann, wird wie ein innerer Schatz in ihm ruhen, bis die Zeit reif ist. Was in der Kindheit an sensitiven Fähigkeiten entwickelt wurde, wird einige Jahre später beim Erwachsenen wieder auftauchen, und zwar verwandelt in intensive Seelenkräfte. Aber die Entscheidung, sich diesen Kräften wieder zu öffnen, muß der Teenager oder der Erwachsene aus freien Stücken selbst treffen. Deine eigenen Wünsche müssen dabei zurückgestellt werden.

19.8 Außergewöhnliche Babys

Sensitiv begabte Eltern sind selten, und deshalb ist es für höherentwickelte Seelen nicht leicht, geeignete Eltern zu finden. Wie kommen Kinder zu ihren Eltern? Die Seele schwebt auf der Astralebene und fühlt sich nach dem Ähnlichkeitsprinzip zu einer bestimmten Mutter hingezogen. Eine Art Resonanz stellt sich ein zwischen der Anlage des Kindes und der der Eltern, und das erzeugt eine Anziehung zu einem bestimmten Mutterleib. Je höher eine Seele entwickelt ist, desto genauer trifft sie ihre Wahl. Sie wartet dann so lange wie nötig, um Eltern zu finden, die bereits weit genug entwickelt sind.

Daraus folgt, daß du um so mehr Chancen hast, einen Baby-Guru zu bekommen, je spiritueller und hellsichtiger du wirst. Gleich und gleich gesellt sich gern. In der hinduistischen Tradition sagt man, daß die spirituellen Ziele der Mutter kurz vor und während der Schwangerschaft klar bestimmen, welche Art Seele sich bei ihr inkarnieren wird. Wenn die spirituelle Ausstrahlung der Mutter echt und tief ist, wird sie eine Seele mit einer spirituellen Ausrichtung anziehen. Daher hält man es für empfehlenswert, daß eine Mutter meditiert und sorgfältig auswählt, was sie liest und wovon sie sich inspirieren läßt.

Von dieser allgemeinen Tatsache abgesehen, sehe ich, daß sich während der astrologischen Dreierkonjunktion von Saturn, Uranus und Neptun, die zwischen 1988 und 1997 immer wieder eingetreten ist, sich viele außergewöhnliche Seelen inkarniert haben. Das sind die »außergewöhnlichen Babys«, die in den Bereichen Wissenschaft, Kunst und Spiritualität völlig neue Richtungen weisen werden. Es kann davon ausgegangen werden, daß viele von ihnen sofort nach ihrer Geburt außergewöhnliche außersinnliche Fähigkeiten besitzen und diese auch während ihrer Kindheit und Jugend beibehalten werden.

Außerdem sehe ich voraus, daß die Eltern eine Menge an sich arbeiten müssen, wenn sie ihren Kindern irgendeine Art von Unterstützung geben oder einfach nur verstehen wollen, was in ihren eigenen vier Wänden vor sich geht. Es wird nicht leicht sein, diesen Kindern zu folgen, nicht nur weil ihr Entwicklungsniveau weitaus höher ist als das ihrer Eltern, sondern auch, weil sie völlig neue Vorstellungen und Ideen in den Bereichen Wissenschaft, Kunst und Spiritualität einführen werden.

Dem sozialen Umfeld die Möglichkeit zu geben, sich auf diese außergewöhnlichen Babys vorzubereiten, ist einer der Hauptgründe, warum die Clairvision School gegründet wurde.

Kapitel 20

Schutz der Aura:
Die Aura versiegeln (2)

Übung 20.1: Aus welchem Körperbereich heraus sprichst du?

Übung 20.1 besteht darin, Töne von verschiedenen Ebenen aus hervorzubringen. Wir wollen mit etwas ganz Einfachem beginnen: Mit dem Singen eines langen »Ooo«-Tons – das kannst du sogar beim Lesen dieser Zeilen machen; du mußt die Augen dazu nicht schließen.

Phase 1

Sing »Ooo«, und spür dabei die Schwingung des Lautes im Bauch, um den Nabel herum und darunter. Es gibt eine Art und Weise, diesen Ton zu singen, die den Bauch vibrieren läßt, so daß sowohl die körperliche als auch die ätherische Schwingung (die wir im dritten Auge und bei der Kanaleröffnung bereits geübt haben) im Bauch spürbar werden.

Sing noch ein paarmal »Ooo«, und laß die Vibration dabei möglichst nur im Bauch und an keiner anderen Stelle des Körpers entstehen.

Du kannst das Vibrieren ganz leicht dadurch verstärken, daß du deine Hand fünf bis zehn Zentimeter vor den Bauch hältst und sie so als Reflektor benutzt.

In dieser Phase und auch in den nächsten beiden ist keine besondere Gegenwärtigkeit im dritten Auge erforderlich.

Phase 2

Versuch es dann mit einem langen »Ooo«, das nur im Brustraum vibriert. Die Höhe des Tons ist nicht so wichtig. Finde den Ton, der die größte Resonanz im Brustraum hervorruft, aber sonst in keinem anderen Körperteil.

Benutz deine Hand als Reflektor, indem du sie mit der Handfläche zum Körper hin etwa eine Handbreit vor die Brust hältst.

Sing ganz intensiv weiter »Ooo« und geh ganz in dem Ton auf. Spür, wie die körperliche Schwingung des Tones in deiner Brust eine Resonanz erzeugt, aber auch die Vibration seiner Energie.

Versuch, keine Vibration in anderen Körperteilen hervorzurufen, vor allem nicht im Bauch, im Hals oder im Kopf.

Phase 3

Erzeug nun ein paar »Ooo«-Laute, die nur im Hals vibrieren.

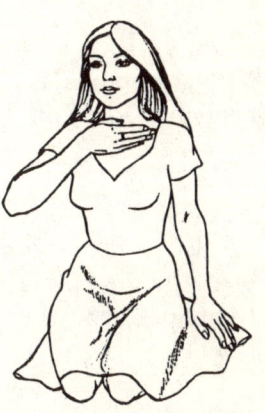

Halt die Hand als Reflektor etwa fünf bis zehn Zentimeter vor deinen Hals.

Versuch dieses Mal, den Ton nur in der Kehle vibrieren zu lassen und nirgendwo sonst im Körper.

Phase 4

Wiederhol das Ganze diesmal mit Vibration zwischen den Augenbrauen. Sing ein paarmal »Ooo«, und achte darauf, daß der Ton ausschließlich im dritten Auge vibriert.

Wiederhol die vier Phasen dieser Übung ein paarmal hintereinander.

Wenn du diese Übung zusammen mit Freunden machst, könnt ihr euch gegenseitig Rückmeldung darüber geben, wo genau jeder Ton gefühlt wird.

Übung 20.2: Von verschiedenen Ebenen aus sprechen

Phase 1
Üb mit einem einfachen Satz wie z. B.: »Was für ein schöner Tag heute!«
Sprich diesen Satz aus dem Bauch heraus.

Versuch wie bei der letzten Übung die Laute nur im Bauch vibrieren zu
lassen.

Wenn du einen Ton von dir gibst, wird einerseits eine körperliche, andererseits eine ätherische Schwingung erzeugt, die von derselben Art ist, wie
die Vibration, die du beim Meditieren zwischen den Augenbrauen spürst.
Wiederhol nun den Satz, und versuch dabei, dir gleichzeitig der physischen
und der nichtphysischen Vibration bewußt zu werden.

Bemüh dich in dieser ersten Phase darum, daß die Schwingung nur im
Bauch zu spüren ist, als ob du von dort aus sprechen würdest.

Wie bei der letzten Übung ist keine besondere Gegenwärtigkeit im dritten
Auge nötig.

Phase 2
Verlagere nun das Bewußtsein vom Bauch in die Brust, und wiederhol
denselben Satz von dort aus. Versuch den Ton nur in der Brust vibrieren zu
lassen.

Phase 3
Wiederhol den Satz diesmal vom Hals aus. Spür, wie die Laute dort vibrieren. Fühl die körperlichen Reaktionen, das physische Kribbeln in der Kehle
beim Sprechen. Aber sei dir gleichzeitig auch der nichtphysischen Vibration
bewußt.

Phase 4
Sprich denselben Satz jetzt von der Mitte der Augenbrauen aus, und laß es
dort vibrieren.

Wiederhol diese vier Phasen mehrmals hintereinander.

Tips:

• Diese Übungen stellen eine neue Art von Kommunikation dar. Üb mit
Freunden zusammen, und beobachte aufmerksam, von welchen Körperteilen aus ihnen das Sprechen leicht, und von welchen es ihnen schwerfällt.
Viele Menschen haben große Schwierigkeiten, Töne von einer ganz bestimmten Stelle wie Bauch, Herz usw. aus zu erzeugen. Daraus lassen sich oft
interessante Rückschlüsse auf ihre psychische Verfassung ziehen. Wenn man

von einer dieser Körperbereiche aus besonders schlecht sprechen kann, läßt das meist auf eine größere emotionale Blockade schließen, die angegangen werden muß, bevor ein Gleichgewicht hergestellt werden kann. Beobachte die Menschen um dich herum bei der Arbeit usw., und finde heraus, von wo aus sie sprechen. Das kannst du dann zu ihren anderen psychischen Seiten in Beziehung setzen.

• Je bewußter du im dritten Auge bist, desto einfacher ist es für dich zu spüren, von welchem Bereich aus andere Menschen sprechen. Du wirst dann in der Lage sein, eindeutig festzustellen, von welchem Punkt im Körper die Schwingung ausgeht, wenn diese aktiviert wird. Immer wenn es dir gelingt, etwas bei dir selbst wahrzunehmen, wirst du dasselbe auch bald bei anderen Menschen spüren können.

In dem Maße, wie sich deine Wahrnehmung erweitert, wirst du bald nicht nur Schwingungen fühlen, sondern auch Lichtmuster an den Körperstellen sehen können, von denen aus gesprochen wird. Üb, dein Bewußtsein auf das dritte Auge zu lenken und dir gleichzeitig des Zustands des Sehens bewußt zu sein, wie wir es in den Kapiteln über das Sehen bereits besprochen haben.

Es sei darauf hingewiesen, daß ich hier **nicht** behaupte, es sei besser, von einer bestimmten Körperstelle aus zu sprechen, sei es das Herz, der Bauch oder sonst irgendwo. Sprich, von wo aus es dir am besten gefällt. Unbedingt! Es ist nur dann etwas nicht in Ordnung, wenn du von einer bestimmten Stelle aus nicht sprechen kannst. Dann muß etwas getan werden, um das Ungleichgewicht auszuräumen.

Übung 20.3: Was ist, wenn du autoritär sein mußt?

 Laß uns dieselbe Übung wie vorher wiederholen, aber dieses Mal mit einem anderen Satz. Der folgende Satz war ein Vorschlag einer meiner Schüler, der elf Söhne (aber keine Töchter) hat: »Mach dein Zimmer sauber!«

Wiederhol diesen Satz ein paarmal vom Bauch aus, dann vom Brustkorb, vom Hals und vom dritten Auge aus, und frag dich jedesmal dabei: »Würden sie es daraufhin wirklich tun (das Zimmer saubermachen)?«

Tips:

• Die Antwort ist klar: Wenn du nur aus dem Hals sprichst, würden sie es sicher nicht tun! Vom dritten Auge aus mag es vielleicht etwas überzeugender wirken, aber nur vom Herzen aus würdest du wohl kaum gegen die geballte Kraft der elf ankommen. Laß uns der Tatsache ein für allemal ins Auge sehen, daß Autorität aus dem Bauch kommt.

• Achte nun, z.B. bei der Arbeit, auf die Menschen, die anscheinend eine natürliche Autorität besitzen. Du wirst entdecken, daß manche Menschen die Fähigkeit haben, wenn sie mit dir sprechen, sehr stark vom Bauch aus zu kommunizieren und in deinem Bauch gleichzeitig ein Gefühl der Schwäche hervorzurufen. Darauf beruht also ein großer Teil ihrer Autorität. Beachte dabei, daß die meisten das unbewußt machen, und nicht weil sie in diese Richtung ausgebildet wurden. Aber trotzdem machen sie es! Sobald der Trick mit Hilfe deines dritten Auges aufgedeckt ist, wirst du anfangen, es als Bluff zu sehen. Du wirst dann fähig sein, dich zu behaupten, wenn dich jemand auf so plumpe Art und Weise ausnutzen will.

Übung 20.4: Die Auge-Bauch-Kraft

Such dir nun ein paar Sätze aus, und wiederhol sie ein paarmal mit einer starken Gegenwärtigkeit im dritten Auge und im Bauch. Laß die Schwingung mit der oben beschriebenen Methode möglichst an beiden Stellen spürbar werden. Es sollte so wirken, als sprächst du gleichzeitig vom dritten Auge und vom Bauch aus. Wenn du es mit Überzeugung tust, ist die Wahrscheinlichkeit sehr groß, daß die Kinder ihr Zimmer saubermachen würden.

Tips:

• Diese Übung hilft dir, die »Auge-Bauch-Kraft« zu verstärken, was sehr nützlich ist, wenn du einmal wirklichen Schutz brauchst.

• Es wird dir leichter fallen, diese Übung umzusetzen, wenn du ein Gegenüber hast, anstatt nur so ins Leere zu sprechen. Das liegt daran, daß du dabei viel Kraft an den Tag legst und es häufig schwierig ist, viel Kraft nach außen auszudrücken, wenn ihr keine andere Kraft gegenübersteht.

• Immer wenn du körperlich arbeitest, solltest du daran denken, Kraft aus dieser Auge-Bauch-Verbindung zu ziehen.

• Vielleicht kannst du nun besser verstehen, warum Menschen, die durch Ausübung einer Kampfsportart viel mit ihrem Hara oder Willenszentrum gearbeitet haben, es gewöhnlich weniger schwierig finden, ihr Energiesystem zu schützen.

Übung 20.5: Einatmen und Ausatmen

 In der hinduistischen Tantra-Tradition gibt es einen Sanskrittext namens *Shiva-Svarodhyaya*. Er enthält viel Information über die *Nadis*, d.h. den Kreislauf der pranischen (ätherischen) Energie.

In den Versen 1,92–98 ist folgender Rat zu lesen: Wenn du auf Menschen zugehst, die du liebst und die dir helfen möchten, wie etwa dein Guru, deine Freunde und Verwandten, dann solltest du tief einatmen. Wenn du dich unter Feinde, Diebe, Bettler und andere Menschen begibst, denen du eigentlich aus dem Weg gehen willst, solltest du tief ausatmen. Es ist gefährlich, mitten in einem Streit tief einzuatmen oder vor einem Vorgesetzten, der wütend auf dich ist, oder in Gesellschaft niederträchtiger Menschen oder Diebe.

Laß uns das gleich in die Praxis umsetzen.

Übung 20.6: Verschließen der Aura durch tiefes Ausatmen

Wenn du bisher alle von mir vorgeschlagenen Schutzübungen ausgeführt hast, hast du inzwischen wahrscheinlich ein besseres Gefühl dafür entwickelt, wann deine Aura offen und wann sie geschlossen ist. Geh nun folgendermaßen vor: Setz dich einem Freund oder einem Spiegel gegenüber – ein Freund ist für diese Übung besser geeignet, denn eine Kraft braucht eine Gegenkraft, um sich frei ausdrücken zu können.

Setzt euch so hin wie bei der Augenkontaktübung (Abschnitt 5.2). Laß die Augen während der ganzen Übung offen.

Phase 1

Werde dir bewußt, wie weit deine Aura gerade geöffnet oder geschlossen ist.

Atme dann mit einem leichten Reiben im Hals tief und langsam aus, und spür, wie sich deine Aura beim Ausatmen anfühlt.

Atme dann tief und langsam ein, und spür, wie sich deine Aura beim Einatmen anfühlt. Atme so ein, als ob du die andere Person beim Einatmen mit einsaugen würdest. Spür, wie offen sich deine Aura beim Einatmen anfühlt, und vergleich das Gefühl mit dem Eindruck beim Ausatmen.

Atme langsam und bewußt einige Minuten lang so weiter.

Während dieser ersten Phase atmet dein Freund ganz normal, ohne tiefe Atemzüge beim Ein- und Ausatmen, und versucht, die Veränderungen in deiner Energie wahrzunehmen. Um es ihm leichter zu machen, deine Atemzüge zu verfolgen, kannst du beim Einatmen die Hand heben und sie beim Ausatmen senken.

Phase 2

Richte nun deine Aufmerksamkeit nicht mehr auf deinen Atem, sondern werde zum Beobachter, während dein Freund mit voller Gegenwärtigkeit ein- und ausatmet.

Dein Freund sollte lange, tiefe Atemzüge nehmen und ganz bewußt atmen. Es gibt eine Art, die Luft einzusaugen und sie wieder auszustoßen, die keine rein mechanische Handlung sondern eine bewußte Energiebewegung darstellt. Es ist, als würde man die Luft und die Schwingung beim Ausatmen bewußt ausstoßen und beim Einatmen wieder in sich einsaugen.

Mach die Übung drei bis vier Minuten lang auf die gleiche Art weiter und versuch, die Veränderung in der Aura des Partners zu sehen, der gerade bewußt atmet.

Phase 3

Beide Übungspartner atmen jetzt ein paar Minuten lang gleichzeitig bewußt ein und aus. Hebt und senkt dabei eure Hände entsprechend, damit ihr euch aufeinander abstimmen könnt. Behaltet beim Atmen eine leichte Reibung im Hals bei. Macht sehr lange und langsame Atemzüge, damit genug Zeit bleibt, die Dichte der Aura des anderen zu spüren.

Behaltet einen synchronen Atemrhythmus bei: Beide Partner atmen zur gleichen Zeit ein und aus.

Während dieser Übung wird die Aura gewöhnlich beim Einatmen leichter und ausgedehnter. Hingegen fühlt sich die Aura beim Ausatmen zusammengeballter, dichter und fester an, und ihre Umrisse liegen näher beim Körper. Mit anderen Worten bedeutet das, daß deine Aura sich im allgemeinen öffnet, wenn du einatmest, und schließt, wenn du ausatmest. Die Intensität dieses Öffnens und Schließens hängt natürlich davon ab, wie tief und bewußt geatmet wird. Wenn du ganz normal und ohne besondere Aufmerksamkeit atmest, ist dieser Zyklus von Ausdehnen und Zusammenziehen schwach und kaum wahrnehmbar, aber dennoch vorhanden. Durch das bewußte Kontrollieren dieses Mechanismus kannst du einen weiteren Schritt in Richtung auf den Schutz deiner Energien machen.

Phase 4

Wiederhol denselben Übungsablauf wie in Phase 3. Beide Partner atmen gleichzeitig tief ein und aus und begleiten die Atemzüge mit Handbewegungen, um einen synchronen Atemrhythmus aufrechtzuerhalten.

Versucht dieses Mal, ein Gefühl dafür zu bekommen, wie sich eure Auren treffen und vermischen, wenn ihr ausatmet (wobei sich die Aura schließt) und einatmet (wobei sie sich öffnet). Während ihr euch »gegenseitig einatmet«, entsteht eine Art Vermischung der Energien, da eure beiden Auren offen sind. Die Trennungslinie zwischen dir und deinem Freund ist nicht klar erkennbar.

Atmet noch ein paar Minuten lang so ein und aus.

Beim Ausatmen wird die Trennungslinie zwischen euch viel deutlicher, da die Auren dann verdichtet und verschlossen sind, die Trennung wird viel klarer. Ihr könnt eine Art Kontakt der beiden Oberflächen spüren, wo die Auren zwar aufeinandertreffen, sich aber nicht vermischen. Hellsichtige können dort, wo die Auren aufeinandertreffen, kleine Lichtblitze sehen.

Übung 20.7: Energie einsaugen und ausstoßen

Diese Übung kannst du entweder allein oder wieder mit einem Freund machen, der dir gegenübersitzt. Laß während der ganzen Übung die Augen offen.

Werde dir der Vibration im dritten Auge und überall im Körper bewußt. Behalte während der ganzen Übung eine leichte Reibung im Hals bei.

Atme langsam, tief und bewußt aus. Halte die Hände dabei mit nach vorne zeigenden Handflächen parallel vor dich hin. Beweg beim Ausatmen deine Hände langsam nach vorn, als ob du etwas oder jemanden wegschubsen oder die Luft und Energie wegschieben wolltest.

Atme dann tief und bewußt ein. Dreh die Handflächen zu dir hin, und mach eine Bewegung auf dich zu, als ob du mit deinen Händen Energie zu dir hinziehen wolltest.

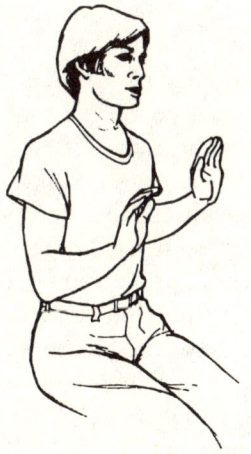   

Ausatmen   *Einatmen*

Mach einige Minuten lang mit dem tiefen und langsamen Ausatmen und Einatmen so weiter. Versuch, den Druck der Energie an den Handflächen zu spüren. Steigere die Reibung im Hals beim Ausatmen, um deine wegstoßende Geste zu verdeutlichen.

Wenn du mit einem Freund übst, ist das Aufeinandertreffen der beiden Auren beim Ausatmen deutlich zu spüren.

Übung 20.8: Ausatmen in einer Menschenmenge

Nutz dieses Wissen in deinem täglichen Leben. Üb das bewußte Ausatmen, wenn du auf der Straße oder an einer Haltestelle an einigen oder vielen Menschen vorbeigehst. Sei mit dem Bewußtsein im dritten Auge und im Bauch, verdichte deine Aura und atme die Energie aus. Das gleiche kannst du machen, wenn ein Fremder an dir vorbeigeht. Spür, wie seine Energie dadurch sanft von dir abgehalten wird.

Tips:

• Ohne ein solches Training entsteht in Situationen dieser Art oft eine unnötige oder unangebrachte Vermischung der Auren. Vor allem, wenn du in einer Großstadt lebst, wiederholt sich eine Energievermischung im Laufe des Tages sehr oft, und abends fühlst du dich dann völlig erschöpft.

Wenn du in einer Kleinstadt lebst und auf der Straße meist nur Freunde und Bekannte triffst, ist die Situation natürlich völlig anders, und du benötigst sicher nicht den gleichen Grad an Schutz.

 • Wer beim Arbeiten viel telefoniert, sollte sich bewußt sein, daß während der Anrufe viel Energie ausgetauscht wird. Wie bereits in Abschnitt 16.6 erwähnt, übermitteln die elektromagnetischen Wellen des Telefonsignals nicht nur verschiedene Emotionen und psychische Vorgänge während des Gespräches, sondern verstärkt sie auch noch. Sei deshalb wachsam, und zögere nicht, beim Telefonieren die ganze Bandbreite unserer Schutzmechanismen anzuwenden. Wasch dir nach einem unangenehmen Anruf unter fließendem Wasser die Hände (siehe Abschnitt 4.12 und 17.12) – oder auch gelegentlich zwischendurch, wenn du den ganzen Tag über dauernd telefonieren mußt. Diese Empfehlungen gelten auch für den Gebrauch von Computer-Modems.

• Je mehr du das bewußte Ausatmen und Wegschieben von Energie übst, wenn es nötig ist, desto schneller wird es für dich zu einer automatischen Reaktion werden.

Am Anfang wirst du daran arbeiten und aufmerksam bleiben müssen, indem du jedesmal, wenn eine fremde Energie sich dir nähert, ausatmest und deine Aura dadurch verschließt. Wenn du diese Technik dann einige Zeit lang geübt hast, wirst du bemerken, daß du automatisch ausatmest, wenn du es brauchst. Du brauchst dann nicht einmal mehr daran zu denken, es geschieht von ganz allein. Jedes Mal wird dadurch ein Zerstreuen der Energie vermieden, und das wirst du am Ende des Tages deutlich spüren können. Das stellt eines der wertvollsten Ergebnisse deines Trainings dar.

Übung 20.9 Der gleiche Schutz beim normalen Atmen

Eines der Probleme mit Übung 20.8 ist allerdings, daß du nicht immer nur ausatmen kannst. Wenn du auf einem Bahnsteig durch die Menge gehst oder wenn dein Chef ein erregtes Gespräch mit dir führt, mußt du ja von Zeit zu Zeit auch mal einatmen! Die Lösung liegt im Erwerben einer neuen Fertigkeit. Durch das tiefe Atmen hast du gelernt, deine Aura in einen geschlossenen oder einen offenen Zustand zu versetzen. Der nächste Schritt besteht nun darin, zu lernen, wie sich das auch mit normalem Atmen erreichen läßt.

Setz dich vor einen Spiegel oder einem Freund gegenüber. Richte deine Aufmerksamkeit intensiv auf das dritte Auge. Üb folgendermaßen auszuatmen: Atme nicht tiefer als normal, aber richte deine ganze Aufmerksamkeit auf das Ausatmen. Versetz dich in einen »ausatmenden« Bewußtseinszustand. Verlängere deine Atemzüge beim Ausatmen um etwa zwei oder drei Sekunden, und atme mit ganz kurzen Atemzügen ein (vielleicht eine Sekunde oder noch weniger), so daß insgesamt der Rhythmus deines Atmens relativ normal bleibt.

Verstärke jedes Ausatmen durch Reibung im Hals, aber so, daß man es nicht hört. Zum jetzigen Zeitpunkt solltest du in der Lage sein zu spüren, daß im Hintergrund der physischen Reibung im Hals eine nichtphysische Schwingung erzeugt wird, und genau sie ist es, die wir für diese Übung brauchen. Wenn du dir dessen nicht ganz sicher bist, dann laß den Atem einfach verhalten in der Kehle reiben, so daß du es spüren kannst, es aber nach außen nicht hörbar ist.

Blinzle nicht zu viel. Bleib relativ bewegungslos, damit deine Energie sich zwar einigermaßen verdichten kann, aber nicht zu stark, damit dein Gesichtsausdruck trotzdem natürlich bleibt. Diese Übung kannst du in solchen Situationen des täglichen Lebens anwenden, in denen du Schutz brauchst und resolut auftreten mußt.

Zusammenfassend solltest du also:
– im dritten Auge gegenwärtig sein, die Energie verdichten, einigermaßen bewegungslos bleiben und nicht blinzeln;
– im Zustand des Ausatmens sein und nur mit kurzen Atemzügen einatmen;
– die Atemzüge beim Ausatmen mit einer unhörbaren Reibung im Hals verstärken.

Ein interessantes Ergebnis dieser Übung ist, daß du dadurch in die Lage versetzt wirst, deine Aura sogar beim Einatmen verschlossen zu halten. Je besser du diese Übung beherrschst, desto unabhängiger wird der »Zustand des Ausatmens« der Aura vom tatsächlichen körperlichen Atmen werden.

Übung 20.10: Die Aura versiegeln

 Auf der Grundlage der beiden letzten Kapitel wollen wir jetzt die vollständige Methode des Aura-Versiegelns beschreiben.
Setz dich in Meditationshaltung hin. Schließ die Augen. Mach die erste Meditationsübung mit dem dritten Auge (siehe Abschnitt 3.7): Reibungsatmung, Vibration im dritten Auge, Licht im dritten Auge und Gegenwärtigkeit im violetten Raum. Werde nach ein paar Minuten im violetten Raum über dem Kopf gegenwärtig. Laß die Ausdehnung im Raum zu. Laß deine Aura so ausgeweitet und offen wie möglich werden.

Verschließ dann deine Aura. Richte dazu das Bewußtsein auf das dritte Auge und das Willenszentrum, ungefähr zwei bis drei Zentimeter unter dem Nabel. Erhöhe die Vibration in beiden Energiezentren durch Gegenwärtigkeit in beiden und Atmen mit einer starken Reibung im Hals. Verankere das dritte Auge im Willenszentrum.

Verdichte nun deine Aura wieder, indem du das Willenszentrum aktivierst. Zieh die Aura vom Willenszentrum aus zusammen, als ob es ein (nichtphysischer) Muskel wäre, der deine Aura zusammen- und nach innen zieht und sie so gegen alle möglichen Schwingungen dicht und undurchlässig machen könnte. Bemüh dich darum, einen geschlossenen Zustand der Aura, wie im »Zustand des Ausatmens« zu erreichen. Nimm dir zwei oder drei Minuten Zeit, um deine Aura zu stärken und dichter zu machen, indem du deine Aufmerksamkeit weiter auf das »Steintor«, zwei bis drei Zentimeter unter dem Nabel, gerichtet hältst.

Öffne dann die Aura wieder. Werde wieder über dem Kopf gegenwärtig. Laß deine Energie sich ein bis zwei Minuten lang so weit ausdehnen und verdünnen wie möglich. Verteil deine Energie im Raum.

Und dann schließ die Aura wie vorher vom Willenszentrum aus. Wiederhol den Zyklus des abwechselnden Öffnens und Schließens mehrere Male.

Übung 20.11

Wiederhol nun Übung 20.10, aber schneller. Öffne die Aura zehn Sekunden lang, und schließ sie dann zehn Sekunden lang vom Willenszentrum aus. Wiederhol dann das Öffnen und Schließen ein paar Minuten lang in diesem Zehn-Sekunden-Rhythmus.

Tips:

• Übung 20.10 ist eine der wichtigsten in diesem Buch, nicht nur wegen ihrer Schutzfunktion, sondern auch, weil sich dadurch in wirkungsvoller Weise die Unabhängigkeit deines Ätherkörpers entwickelt. Üben, üben und nochmals üben!

• Am Anfang ist es hilfreich, zu Beginn der Übung die Hände ein paarmal kräftig gegeneinander zu reiben, um dich selbst durch eine starke Vibration im ganzen Körper zu erden und das Zusammenziehen der Aura zu unterstützen. Später wird das dann nicht mehr nötig sein.

• Du kannst die Tätigkeit des Willenszentrum dadurch verstärken, daß du die Bauchmuskeln unterhalb des Nabels leicht anspannst. Später brauchst du dann die physische Muskelanspannung nicht mehr, um das Zusammenziehen der Energie zu bewirken. Das Willenszentrum wird aktiviert, und ein »Zusammenziehen des Ätherkörpers« findet auf der Schwingungsebene statt, ohne die Mitwirkung der körperlichen Muskeln.

• Während sich diese Fähigkeiten entwickeln, wirst du immer häufiger feststellen, daß sich deine Aura automatisch schließt, wenn es nötig ist. Ungewollter Energieaustausch findet oft statt, wenn du gerade nicht darauf gefaßt bist. Dein Höheres Selbst wird dann die Aufgabe des Verschließens übernehmen, da es mögliche Gefahrenquellen viel besser wittern kann als du selbst.

In der Praxis wird das oft so aussehen: Du spürst, daß sich deine Aura plötzlich verschließt, auch wenn du in jenem Moment nicht unbedingt weißt, warum. Der Grund wird sich jedoch häufig in den nächsten Sekunden oder Minuten zeigen. Wenn es anfängt, automatisch zu geschehen, ist das ein Zeichen dafür, daß dein Ätherkörper ein bestimmtes Niveau des Erwachens und der Integrität erreicht hat.

20.12 Was tun, wenn es nicht funktioniert?

Manchen Menschen ist es nicht möglich, vom Bauch aus zu sprechen. Obwohl sie ihr Bestes tun, um bewußt auszuatmen, scheint ihre Energie davon nicht wesentlich beeinflußt zu werden. Welche Übung sie auch immer versuchen, ihre Aura scheint nie ganz geschlossen zu sein.

Was bedeutet das? Eine Blockade! Etwas muß erkundet und aufgelöst werden, gewöhnlich im Bereich des Bauchs. Solche Menschen können oft auch keine Erdlinien aufspüren. Die Gründe dafür und die Lösungsmöglichkeiten sind dieselben wie im Abschnitt 12.11 über das Rutengehen besprochen.

Abgesehen vom Üben der bis jetzt beschriebenen Techniken, sind die folgenden Zusatzübungen (20.13 bis 20.16) hilfreich.

Übung 20.13: Ständige Gegenwärtigkeit im Willenszentrum

 Versuch einige Wochen lang, dir der Vibration im Willenszentrum von morgens bis abends bewußt zu bleiben. Solange das Problem nicht gelöst ist, solltest du dazu eine Auge-Bauch-Gegenwärtigkeit (18.7, 20.4) aufbauen, anstatt nur im dritten Auge bewußt zu sein, wie in Kapitel 9 über Gegenwärtigkeit beschrieben.

Übung 20.14: Kontinuierliche Zwerchfellatmung

Lern die Zwerchfellatmung. Nimm dir zweimal am Tag Zeit, um dich hinzulegen und zu üben, wie man nur mit dem Bauch atmet, ohne daß sich dabei etwas in der Brust oder im Bereich der Schlüsselbeine bewegt. Leg die Hände flach auf die Rippen, um auszuschließen, daß sich die Brust beim Einatmen bewegt. Ein paar Wochen lang oder länger solltest du so oft wie möglich am Tag bei deinen normalen Alltagsaktivitäten das bewußte Atmen mit dem Zwerchfell üben. Damit meine ich nicht, daß du nun für den Rest deines Lebens nur noch mit dem Bauch atmen solltest, aber ein paar Wochen oder Monate intensiven Bewußtseins in diesem Bereich werden dir helfen, deine Energien ins Gleichgewicht zu bringen.

Laß nie eine Möglichkeit aus, Übung 18.9 anzuwenden (das Bauchfeuer entfachen, indem man beim Einatmen einen Gegendruck erzeugt).

20.15 Stambhasana-Übung

Massier sanft den Punkt des Willenszentrums zwei bis drei Zentimeter unter dem Nabel. Spür die Vibration in diesem Bereich.

Leg dich nun auf den Rücken. Heb den Kopf und die Beine senkrecht hoch. Im Hatha-Yoga wird diese Übung *Stambhasana*, Säulen-Haltung, genannt. Halte die Position ein oder zwei Minuten lang. Entspann dich dann und leg dich wieder hin. Spür die Vibration, die im Willenszentrum dadurch entstanden ist. Wiederhol die Übung ein paarmal, und steigere so das Vibrieren im Willenszentrum.

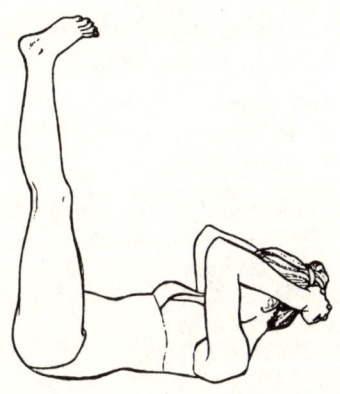

Übung 20.16

Leg dich auf den Rücken. Atme ausschließlich mit dem Zwerchfell, d.h., ohne daß sich dabei etwas im Brustkorb oder im Bereich des Schlüsselbeins bewegt. Laß dir von einem Helfer mit den flachen Händen auf den Bauch unterhalb des Nabels drücken, während du einatmst.

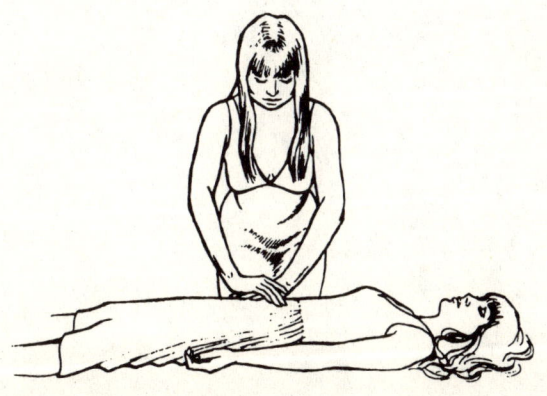

So mußt du jedesmal beim Einatmen gegen die Hände drücken, um dem Druck einen Gegendruck entgegenzusetzen. Beim Ausatmen wird der ganze Druck losgelassen. Bemüh dich darum, daß die beim Einatmen mit dem Zwechfell erzeugte Kraft immer stärker wird. Denk dabei stets daran, daß sich der Brustkorb beim Einatmen nicht bewegen darf.

Wenn trotz dieser Übungen deine Bauchzone blockiert bleibt, dann solltest du es vielleicht mit einer Rückführung oder einer anderen Methode zur energetischen Auflösung emotionaler Blockaden versuchen. Dadurch wirst du deine spirituelle Entwicklung beschleunigen können, und gleichzeitig werden sich wahrscheinlich deine Beziehungs- und Verhaltensmuster im gesellschaftlichen Leben verändern.

Kapitel 21

Der einzig wirkliche Schutz ist die Macht der Wahrheit

> »Dann werdet ihr die Wahrheit erkennen, und die Wahrheit wird euch befreien.« *Johannes 8,32*

Es mag sein, daß du die schwierigsten Energieübungen beherrschst. Vielleicht beschäftigst du dich auch schon dein halbes Leben lang mit Esoterik und Geheimlehren. Oder du lebst in Gesellschaft großer Meister. Aber wenn nicht die Wahrheit dein Ziel ist, dann ist dein Schutz nichts als eine Illusion. Früher oder später wird er sich in Nichts auflösen.

Die lange vergangene Geschichte von Atlantis liefert uns dafür ein eindrucksvolles Beispiel. Wie ich in meinem Roman *Atlantean Secrets* ausgeführt habe, hatte im letzten Drittel von Atlantis die Menschheit einen außergewöhnlich hohen Grad an Verständnis für die verschiedenen Bewußtseinsebenen erreicht, und damit auch ungeheure Fähigkeiten, durch Gedankenkraft auf die Naturgesetze Einfluß zu nehmen. Es gab unzählige Geheimschulen voller Eingeweihter und »Energie-Experten«. Von heute an gerechnet, wird es wohl noch einige Jahrhunderte dauern, bevor die eine oder andere Geheimschule auf der Erde den damaligen Stand der atlantischen Geheimschulen erreichen kann.

Doch das Streben nach Macht und Manipulation verdrängte die Suche nach der Wahrheit, und deshalb wurde Atlantis schließlich zerstört. Du mußt nicht denken, daß alle diese Eingeweihten etwa von der Flut überrascht worden wären. Viele haben das Verhängnis kommen sehen. Aber es gab nichts, was sie dagegen hätten tun können. Ihre Wissenschaft war völlig machtlos, das zu verhindern. Gerade ihr Wissen war es, das ihnen Fesseln anlegte, so daß es kein Entkommen gab. Alles versank und verschwand in den Nebeln der Zeit.

Es wäre ein großer Irrtum, zu glauben, daß diese Gesetze hier und heute nicht auch für dich Gültigkeit hätten. Denn du mußt eines wissen: Auch wenn du selbst nicht gerade ein Wahrheitsfanatiker bist, so ist es doch dein Höheres Selbst. Immer. Du kannst in deinem Leben Spielchen treiben, du kannst aus kindischen Gründen Macht anstreben und tief im Schlamm waten – dein Höheres Selbst wird in deinem tiefsten Innern immer nach der

Wahrheit streben, und nur nach der Wahrheit. Es ist nicht wichtig, welche Richtung du als einzelner Mensch einschlägst. Dein Höheres Selbst kann sich in keine andere Richtung bewegen als zur Wahrheit hin, das ist sein unvergängliches Wesen.

Wenn du also nicht auf der Suche nach der Wahrheit bist, wird dein Höheres Selbst beginnen, gegen dich zu arbeiten, um dir zu helfen, wieder die richtige Richtung einzuschlagen, für die es sich für alle Zeiten entschieden hat. Wir könnten das eine Art Sabotage des Selbst nennen. Und sie ist außerordentlich wirkungsvoll. Wenn du vom Pfad der Wahrheit abweichst und versuchst, sie zu leugnen, wird dein eigenes Selbst all deine Versuche und Gedankenkonstruktionen unterminieren und damit beginnen, deinen Sturz herbeizuführen. Manchmal dauert es lange Zeit, bevor seine gesegnete Hand all deine Verteidigungsmechanismen zum Einsturz bringt. Aber alles, was du auch noch so geduldig, aber auf einer falschen Grundlage aufgebaut hast, wird zerstört werden, und dann mußt du in der Blöße des Geistes von vorne beginnen.

Diesen Punkt möchte ich ganz besonders herausstreichen, vor allem, weil ich dich in diesem Buch mit so vielen Übungen und Techniken bekanntgemacht habe. In einer taoistischen Abhandlung über innere Alchemie, »The Book of the Golden Pill« (»Buch der Goldenen Pille«), heißt es, wenn der richtige Mensch die falsche Übung benutzt, wird diese falsche Übung für ihn die richtige Wirkung haben. Aber für den falschen Menschen wird auch die richtige Übung nicht die richtige Wirkung haben.

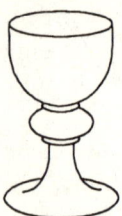 Letztendlich gibt es keinen wirksameren Schutz als die Macht der Wahrheit. Wenn du auf der Suche nach der Wahrheit bist, wird die Wahrheit sich deiner annehmen. Wenn du aber von einem falschen Hintergrund her kommst, dann werden deine Ergebnisse immer fragwürdig bleiben, auch wenn du alle Techniken anwendest, die sich in der Natur finden lassen.

Wenn sich eines Tages die Voraussagen der Apokalypse bewahrheiten, werden gigantische dunkle Kräfte auf der Erde wüten und versuchen, jegliche Hoffnung auf eine Weiterentwicklung für menschliche Wesen auszulöschen. Überall wird  Krieg herrschen, aber eine neue Art von Krieg, die man sich heute noch gar nicht vorstellen kann. Was wirst du dann tun, um dich selbst zu schützen? Glaubst du wirklich, daß deine Schutzmechanismen dir dann von Nutzen sein werden? Welche Tricks und Techniken du auch immer zur Verfügung hast, du kannst sicher gehen, daß die Methoden der dunklen Kräfte unendlich viel raffinierter sein werden. Du wirst dann in der Tat keine andere Macht mehr besitzen als die sich manifestierende Macht der Wahrheit deines Höheren Selbst. Auf paradoxe Weise bedeutet das, daß so der Teufel zu deinem besten Freund wird. Denn um ihn zu besiegen, wird es nur einen einzigen Weg geben: dich der Seelenkräfte aus der Tiefe deines Selbst zu bedienen und sie auf kosmischer Ebene einzusetzen. Du wirst dich in das vollkommene Licht des Geistes stellen müssen und Wahrheitskräfte in viel größerem Maß freisetzen, als es jemals zuvor in der Geschichte der Menschheit der Fall war. Dann wird der Sieg allumfassend und unwiderruflich sein – natürlich nur, wenn du bis dahin zu deinem Höheren Selbst gefunden hast!

Es hat mir viel Freude bereitet, alle hier angeführten Schutzübungen mit dir zu teilen, aber ich möchte nicht, daß du dir irgend etwas vormachst. Esoterisches Wissen ist ein zweischneidiges Schwert. Wenn du es für etwas anderes einsetzt als für die Suche nach dem Selbst und die Aufdeckung seiner höheren Wahrheit, wird es sich letztendlich immer gegen dich wenden und gegen dich arbeiten, auch wenn es lange dauert, bis die Stunde der Wahrheit schlägt. Von dieser Regel hat es noch nie eine Ausnahme gegeben. Mach dich mit aller Aufrichtigkeit auf die Suche nach deinem Selbst, dann brauchst du dir um Schutz keine Sorgen zu machen. Wenn du aber eine andere Motivation hast, wird deine spirituelle Suche zu einer langen Folge von Enttäuschungen werden, egal wie geschickt du die Übungen und Techniken auch anwenden und umsetzen magst.

Vielleicht bist du ja der Meinung, der Begriff »Wahrheit« sei etwas vage und auf deine tägliche Realität nicht direkt anwendbar. In der Tat mußt du damit beginnen, zuerst einmal dir selbst gegenüber die Wahrheit zu sagen, bevor du die höhere Wahrheit begreifen kannst. Das ist etwas Einfaches, mit dem du hier und jetzt beginnen kannst. Es gibt da einige Dinge, von denen du weißt, daß du sie eigentlich tun müßtest, denen du aber immer aus dem Weg gehst: Da sind Entscheidungen, die zu treffen sind, unvermeidbare Entwicklungen, durch die du »durch mußt« usw. Vielleicht gibt es da ja auch ein paar Dinge, von denen du weißt, daß du sie besser nicht tun solltest, es aber vielleicht aus Schwäche oder öfter einfach nur aus Gewohnheit nicht fertigbringst, sie bleiben zu lassen.

Bitte versteh mich richtig: Mir geht es hier **nicht** um irgendwelche moralischen Werte. Das Problem hat nichts zu tun mit Etiketten wie »falsch« und »richtig« oder mit irgendwelchen anderen Gedankenkonstrukten. Es ist durchaus nicht selten, daß Menschen, die auf der spirituellen Suche sind, manche »schlechten« Dinge tun müssen oder, sagen wir mal, Dinge, die moralische Autoritäten für die Verfolgung ihrer inneren Wahrheit als schlecht ansehen würden.

Aufrichtigkeit ist da etwas ganz anderes. Tief in deinem Innern fühlen sich manche Dinge richtig und andere falsch an. Das ist die Weisheit des Geistes, auf den du dich einstimmen mußt. Es ist die innere Stimme, die sich nicht so lautstark meldet, wie manche Begierden oder Wünsche. Da mußt du schon aufmerksam hinhören. Es ist eher wie ein inneres Sinnesorgan, der Same dessen, was später zu deiner Fähigkeit, die »Wahrheit« zu erkennen, werden wird. Zu Beginn ist das eine sehr leise Stimme, so daß du sie hegen und pflegen mußt. Je mehr du darauf hörst, d. h., je mehr du das in die Tat umsetzt, was du als richtig erkennst, desto stärker wird dein Wissen werden. Je mehr du die Stimme ignoriest, desto schwächer wird sie werden. Und wenn du wirklich nicht weißt, was richtig oder falsch ist, dann richte deine Aufmerksamkeit nach innen und bitte um Hilfe. Du wirst überrascht sein, wie schnell die Wahrheit denen zu Hilfe kommt, die sich kompromißlos auf die Suche nach ihr machen.

Es ist nicht wichtig, ob du bei deiner Suche nach der Wahrheit Fehler machst. Was ist denn schon ein Fehler? Der »rote Faden«, der dir den Weg zum Göttlichen weist, folgt verschlungenen Pfaden, vom Standpunkt eines Nicht-Eingeweihten aus betrachtet. Aber in den Augen der Wahrheit sehen gewisse Umwege und Fehlschläge wie der sicherste und direkteste Weg zu Gott aus.

Wenn du entschlossen deiner Wahrheit folgst, wird deine Unterscheidungsfähigkeit wie ein Banyanbaum wachsen, und dein Gefühl für das Richtige und das Falsche wird deutlicher als deine Wahrnehmung von heiß und kalt. Selbst wenn das Gespür für die Wahrheit zu Beginn noch schwach ist, solltest du es hegen und pflegen, als wäre es das kostbarste Gut, das dir jemals anvertraut wurde. Denn am Ende liegt der einzige Schutz in der Macht der Wahrheit.

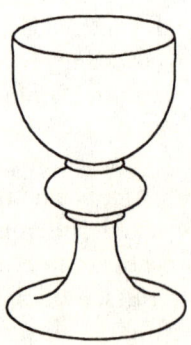

Kapitel 22

Ausblick auf die nächsten Schritte

22.1 ISIS, hellsichtige Methode der Rückführung

Gute und verläßliche Hellsichtigkeit setzt nicht nur die Entwicklung von neuen feinstofflichen Organen voraus, sondern auch die Reinigung der Astralschicht. Darunter verstehen wir die gründliche Erforschung der Hintergründe mentaler Konflikte und emotionaler Unausgeglichenheit sowie die Auflösung von Konditionierungen des Verstandes. Aus meiner reichen Erfahrung mit vielen Menschen, die an sich arbeiten, kann ich sagen, daß diejenigen, deren spirituelle Übungen anscheinend zu nichts führen, häufig diese Phase des Erforschens und Ausmistens des Verstandesmülls nicht gründlich genug durchgeführt haben.

Bevor man über das Normale hinauswachsen kann, muß man zuerst einmal normal werden. Solange beispielsweise die Beziehung zu den Eltern oder zum Partner nicht auf existentieller Ebene geklärt ist und tiefsitzende, negative Emotionsmuster nicht aufgelöst worden sind, brauchst du dir nicht vorzumachen, du lebtest ein spirituelles Leben.

Andererseits sind mir viele spirituell Suchende begegnet, deren Wahrnehmung und Bewußtsein auf vielen Ebenen erweitert wurde, während sie systematische Rückführungen nach der ISIS-Methode der Clairvision School durchführten. Plötzlich, nach der Auflösung einer entscheidenden Blockade, begann ihre Fähigkeit zur Hellsichtigkeit durchzubrechen. Erinnere dich an unser Beispiel von dem Schlauch und dem Kieselstein. Solange auch nur ein Millimeter des Schlauchs verstopft ist, kannst du nicht hindurchsehen und kein Wasser kann fließen, selbst wenn 99 Prozent des Schlauchs bereits gereinigt sind. In der Praxis heißt das, daß schon eine paar ungeklärte Emotionen ausreichen, dich völlig blind für die spirituellen Welten zu machen.

Wenn du bereits längere Zeit eine spirituelle Technik anwendest und noch keinen nennenswerten spirituellen Durchbruch verzeichnen konntest, wäre es möglicherweise ratsam, eine ähnliche Methode wie unsere Rückführungsübungen zu finden, die dir erlaubt, die negativen emotionalen Muster deines Unterbewußtseins tiefgehend zu erforschen und aufzulösen. Damit kannst du dir viele spirituelle Um- und Irrwege ersparen.

22.2 Gedankenformen sehen

 Die ISIS-Methoden, von denen eine die Rückführung ist, basieren auf einer alchemistischen Sichtweise.[47] Durch ihre Anwendung wird es dir möglich, deine Emotionen zuerst als Gedankenformen zu fühlen und später auch zu sehen. Das führt nach und nach dazu, daß du mit Hilfe deiner hellsichtigen Fähigkeiten Emotionen als farbige Bewegungsmuster innerhalb der Materie des Astralkörpers erkennen kannst. Und die *Samskaras* oder Wurzeln für emotionale Konditionierungen können eindeutig als Flecken gesehen und innerhalb deines Energiekörpers gespürt werden. Diese Vorgehensweise gibt dir neue Möglichkeiten an die Hand, mit unbewußten Komplexen umzugehen, indem du sie als etwas ganz Konkretes und Objektives wahrnimmst, das auf der Astralebene genauso faßbar ist wie Unkraut auf der physischen Ebene.

Wenn sich dein emotionaler Bereich langsam klärt und du deine Emotionen als sichtbare Formen wahrnehmen kannst, besteht der nächste Schritt darin, auch Gedanken auf diese Weise sichtbar zu machen. Durch eine Erweiterung der gleichen Methode wird es möglich, Gedanken als Formen oder »Gedankenformen« zu sehen, als kleine Wellen astraler Energie, die überall um dich herum in Bewegung sind. Du kannst sehen und fühlen, wie sie von außen auf dich zukommen und in deine Aura eindringen ... und dann, innerhalb von Sekundenbruchteilen, taucht ein Gedanke in deinem Verstand auf. Es ist genau dasselbe, wie wenn man Grippe bekommt, nachdem man einen Virus aufgeschnappt hat.

Hast du je versucht, deine Gedanken anzuhalten? Das ist ein sehr frustrierendes und hoffnungsloses Unterfangen. Je mehr du versuchst, den Verstand zum Schweigen zu bringen, um so mehr lehnt er sich dagegen auf und reagiert mit unerwünschter Gedankenaktivität. Der Grund, weshalb es den meisten Menschen nie gelingt, in ihrem Kopf eine totale Stille zu erzeugen, liegt darin, daß sie vom Verstand aus handeln. Sie versuchen, den Verstand mit dem Verstand zu bekämpfen. Sie werden sich ihrer Gedanken erst bewußt, nachdem sie bereits in ihren Verstand eingedrungen sind, und dann ist es viel zu spät, um dagegen noch etwas zu unternehmen.

 Wenn es dir möglich ist, einen Zustand zu erreichen, in dem du die Gedankenformen **sehen** kannst, wie sie von außen auf dich zukommen, dann ist die Situation ganz anders! Du kannst dich dann entscheiden, sie nicht hereinzulassen, und deine innere

---

47 Sagan, Samuel: *Regression, Past-Life Therapy for Here and Now Freedom*, Clairvision School.

Ruhe dadurch wahren. Du merkst dann, daß bis dahin ein unbewußter Anziehungsmechanismus am Werk war, der die Gedanken wie mit einer kleinen Hand in den Kopf hineinzog. Du mußt diesen Mechanismus nun nur noch loslassen, und sofort kehrt innere Ruhe ein. Es gibt keinen Kampf, denn du mußt die Gedankenformen nicht wegstoßen, sondern einfach nur aufhören, sie anzuziehen.

22.3 Die Transformation des Denkens

Während dieser Bewußtwerdungsprozeß fortschreitet und der Verstand sich klärt, wird dem spirituell Suchenden klar, daß sich in seinem Inneren zwei verschiedene Arten des Denkens abspielen: Die eine beruht auf Reaktionen und Konditionierung. Das ist die Art von Denken, die aus lauter kleinen Gedankenformen besteht, welche die Menschen einfangen wie einen Virus.

 Die andere Form des Denkens ist völlig anderer Natur. Sie äußert sich nicht als mechanische Kette von Reaktionen, sondern als kreative Seelentätigkeit. Dieses Denken verbindet, genau wie die Methode des »Sich-Einstimmens«, die wir in Kapitel 11 beschrieben haben. Wenn du auf diese neue Art und Weise an jemanden denkst, wird eine lebendige Verbindung zu dieser Person hergestellt, statt nur ein einfaches, postkartenähnliches Bild von ihm in deinem Kopf zu erzeugen. Wenn du auf diese Weise an einen Gegenstand denkst, werden die Eigenschaften dieses Gegenstands in deinem Inneren lebendig. Und so erfährst du eine ganz neue Bandbreite von Gefühlen, Eindrücken und Empfindungen, die genau das Gegenteil zur verkalkten Natur des Verstandes darstellen.

Langsam findet eine Verlagerung statt, und die alte Denkweise des Verstandes, die auf Konditionierung und trennendem Bewußtsein besteht, wird nach und nach vom Denken des »Superverstandes« oder transformierten Astralkörpers ersetzt, bei dem das Herz eine zentrale Rolle spielt. Du kannst nun spüren, wie du mit dem Herzen denkst, auf dieselbe Art und Weise, wie sich der alte Denkprozeß zuvor im Kopf abspielte. Dieses Denken im Kopf war vom Selbst abgetrennt. Nun sind Denken und Selbst im Herzen vereint.

Gleichzeitig findet auch im Blut eine allmähliche Transformation statt. Zu Beginn merkst du nur, daß du dir deines Blutes mehr bewußt wirst. Dann wird dir klar, daß ein bewußtes Geistesleben im Blut aufzuscheinen beginnt. So wie du zuvor überzeugt davon warst, daß der Denkprozeß sich nur in deinem Kopf abspielt, wird dir jetzt bewußt, daß das Selbst, das Höhere Ego, im Blut lebt. Zuvor spielte sich deine Existenz hauptsächlich im Verstandesdenken, im Kopf, ab. Nun lebst du mehr und mehr im Bewußtsein des Selbst oder des Geistes im Blut. Und diese neue Art des Denkens ist daher nichts anderes als das Denken vom Selbst aus. Deshalb hast du auch diesen deutlichen Eindruck, daß du mit deinem Blut denkst und nicht nur mit deinem Herzen.

Glaub nicht, es handle sich bei diesen Erfahrungen nur um unklare und verschwommene Eindrücke, um eine Art halbwirkliche ätherische Subjektivität. Im Gegenteil, diese Erfahrungen sind »äußerst dicht« und unendlich greifbarer als alles, was sich zuvor in deinem Bewußtsein abspielte. Wenn du dir jetzt im nachhinein anschaust, wie du vor der Transformation warst, und das mit dem Lebensgeist vergleichst, der jetzt in deinen Adern fließt, dann wird dir das vorkommen, als seist du vorher wie ein Zombie auf der Erde herumgelaufen und dir nicht einmal bewußt gewesen, wie leer deine Seele war.

Ein tiefes Gefühl für die Wahrheit entwickelt sich aus diesem Denken mit dem Blut. Eine der auffälligsten Eigenschaften der alten Form des Verstandesdenkens war der Zweifel. Der Verstand zog ständig alles in Zweifel. Die einzige Methode, mit dem Verstand zu entscheiden, ob etwas wahr oder falsch war, bestand darin, sich der Logik zu bedienen, zu diskutieren und zu vergleichen, um sich so vielleicht eine Meinung zu bilden. Das Denken vom Selbst aus ist dagegen mit einem unfehlbaren Wissen um die Wahrheit ausgestattet. Der Sinn deines Lebens leuchtet vor dir, und du kannst nun mit Gewißheit und in Einklang damit entscheiden, wohin der nächste Schritt auf deinem Lebensweg gehen soll.

22.4 Die Suche nach dem Heiligen Gral

 Der Gral ist das Gefäß, in dem das Blut Christi aufgefangen wurde. Er steht im Mittelpunkt der gesamten esoterischen Tradition des Westens. Mit Begriffen der inneren Alchemie gesprochen, ist der Gral das Instrument, das den Höchsten Geist empfangen kann. Das bezieht sich auf den Aufbau des verklärten Körpers der Unsterblichkeit, durch den die höchste Stufe des Bewußtseins des Selbst erfahren werden kann.

Der Körper der Unsterblichkeit ist ein Körper der Verbindung. In ihm lebt nicht nur der Geist, sondern die ganze Schöpfung, der Makrokosmos, wie es auf der Smaragdenen Tafel steht: »Et recepit vim superiorum et inferiorum.« (»Und er ist von und aus der Kraft der Dinge geschaffen, wie oben, so auch unten.«)

Es ist müßig, sich vorzustellen, daß der Geist auf irgendeine Weise festgelegt werden kann. Durch seine absolute Natur enthält er viele Widersprüchlichkeiten: Wenn man irgend etwas findet, das in bezug auf den Geist wirklich wahr ist, dann ist das Gegenteil davon im allgemeinen ebenfalls wahr. Je mehr wir den Geist kennenlernen, um so klarer wird uns, wie unergründlich seine Tiefen für uns sind.

Es liegt große Schönheit darin, daß das Wort »Initiierter« seinem Wortstamm nach sowohl bedeutet, daß jemand in die Mysterien eingeweiht wurde, als auch, daß er ein Anfänger ist! Meiner Meinung nach sollten diese beiden Wortbedeutungen nicht als Gegensätze begriffen, sondern miteinander verbunden werden. Auf welcher Ebene der Wahrnehmung, Weisheit und Erleuchtung du dich auch befinden magst, so solltest du dich stets daran erinnern, daß die wahre Natur des Göttlichen für dich nie ganz faßbar sein wird und daß das menschliche Abenteuer noch in den Kinderschuhen steckt.

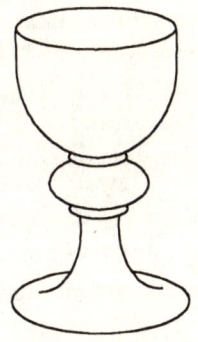

Anhang

Der Verlauf der Meridiane

Der »Gallenblasenmeridian« beginnt am äußeren Augenwinkel, wobei in diesem Falle
das körperliche und nicht das dritte Auge gemeint ist. Von dort folgt er einem komplizierten Pfad um das Ohr herum und seitlich am Kopf und Hals herunter. Er verläuft
dann weiter an der Seite des Rumpfs herunter, von wo aus eine Abzweigung zur Gallenblase und eine zur Leber führt. Darüber hinaus soll der Gallenblasenmeridian eine direkte
Verbindung zum Herzen haben. Von der
Hüfte aus schwenkt er plötzlich zum Kreuz-
bein hin aus. Von dort kehrt er an der Schen-
kelaußenseite wieder zurück zur Außenseite
des Beins und folgt diesem herunter bis in den
Außenrand des Nagels der vierten Zehe (von
der großen Zehe aus gezählt).

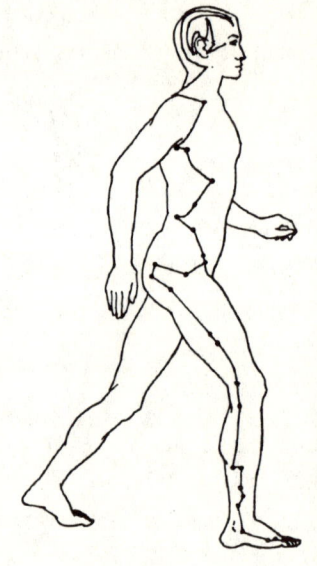

Der »Harnblasenmeridian« beginnt am inneren Augenwinkel des physischen Auges und zieht sich von dort geradeaus hoch über die Stirn und den Schädel, etwa ein bis zwei Zentimter seitlich der Kopfmittellinie, nach hinten bis in den Nacken und dann seitlich der Wirbelsäule herunter bis zum Po. Von dort verläuft er auf der Rückseite des Beins und hinten um den Außenknöchel des Fußes herum bis zur Außenseite der kleinen Zehe. Dieser Meridian steht mit der Harnblase und der Niere in Verbindung.

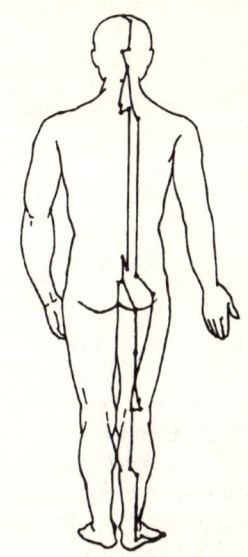

Der »Magenmeridian« beginnt am Kopf mit einer Verzweigung in der Mitte unterhalb des physischen Auges und mit der anderen Verzweigung vor dem Ohr. Von dort verläuft er über den Hals an der Vorderseite des Halswendermuskels vorbei herunter. Danach soll er einen plötzlichen Ausschwenker auf die Rückseite des Halses zum siebten Halswirbel hin machen. Dann kehrt er wieder auf die Körpervorderseite zurück und verläuft über die Brust, den Bauch und die Vorderseite des Beins herunter und mündet in der zweiten Zehe (von der großen Zehe aus gezählt).

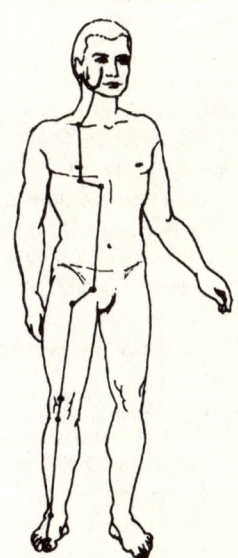

Index

Ein umfangreiches Vokabular der bei der Arbeit der Clairvision School am häufigsten verwendeten Begriffe findet sich in der Datei *Clairvision Language,* in die über den Internet-Site der Clairvision School online Einsicht genommen werden kann (Internet: http://www.clairvision.org/).

Die Clairvision School

Die Clairvision School ist eine westliche Schule für spirituelles Erwachen. Sie hat es sich zum Hauptziel gemacht, qualitativ hochwertige Erfahrungsarbeit anzubieten und Menschen auf einem hohen Niveau mit Themen wie Selbst-Transformation, spirituelle Entwicklung und mit esoterischem Wissen vertraut zu machen und sie darin auszubilden. Die von der Clairvision School angebotenen Kurse sind deshalb sehr intensiv und für Personen gedacht, die hochmotiviert und aufrichtig in ihrer Suche sind. Zur Teilnahme an den Kursen ist keine vorherige Ausbildung und kein besonderes Wissen nötig, nur eine offene Geisteshaltung und der aufrichtige Wunsch nach Selbst-Transformation.

Neben wöchentlich stattfindenden Langzeitkursen, die in Sydney (Australien) abgehalten werden, bietet die Schule auch Intensivkurse für Teilnehmer aus anderen Ländern und anderen australischen Staaten an. Das Programm dieser internationalen Kurse beinhaltet: sorgfältige Ausbildung in Meditation, Aktivieren der Chakras und der Energieflüsse und ISIS, unsere Selbsterforschungs- und Rückführungstechnik. Auf einer fortgeschritteneren Stufe geht es dann um Themen der inneren Alchemie, »feinstoffliches Bodybuilding«, Transformation des Denkens und Erweiterung des Wissens um spirituelle Wesen.

Wenn du mehr über die Clairvision School erfahren möchtest, besuche unseren Internet-Site:

Internet: http://www.clairvision.org/

oder wenn du weitere Informationen wünschst, wende dich an:

Clairvision School
P.O. Box 33
Roseville NSW 2069
Australien

E-mail: info@clairvision.org

Weitere in der Clairvision School erschienene Titel von Samuel Sagan:

Regression. Past-Life Therapy for Here and Now Freedom
Entities, Parasites of the Body of Energy
Clairvision Astrology Manual
Subtle Bodies, the Fourfold Model
Sleeper Awaken! (Atlantean Secrets, Volume 1)
Forever Love, White Eagle (Atlantean Secrets, Volume 2)
The Gods are Wise (Atlantean Secrets, Volume 3)
The Return of the Flying Dragon (Atlantean Secrets, Volume 4)
Body and Worlds in the Hindu Tradition
Knights of the Apocalypse

Ebertin Verlag · Freiburg im Breisgau

Samuel Sagan

Heilende Planetenkräfte

Das astrologische Gesundheitsbuch

400 Seiten, kart., ISBN 3-87186-094-8

Dieses Buch ist ein Nachschlagewerk für alle, die sich für Astrologie und ganzheitliche Medizin interessieren. Es ist ein praktisches und benutzerfreundliches Handbuch, das faszinierende Einsichten in die Zusammenhänge von Planetenkräften und körperlicher Gesundheit bietet.

Samuel Sagan stellt zunächst die körperlichen Entsprechungen sämtlicher Planeten ausführlich dar. Im Anschluß daran arbeitet der Autor eine »Pathologie der Planetenkräfte« heraus und beschreibt Schritt für Schritt alle mit den Planetenkräften in Zusammenhang stehenden Krankheiten und gesundheitlichen Störungen. Dabei erfährt der Leser nicht nur, wie sich die Planetenkräfte auf einer körperlichen Ebene ausdrücken können, sondern erhält darüber hinaus zahlreiche Hinweise, wie er die Planetenkräfte zum Erhalt seiner Gesundheit nutzen kann. Im letzten Teil werden dann medizinisch nutzbare Pflanzen, Edelsteine, Blütenessenzen und Metalle in Verbindung mit den Planetenkräften beschrieben und dargestellt. Ein ausführlicher Index erleichtert das Auffinden aller im Buch erwähnten Heilmittel und Krankheitsentsprechungen.

Ein Lern- und Lehrbuch, das insbesondere Einsteigern eine gut verständliche Einführung in das komplexe Wissensgebiet der Astro-Medizin liefert.

Ebertin Verlag · Freiburg im Breisgau

Verlag Hermann Bauer · Freiburg im Breisgau

Wa-Na-Nee-Che und Eliana Harvey

White Eagle-Medizinrad

Indianische Weisheit als Lebensweg

Set mit 46 Farbkarten und
Buch mit 132 Seiten und 100 Abbildungen
ISBN 3-7626-0556-4

Wa-Na-Nee-Che ist einer der wenigen Indianer von heute, die das alte indianische Geheimwissen weitergeben können. Für all jene, an die er sein Wissen nicht persönlich weitergeben kann, hat er seine Lehren durch Eliana Harvey in Schriftform bringen lassen und das »White Eagle-Medizinrad« entworfen.

Das *White Eagle-Medizinrad* bietet eine einzigartige, einfache Methode, um Schritt für Schritt mit den heiligen Lehren der Indianer vertraut zu werden. Über drei Stufen der Erkenntnis werden Sie lernen, zu Tieren Verbindung aufzunehmen und ihre Heilkraft zu erfahren, Zugang zur Kraft und Weisheit der Stammesältesten zu finden und ein Bewußtsein für Ihre Verbundenheit mit allem Leben zu entwickeln. Sie werden erleben, wie Sie die vier schöpferischen Quellen der Kraft durch die archetypischen Symbole der Indianer nutzen können.

Wer die Arbeit mit den symbolträchtigen und wunderschönen Farbkarten dieses Sets beginnt, gelangt zur Einheit mit seinem inneren Selbst. Er erfährt, daß er Teil des gesamten Lebensgeflechts und mit dem *Großen Ganzen* verbunden ist. Ein indianischer Weg der Selbstfindung.

Verlag Hermann Bauer · Freiburg im Breisgau